U0488008

CONFUCIUS SINARUM PHILOSOPHUS
SIVE SCIENTIA SINENSIS LATINE EXPOSITA

中国哲学家孔夫子

第一卷　前言

［比］柏应理　等著

汪聂才　齐飞智　等译

中原出版传媒集团
中原传媒股份公司

大象出版社
·郑州·

图书在版编目(CIP)数据

中国哲学家孔夫子. 第一卷，前言 / 梅谦立等主编；
(比)柏应理等著；汪聂才等译. — 郑州：大象出版社，
2021.1
（国际汉学经典译丛）
ISBN 978-7-5711-0730-7

Ⅰ.①中… Ⅱ.①梅…②柏…③汪… Ⅲ.①儒家
Ⅳ.①B222

中国版本图书馆 CIP 数据核字(2020)第 145670 号

中国哲学家孔夫子
ZHONGGUO ZHEXUEJIA KONGFUZI

第一卷 前言

［比］柏应理 等著

汪聂才 齐飞智 等译

出 版 人	汪林中
策 划 人	张前进 李光洁
项目统筹	李光洁
责任编辑	徐淯琪
责任校对	牛志远、万冬辉、张英方
装帧设计	王莉娟

出版发行	大象出版社(郑州市郑东新区祥盛街 27 号　邮政编码 450016)
	发行科　0371-63863551　总编室　0371-65597936
网　　址	www.daxiang.cn
印　　刷	洛阳和众印刷有限公司
经　　销	各地新华书店经销
开　　本	720 mm×1020 mm　1/16
印　　张	25.75
字　　数	368 千字
版　　次	2021 年 1 月第 1 版　2021 年 1 月第 1 次印刷
定　　价	980.00 元（全四卷）

若发现印、装质量问题，影响阅读，请与承印厂联系调换。
印厂地址　洛阳市高新区丰华路三号
邮政编码 471003　　　电话　0379-64606268

此书为北京外国语大学"世界汉学家研修基地"、
中山大学西学东渐文献馆合作项目

广东省哲学社会科学"十三五"规划
2018年度地方历史文化项目（GD18DL13）阶段性成果
广州市哲学社科规划2020年度课题
（2020GZDD03）阶段性成果

梅谦立 张西平 主编

罗莹 汪聂才 副主编

［意］殷铎泽 ［奥］恩理格 ［比］柏应理 ［比］鲁日满 著

汪聂才 齐飞智 郝晓霞 译

梅谦立 审校

CONFUCIUS
SINARUM PHILOSOPHUS

CONFUCIUS
SINARUM
PHILOSOPHUS,
SIVE
SCIENTIA SINENSIS
LATINE EXPOSITA.

Studio & Opera { PROSPERI INTORCETTA, CHRISTIANI HERDTRICH, FRANCISCI ROUGEMONT, PHILIPPI COUPLET, } Patrum Societatis Jesu.

JUSSU
LUDOVICI MAGNI

Eximio Missionum Orientalium & Litterariæ Reipublicæ bono
E BIBLIOTHECA REGIA IN LUCEM PRODIT.
ADJECTA EST TABULA CHRONOLOGICA SINICÆ MONARCHIÆ
AB HUJUS EXORDIO AD HÆC USQUE TEMPORA.

PARISIIS,
Apud DANIELEM HORTHEMELS, viâ Jacobæâ,
sub Mæcenate.

M. DC. LXXXVII.
CUM PRIVILEGIO REGIS.

殷铎泽（Prospero Intorcetta）

油画　1671年　局部

收藏在西西里岛巴勒莫市立图书馆

梅赫伦的柏应理 [Philippe Couplet of Mechelen (Malines)]

1647 年,24 岁

收藏在梅赫伦的谢普斯大主教(Mgr. Scheppers)兄弟会

中文版序言一

明清之际,正是在来华耶稣会的努力和"中国礼仪之争"的推动下,儒家思想开始向欧洲传播,儒家的经典著作"四书"开始被翻译成拉丁文,中国人的精神世界开始展现在欧洲人面前。儒家思想西传欧洲的奠基性著作就是《中国哲学家孔夫子》。本文试图对这本书在欧洲的出版做初步的探讨。[①]

一、《中国哲学家孔夫子》简介

方豪先生在《十七八世纪来华西人对我国经籍之研究》一文中指出:"西人之研究我国经籍,虽始于十六世纪,但研究而稍有眉目,当在十七世纪初;翻译初具规模,乃更迟至十七世纪末;在欧洲发生影响,则尤为十八世纪之盛事。故我国文化之西被,要以十七八两世纪为重要关键。"[②]在中国典籍西

[①] 参见梅谦立:《〈孔夫子〉:最初西文翻译的儒家经典》,《中山大学学报》(社会科学版)2008年第2期;《〈论语〉在西方的第一个译本(1687年)》,《中国哲学史》2011年第4期。罗莹:《〈中国哲学家孔夫子〉成书过程刍议》,《北京行政学院学报》2012年第1期。

[②] 方豪:《方豪六十自定稿》(上册),台湾学生书局,1969年,第186页。

译中最重要的就是《中国哲学家孔夫子》这本书。

《中国哲学家孔夫子》最终由比利时传教士柏应理于1687年在巴黎出版。当时,柏应理在罗马学院(Collegium Romanum)找到了基歇尔留下的《中国哲学家孔夫子》部分译稿。法国皇家图书馆馆长梅尔基塞代克·泰弗诺(Melchisédech Thévenot)得知这些译稿的情况后,提出将其出版。柏应理在译稿中加上自己写的序言和他早在中国写好的《中华帝国年表》(*Tabula Chronologica Monarchiae Sinicae*),书稿很快进入了出版程序。书的标题为《中国哲学家孔夫子,或者经耶稣会神父殷铎泽、恩理格、鲁日满和柏应理的努力用拉丁文解释的中国学问》(*Confucius Sinarum Philosophus, sive Scientia Sinensis Latine Exposita. Studio et Opera Prosperi Intorcetta, Christiani Herdtrich, Francisci Rougemont, Philippi Couplet, Patrum Societatis Jesu.*)。

实际上来华耶稣会士对"四书"的翻译经历了一个漫长的过程,按照美国汉学家孟德卫(David Mungello)的看法,来华耶稣会士对"四书"的翻译从罗明坚和利玛窦时代就开始了。①

在《中国哲学家孔夫子》成书过程中最重要的人物是殷铎泽(1626—1696),最重要的事件是"中国礼仪之争"。殷铎泽首先开始翻译《中庸》,将其译为《中国政治道德学说》,而且耶稣会士在华共同翻译的《大学》《论语》的译稿也是由他带到罗马交给基歇尔的,他对《中国哲学家孔夫子》这本书

---

① [美]孟德卫:《奇异的国度:耶稣会适应政策及汉学的起源》,陈怡译,大象出版社,2010年,第271页。梅谦立:《〈孔夫子〉:最初西文翻译的儒家经典》,《中山大学学报》(社会科学版)2008年第2期。梅谦立认为罗明坚的中文水平不高,回罗马后也没有继续做"四书"的翻译。显然,上面我们的研究证明这种流行的看法是值得推敲的。

的贡献不亚于柏应理。①"中国礼仪之争"无疑是推动这本书形成的最重要的外在因素,也是理解和解释耶稣会士翻译策略和文本解释原则的重要角度。《中国哲学家孔夫子》形成于杨光先教难时期,当时在华的传教士全部被集中在广州,耶稣会通过杨光先教难感受到坚持利玛窦路线的重要性,于是利用所有传教士在广州的机会,集中力量对儒家的主要文本进行翻译。而广州会议期间各修会间的争论对传教士如何理解、翻译这些儒家著作产生了重大的影响。龙华民(Nicolas Longobardi, 1559—1654)反对利玛窦的文章、方济各会传教士利安当(Antonio de Santa Maria Caballero, 1602—1669)批评耶稣会传教政策的文章《论中国传教事业的几个问题》(Traité sur quelques points importans de la Mission de la Chine)都从外部促使耶稣会必须回答关于儒家的性质、中国文化的基本特征等问题。这些争论自然推动了耶稣会士对中国儒家经典"四书"的翻译和研究。这样,在华的耶稣会在广州会议期间的一个重要成果就是将"四书"中的三部翻译成了拉丁文。②

二、《中国哲学家孔夫子》与礼仪之争

笔者认为理解《中国哲学家孔夫子》的最重要维度是"中国礼仪之争",

---

① 罗莹:《儒学在西方的传播:殷铎泽及其〈中国政治道德学说〉》;张西平、罗莹主编《东亚与欧洲文化的早期相遇:东西文化交流史论》,华东师范大学出版社,2012 年,第 485—568 页。Christian Wolff, *Rede über die praktische Philosophie der Chinesen: Oratio de sinarum philosophia practica*, 1985. Julia Ching & Wllard J. Oxtoby, *Moral Enlightenment: Leibniz and Wolff on China* (Monumenta Serica Monograph Sen.es, XXVI), Nettetal: Steyler Verlag, 1992.

② 梅谦立:《〈孔夫子〉:最初西文翻译的儒家经典》,《中山大学学报》(社会科学版)2008 年第 2 期;罗莹:《〈中国哲学家孔夫子〉成书过程刍议》,《北京行政学院学报》2012 年第 1 期;李文潮《龙华民及其〈论中国宗教的几个问题〉》,《国际汉学》2014 年第 1 期;J.S. Cummins, *A Question of Rites, Friar Domingo Navarrete and the Jesuits in China*, Aldershot: Scolar Press, 1993; Jerome Heyndricks ed., *Philippe Couplet, S.J. (1623-1693): The Man Who Brought China to Europe*, Nettetal: Steyler Verlag, 1990.

如果不把握住这个维度,则很难理解该书。

在如何看待入教儒生的祭祖、祭孔的风俗和 Deus 译名理解上的分歧最早起源于耶稣会内部。对于利玛窦的适应政策,第一个发难者就是龙华民,由此才有耶稣会的嘉定会议。"来嘉定开会的耶稣会士共有九人或十人;会中讨论的问题,共三十项,大半关于中国敬孔敬祖以及译名问题。讨论结果,对于敬孔敬祖等问题,沿用利玛窦的方案,不以这种敬礼为宗教上的迷信;对于译名,则采用龙华民一派的意见……视察员(Palmeiro)在 1629 年出命:以后耶稣会士不许用'天'和'上帝'。"①四年后从菲律宾入华的两名托钵修会传教士在入华不久就挑起了与耶稣会关于传教路线的争论,从而将如何看待中国礼仪的问题由耶稣会内部扩大到了来华各修会之间的争论。他们是多明我会的黎玉范(Dominican Juan Bautista de Morales)和方济各会的利安当。黎玉范于 1643 年返回罗马后向传信部提出的报告,最终导致了教宗英诺森十世(Innocent X)在 1645 年 9 月 12 日批准圣谕②,禁止中国教徒施行中国礼仪,而利安当在看到当年龙华民所写的《论中国宗教的几个问题》(Traité sur quelques points de la religion des Chinois)后,也写下了《论中国传教事业的几个问题》。这两份文件后来成为广州会议期间讨论的重要内容。

为回应多明我会来华传教士黎玉范的挑战,来华耶稣会士卫匡国(Martin Martini, 1614—1661)返回罗马后于 1654 年提交了针对黎玉范的耶稣会的报告。两年后,1656 年 3 月 23 日,亚历山大七世(Alexander VII)颁布了《罗马教廷圣职部给中国传教士的部令》③,在没有否定 1645 年圣谕的前

---

① 罗光:《教廷与中国使节史》,台湾光启出版社,1967 年,第 90—91 页。
② [美]苏尔、[美]诺尔编:《中国礼仪之争西文文献一百篇(1645—1941)》,沈保义、顾为民等译,上海古籍出版社,2001 年,第 1—8 页。
③ [美]苏尔、[美]诺尔编:《中国礼仪之争西文文献一百篇(1645—1941)》,沈保义、顾为民等译,上海古籍出版社,2001 年,第 8—11 页。

提下,认可了在华耶稣会的传教策略。

面对两个不同的决定,在远东的传教士不知该如何执行罗马的决定,由此,1659 年和 1669 年 11 月 13 日罗马的圣职部分别下达了关于灵活执行 1645 年和 1656 年两个决定的决议。①

1667 年 12 月到 1668 年 1 月,此前因杨光先教难而被流放广州的二十三位来华传教士集体召开了"广州会议"。② 会议前后,殷铎泽被选为中华耶稣会传教区代表,前往罗马汇报中国传教区的悲惨现状并请求迫切的物质援助。殷铎泽走后,"四书"的翻译工作在广州仍继续进行。此时,面对方济各会士利安当、多明我会士闵明我(Domingo Navarrete,约 1610—1686)以及利玛窦的继任者龙华民等先后在各自的著作中对耶稣会在华传教策略提出的严厉批评,经过在广州会议期间的激烈讨论,奥地利耶稣会神父恩理格和两位弗莱芒神父鲁日满、柏应理开始在"四书"原先简略直译的基础上,重新进行校对和注释。尤其针对其中译名的敏感之处和耶稣会当时所受到的批评,引用中国古籍在译文中提出反驳,这项工作大概在 1670—1672 年间完成。③

离开中国的殷铎泽已经于 1667 年先后在广州和印度的果阿出版了由他翻译的《中庸》,即《中国政治道德学说》。而从广州会议溜回欧洲的多明我

---

① [美]苏尔、[美]诺尔编:《中国礼仪之争西文文献一百篇(1645—1941)》,沈保义、顾为民等译,上海古籍出版社,2001 年,第 11—13 页。

② 关于被软禁在广州的二十三个传教士的名单,参见 Josef Metzler, *Die Synoden in China, Japan und Korea, 1570-1931*, Paderborn: Ferdinand Schöningh, 1980, p. 23;另有一说认为当时共有二十五个传教士被软禁在广州,包括二十一个耶稣会士、四个多明我会士和一个方济各会士,参见 Albert Chan, "Towards a Chinese Church: The Contribution of Philippe Couplet, S.J.(1622-1693)", in *Philippe Couplet, S.J. (1623-1693): The Man Who Brought China to Europe*, edited by Jerome Heyndrickx, Nettetal: Steyler Verlag, 1990, p. 60。

③ S.J. George Minamiki, *The Chinese Rites Controversy: From Its Beginning to Modern Times*, Chicago: Loyola University Press, 1985.

会的传教士闵明我在欧洲出版了他的《中华帝国历史、政治、伦理及宗教概述》(*Tratados historicos ,ethicosy religiosoa de la monarchia de China*)。在这部书中他公布了来华传教士在中国礼仪上的分歧,并把龙华民批评利玛窦的论文作为书的附件发表。由此,"中国礼仪之争"开始从教会内部扩大到欧洲本土。①

1682年,由教宗直接委派的福建宗座代牧阎当(Charles Maigrot,1632—1730)再次挑起关于中国礼仪的争论,最后的结果是原本是来华各天主教修会之间的争论演化为中国和梵蒂冈之间的争论。最终导致了1704年11月20日的克莱孟十一世的敕令②和康熙皇帝做出的来华传教士必须领票的规定。其间教宗虽两度派来特使,但在梵蒂冈未改变立场的前提下,这些外交手段均以失败而告终。

从对"中国礼仪之争"历史的简述中我们可以看到,《中国哲学家孔夫子》成书的过程就发生在这期间,其初步形成于广州会议。作为该书一部分的《中庸》(即殷铎泽的《中国政治道德学说》)和批评耶稣会著作的多明我会传教士闵明我的《中华帝国历史、政治、伦理及宗教概述》先后发表于"中国礼仪之争"期间,从而扩大了争论的范围。柏应理1685年回到欧洲,并于1687年出版《中国哲学家孔夫子》,此时罗马教廷正在调查"中国礼仪之争"事件,书出版后也被阎当作为其批判的物件上报给教廷。③

所以,如果要很好地理解该书,特别是柏应理为该书所写的前言,就要

---

① 参见[西班牙]闵明我:《上帝许给的土地——闵明我行记和礼仪之争》,何高济译,大象出版社,2009年。

② [美]苏尔、[美]诺尔编:《中国礼仪之争西文文献一百篇(1645—1941)》,沈保义、顾为民等译,上海古籍出版社,2001年,第14—48页。Edward Malatesta, "A Fatal Clash of Wills: The Condemnation of the Chinese Rites by the Papal Legate Carlo Tommaso Maillard de Tournon, in *The Chinese Rites Controversy: From Its Beginning to Modern Times*, Chicago: Loyola University Press, 1985, pp. 210-245.

③ [美]苏尔、[美]诺尔编:《中国礼仪之争西文文献一百篇(1645—1941)》,沈保义、顾为民等译,上海古籍出版社,2001年,第31页。

对该书的成书背景、"中国礼仪之争"有一个很好的了解。可以这样说,历史的维度是理解这本书的出发点。

三、《中国哲学家孔夫子》的跨文化特点

柏应理所写前言的中心是为利玛窦的传教路线辩护,利玛窦的传教路线就是"合儒易佛",如他在《中国传教史》一书中所说的:"每月之月初及月圆,当地官员与秀才们都到孔庙行礼,扣扣头,燃蜡烛在祭坛前面的大香炉中焚香。在孔子诞辰时,及一年某些季节,则以极隆重的礼节,向他献死动物及其食物,为感谢他在书中传下来的崇高学说,使这些人能得到功名和官职;他们不念什么祈祷文,也不向孔子求什么,就像祭祖一样……关于来生的事,他们不命令也不禁止人们相信什么,许多人除了儒教外,同时也相信另外两种宗教。所以,我们可以说,儒教不是正式的宗教,只是一种学派,是为了齐家治国而设立的。因此,他们可以属于这种派,又成为基督徒,因为在原则上,没有违反天主教之基本道理的地方。"① 从宗教性上,利玛窦判断"孔子不是神"②。这是说给西方人听的。从历史性上,利玛窦强调儒耶相同,通过肯定原儒,批评新儒家,说明儒耶在源头上的一致性。这是说给中国士人听的。如他在《天主实义》中所说"吾天主乃古经所称上帝也"。

但龙华民和利安当并不认同利玛窦这套理论。龙华民在《论中国宗教的几个问题》一文中开宗明义地说:"中国的'上帝'(天上的皇帝)这个称呼就开始让我觉得有些不妥,因为我到了中国,按照我们耶稣会的习惯读过儒

---

① [意]利玛窦:《中国传教史》(上),王玉川、刘俊余译,台湾光启出版社,1986年,第86—87页。

② [意]利玛窦:《中国传教史》(上),王玉川、刘俊余译,台湾光启出版社,1986年,第25页。

家的四书之后,发现那些评注者对'上帝'一词所下的定义是与神性相违背的。"①他认为,通过自己对儒家经典的研究得出的结论是:"第一个结论:在儒教里,除了所有儒家学者都了解的庸俗化的表面教义以外,还有一个专属于儒教大师的隐性教义。第二个结论:孔子之所以尽可能避免明白清晰地谈论鬼神、理性灵魂及死后世界,是因为担心公众完全了解自己的哲学后会导致自己哲学的毁灭,会引起国家的混乱。第三个结论:孔子的上述观点导致了人心堕落,也抹煞了中国学者的智慧,将他们的智慧局限于可见可触的领域。第四个结论:由于相同原因,中国学者陷入了最严重的邪恶即无神论之中。"②

利安当在《论中国传教事业的几个问题》中和龙华民持一样的观点,而且他的文章写于"中国礼仪之争"期间,因此有多处是直接针对耶稣会的相关文献的,例如卫匡国给教宗的报告、殷铎泽的《中国智慧》一书等。他说:"1656年卫匡国神父在向罗马方面做报告时说,中国祭孔活动中没有祭司或是偶像崇拜巫师的介入,也没有任何偶像崇拜者倡导的内容。而仅仅是学者和哲学家集合在一起,不带任何其他目的,按照他们的学派通过纯粹世俗的政治仪式表达对他们老师孔子的尊敬之情。"他根据自己在山东传教的实践,认为"中国人通过类似的祭祀祈求天、地、祖先等神灵。然而即使这种崇拜当时仅仅是世俗性的,依然可能因为两千多年间的道德败坏和新入风俗,在实践中退化成迷信和偶像崇拜。"由此,他通过自己的考察,得出明确的结论:"由此我们可以很容易地得出以下结论:孔子以及古今所有的中国人都不曾对真神上帝Dieu有任何认知,他们所知道的都是诸多伪神。他们之所以祭拜这些鬼神,仅仅是为了得到他们的恩惠。官员和平民全都祭祀自己

---

① 龙华民:《龙华民论〈中国人宗教的几个问题〉(节选)》,杨紫烟译,《国际汉学》2015年第1期,第150页。

② 龙华民:《龙华民论〈中国人宗教的几个问题〉(节选)》,杨紫烟译,《国际汉学》2015年第1期,第156页。

的祖先。中国人根据各自的不同地位将这些鬼神中的不同个体分别视为自己的保护神。每个家族的保护者都是他们的先祖。而孔子则是中国所有学者的保护神与捍卫者。很显然,中国人相信这些祭礼都是正确的、虔诚的,都是祭奠他们死去亲人的宗教礼仪。因此,在他们看来,这种崇拜完全是宗教性的而非纯世俗性、政治性的行为。"①

在我们了解龙华民和利安当的这些论述后,才会理解柏应理在前言中所展开的论述。

柏应理首先肯定利玛窦的传教策略,这种策略和圣保禄在西方传教时的策略极其相似。这就是他所说的:"利玛窦谨记自己是个外国人,在这些中国人眼中,是个野蛮人。他谨记他所要宣扬的宗教信仰在这里是闻所未闻的,而且来自一个陌生的国度。确实,一方面,任何外来的名字都会被轻视,任何新鲜事物都会被怀疑扰乱平静的公共秩序,在一个如此坚持他们祖先的法律和习俗的政治国家,这总是不受欢迎的。另一方面,如果统治者的高官和顾问主张,除他们自己的文人教派外的每一个宗教和教派,都必须永远彻底废除,那么所有的统治者就会用剑与火来暴力反对这些教派的追随者——这些教派曾因一些皇帝的迷信而得以大力发展和加强。那么,有一位人——神,他被钉在十字架上,这样的信息如此新奇,与这个温和而傲慢的民族的性格如此相悖,令人如此难以置信,还能抱什么希望呢?……因此现在,如果我们要效仿圣保禄——当在亚略巴古山传道时,他毫不犹豫地从诗人们晦涩的作品中绘出一缕黎明的曙光——那么同样,让我们从中国哲学更古老的记载中为那喜悦的黎明和正义的太阳(即基督)寻找一线曙光吧。确实可以看出他们的古籍如此丰富。似乎,书籍离真理的起源越远,他们越能清晰和透彻地讨论真理。"

---

① [西班牙]利安当:《论中国传教事业的几个问题》,杨紫烟译,法文原文载 Wenchao li(李文潮)und Hans Poser, *Discours sur la theologie naturelle des chinois*。译文尚未发表。

在对待中国文化的态度上，柏应理继承利玛窦将原儒与后儒相区别的做法，认为在中国文化的源头，儒耶是相通的。"利玛窦希望通过新的热情和努力，与这些拥有最高荣誉的博士一起，与这些支持者和领导者一起，去更彻底地探索一切，接近中国学说的源泉。"

由此，他不同意龙华民和利安当对利玛窦的批评，认为在中国使用"上帝"是一个悠久的传统。"因此，无论是一个不分青红皂白的诽谤或者是稚子所犯的错误，还是成人曲解的错误，抑或是因为时间流逝造成的滥用，就可以阻止信仰的传道者们使用'上帝'这个古老的名字。"这样，在他的前言中结论是十分清楚的、毫不含糊的，就是他所说的："从大洪水时代开始——不管你用七十子《圣经》或通俗本《圣经》，中国的先民就已经认识到真神，并且以'上帝'即'至上的皇帝'，或者'天'来命名"，"儒家的敬拜和礼节无疑是民间性的"。

从这里我们看到柏应理的前言具有很强的论战性，其耶稣会的立场也很鲜明。

应该如何看待《中国哲学家孔夫子》一书中所表现出来的争论，或者更为直接地说，当年的"中国礼仪之争"？如果我们站在一个多元文化的立场，从跨文化的角度来重新审视这场争论，笔者认为，多明我会和方济各会等托钵修会基本是基督教原教旨主义者，缺乏文化之间的理解。但他们在两点上是有价值的：其一，他们揭示出了中国文化的多维度特点，特别是看到了大传统与小传统的不同形态，尽管他们无法从中国文化的本质特点上把握这两种传统的内在联系。其二，他们揭示了中国文化在其本质形态上和基督教文明的区别。在一定的意义上法国汉学家谢和耐说得不错，这场争论"揭示了两种伦理世界的基本差异"[1]。

---

[1] Rule Paul, *K'ung-tzu or Confucius: The Jesuit Interpretation of Confucianism*, London: Allen & Unwin, 1986.

以利玛窦为代表的耶稣会立足于"求同存异"的跨文化立场,开启了中国文明和欧洲文明在精神上的首次对话。在思想本质上利玛窦仍是为了"中华归主"这个目标(从宗教学上来讲这也无可指责),但他在寻求两种文化的共同点。当然,从理论的角度,利玛窦采取的合原儒批新儒的办法并未从根本上解决两大文化的分歧,其实际上是隐蔽的索隐派立场,后来以白晋为代表的索隐派可以追溯至利玛窦。

以利玛窦为代表的基督教来华已经有四百年的历史,这段历史已经在实践中对"中国礼仪之争"进行了裁判。

第一,不因中西两种文化在哲学、宗教上的基本原则的差异就从根本上否认中西文化会通的可能性。利玛窦开启的中西文化会通已经成为现实,中国基督教现实存在的四百年说明,基督教可以成为中国现存文化的一支,或者说成为一种"亚文化"或"边缘文化",但始终未成为中国文化的主流,也不可能达到佛教在中国历史中的地位。

第二,在没有人格神的中国文化系统中,像多明我会和方济各会那样,希望原汁原味地将西方基督教的理论与实践搬到中国是不可能的。同样,无论耶稣会还是其他托钵修会,试图用基督教的历史观来解释中国的历史,将中国历史纳入《圣经》历史之中的想法都是基督教一元史观的表现,已经被证明是错误的。对中国知识分子的基督信仰来说,无论是明末的"三大柱石"还是近代著名的教内知识分子,无论是马相伯还是于斌,总是将基督教的思想与中国传统思想相融合。

第三,我们必须承认入华传教士们实践着一项非常艰巨的事业,他们是人类文化交流史上第一批试图打通中西文化的先行者,他们真正的价值恐怕在于第一次如此深刻地触及中西文化的内核。他们留给我们的困境就是他们的贡献。

第四,《中国哲学家孔夫子》的基本内容。其由前言部分和《大学》(*Liber Primus*)、《中庸》(*Liber Secundus*)、《论语》(*Liber Tertius*)三部书的拉丁文全译本以及一些附录组成。前言部分由柏应理所写的《致最信奉基督的国王——伟大的路易十四的书信》、分别由殷铎泽和柏应理所写的两部分内容，以及殷铎泽所作"中国'哲学之父'孔子生平"构成。① 前言的第一部分由殷铎泽所写，主要介绍了中国的儒家、道教、佛教和宋明理学所重视的《易经》，对他们将翻译的"四书"从思想文化上做了总体性的介绍和铺垫，从而使欧洲学者理解该书。前言的第二部分由柏应理所写，明显带有回应"中国礼仪之争"的意味，从西方的基督教世界观出发，来解释中华文明的合理性及其与基督教文明之间的关系，说明中国古代文明与基督教文明的一致性，无论是从历史上还是从人种上都是如此，以此来向西方社会证明在中国传教的价值和意义。他特别对耶稣会采取的合儒路线给予了充分的说明。从这一部分的论述中，我们可以看到原来在利玛窦那里隐含着的索隐派思想，在这里已经完全彰显出来，中国文明成为基督教文明的一个自然延续。关于中国文明的起源是当时来华的耶稣会士很难加以解释的一个核心问题，柏应理的解释，显然面对的是欧洲的听众。这两部分和结语之后是"中国'哲学之父'孔子生平"，这里最引人注意的就是一幅孔子像。在这个画像中孔子身着中国古代传统服装，手中拿一牌。画像的背景综合了孔庙和西方图书馆的风格。孔子身后的两侧是排满了中国经典的书架，左侧的第一排从上至下写明《书经》《春秋》《大学》《中庸》和《论语》，右侧从上至下依次是

---

① 孟德卫认为"'序言性说明'（Proëmialis Declaratio），署名是柏应理，但显然不是完全由他一个人写的。 龙伯格先生对巴黎国家图书馆中《中国哲学家孔子》的原稿进行了研究，发现序言中有两个人的不同笔迹，后半部分很可能是柏应理的笔迹"。 参见[美]孟德卫：《奇异的国度：耶稣会适应政策及汉学的起源》，陈怡译，大象出版社，2010年，第282页。 梅谦立认为，"第一卷包括两个部分，第一部分主要由殷铎泽写成。 在利玛窦的《耶稣会与基督教进入中国史》第一卷第十章的基础上，殷铎泽更细致、更系统地描述了中国的三个教派（儒、释、道）。 第二部分主要由柏应理写成，他在其中提供了宏大的历史叙述，说明了中国与全人类历史的关系"。 参阅梅谦立英文著作，Thierry Meynard ed., Confucius Sinarum Philosophus（1687）: *The First Translation of the Confucian Classics*, Institutum historicum Societatis Iesu, 2011。

《礼记》《易经》《系辞》《诗经》《孟子》。书架最底层是孔子弟子的牌位,左右各九人。左侧从外向内依次可辨是曾子、孟子、子贡、子张、闵子骞等;右侧是颜回、子思、子路等。身后庙宇式的门上写"国学"(应该来自"国子学"或"国子监")二字,下方写"仲尼"二字,右侧和左侧的字连起来是"天下先师"。这是画给欧洲人看的孔子。"孔子站在一座糅合了孔庙和图书馆特征的建筑前,显得比实际比例要大。虽然孔子的形象描绘得令人肃然起敬,但肖像和匾牌的背景可能让欧洲读者感到吃惊,因为这看起来不像一座庙,倒像一个图书馆,书架上排满了书,虽然图书陈列的方式是欧式的,不是17世纪中国式的。"①

《大学》《中庸》《论语》三书的拉丁文译文之后是柏应理所作的《中华帝国年表》(Tabula Chronologica Monarchiae Sinicae)。这是继卫匡国之后,在西方出版的第二份中国年表,在欧洲产生了重要影响,这个年表的编制同样是为了说明"中国礼仪之争"之中耶稣会的路线,关于这点学界也有很好的研究进展,这里不做展开。② 该书的最后附《中华帝国及其大事记》和中华帝国耶稣会士的教堂及住所汇总。③

四、《中国哲学家孔夫子》的世界文化史意义

尽管在《中国哲学家孔夫子》以前已经有来华耶稣会士翻译了部分儒家经典并在欧洲出版,如罗明坚对《大学》片段的翻译,但《中国哲学家孔夫子》

---

① [美]孟德卫:《奇异的国度:耶稣会适应政策及汉学的起源》,陈怡译,大象出版社,2010年,第295页。

② 参见吴莉苇:《当诺亚方舟遭遇伏羲神农:启蒙时代欧洲的中国上古史论争》,中国人民大学出版社,2005年。

③ 参见罗莹:《〈中国哲学家孔夫子〉成书过程刍议》,《北京行政学院学报》2012年第1期。

"是在耶稣会适应政策下产生的最高学术成果"①。今天,如果从中西文化交流史的角度来重新审视,则该书是一部具有世界文化史意义的重要著作。

首先,这本书深深地卷入了欧洲近代思想的变迁之中,它"是 1600—1700 年间耶稣会士在文化适应方面最前沿的思想全面展现给欧洲公众的最后几个例证之一"②。对于这本书出版后在欧洲所产生的影响,学术界已经做了很深入的研究,其成果说明:欧洲近代思想的形成并不是在单一的欧洲思想内部产生的,大航海后欧洲人走出了地中海,不仅为他们早期的殖民扩张奠定了基础,也使他们开始接触欧洲以外的文化,其中对其影响最大的莫过于中国文化。甚至有些学者说,欧洲人在北美发现的是土地,在东方发现的是文明,一个不亚于欧洲文明,甚至发展程度高于欧洲文明的中国文明。正是通过耶稣会士的一系列汉学著作,中国文明的内在精神性价值展现在欧洲人面前。③

"中国对于这个时代欧洲的思想、政治和科学思想的变化绝非置之度外。中国的政治制度……经济、占统治地位的哲学观念及其技术的例证强有力地影响了欧洲,向它提供了一种宝贵的贡献。"④以《中国哲学家孔夫子》《耶稣会士中国书简集》为代表的早期传教士汉学翻译和著作"在整整一个

---

① [美]孟德卫:《奇异的国度:耶稣会适应政策及汉学的起源》,陈怡译,大象出版社,2010 年,第 267 页。

② [美]孟德卫:《奇异的国度:耶稣会适应政策及汉学的起源》,陈怡译,大象出版社,2010 年,第 326 页。

③ 有学者认为:"三百年间,欧洲先后出现了三种中国'知识型',首先是表述财富与君权的'大汗的大陆',然后是表述制度与文明的'大中华帝国',最后是表述思想与文化价值的'孔子的中国'。"参见[美]唐纳德·F.拉赫:《欧洲形成中的亚洲》,周宁总校译,人民出版社,2013 年。这个划分过于简单化了,因为第二阶段和第三阶段在时间上是不可以分开的,但这个观点至少有一点是正确的,它揭示了《中国哲学家孔夫子》对于欧洲认识中国的思想和历史意义。

④ [法]谢和耐:《十七和十八世纪的中欧文化交流》,方骏译,《国际汉学》第 1 期,1995 年,第 225 页。

世纪期间吸引了知识界,不仅仅向他们提供了某些具有异国情调的冒险活动,而且还提供了一种形象和思想库。欧洲发现了它不是世界的中心……耶稣会士书简就如同其他许多游记一样,广泛地推动了旧制度的崩溃,在西方那已处于危急的思想中发展了其相对的意义"。①

其次,该书标志着由此而激化的"中国礼仪之争"成为中国近代历史上的一个重要事件。长期以来学术界都认为"中国礼仪之争"在本质上是一个欧洲文化史的事件,但应看到,"中国礼仪之争"同时也是一个中国历史重大事件。这个事件表明,从晚明开始中国已经卷入第一轮的全球化历程,那么对中国历史思想的研究就不能单纯局限在中国本身来展开,"中国礼仪之争"就是中国从思想上卷入世界文化历史的一个转折点。李天纲说得好:"'中国礼仪之争'是近代中西关系上首次高级别的冲突。另外,它是中西双方的第一次,也是最后一次单纯的文化冲突。"②

最后,该书是欧洲历史上第一次最为系统的对儒家经典的翻译,标志着对儒家思想的解释已经开始在更广阔的范围内展开。在《中国哲学家孔夫子》第一卷中附有一个关于孔子的简介,这是欧洲所知最早的,也是最为详细的孔子简介。这样,我们将会看到传教士们对儒家经典著作的翻译和理解,看到中国本土思想和欧洲哲学宗教思想的交流与碰触。可以说,《中国哲学家孔夫子》拉开了在世界范围内展开中国思想翻译与研究的序幕,以后的卫方济(Francois Noel)、马礼逊(Robert Morrison)、理雅各(James Legge)、卫礼贤(Richard Wilhelm)等从事儒家翻译的汉学家都要由此开始自己的翻译事业。从这个角度看,该书在中国典籍外译历史上具有奠基性的意义和价值。

---

① [法]谢和耐、戴密微等:《明清间耶稣会士入华与中西汇通》,耿昇译,东方出版社,2011年,第90页。 关于这方面,我在文章《启蒙思想与中国文化——16—18世纪中国文化经典对欧洲的影响再研究》中已展开。

② 李天纲:《中国礼仪之争:历史·文献和意义》,上海古籍出版社,1998年,第107页。

历时近十年,在梅谦立、罗莹等人的努力下,该书终于完成翻译,并按照汉拉对照形式出版,这是学术界的一件大事,作为这个项目的推动者,以此序作为对全体译者的致敬。

张西平

2019 年 3 月 29 日于北京岳各庄游心书屋

中文版序言二

在西方思想传统中,最重要、最有影响力、学者投入最多精力的经典,毫无疑问是《圣经》。西方传教士来华时一定关注到在中国也有同样地位的"中国圣经",即所谓"四书五经"。不过,当耶稣会士进入这个庞大的中国诠释学传统时,他们需要考虑,究竟什么经典最有权威和代表性,哪些注释家真正诠释了经典的本意。他们反复阅读儒家经典和各种各样的注释评论,跟士大夫们进行广泛交流,力图理解儒家经典的价值,并按照耶稣会士自己的标准去判断:儒家经典是否包含"真理",哪种注解更接近"真理"。来华的耶稣会士自称彻底排斥宋明理学,与此同时,却大力提倡先秦儒学。可是,当他们跟当时的士大夫进行交流时能够摆脱宋明理学的影响吗?他们对宋明理学的排斥有没有某种修辞成分?有没有可能当时的理学影响太过强大,以至于他们无法摆脱朱熹的注解?

他们反复阅读儒家经典和各种各样的注释评论,然后决定以"诠释选择"来进行翻译工作。我们试图分析比利时耶稣会士柏应理(1623—1693)在多年的努力后,于1687年主编出版的《中国哲学家孔夫子》(以下简称《孔夫子》)。

(一)《孔夫子》的历史背景

因为杨光先(1597—1669)所引起的"历案",从 1666 年到 1671 年,二十三位传教士被软禁在广州。① 传教士们面对中国天主教会受到的巨大打击,不得不重新思考自己传教策略的正当性。然而,他们意见不一,特别是在中国礼仪这个老问题上。过去,他们主要是从民间风俗习惯的角度去理解这些礼仪。可是,因为每个地方有不同的习惯,也因为士大夫和老百姓对礼仪的理解有所不同,所以传教士之间对中国礼仪的定义的分歧无法消除。因此,一批耶稣会士想趁着在广州的空闲时间来彻底地研究儒家经典,以孔子思想为标准来定义中国礼仪,再由此推论它们的得失、真假。为了说服自己,更重要的是为了说服梵蒂冈和欧洲学者,传教士们也投入到儒家经典的翻译工作中去。

把经典作为语言教材

那时,传教士的翻译工作并不是从零开始,而是继承了七十年来的功夫。最初,传教士之所以开始翻译"四书",就是为了教新来华的传教士学习中文。② 这些课本教材的内容包括中文原文、一字一字对照翻译的拉丁文,还有中文拼音,从而告诉西方人如何发音。罗明坚(Michele Ruggieri,1543—1607)就是第一位撰写这种语言教材的耶稣会士。可是,1588 年,他还未翻

---

① 有十九位耶稣会士、三位多明我会士、一位方济各会士;关于传教士的名单,参见 Josef Metzler, *Die Synoden in China, Japan und Korea, 1570-1931*, Paderborn: Ferdinand Schöningh, 1980, p. 23。

② 关于来华耶稣会的学习过程,参见 Liam Matthew Brockey(柏里安), *Journey to the East, The Jesuit Misson to China, 1579-1724*, Cambridge: The Belknap Press of Harvard University Press, 2007, chapter 7: "Learning the Language of Birds", pp. 243-286。

译完"四书",就被要求返回罗马。他居住在罗马的时候,因为被耶稣会长质疑中文水平及其译文的正确性,无法继续他的翻译计划。当时,《大学》译文只有前面部分正式出版了。①

罗明坚返回欧洲之后,途经西班牙,在皇宫(Escorial)与国王腓力二世见面并在那里待了三个月。他把《大学》《中庸》和《论语》第一卷翻译成西班牙文,并将手稿②献给国王。到达罗马之后,从1592年到1595年,他用拉丁文撰写了另一部译文手稿,其中包括《大学》《中庸》《论语》的部分章节以及《孟子》第一卷。遗憾的是罗明坚没有得到出版许可,手稿现存罗马国家中心图书馆。③

1593年12月10日,利玛窦在书信里提到,他已经收到了范礼安(Alessandro Valignano,1539—1606)的命令,要他翻译"四书"来预备一本中文"新天主教教理"。④ 可见,范礼安允许在"教理"里面引用"四书",可是,首先必须对儒家经典有正确的理解,以避免神学错误。这一点反映出耶稣会士对儒家经典的认真态度。利玛窦学习朱熹思想的时候,发现新儒家所强调的某些基本概念,例如"太极"或"理",在先秦的儒家经典中并不占重要的地位。另外,儒家经典所提到的"上帝"后来则不受重视。因此,利玛窦认为,宋明理学远离了先秦儒家的一神论,走上了物质主义和无神论的道路。既然以孔子思想作为最终的标准,那么关键问题就在于如何理解它的核心。为此,先要决定哪些著作代表着孔子的思想,然后要对这些著作进行诠释,

---

① Antonio Possevino, *Biblioteca selecta qua agitur de ratione studiorum*, Rome, 1593. 参见 Knud Lundbaek(龙伯格), "The First Translation from a Confucian Classic in Europe", in *China Mission Studies Bulletin*, I (1979), p. 9, n. 29。

② 手稿编号: Real Biblioteca del Monasterio C.III.27。 手稿一共有60页。

③ 手稿编号: Fondo Gesutico 1185。

④ 利玛窦致耶稣会总会长阿夸维瓦(Acquaviva): Matteo Ricci, *Lettere*, ed. Piero Corradini, Macerata: Quodlibet, 2001, p. 184。

从而把握正确的理解。利玛窦肯定,"四书"能真正代表孔子的思想。但是,由于当时利玛窦没有把先秦儒家的经典和宋明理学的"四书"加以明确区分,这种模糊的立场在后来造成了很多问题。1594 年,利玛窦重新翻译"四书"的重要部分。利玛窦以此作为新来华传教士的中文教材。后来,金尼阁(Nicolas Trigault,1577—1628)也说,新来华的传教士都在用利玛窦的译本学习中文。[1] 遗憾的是,利氏译本遗失了。[2] 不过,我们还能在《天主实义》(1603)里发现利玛窦努力的影子。[3]

1624 年,耶稣会中华省副省长李玛诺(Manual Dias,1559—1639)确认传教士来华的四年制"课程计划"(ratio studiorum)。传教士主要被要求学习"四书"和《尚书》。多年之后,在江西省建昌,中华省副省长郭纳爵(Inácio da Costa,1603—1666)试图改进利玛窦的翻译,于是跟他的学生殷铎泽(Prospero Intorcetta,1625—1696)出版了《中国智慧》(*Sapientia Sinica*,1662)。[4] 译文包括孔子生平两页、《大学》部分十四页、《论语》的前五卷。五位耶稣会士修订了该译文。[5] 这本著作被当代学者认为是"第一本中拉双语译文"[6]。

---

[1] Pasquale d'Elia, *Fonti Ricciane*, Roma: La libreria dello stato, vol. 2, p. 35, n.5; 被引用于 Lionel Jensen(詹启华),*Manufacturing Confucianism*, Durham: Duke University Press, 1997, p. 327, n. 19。

[2] 在书信中,利玛窦提到 1595 年他把"四书"译文送到欧洲。可参见 Nicolas Standaert(钟鸣旦)ed., *Handbook of Christianity in China:635-1800*, Leiden: Brill, 2001, p.863。

[3] Liam Matthew Brockey, *Journey to the East*, *The Jesuit Mission to China*, *1579-1724*, Cambridge: The Belknap Press of Harvard University Press, 2007, pp.256-260.

[4] Henri Bernard-Maître, *Sagesse Chinoise et Philosophie Chrétienne*, Paris & Leiden, 1935, p.128; Liam Matthew Brockey, *Journey to the East*, *The Jesuit Mission to China*, *1579-1724*, Cambridge: The Belknap Press of Harvard University Press, 2007, pp.278-279.

[5] 修订者有聂伯多(Canevari)、何大化(Antonio de Gouvea)、潘国光(Brancati)、柏应理、鲁日满及恩理格。参见 Albert Chan, *Chinese Books and Documents in the Jesuit Archives in Rome*, New York: M.E. Sharpe, 2002, p. 11。

[6] Lionel Jensen, *Manufacturing Confucianism*, Durham: Duke University Press, 1997, p.114。

"广州会议"关于儒家经典的争论

关于"四书"的翻译,1666 年在广州聚集的传教士,特别是郭纳爵和殷铎泽,已经积累了很多经验。我们可以猜测,殷铎泽被遣返到广州时,带了一本完整的《中庸》译稿,因为两个月之后,十六位耶稣会士修订并确认了这份译稿。郭纳爵的名字出现在名单的最前面。这意味着,修订工作应该在他死亡之前,很可能是 1666 年 4 月到 5 月之间。①

但是,传教士之间很快发生了分歧。主要有两位传教士反对利玛窦对儒家经典的理解和传教策略。第一位反对者就是方济各会士利安当。因为他在山东有很成功的十五年的经验和传教成果,所以,他在传教士当中具有相当高的权威。与利玛窦不同,他禁止中国天主教徒践行中国礼仪。他在著作里面很清楚地表达了自己的传教政策。② 另外一位反对者就是多明我会士闵明我。③ 他阅读了郭纳爵和殷铎泽的《中国智慧》之后,表示不同意他们的翻译,认为他们把儒家经典修饰得太好。相反,他认为孔子思想并没有很高的价值。在闵明我后来所写的著作里面,他把"四书"一句一句翻译成西班牙文,跟西方著作进行比较,特别是跟《圣经》、教父(奥力振、奥古斯丁

---

① 十六个人的名字是郭纳爵、何大化、洪度贞(Augery)、张玛诺(Georgius)、刘迪我(Jacques Le Faure)、聂伯多、聂仲迁(Grelon)、柏应理、利玛弟(Maia)、潘国光、穆迪我(Motel)、鲁日满、成际理(Feliciano Pacheco)、李方西(Ferrari)、毕嘉(Gabiani)及恩理格。1666 年 5 月 11 日,郭纳爵过世。另外一个可能性是他们结束修订工作的时候,郭纳爵已经过世,可是,其他耶稣会士还是把他的名字加了进去。

② Antoine de Sainte-Marie, *Traité sur quelques points importants de la mission de la Chine*(《关于大中国传教区的若干问题》,张西平在"中文版序言一"中译为《论中国传教事业的几个问题》),Paris, 1701.

③ 注意区分多明我会士闵明我和耶稣会士闵明我(Claudio Filippo Grimaldi)。

等)和经院学家(阿奎那、卡耶坦等)的某些话进行比较。① 通过这种方法,闵明我试图证明,西方著作的思想是更完整、更正确的。如此,儒家经典只算一种重复。传教士没有必要去赞扬"四书"来博得中国人的好感,而应该直接宣传《圣经》和西方哲学,使中国人自己明白真理在哪里。

按照闵明我的说法,一些耶稣会士已经发现利玛窦策略的不足。闵明我在著作里面提到有两位耶稣会士向他表达了对郭纳爵和殷铎泽的译文保持疑问。第一位就是何大化(1592—1677)。按照闵明我的叙述,在修订《中国智慧》的时候,何大化本来不同意该译文,但是被迫签字。第二位就是当时作为副省长的刘迪我(1613—1675)。1662年,刘迪我没有仔细阅读《中国智慧》就允许其出版;后来,当他仔细阅读译文之后,表示后悔允许其出版。闵明我的说法并不一定完全可靠。可是,可以肯定的是,在广州,有某些耶稣会士对利玛窦的传教策略持不同意见。那时,龙华民四十多年前所写的一份报告再次出现。② 继承利玛窦的职位,作为在华耶稣会的领导(1611—1622)之后,龙华民于1623年写了报告,直接反对利玛窦对中国礼仪的解释。在《论中国宗教的几个问题》里面,龙华民把民间信仰和士大夫的无神论思想区分开来:虽然平民比较相信灵魂不朽和上帝的存在,但是士大夫都怀着很坚定的无神论和唯物主义。不过,士大夫故意不告诉无知的人民,因为他们主张以宗教统治国家。③ 这意味着,儒家的问题并不在于一种历史上的堕落,而在于它的思想本身。当龙华民写这份报告的时候,大部分耶稣会

---

① Domingo Navarrete, *Tratados históricos, políticos, éticos y religiosos de la monarquia de China* (《中华帝国历史、政治、伦理及宗教概况》), Madrid, 1676, tratado tercero(第三论).

② Niccolas Longobardo, *Traité sur quelques points de la religion des Chinois*, Paris, 1701, 关于这本著作的介绍和分析,可以参见李文潮:《龙华民及其〈论中国宗教的几个问题〉》,《国际汉学》2014年第1期。

③ 参见 Virgile Pinot, *La Chine et la formation de l'esprit philosophique en France 1640-1740*, Paris, 1932; Genève: Slatkine reprints, 1971, pp. 312-313.

士还是支持利玛窦策略的。后来,这份报告被遗忘了。可是,四十多年之后,这份报告再一次出现,却引起一片哗然。

在这种背景之下,虽然殷铎泽的《中庸》译文已经得到了修订者的确认,可还是要等到一年之后,由当时的副省长成际理(1622—1687)于1667年7月31日,即圣依纳爵的大节日,最终批准。但因官府控制的缘故,殷铎泽无法出版他的著作。而且传教士之间的矛盾越来越突出,促使他们决定于1667年12月18日到1668年1月26日间举办会议,即所谓"广州会议"。① 在开会的时候,传教士主要讨论天主教礼仪在中国如何执行。在会议中,传教士之间的矛盾凸现出来。利安当和闵明我表达了对儒家礼仪(祭祖、祭孔、祭皇)及儒家经典的排斥态度。相反,殷铎泽和大多数耶稣会士则指出儒家经典应该作为传教工作的基础。传教士的争论无法得出结果。在广州会议召开期间,殷铎泽被选为"中华耶稣会传教区代表"(Sinensis missionis procurator),要被派往罗马,汇报教会在华的遭遇,并祈求梵蒂冈的支持,特别是在两个方面:第一,批准中国人能升司铎职位;第二,在中国,除了拉丁

---

① Nicolas Standaert ed., *Handbook of Christianity in China: 635-1800*, Leiden: Brill, 2001, p. 313. 关于广州会议,参见 J.S. Cummins, *A Question of Rites, Friar Domingo Navarrete and the Jesuits in China*, Aldershot: Scolar Press, 1993。历史材料有: *Acta Cantonensia Authentica in quibus praxis Missionariorum Sinensium Societatis Jesu circa ritus Sinenses approbata est communi consensus Patrum Dominicanorum, & Jesuitarum, qui errant in China*, 1700, 106 pp; "Historia et disquisitio critica de Coetu Cantonensi a Jesuitis, Dominicanis ac Franciscanis in urbe Kuan Chiam Fu pro Christiana fide captives celebrato a. 1687 & 1688", in *Monumenta Sinica*, 1700, pp. 186-389; "De las disputas que tuvimos en la metropili de la provincial de Kuan-Tung, los de las tres Religiones", in Navarrete, *Tratados Historicos*, Madrid, 1676, Tomo II, pp. 190-253; *Monumenta Sinica cum disquisitionibus criticis pro vera Apologia Jesuitarum contra falsam Apologiam Dominicanorum*, 1700。参见 Josef Metzler, *Die Synoden in China, Japan and Korea, 1570-1931*, Paderborn: Ferdinand Schöningh, 1980, xi。还有后来编辑的重要文献: Thomas-Ignatius Dunyn-Szpot, *Collectanea historiae sinensis, ab anno 1641 ad an. 1700, ex variis documentis in Archivio Societatis existentibus excerpta: duobus tomis distincta auctore*, c. 1700。

文,还容许用中文做弥撒。①

学术性的翻译工作

关于儒家经典的翻译工作,广州会议是一个转折点。殷铎泽所受到的攻击,使他必须改变他过去的翻译方法。第一,在理论方面,必须把儒家的权威确定下来。因此,殷铎泽决定系统地介绍中国思想的三个主要学派,即儒、释、道,从而证明儒家的优越。第二,必须把儒家与宋明理学更严格地区分开来,使先秦儒家不会像宋明理学一样被怀疑为无神论。第三,因为"四书"原文很难被正确地理解,所以必须在朱熹之外寻找另一个具有权威性的评论家。第四,必须提高"四书"译文的学术价值,提供丰富的语言和历史材料。为了处理第一、二点,殷铎泽写了很详细的论文,就是《孔夫子》第一卷的前面部分,称为《最初宣言》(*Proemialis Declaratio*)②。但是,殷铎泽没有时间完成自己的计划,因为他终于从中国当局那里获得了返回欧洲的许可。③因此,殷铎泽把"四书"的翻译工作托付给三位耶稣会士:一位奥地利人,即恩理格(1624—1684),还有两位佛兰芒人,即鲁日满(1624—1676)和柏应理。他们三位已经在中国待了六七年,而且都参与过殷铎泽译文的修订工作。殷铎泽离开广州之后,他们便以新的方式投入到翻译工作中。

---

① 参见 Albert Chan, "Towards a Chinese Church: the Contribution of Philippe Couplet S. J. (1622-1693)", in *Philippe Couplet, S.J. (1623-1693)*, *The Man Who Brought China to Europe*, edited by Jerome Heyndrickx, Nettetal: Steyler Verlag, 1990, pp. 66-67.

② Knud Lundbaek, "Notes sur l'Image du Néo-Confucianisme dans la littérature européenne du XVIIIe à la fin du XIXe siècle," in *Actes du 3ᵉ colloque de Sinologie*, Paris: Les Belles Lettres, Cathasia, 1983, p. 135.耶稣会士是从胡广(1370—1418)主编的《性理大全书》(1415)的第一章、第二十六章中获得关于新儒家的信息的。参见《孔夫子》第一卷。

③ 中国当局要求从澳门派来另外一位司铎代替殷铎泽。参见方豪:《中国天主教史人物传》,天主教上海教区光启社,2003年,第328页。

不过，殷铎泽没有放弃自己对《中庸》的简单翻译。因为忙于其他事务，或者由于官府的控制，或者出于其他原因，他在广州只木刻了《中庸》译文的前二十六页——这只有整本书的一半。后来，很可能中国当局突然释放了他，而他很着急地离开广州去澳门坐船。因为在《中庸》的第二十六页，文字突然终止了，最后一句话并没有说完。那时，好像他用已经准备好的刻板来印刷《中庸》译文的第一部分。他把二十六张刻板留在了广州，而把印刷品带走。1669年，在前往欧洲的途中，殷铎泽在果阿停留了一段时间，如此他能将剩下的译文以西方技术印刷（跟广州的刻板有很明显的差异），并将这一部分与之前在广州刻印的部分装订在一起。书的标题为《中国政治伦理知识》（*Sinarum Scientia Politico-Moralis*）。①

从殷铎泽离开广州直到其他被扣留的耶稣会士最终获释期间，三位耶稣会士又花了三年时间进行新的翻译，并加上解释译文，使得此译文不再是一本语言教材，而是更具有学术价值的材料。不过，因为工作量太大，在此过程中，他们决定放弃翻译篇幅比较长的《孟子》，只完成《大学》《中庸》《论语》的译文。② 此后，六位耶稣会士修订了译文。在修订者的名单上，我们可以找到刘迪我的名字，这使我们有理由怀疑闵明我所说的话，即刘迪我后悔

---

① 张西平在"中文版序言一"中翻译为《中国政治道德学说》。这本很特别的书如今收藏于罗马耶稣会档案馆（JS 3 III）。除了《中庸》译文，还包括更详细的"中国'哲学之父'孔子生平"。殷铎泽对译文不太满意，从1670年9月17日起，开始在书上手动修改。参见 Joseph Dehergne, *Répertoire des Jésuites de Chine*, Rome：IHSI，1973，Intorcetta。

② 参见 Henri Bernard-Maître, *Sagesse Chinoise et Philosophie Chrétienne*, Paris & Leiden, 1935, p. 131。后来，法国耶稣会士卫方济（François Noël）把《孟子》翻译成拉丁文，完整了"四书"的翻译，即 *Sinensis Imperii Libri Classici Sex*（《中国的六书》），Prague, 1711。

允许出版殷铎泽的《中国智慧》。[1] 1671 年,译稿被寄到罗马。

与此同时,殷铎泽在罗马的使命未能完成,没能得到梵蒂冈的支持。而且,由于广州译稿的某些部分在罗马,另一些部分在荷兰,殷铎泽来不及把全部译稿收集起来。他离开罗马的时候,把编辑工作托付给基歇尔(Athanasius Kircher,1602—1680)。但基歇尔本就很忙碌,没有时间处理。1680 年,当基歇尔去世时,翻译计划完全陷入了停滞状态;译稿被放在盒子里,存放于耶稣会的"罗马学院"(Collegium Romanum)。[2]

幸运的是,1679 年,柏应理被选为中华耶稣会传教区代表。1681 年 12 月 5 日,他离开澳门,终于在 1683 年到达荷兰。在那里,他补充了他在广州就开始编写的《中华帝国年表》。[3] 1684 年 9 月 25 日,他跟法国国王路易十四见面,讨论把一批法国传教士派到中国。[4]

1685 年,在罗马,如同十几年前的殷铎泽一样,柏应理在许多方面也无法得到梵蒂冈的支持。可是,在"罗马学院",柏应理幸运地找到了他十五年

---

[1] Noël Golvers(高华士),"The Development of the Confucius Sinarum Philosophus reconsidered in the light of new material," in *Western Learning and Christianity in China*, Monumenta Serica, Monograph Series XXXV, Sankt Augustin: Steyler Verlag, 1998, vol. 2, p. 1142. 修订者有:潘国光、刘迪我、聂仲迁、聂伯多、成际理、李方西。 参见鲁日满的书信(1670 年 11 月 5 日),引用在 Henri Bernard-Maître, *Sagesse Chinoise et Philosophie Chrétienne*, Paris & Leiden, 1935, p. 131。

[2] "The Development of the Confucius Sinarum Philosophus reconsidered in the light of new material," in *Western Learning and Christianity in China*, Monumenta Serica, Monograph Series XXXV, Sankt Augustin: Steyler Verlag, 1998, vol. 2, p. 1150.

[3] 皇帝名单止于 1683 年,如同标题说明:"Tabula Chronologica Monarchiae Sinicae Juxta Cyclos Annorum LX, Ab anno ante Christum 2952. ad annum praesentis saeculi 1683."(从公元前 2952 年到 1683 年的中华帝国年表,以六十年为一甲子)

[4] Virgile Pinot, *La Chine et la formation de l'esprit philosophique en France 1640-1740*, Paris, 1932; Genève: Slatkine reprints, 1971, p. 44.1685 年 3 月 3 日,六位法国"国王数学家"出海。 达夏德(Guy Tachard, 1648—1712)停留在暹罗(今天的泰国),1687 年 7 月 23 日,其他五位到达了宁波,即张诚(Jean-François Gerbillon, 1654—1707)、白晋(Joachim Bouvet, 1656—1730)、洪若翰(Jean de Fontaney, 1643—1710)、刘应(Claude de Visdelou, 1656—1737)及李明(Louis Le Comte, 1655—1728)。

前在广州所翻译的儒家经典的稿件。他首先考虑在罗马出版；但是，法国皇家图书馆馆长德维诺(Melchisédech Thévenot)得到消息之后，用外交关系提出将这本著作在法国出版。那时，法国国王正准备驱逐在法国的新教教徒（即《枫丹白露敕令》），因此柏应理很难拒绝这一要求。如是，柏应理把编辑和印刷工作从罗马转到巴黎，在那里他获得了法国皇家图书馆的支持。1686年，他对译稿进行了编辑，1687年，书最终面世，书名为《中国哲学家孔夫子，或经殷铎泽、恩理格、鲁日满和柏应理的努力用拉丁文解释的中国学问》。[①]除了《大学》《中庸》《论语》的拉丁译文，书中还包括柏应理所写的《致最信奉基督的国王——伟大的路易十四的书信》和《中华帝国年表》、殷铎泽所写的"中国'哲学之父'孔子生平"以及与柏应理合写的第一卷，也可称为"前言"。在写给路易十四的书信里柏应理赞扬"最基督徒的国王"(Christianissimus Rex)禁止基督新教，从而表达自己希望路易十四能帮助中国皈依天主教。

虽然传教士提醒读者，不能把孔子看作这些经典的作者，因为孔子继承的是先王的思想，但他们还是认为这些经典代表了孔子的思想，正确地体现了孔子的精神，如同书名所说的那样。他们还更系统地解释"四书"的地位。虽然传教士们都知道是朱熹编辑了"四书"，可是，对"四书"的历史来源和权威，他们却编撰出与宋明理学不同的新说法。

（二）从《耶稣会与天主教进入中国史》到《孔夫子》第一卷

接下来，我想简单陈述一下《孔夫子》如何继承了利玛窦的基本思想，并

[①] 在《孔夫子》出版几个月之前，《大学》的英文版面世。参见 Matt Jenkinson, "Nathanael Vincent and Confucius's 'great learning' in restoration England", in *Notes and Records of the Royal Society*, Volume 60, N. 1, 2006, pp. 35-47。张西平在"中文版序言一"中对书名的翻译与此处稍有不同。

在这个基础上发挥了新的论证。如同前面所说,第一卷包括两个部分,第一部分主要由殷铎泽写成。在利玛窦的《耶稣会与天主教进入中国史》第一卷第十章的基础上,殷铎泽更细致、更系统地描述了中国的三个教派(儒、释、道)。第二部分主要由柏应理写成,他在其中提供了宏大的历史叙述,说明了中国与全人类历史的关系。我们先讨论第一卷的第一部分。

中国教派:在偶像崇拜与无神论两极之间

利玛窦肯定了自然宗教,不过也马上提出:除非有恩宠的支配,否则自然宗教很容易堕落——人们崇拜偶像,或者不崇拜任何神。因此,真正的宗教很可能会偏右或偏左,要么变成迷信,要么变成无神论。[①] 同利玛窦一样,龙华民也认为,真正宗教是不稳定的。不过,他提出了很特别的观念,认为中国的每个教派(儒、释、道)同时有两面:既有偶像崇拜,又有无神论。按我们现代的思想,把偶像崇拜和无神论连接起来,颇令人疑惑;但是,在西方古典思想里,这两个"错误"是非常容易连在一起的。例如,西方最具影响力的作家之一普鲁塔克说道:

> 对神的无知和盲目可以分成两类:第一类是无神论,它产生于顽固的性格,如同在坚硬的土壤中;第二类是迷信,它产生于温和的性格,就像在潮湿的土壤中。每一个错误的判断,尤其是与这些问题相关的错误判断,都是有害的。但是当情绪也参与其中时,它为害最甚。因为每一种情绪都可能是一种让人痛苦的错觉。就像关节脱白伴有撕裂是最难以处理的一样,伴随着情绪的灵魂错乱也是如此。一个人认为宇宙最初是由原子和虚空构成。他的假设是错误的,但对他不会引起疼痛、悸动和剧烈的痛苦。一个人若认

[①] 参见[意]利玛窦:《耶稣会与天主教进入中国史》,文铮译,商务印书馆,2014年,第68页。

为财富是最大的善。这种谎言含有毒液,吞噬他的灵魂,分散他的注意力,使他无法入睡,让他充满刺痛的欲望,把他推到悬崖边上,扼住他的喉咙,剥夺他的言论自由。

……

因为有些人就是这样,在试图摆脱迷信的时候,就会奔向一种粗糙而顽固的无神论,从而忽略了介于两者之间的真宗教。[①]

由此,我们能看出,真正的宗教处于两种意见,即多神的偶像崇拜与无神论之间。从普鲁塔克建立的宗教心理中可知,性格温顺的人容易受影响,因而崇拜多神以满足愿望;而性格独立的人倾向于唯物论并拒绝任何神。

随着基督宗教在整个欧洲的建立,无神论的威胁在中世纪时期消退了,而迷信则被认为成为真正的危险。整个中世纪都处在忙于追踪和消除普通百姓中所有形式的迷信实践。直到17世纪,无神论才再次成为一种危险。但是,无神论并不像古希腊时代或19世纪的欧洲那样直白地宣布神并不存在,而是表现得更加细微而难以察觉,因为人们可以遵循基督宗教的外在形式,但却持有对神的非正统想法。在17世纪的欧洲,这种无神论的新形势开始被视为日益增长的威胁。同样的危险也出现在当时的亚洲。

利玛窦已经开始怀疑中国教派,特别是新儒学,有无神论倾向。龙华民进一步认为,儒、释、道有两面性:一种"外在教义"和一种"内在教义"。外在教义鼓励群众拜神,被传教士认为是偶像崇拜。不过,与民众不同,士大夫与僧侣并不相信宗教仪式,也不相信任何神,在心里面保持无神论。[②]《孔夫子》接纳了龙华民的框架来分析新儒及释、道。佛教的两面性最明显:一方面,民间佛教陷入了迷信,这就是净土宗;另一方面,高僧和那些受到佛教影

[①] 普鲁塔克(Plutarch of Chaeronea,约46—约122),古希腊历史学家,传记作家,散文家。普鲁塔克:《论迷信》(*On Superstition*, *Moralia* Vol. II),哈佛大学洛布古典丛书,1928年,第455、495页。

[②] Niccolas Longobardo, *Traité sur quelques points de la religion des Chinois*, Paris, 1701, p.26.

响的士大夫不相信宗教,这就是禅宗。在佛法里,殷铎泽找到了根据,即佛教的"二谛"。其实,传教士没有完全否定佛教:他们承认,佛法里面包含一些符合人类的共同理性的一面;但是,由于人们远离理性,佛教既偏向偶像崇拜,又偏向无神论。关于道教,《孔夫子》同样承认在《道德经》中可以找到一些合理的思想;然而,这个教派后来完全发展到偶像崇拜。关于儒家,原来的孔教完全符合自然理性,遗憾的是,后来也陷入了无神论,这就是新儒家。

耶稣会士很难接受中国教派有两面性。在他们看来,这种宗教不仅威胁了真理与理性的统一,更威胁了社会秩序的统一。的确,他们的文字中透出一种担忧,即宗教被政治所利用。我们知道,在 17 世纪的欧洲,随着民族国家的崛起,政治权的合法性不再依靠宗教的权威,当局反而逐渐从政治功能的角度去衡量宗教。欧洲的耶稣会士试图抵抗这个新趋势,认为天主教对国家是一个好宗教,不仅因为它对国家有好处,更因为它是真理。因此,当耶稣会士发现中国士大夫如何看待宗教时,他们大吃一惊。根据殷铎泽的说法,士大夫能鼓励百姓去信宗教,然而他们自己却不信。几十年前,龙华民首先指出士大夫如何利用佛教,从而说明虽然士大夫不信佛教,却支持它,因为百姓对轮回的信念使其顺从。龙华民还记得,他在葡萄牙读书的时候,读到的一些古老书籍——比如《哲学家的观念》(*Placita Philosophorum*)——曾指出,一些君王内心不信宗教,但为了某种政治目的,假装信奉宗教。① 龙华民发现类似的想法再次浮出水面,例如在皮耶罗·瓦勒里亚诺·博尔扎尼(Piero Valeriano Bolzani,1477—1558)的《古埃及字》(*Hieroglyphica*,1556)中也有类似表述。

为了表达士大夫对宗教的含糊不清,在《孔夫子》中经常可以看到"无神

---

① Nicolas Longobardo, *Traité sur quelques points de la religion des Chinois*, Paris, 1701, p.24. 龙华民把《哲学家的观念》的作者归为普鲁塔克,不过,今天的学术界认为并非如此。

论政客"(atheo-politicus)一词。这个词并不存在于拉丁语中,而是由 atheos 与 politicus 合造出来的,指那些如这个词所描述的那样的士大夫。西班牙耶稣会士朱安·尤西比奥·尼雷姆贝格(Juan Eusebio Nieremberg,1595—1658)早前把马基雅维利作为"无神论政客"。①《孔夫子》的贡献者之一鲁日满在他的《鞑靼历史——一个崭新的中国》(Historia Tartaro-Sinica nova)——这本书也是写于流放广州时期——也提出了这个专门名词。② 在《孔夫子》里,这个词出现了十次;不过,并不是在殷铎泽所写的关于佛教的部分,而是出现在柏应理所写的前言第二部分。③

通过"无神论政客"这个词,柏应理想要说明:一方面,士大夫因为受到了佛教"内在教义"的影响,不相信佛教的"外在教义",从而保持无神论;另一方面,出于政治的考虑,他们仍然允许和促进佛教习俗。他们并没有公开宣称自己的无神论立场,甚至也会参加宗教仪式。对耶稣会士来说,这等于低估了宗教,将其当作一种政治策略。对于他们来说,把宗教作为政治工具这种观念是很可怕的。而且,他们认为,佛教能这样被利用就是因为其本身的双重教义:因为佛教抛弃了普遍教义的立场而在内部发挥无神论,所以避免不了遭士大夫们的玩弄。在 18 世纪的欧洲,许多"开明君主"(despotes éclairés)完全可以中国为模式:像中国的皇帝利用佛教一样,欧洲统治者也可以利用基督宗教。例如,在阅读了耶稣会士对佛教的描述后伏尔泰总结说:"群众不应该得到一个合理的宗教。"④伏尔泰认为,由于百姓需要这样的一种宗教,统治者就可以让他们拥有,以便更好地控制他们。

---

① Juan Eusebio Nieremberg y Otin, *Theopoliticus sive brevis illucidatio et rationale divinorum operum atque providentia humanorum*, Amberes, 1641.

② François de Rougemont, *Historia Tartaro-Sinica nova*, Louvain, 1673, p. 156, 269。

③ 《孔夫子》第一卷, lxii, lxxxvii, xciv, xcvii, cviii, cxi, cxii, cxxii。

④ Voltaire(伏尔泰), *Essais sur les Moeurs et l'Esprit des Nations*, *Œuvres Complètes de Voltaire*, Paris, 1817, XII, p. 260。

从哲学框架到历史框架

我们看过《孔夫子》第一卷的第一部分是如何系统地描述中国教派之后,现在要回到之前的儒家的合法性问题上来,这就是第一卷第二部分要处理的问题。利玛窦已经表达出,中国古代人对上帝有了正确的认识。这种观念主要依赖于利玛窦对"四书五经"的理解,因为他认为,这些书不包含迷信和无神论,相反,充满了理性与有神论。

古人对上帝的这种认识来源于"自然法",也就是说,因为人们赋有理性,得到一种对上帝正确的认识。[①]《孔夫子》基本上追随着这个理路,并指出,从伏羲到孔子,中国人保持了真正的信仰,对上帝有了正确的认识。这种思路强调我们人类在本性上的共同点。从哲学或人类学的角度来看,中国人与其他民族一样赋有理性。

不过,除了哲学框架,利玛窦也涵盖了某种历史框架:理性本身不够,还需要一些具体的历史条件,才能保持长久。因为,在人类的开端,被上帝赐予的理性是较强的。与犹太民族不同,中华民族跟其他民族一样都无法得到上帝的恩宠,因此很容易远离最初的理性。不过,中华民族得到了其他民族没有的优势:由于地理原因或者历史原因,中国没有受到迷信的坏影响,这使得中国古人在很长时期内保持了纯粹的理性。当然利玛窦认为,这种事实并非偶然,更显示出天主对中华民族的特别保护。不过,佛教进入中国之后,中华民族失去了原来的信仰,因而现在与其他民族一样都需要耶稣基督的拯救。

利玛窦去世六十年之后,他的哲学与历史框架仍很难令所有的传教士

[①] 参见[意]利玛窦:《耶稣会与天主教进入中国史》,文铮译,商务印书馆,2014年,第67—68页。

满意。确实,利玛窦没有明确说明中国古人是完全凭自然理性认识了天主,还是在历史上获得了这种知识。如果是前者的话,那么中国古人的认识跟圣经历史无关。看起来,在人类的历史中产生过两种认识上帝的途径:犹太人通过启示,中国人通过理性,这使得人类历史分裂了。

为了弥补这种历史框架的漏洞,利玛窦之后的传教士做了很大的努力,提出了中华民族与圣经历史的联系。在《人类原始论》(写于1610年,出版于1617年左右)中,庞迪我(Diego de Pantoja,1571—1618)说,中国古人对上帝的认识并非完全凭自然法,而是来源于人类的共同祖先,即诺亚。并且,伏羲是诺亚的子孙,离开了中东,移居到中国。

柏应理也要说明,伏羲离开中东,并移民到中国。他花了很长的篇幅来证明,在大洪水发生之后,所有民族很快抛弃了天主给他们的理性。而且,因为中华民族跟埃及、罗马帝国、日本等国的民族没有来往,可以保留自然理性和纯粹的信仰,没有陷入理性败坏所导致的偶像崇拜。

柏应理试图把中国古代史与圣经史紧密地连接起来,说明中国如何继承了诺亚所积累的技艺。这样就可以理解为什么中国文明发展那么迅速,并且在很长时间内保留了最初的一神教。通过《中华帝国年表》中的分析,我们可以看到,中国古代保存了《创世记》所记载的原始人类的基本知识:创造论的知识、关于原始人长寿的知识以及关于原初技艺的知识。

在卫匡国的《中国上古史》(1658)、何大化的《分为六个时期的中华帝国》(没有出版)及鲁日满的《鞑靼历史——一个崭新的中国》(1673)的基础上,柏应理参考其他中文材料,完成了他的《中华帝国年表》。他的这本书于1686年印刷,但没有装订,也没有发行。直到1687年,该书才与《中国哲学家孔夫子》汇成一册,一起发行。柏应理认为,按照各个皇帝年号来纪年的方法不能正确地标示历史,甲子纪年法则更为准确。如是,在一个具体的甲子里,他按照统治年或者甲子年的顺序来记载各个事件。卫匡国与何大化对于历史事件的描述很丰富,但柏应理的目标不同,他并不打算做很详细的历史陈述,只想写一个纪年表,简略地提及重要的事件。因此,柏应理概括了卫匡国、何大化、鲁日满等人所写的许多内容。

就这样,柏应理让中国进入了整个人类的历史框架,并且表明了中国在历史上的特殊地位。他试图证明,在犹太民族形成之前,已经有了中华民族,而且它是第一个朝拜天主的民族、第一个给天主建造圣殿的民族。就这样,柏应理把中国提升到在西方从未有过的历史地位。确实,一些比较保守的传教士很难接受中国完全凭自然法或哲学来认识上帝。相反,他们强调,这种认识应该是上帝在具体的历史时刻给予的。人类完全凭自己的能力来认识上帝是不可能的,除非上帝给予他们启示。柏应理表示,有了这种历史关系,比较保守的传教士更容易接受中国古代拥有正确的信仰这种观念。不过,这造成了一系列神学问题。比如,中国为什么得到了天主的特殊恩宠?如何理解中华民族与以色列选民之间的关系?如果中国古代继承了诺亚的信仰,那么,现在中国能不能回到尧、舜、孔子的信仰?是否需要耶稣基督的救恩?这些很棘手的神学问题在当时的欧洲具有非常大的挑战性,跟"中国礼仪之争"有密切关系。后来,索隐派更系统地研究了中国古代记载与《圣经》之间的相似之处,不过,与柏应理不同,他们不太强调历史,而是强调经典及汉字所包含的神秘寓意。

柏应理如此说明古代儒家来源于《圣经》,等于低估理性的能力,意味着理性的作用被某种历史传播所取代。从哲学的角度来看,这好像是一个让步。这样柏应理就可以强调人类历史的统一:整个人类有同一个历史来源,并且正确的信仰也有同一个历史来源。尽管柏应理的许多论据现在已经被否定了,但他的历史框架使得中国第一次进入了当时欧洲人所理解的人类历史。人类的共同点不仅在于一个共同的理性,也在于共同的历史起源和发展。

总之,《孔夫子》基本上遵循了利玛窦的思路。不过,经历了几十年的争论后,殷铎泽和柏应理发展了更系统化、更富有历史证据的论证。他们认为当时的中国教派(新儒家、道教、佛教)走上了两个错误的道路,即偶像崇拜或者无神论,而他们试图指出在这两个错误之间的真正宗教。

(三)耶稣会对"四书"的诠释

朱熹的线索:作为哲学家的孔子

在《中国智慧》《中国政治伦理知识》《中国哲学家孔夫子》的译文中,我们都可以看到同样的标记:"folio"指南京版本的页码,"pagina 1"指左页,"pagina 2"指右页,"§"指段落。我们可以确认耶稣会士的这些标记完全符合《四书章句集注》的明朝版本。① 另外,我们也发现,明朝《四书章句集注》的大部分版本都用同样的排版:每页九行,每行十七字,原文单行,朱熹的注释双行。② 耶稣会士也完全沿袭朱熹的分段。③ 耶稣会士使用《四书章句集注》的标准版本,极大方便了跟士大夫的交流。另外,耶稣会士经常到各地传教,分开时也要学习"四书",因此需要用最通用的版本。

在"四书"的拉丁译文中,随处可见朱熹的影响。这里,我们将列举三个例子。关于《大学》的开端,耶稣会士把"明明德"译作"精炼天赐予的理性本质"(excolere rationalis naturam à coelo inditam),即"返回自己原来的纯真本

---

① 比如在嘉靖(1522—1566)年间,蔡氏文峰堂所出版的《四书集注》二十一卷,收藏于哈佛大学哈佛燕京图书馆。 1538年,陈氏积善书堂所出版的《四书集注》二十一卷,收藏于哈佛大学哈佛燕京图书馆。

② 潘国光所用的《四书章句集注》版本也使用了这种排版方式。 参见 Albert Chan, *Chinese Books and Documents in the Jesuit Archives in Rome*, New York: M.E. Sharpe, 2002, p.9。

③ 对于《大学》,朱熹进行了顺序整理及内容补充。《论语》的许多重复,朱熹也都保留了。 在这些方面,耶稣会士参照了朱熹的编辑工作。

性"(redire ad pristinam claritatem suam);把"亲民"翻译成"革新人民"(renovare populum);把"至善"译作"一切行为的综合符合正当理性"(summa actionum omnium cum recta ratione confirmata)。这样的翻译,虽然有待商榷,但无疑是直接或间接受到了朱熹的影响。[1]

耶稣会士关注并肯定了《四书章句集注》所蕴含的理性维度,因为这契合士林哲学。他们把孔子视作哲学家,正如"中国哲学家孔夫子"这个标题所示。在《论语》的拉丁译文中,philosophus(哲学家)出现了五十多次,经常被用来翻译中文词"君子",有两次被用来翻译"好学"。《论语》1.14 是以"好学"来描述君子的:"君子食无求饱,居无求安,敏于事而慎于言,就有道而正焉,可谓好学也已。"《论语》19.5 同样有:"日知其所亡,月无忘其所能,可谓好学也已矣。"在这两处,耶稣会士把"好学"都翻译成 philosophus。这样的翻译诠释很有创意,因为 philosophus 的原意就是"爱智慧者"。对孔子而言,君子的重要品性之一就是"好学",而耶稣会士经常把"君子"与"好学"都翻译成 philosophus。需要注意的是按照《论语》的意思,"好学"并不涉及抽象的哲学理论,而是某种生活方式。这一点也符合古希腊对"哲学"的理解。在《论语》的开端,孔子问:"学而时习之,不亦说乎?"耶稣会士把"学"翻译成"模仿智者",如此便是遵循了朱熹的解释:"学之为言效也。"儒家的"学"包括了智力和道德两方面,而耶稣会士意识到这一点也完全符合古希腊罗马哲学以及基督教哲学的基本观念。

虽然《孔夫子》中处处可见朱熹的观念,但书中却避免提及他的名字。在广州,传教士之间的"礼仪之争"及"诠释之争"继续发酵,使得殷铎泽尽量回避提及其翻译工作与朱注的密切联系,以免其"四书"译文被指责为无神

---

[1] 参见《孔夫子》第二卷"中国学问第一部"。〔宋〕朱熹:《四书章句集注》,中华书局,1983年,第3页:"程子曰:亲,当作新。 大学者,大人之学也。 明,明之也。 明德者,人之所得乎天……故学者当因其所发而遂明之,以复其初也。 新者,革其旧之谓也。 言既自明其明德……至善,则事理当然之极也。"

论思想。因此,《孔夫子》的第一卷完全否定了朱熹及宋明理学家对"四书"的解释,并几次提出朱熹的"错误"。比如,《中庸》19章说:"郊社之礼,所以事上帝也。"朱熹认为有两个仪式,分别面对天和地:"郊,祀天。社,祭地。不言后土者,省文也。"①但耶稣会士反对朱熹的理解,认为只有一个朝拜仪式,即面对上帝。无论原文的本意如何,耶稣会士主要试图证明中国古人相信一神教。关于"高宗梦傅说"(《论语》14.43),耶稣会士也反对朱熹的解释,并称朱熹为"无神论政客"。在第一卷里,他们激烈地批评了"理""气""太极"等观念。

概而言之,在《孔夫子》中,他们的策略有两点:第一,不标明对《四书章句集注》中编辑及注释的大量使用,并隐瞒起来;第二,如果提到朱熹,主要是为否定他的观念②。换言之,通过朱熹的解释可以证明孔子是一个哲学家;不过,还要通过另一个诠释者来说明孔子并不是无神论哲学家,而是有宗教情感的哲学家。如是,张居正进入了耶稣会士的视野。

张居正的线索:有宗教感的孔子

早在1610年,《四书直解》就已出现在南京的耶稣会图书馆馆藏目录

---

① 〔宋〕朱熹:《四书章句集注》,中华书局,1983年,第27页。
② 朱熹的观念有两处受到耶稣会士的公开肯定。 第一处,在翻译《论语》10.10时,耶稣会士提出,注释家包括朱熹都承认"傩"这种古代宗教仪式。 朱熹在《论语集注》中说:"傩,所以逐疫,周礼方相氏掌之。"不过,朱熹也低估了这个宗教仪式,称之为"戏"。 在其他地方,朱熹把"帝臣不蔽,简在帝心"(《论语》20.1)解释为:"简在帝心,惟帝所命,此述其初请命而伐桀之辞也。"也许这两处已经存在于早期的初稿中。 柏应理在巴黎做最终的编辑工作时,也许没有注意这两处,因此保留了下来。

中。① 1624 年,耶稣会士的"课程计划"表明,《四书章句集注》与《四书直解》可以同时使用。后来,虽然耶稣会士还会继续使用《四书章句集注》,但更多地采用了张居正的《四书直解》。比如,在《中国智慧》的序(1662)中,殷铎泽就交代,他们参考了二十个注释家,特别是张居正。② 这里,我们先简略介绍张居正的思想及其《四书直解》,然后说明耶稣会士为什么选择了他的评注。

张居正(1525—1582)做过两次太傅,这使得他很快晋升到了最高职位。1563 年,他首次担任朱载垕(1537—1572)的太傅,那时,已经二十六岁的朱载垕不一定受到张居正的深刻影响,但一定对他有足够的信任。1567 年,当朱载垕成为隆庆帝时,张居正及其他四位太傅担任内阁大学士。1568 年,隆庆帝立朱翊钧(1563—1620)为皇太子。1570 年,张居正上奏,敦促皇太子尽快出阁受学:"早一日,则有一日培养之益;迟一年,则少一年进修之功。唯皇上深省焉!"③并且提到了周公如何培养成王。1572 年,张居正第二次担任太傅。几个月之后,朱载垕刚满三十五岁,突然病逝;高拱(1513—1578)被迫下台,张居正随即成为内阁首辅。

从十岁至二十岁,万历皇帝皆由张居正教导。按照明英宗确立的规矩,为皇帝讲学,有所谓"日讲":早上,皇帝朗诵十篇经典,太傅及六位讲师轮流解释;在处理国家事务之后,皇帝要学习一百个汉字,寒冬时只需学习五十个汉字;中午之前,他要阅读《资治通鉴》;晚上则要复习早上的课程内容。

---

① 参见 Ad Dudink, "The inventories of the Jesuit house at Nanking, made up during the persecution of 1616-1617 (Shen Que, 'Nan gong shu du', 1620)", in Federico Massini ed., *Western humanistic culture presented to China by Jesuit missionaries (XVII-XVIII centuries)*, Roma: Institutum Historicum, 1996, p.147.

② 詹启华说利玛窦在翻译"四书"的时候使用了《四书直解》,但没有提供任何依据。 参见 Lionel Jesen, *Manufacturing Confucianism*, Durham: Duke University Press, 1997, p.85.

③ 《新刻张太岳先生诗文集》卷三十六,《请皇太子出阁讲学疏》,四库存目集部第 113 册,第 787 页。

就这样,从1572年到1575年,万历皇帝用三年时间学习《大学》《中庸》;之后又用六年时间学习《论语》;从1581年起开始学习《孟子》。① 1582年张居正去世之后,万历皇帝仍坚持阅读《孟子》。每个"日讲"要经历很复杂的过程:六位讲师首先要准备讲稿,而讲稿需得到张居正的批准。上课的时候,如果张居正不能亲自参与,应有另外一个内阁阁老出席。上课时人数不多,所以万历皇帝跟张居正以及其他老师之间,可以有一些互动。

关于张居正的历史角色已有很多相关研究,研究他的思想的则很少。张居正的政治理念基于正统儒家思想。他认为正德、嘉靖以来的政治社会问题源于朝廷的腐败与软弱,因此造成异端思想的流行。张居正批评当时的士大夫"溺于见闻,支离糟粕,人持异见,各申其说于天下"。② 的确,在万历时期,私立书院中萌发了很多新观念,一些士大夫甚至大力倡导"三教合一"。张居正认为私人书院挑战了正统思想,于是在1579年,即他去世的三年前,下令关闭国内所有私立书院,以禁民间讲学。同年,泰州学派学者何心隐(1517—1579)因批评张居正把控朝政,被捕入狱,命丧牢狱之中。因为张居正钳制知识分子的思想自由,很多历史学家据此认为张居正是法家。不过,他治人不基于暴力而基于修心,却是儒家的标志。张居正并没有把儒、释、道、法放在同等的地位。如此,我们很难说他是一个调和论者(syncretist),只能说他是在儒家的基础上,兼采释、道、法各家。③

在讲完《大学》之后,张居正与其他士大夫一起对讲稿进行了修订,并于1573年出版,由张居正作序。大约在1590—1600年间,完整的《四书直解》

---

① 郑又荣:《张居正等辑录〈论语直解〉研究》,台湾高雄师范大学文学系硕士论文,2007年,第53—56页。

② 参见张学智:《张居正吏治中的儒学》,《国际儒学研究》第15辑,2007年,第298页。

③ 孟德卫教授把张居正视为融汇论者。参见 David Mungello, "The Jesuits' Use of Chang Chü-Cheng's Commentary in their Translation of the Confucian Four Books (1687)", in *China Mission Studies Bulletin* (1981), p.15。

才出版。许多版本把张居正作为唯一作者,因此,后来的耶稣会传教士也没有注意到《四书直解》原本是集体合作的产物。1582年,张居正去世之后,被他的政敌控告贪污腐败,万历皇帝随后下令没收张氏家产。尽管如此,《四书直解》仍然能够继续正常地刊行和流通。例如,1611年,在万历皇帝统治之下,张亮在福建出版了《重刻内府原版张阁老经筵四书直解》,里面有著名学者焦竑(1540—1620)的注。1622年,也就是在万历皇帝去世两年之后,张居正被平反。明清易代之后,1651年,吴伟业(号梅村,1609—1672)出版了《四书张阁老直解》。1684年,康熙皇帝读过《尚书直解》及《四书直解》之后,称赞道:"篇末具无支辞。"①

我们可以从八个方面来说明《四书直解》的主要特征:(1)它是为皇帝写的,比较重视人治,而朱熹的《四书章句集注》以普通士人为阅读对象;(2)思想基本统一,没有像朱熹那样提及诸多前辈学者的不同观点;(3)代表官方思想,没有引入个人的观念;(4)表述大意,有字词解释,介绍了一些背景,并贯通地进行解说;(5)重视实用,没有像朱熹那样大量地讨论理论问题;(6)删除了许多重复内容,没有像朱熹那样重视版本;(7)代表张居正、内阁、讲师等的综合思想;(8)大量使用朱熹的注释。

从1624年起,耶稣会士开始阅读《四书直解》。从1662年起,耶稣会士着手将其翻译成拉丁文。《孔夫子》经常提到的"张阁老"(Cham Colaus),即为张居正。在该书第一卷的结尾,他们陈述了之所以选择《四书直解》的理由:

> 然而,为何我们挑选这样一位解释者是合适的,而非其他人呢?因为他的注疏流传甚广,并为传教士们所看重。虽然他是近世的注疏者之一——实际上是最近的,但他似乎更可信,其著作中

---

① 中国第一历史档案馆整理:《康熙起居注》第2册,中华书局,1984年,二十三年夏四月三十日乙丑条,第175页。

的谜团和新奇之处比其他的解释者更少。因此,我们主要追随他。①

耶稣会士或许是故意忽略说明《四书直解》在权威性上依然无法跟《四书章句集注》相比。耶稣会士认为《四书直解》更可靠的另一个原因是,其中很少讨论宋明理学的"谜团和新奇"。耶稣会士的判断是很准确的,因为如前所述,张居正似乎不太喜欢讨论理论问题,而更强调实用。② 不过,他们所说的理由中,并没有能积极地肯定《四书直解》究竟在哪方面是可靠的。因此,恐怕耶稣会士所提供的理由不够全面。

研究《孔夫子》的学者也曾试图解释耶稣会士如此选择的理由。澳大利亚学者鲁保禄(Paul Rule)分析了耶稣会士的拉丁文翻译,不过主要是与《四书章句集注》比较,并强调耶稣会士与朱熹的不同。③ 美国学者孟德卫进一步认为,选择《四书直解》的理由主要有两个:第一,耶稣会士正在学习文言文,而《四书直解》文字浅白易懂,因为它是为幼年皇帝所作。第二,张居正的解释避免了无神论及唯物主义。④ 如上所论,第二个理由缺乏说服力,并不能说明耶稣会士选择《四书直解》而非其他诠释的理由。第一个理由也很难站得住脚,因为殷铎泽、柏应理等人中文水平相当高,有能力阅读和翻译更难的作品。⑤ 孟德卫也认为,张居正与朱熹的解释并没有很大的区别,是

---

① 参见本卷第182页。

② 在《论语》译文的结尾,耶稣会士还强调他们所用注释的来源:"虽然我们的诠释看起来很多,但读者应当明白它在书中所占分量及其含金量都是不及我们常引用的张阁老的注释。 就像在他处所说的,我们常常借用他的注释。 除了为了表达得更为清晰明白而运用其他学者的说法外,对此书的注释几乎全部都来自张阁老,所有的观点也都来自他。"参见《孔夫子》第三卷。

③ Paul Rule, *K'ung-tzu or Confucius? The Jesuit interpretation of Confucianism*, Sydney, London, Boston: Allen & Unwin, 1986, pp. 116-123.

④ David Mungello, *Curious Land: Jesuit Accommodation and the Origins of Sinology*, Honolulu: University of Hawaii Press, 1985, p. 281.

⑤ 殷铎泽著有《耶稣会例》,柏应理著有《徐光启行略》《四末真论》《天主圣教百问答》等。

耶稣会士夸大了。① 不过,这种说法也很难说明为什么他们选择了张居正的诠释。詹启华也研究过《孔夫子》,提出"耶稣会士制造儒家"的说法。这个立场恐怕过于极端,因为耶稣会士的观念在中国传统思想中往往也有根有据。比如,根据詹启华所论,耶稣会士发明了"孔夫子"这个名字,但是香港中文大学王庆节教授的考证研究否定了这种说法,王庆节证明中国民间早已用"孔夫子"这个名字来表示对孔子的尊重。② 罗莹的《儒学概念早期西译初探——以〈中国哲学家孔子·中庸〉为中心》有更详细的分析,不过并没有深入研究"四书"的评注。③ 在我看来,张居正对"四书"的解读符合耶稣会士的思想,才使他们选择了《四书直解》。下文以"敬天""天人感应""鬼神"为例来说明。

敬天

孔子曰:"获罪于天,无所祷也。"(《论语》3.13)在注释里,耶稣会士讨论了朱熹与张居正对这番话的不同理解。朱熹认为:"天即理。"④不过,耶稣会士不满足于某种匿名原则,认为朱熹扭曲了本意。相反,张居正则强调天的地位:"盖天下之至尊而无对者,惟天而已。"⑤对耶稣会士而言,张居正的意

---

① David Mungello, *Curious Land: Jesuit Accommodation and the Origins of Sinology*, Honolulu: University of Hawaii Press, 1985, p. 280.

② Lionel Jesen, *Manufacturing Confucianism*, Durham: Duke University Press, 1997, pp.84-86. 王庆节:《孔夫子:"舶来品"还是"本土货"》,《深圳大学学报》(人文社会科学版)2013年第4期,第38—42页。

③ 罗莹:《儒学概念早期西译初探——以〈中国哲学家孔子·中庸〉为中心》,外语教学与研究出版社,2014年。

④ 参见《孔夫子》第三卷。〔宋〕朱熹:《四书章句集注》,中华书局,1983年,第65页。朱熹关于"天"的说法含义模糊。参见 Julia Ching, *The Religious Thought of Chu Hsi*, Oxford University Press, 2000, pp. 57-59.

⑤ 〔明〕张居正:《四书集注阐微直解·论语卷五》,清八旗经正书院刻本,第131页。

思是说天在理之上,而不是朱熹所说的"天即理"。① 同样,关于"内省不疚,夫何忧何惧?"(《论语》12.4),朱熹理解为一种完全内在的反省:"自省无罪恶,则无可忧惧。"相反,张居正强调"天"作为某种外在、客观的对象:"无一念不可与天知。"②在耶稣会士的翻译中,这句话用拼音特别写了出来。同样,关于"君子有三畏:畏天命,畏大人,畏圣人之言"(《论语》16.8),张居正说:"然此三事,分之虽有三事,总之只在敬天而已。"③耶稣会士评论认为张居正的观念类似于基督宗教。④ 不过,从以上两段引文来看,我觉得仅能看出张居正比朱熹更强调"天"以及"敬天"的重要性。

"敬天"一语出现在《尚书》《诗经》《孝经》《荀子》中。"敬天"比"畏天"有更丰富的含义,表示更深的情感。但在朱熹的思想体系中,"天"已经失去了人格意志化的主宰意义。如此,张居正对"天"的理解已经远离了宋明理学的含义,而回归到古代的含义。刘耘华则认为:"自晚明伊始,由于受到东传之天主教的感染,'天'的蕴含又出现了意志主宰化的倾向。至清初,这个倾向益发得到扩散、蔓延,以至于出现了一种与宋明理学不同的'敬天'思潮。"⑤其实,张居正不可能受到天主教的影响,所以应该说,在天主教进入中国之前,"敬天"思想已经开始恢复,为天主教的传入提供了良好的准备和基础。

如同余英时所说,晚明开始了儒家的"宗教转向"。⑥ 刘耘华教授也注意

---

① 朱熹认为"天"不能跟"奥灶"比较:"天,即理也;其尊无对,非奥灶之可比也。"关于张居正对"天"的理解可以参看井川义次(Igawa Yoshitsugu):《张居正的天》(〈张居正の天〉),《筑波哲学》(*Tsukuba Philosophy*)1995 年第 6 期,第 23—36 页。

② 〔明〕张居正:《四书集注阐微直解·论语卷九》,清八旗经正书院刻本,第 288 页。

③ 〔明〕张居正:《四书集注阐微直解·论语卷十一》,清八旗经正书院刻本,第 377 页。

④ 参见《孔夫子》第三卷。

⑤ 刘耘华:《依"天"立义:许三礼的敬天思想再探》,《汉语基督教学术评论》2009 年第 8 期,第 133—145 页。

⑥ 余英时:《士与中国文化》,上海人民出版社,2013 年,第 556—564 页。

到,在清初"'儒家宗教化'的主流是'敬天'的风潮……'敬天'在顺治、康熙时代曾经是学界的一个'显学'"①。书中提及,清初的士大夫许三礼(1625—1691)在理论上要支持有意志主宰的"天"或"上帝",并且在实践上建造了一座"告天楼",在那里举办"告天"仪式。②按照刘耘华的陈述,1636年陆世仪和陈瑚两名士大夫在深夜聚会,自云"忽悟敬天二字为圣门心法,胸臆之间如撤去墙壁"③。清初的"敬天"风潮可以回归到先秦儒学所蕴含的"天学"意涵,不过,刘耘华有许多依据来证明,许三礼、陆世仪及陈瑚等人也曾直接或间接地受到了当时天主教的影响。

我要补充的是,《四书直解》影响了传教士对于"敬天"的关注。在《天主实录》中,罗明坚提出了"一惟诚心奉敬天主";在《天主实义》里,利玛窦写有"奉敬天地""奉敬天主"这样的术语。④另外,传教士的教理被中国知识分子概括为"敬天"。比如,跟利玛窦有交往的僧侣袾宏(1535—1615)在《竹窗三笔》记载,一老宿问:"有异域人为天主之教也,子何不辩?"袾宏概括天主教教理并回答:"予以为教人敬天,善事也,奚辩焉。"⑤后来,在《圣水纪言》里,中国著名的天主教徒杨廷筠(1562—1627)也详细地讨论了敬天,比如:天主教"欲人法天之无私而以是心爱己,即以是心爱人,谓之'敬天';此正尧

---

① 刘耘华:《依天立义——清代前中期江南文人应对天主教文化研究》,上海古籍出版社,2014年,第13—14页。

② 刘耘华:《依天立义——清代前中期江南文人应对天主教文化研究》,上海古籍出版社,2014年,第138—166页。

③ 刘耘华:《依天立义——清代前中期江南文人应对天主教文化研究》,上海古籍出版社,2014年,第195页。

④ 利玛窦:《天主实义今注》,梅谦立注,谭杰校勘,商务印书馆,2014年,第101—102页、第170页。

⑤ 〔明〕莲池袾宏:《莲池大师全集》,莆田广化寺影印本。

舜周孔以来相传之仁脉"①。1675 年,康熙皇帝为北京的耶稣会士题"敬天"二字。② 此事发生于耶稣会士在广州完成翻译工作之后。1686—1687 年,柏应理在巴黎进行编辑工作的时候,在《孔夫子》的前言中提到此事,以证明基督宗教与中国古代宗教思想的相似之处。③ 如此,由于康熙的题字,传教士更加频繁地使用"敬天"的概念,比如法国皇宫耶稣会士白晋专门写了《古今敬天鉴》(1707),其中多次直接引用《四书直解》,如在解释《论语》的"君子有三畏"时,白晋引用张居正的说法——"总之只是敬天而已"。中国天主教徒张星曜(约 1633—1715)在《天儒同异考》(1715)中也特别强调"敬天"在中国古代的思想。如此我们可以理解中国的"敬天风潮"与传教士之间的关系并不是单向的,而是有双方共同参与,在互动过程中形成的。

天人感应

张居正在"获罪于天,无所祷也"(《论语》3.13)之后继续解释:

> 作善则降之以福,作不善则降之以祸,感应之理毫发不差。顺理而行,自然获福,若是立心行事,逆了天理,便是得罪于天矣。天之所祸,谁能逃之,岂祈祷于奥灶所能免乎!此可见人当顺理以事

---

① 〔明〕杨廷筠:《圣水纪言》,载李天纲编《明末天主教三柱石文笺注》,道风书社,2007 年,第 204 页。

② Liam Matthew Brockey, *Journey to the East, The Jesuit Mission to China, 1579-1724*, Cambridge: The Belknap Press of Harvard University Press, 2007, p.117.《孔夫子》第一卷提到康熙皇帝所写的"敬天"。参见 Thierry Meynard ed., Confucius Sinarum Philosophous (1687): *the First Translation of the Confucian Classics*, Institutum historicum Societatis Iesu, 2011, p.231. João de Deus Ramos, "Tomás Pereira, Jing Tian and Nerchinsk: Evolving world-view during the Kangxi period," in *In the light and shadow of an emperor: Tomás Pereira, SJ (1645-1708), the Kangxi emperor and the Jesuit mission in China*, Newcastle upon Tyne: Cambridge Scholars Press, 2012, pp. 518-529.

③ Thierry Meynard ed., Confucius Sinarum Philosophous (1687): *the First Translation of the Confucian Classics*, Institutum historicum Societatis Iesu, 2011, p. 231.

天,非惟不当媚灶,亦不可媚于奥也。孔子此言,逊而不迫,正而不阿,世之欲以祷祀而求福者,视此可以为鉴矣!①

张居正所用的"感应"概念早在《易经》及《孝经》中就已有表述,这也反映了古代的"天人感应"思想。这种思想广泛流传于民间信仰之中,《太上感应篇》可看作"天人感应"思想的代表作。关于《论语》的这番话,我们也可以将张居正与朱熹的解释进行比较:

逆理,则获罪于天矣,岂媚于奥灶所能祷而免乎?言但当顺理,非特不当媚灶,亦不可媚于奥也。谢氏曰:"圣人之言,逊而不迫。使王孙贾而知此意,不为无益;使其不知,亦非所以取祸。"②

朱熹以"逆理"理解"获罪于天",淡化了"天"的角色。虽然张居正明显地受到了理学的影响,但还是肯定"天"的角色。一方面,"人当顺理以事天",或者如同耶稣会士所说:"人必须服从于理性,并服从于天,而非服从其他什么神灵或人。"③另一方面,如果人不事天,则"天"会降祸,惩罚他们。这样,"感应之理"并不是某种匿名、机械化、自动的关系,其中的"天"已被赋予认识及意志的主动能力。

我们也可以在另一处发现张居正"天人感应"论的影子。《论语》20.1 涉及成汤,耶稣会士利用这个机会来陈述《帝鉴图说》的相关故事:

成汤时,岁久大旱。太史占之,曰:当以人祷。汤曰:吾所以请雨者,人也。若必以人,吾请自当。遂斋戒、剪发、断爪,素车白马,身婴白茅,以为牺牲,祷于桑林之野。以六事自责曰:政不节与?民失职与?宫室崇与?女谒盛与?包苴行与?谗夫昌与?言未

---

① 〔明〕张居正:《四书集注阐微直解·论语卷五》,清八旗经正书院刻本,第 131 页。
② 〔宋〕朱熹:《四书章句集注·论语卷二》,中华书局,1983 年,第 65 页。
③ 参见《孔夫子》第三卷,第 77 页: "Ex quibus perspicuum sit, oportere hominem parere rationi, et servire coelo ; ne ipsis quidam spiritibus (nedum hominibus) adulari"。

已,大雨方数千里。①

这个故事说明,先王向天祈祷,并且"天"回应了他的祈祷。这个故事也是"天人感应"学说的典范。第一,这个故事证明"天人感应"说跟古代气象学和天文学有密切的关系。诸如汤若望、南怀仁等在钦天监工作的耶稣会士非常理解明清朝廷赋予天文现象的征兆和含义。第二,成汤祈天不是为了个人得到好处,而是为了人民,为此他甚至愿意牺牲自己。在这样的"天人感应"思想中,我们很容易发现"天"已经被赋予了意志主宰的特性。

其实,这种思想在古代非常流行。董仲舒将这种宗教信仰系统化,并提供了理论上的基础,他认为天人之间的相互感应是通过天地之间的阴阳之气这一中介物得以实现的。虽然天与人之间有很多类似性(形体同类、性情同类、道德同类、政时同类),但在地位上,天与人并不平等:因为天授命予人,而人受命于天。② 另外,人们造成的混乱使"天"通过降下灾异来对君王进行警告。"天"这样先警告后惊惧的方式,体现了天意之仁。虽然"天人感应"与民间宗教信仰有着密切关系,但是中国儒家思想传统中的这类"天人感应"观念并不等同于民间宗教的利益观,而是基于更高的伦理标准。

后来,在中国知识分子那里,"天人感应"这种宗教观念几乎消失了。当然,朱熹及宋明理学家并不谈及。晚明时期,"天人感应"思想再次出现在儒家士大夫群体中,《四书直解》是一个例证。张居正在《论语直解》中所提到的"感应之理"得到了耶稣会士的赞同,因为他们认为,不仅要认识伦理原则

---

① 这个故事载于《史记·殷本纪》《春秋·顺民》及《荀子·大略》。 在翻译《四书直解》时,耶稣会士也使用了张居正的其他著作,如《易经直解》《尚书直解》《资治通鉴直解》及《帝鉴图说》等。张居正著《帝鉴图说》的目的是教授万历皇帝"治乱兴亡之理"。《帝鉴图说》分两卷:《圣哲芳规》包括 81 个故事,《狂愚覆辙》包括 37 个故事。 参见 Julia K. Murray, "Didactic Picturebooks for Late Ming Emperors and Princes," in *Culture, Courtiers and Competition The Ming Court (1368-1644)*, David M. Robinson ed., Harvard University Press, 2008, pp. 243-248.

② 汪高鑫:《董仲舒天人感应论述评》,《安徽教育学院学报》2001 年第 4 期,第 1—2 页。

或天理,更要认识伦理的立法者,即"天"。

鬼神

关于"季氏旅于泰山"(《论语》3.6),朱熹引用了范氏所说的"以明泰山之不可诬"。朱熹自己是否相信泰山如此,并不清楚。相应地,张居正则说得更明确:"泰山是五岳之尊,其神聪明正直,必然知礼,岂肯享季氏非礼之祭,而反不如林放之知礼乎?"① 耶稣会士评论说:"这一段落和阁老的诠释表明,中国人对于守护神的看法,认为神灵们被明确地赋予了智慧与心灵,并且他们寻求公平和正义。"② 对耶稣会士而言,中国古人并没有崇拜自然界的未知力量,相反他们认为,神有思想和伦理道德,据此可以排除对中国古人有唯物主义或无神论的怀疑。

关于"子疾病,子路请祷"(《论语》7.34),朱熹认为,孔子拒绝他的学生向鬼神祈祷:"祷者,悔过迁善,以祈神之佑也。无其理则不必祷,既曰有之,则圣人未尝有过,无善可迁。其素行固已合于神明,故曰:'丘之祷久矣。'"③ 按照这样的解释,孔子与鬼神的关系变得很淡。相反,张居正则强调孔子一直意识到鬼神的存在:

> 人有病时曾祷告于天地神祇,欲以转祸而为福……夫所谓祷者,是说平日所为不善,如今告于鬼神,忏悔前非,以求解灾降福耳。若我平生,一言一动不敢得罪于鬼神,有善则迁,有过即改,则我之祷于鬼神者,盖已久矣。④

---

① 〔明〕张居正:《四书集注阐微直解·论语卷五》,清八旗经正书院刻本,第126页。
② 参见《孔夫子》第三卷,第66页:"Ex hoc paragrapho et explanatione Colai maximè constat, quid Sinae jam olim senserint de praesidibus rerum spiritibus; eos utique esse praeditos intellectu ac mente, & aequi rectique studio teneri"。
③ 〔宋〕朱熹:《四书章句集注·论语卷四》,中华书局,1983年,第101页。
④ 陈生玺主编:《张居正讲评〈论语〉皇家读本》,上海辞书出版社,2007年,第111页。

与朱熹不同,张居正并没有淡化孔子与鬼神的关系;相反,他认为孔子在平日生活中的一言一行都注意到鬼神的存在。

《中庸》第 16 段引用孔子关于鬼神的说法:"鬼神之为德,其盛矣乎!"耶稣会士把鬼神翻译成 spiritus(神),并且提出它们富有"理智力量"(vis intellectiva)①。因此,与自然界不同,鬼神有理智,这是鬼神与人所特有的;而又由于鬼神的理智高于人的理智,所以类似于天主教传统所谓的"天使"。原文提到鬼神的"为德",而朱熹则认为鬼神之为德,"犹言性情功效"②。如此,鬼神的运作能真正地改变世间。耶稣会士也这样翻译:"鬼神所具有的行动能力和成效是如此的显著、多样、精微!"③

虽然朱熹与张居正都肯定了鬼神的功能,但是关于它们的本性,二人看法迥异。按照《孔夫子》,朱熹认为,鬼神是"阴阳两个特质,即冷的和热的、完美的和不完美的自然运作,或者说它们的伸展或凝集,而不是别的",或者可以说它们是"物质的、无生命的"。④ 在巴黎手稿上可以看到中文拼音:

---

① 在士林哲学中,"理智力量"相对于它的认识对象是在潜能状态(in potentia),而只有对象在的时候,"理智力量"才能发挥作用。

② 张居正依照朱熹的《中庸章句》说明:"为德,犹言性情功效。"参见〔明〕张居正:《四书集注阐微直解·中庸卷二》,清八旗经正书院刻本,第 49 页。

③ 参见《孔夫子》第二卷"中国学问第二部",第 178 页:"Spiritibus inest operativa virtus & efficacitas; & haec ô quàm praestans est! Quàm multiplex! Quàm sublimis"。 这句话是北京外国语大学罗莹翻译的,参见罗莹:《十七世纪来华耶稣会士译介儒家"鬼神"小考》,《拉丁语言文化研究》第二辑,2014 年,第 98 页。 拉丁文的说法很可能来源于朱熹在《大学中庸集注》所说的"愚谓以二气言,则鬼者阴之灵也,神者阳之灵也"。

④ 参见《孔夫子》第二卷"中国学问第二部",第 179 页:"*per quèi-xin intelligi volunt duarum qualitatum Yn et Yâm, id est frigidi et calidi seu perfecti et imperfecti naturales operationes, vel earumdem remissionem et intensionem et nihil amplius; … meras has qualitates materiales et inanimes…*" 我的翻译与罗莹的稍有不同。 参见罗莹:《十七世纪来华耶稣会士译介儒家"鬼神"小考》,《拉丁语言文化研究》第二辑,2014 年,第 99 页。

"xin che guei xin, fan ulh guei che guei quei."①这对应朱熹在《中庸》第16段的注释里关于鬼神的定义:"伸者为神;反而归者为鬼。"朱熹引用了张载的说法,应该根源于东汉许慎的《说文解字》。

如前所述,董仲舒的"感应"学说建立于阴阳之气的基础上,不过,朱熹把"鬼神"与"气"这样联系起来,在耶稣会士看来是可疑的。首先,耶稣会士认为,"四书五经"没有朱熹这种对鬼神的解释,在历史上这种联系很晚才出现。此外,从利玛窦开始,来华的耶稣会士把"气"理解为纯粹的物质力量,因此,《孔夫子》认为朱熹对鬼神的理解倾向于唯物主义。② 然而,更为重要的问题在于:鬼神是一种无名力量,还是有自己的主体性? 在朱熹对鬼神的定义中,我们很难看到鬼神有主体性,它们更像是无名的力量。相反,耶稣会士声称要回到"四书五经"的本意,认为鬼神富有自己的意识和意志。在这方面,张居正是耶稣会士的盟友,因为他自己提供了宗教意义上的解释。关于鬼神,张居正提出了与朱熹完全不同的定义:"鬼神,即是祭祀的鬼神,如天神、地祇、人鬼之类。"③换言之,鬼神是祭祀的对象。人与鬼神之间有互动关系。人们向鬼神献祭,如果人们的祈求是正确的,鬼神会给予回应。

关于鬼神的影响,张居正更清楚地说明:"其精爽灵气,昭著于人心目之间。"④表明鬼神无形象而又神妙。鬼神那些神妙而不可见地发挥出来的作用,非常明显地呈现在人们的心灵和感觉中。也就是说,鬼神虽然无形无

---

① 《中庸》第一卷,第81页,巴黎法国国家图书馆手稿,BNF Latin 6277。

② 其实,在朱熹看来,"气"不仅仅包含物质上的原则,也包含精神上的原则。 这样一来,朱熹对鬼神的解释不应像耶稣会士所说的那样,简单地被定义为唯物主义。

③ 〔明〕张居正:《四书集注阐微直解·中庸卷二》,清八旗经正书院刻本,第49页。 张居正引用《礼记》,把鬼神分三类。 参见《孔夫子》第二卷"中国学问第二部",第179页:"*Colaus Interpres noster cum aliis multis per* quèi xin *intelligit eos spiritus quorum venerationi vel opi implorandae instituta sunt sacrificia*"。 我的翻译:"我们的阐释者张阁老以及其他的人将鬼神理解为这些神,使宗教仪式得以设立来祈求这些神保护或帮助。"

④ 〔明〕张居正:《四书集注阐微直解·中庸卷二》,清八旗经正书院刻本,第49页。

声,但人人都真实明白地知觉和感受到它们在人世间的作用。张居正肯定鬼神发挥的作用真真切切地存在,世间人人都可以明显地体会到。因此,在张居正看来,鬼神是真实存在的。在鬼神与人心灵之间可以区分两极,即鬼神的客观动力和人心灵的主观感觉。张居正强调鬼神的"精爽灵气"的"昭著",实际上强调的是鬼神在人心灵的"作用"向度。"昭著"是一种明显的呈现;感官和认知的主体还是在人而不是鬼神,不过,如果没有鬼神的客观动力,很难说明它们在人心灵上的作用。①

换言之,一方面,张居正不认同民间所相信的鬼神能如同魔术一般直接影响物质世界的观念;另一方面,张居正也不认同朱熹的主观主义的理解,而坚持认为鬼神能在客观上影响人。对于鬼神的理解,张居正与朱熹之间有一些差别,而耶稣会士又有意进行了夸大。按照张居正对《中庸》的诠释,耶稣会士理解到鬼神与心灵活动之间的关系。既然外在的鬼神能昭著于人的心灵感觉,人们就要分辨这些外在的影响,接受好的,排斥坏的,最终自由做出决定并行动。

总之,耶稣会士开始使用《四书直解》的重要原因在于该书的宗教色彩。在《四书直解》里,他们发现古代思想非常重视"天"与"鬼神"的角色,肯定了"敬天"及"天人感应",并且,他们认为张居正保持了这种信仰。对耶稣会士而言,这种发现有重要的策略性:第一,可以证明中国古代一神教色彩并未完全消失;第二,可以证明利玛窦关于中国古代的一神教理解是正确的。如此,耶稣会士试图证明,虽然大部分士大夫偏向无神论和唯物主义,但还有一些士大夫,如张居正,保持了原来的信仰。耶稣会士非常重视宗教问题,不过,他们无法把宗教作为"四书"的重点,相反,主要是坚持《四书章句集注》的哲学,仅辅以《四书直解》特有的宗教色彩。在清朝,《四书章句集注》与《四书直解》曾被集于一册出版,如1677年徐乾学(1631—1694)的《四

---

① 感谢王格博士帮我理解张居正这句话的含义。

书集注阐微直解》,以表明二者的互补关系。① 经典的"经",指纺织机上等列布设的纵向绷紧的丝线。不同线索的交织才能构成一个经典。后来,诠释者不断增加新的线索。《四书章句集注》和《四书直解》就这样被交织起来。同样,耶稣会士用这两个注解来阅读"四书",也很可能用《四书集注阐微直解》这样的书把朱熹的哲学线索、张居正的哲学线索以及自己欧洲传统的线索编织成一种"新"的经典。

梅谦立

---

① 〔明〕张居正:《四书集注阐微直解》二十七卷,清八旗经正书院刻本。

目 录

致最信奉基督的国王——伟大的路易十四的书信 …………………………… 1

导　言/1

本书之缘起与目的,以及中国典籍、注疏诠释、学派及其所称的"自然哲学"
…………………………………………………………………………………… 3

第一部分/13

第一章　经典及其第一作者 ………………………………………… 15
第二章　经典的诠释者们 …………………………………………… 26
第三章　简要介绍哲学家李老君以及被称为"道士"的追随者 ………… 29
第四章　简要介绍佛教及其追随者 ………………………………… 34
第五章　关于文人或哲学家的教派;古人和近人建立的基础和原则 …… 47
第六章　新诠释者吸取新哲学的源泉 ……………………………… 53
第七章　演示六十四卦图实例 ……………………………………… 66
第八章　第十五卦的诠释 …………………………………………… 72

第二部分 /79

- 第一章　古代和当代中国人对事物的质料因和动力因的解释 ………… 81
- 第二章　混乱的教条、教派、著作和诠释者令利玛窦和最初的传教士困惑
  ……………………………………………………………………… 92
- 第三章　利玛窦对在中国传福音方式的思考和对古籍与史书的阅读与考察
  ……………………………………………………………………… 96
- 第四章　有权威著作证明中国跟其他民族没有交往 ………………… 106
- 第五章　证明中国的大洪水以及早期对真神的了解和敬拜 ………… 114
- 第六章　中国人大概早就认识真天主了 ……………………………… 121
- 第七章　更多的论据证实中国认识了真正的天主 …………………… 126
- 第八章　中国古人用来称呼真天主的名字及其词源与特征 ………… 135
- 第九章　为什么新诠释者的败坏诠释不会有损上帝之名的真义？…… 143
- 第十章　圣保禄和教父的榜样以及其他理由证明中国古人命名了真神
  ……………………………………………………………………… 148
- 第十一章　不依据新诠释者，而尽可能依据原文的根据 …………… 153
- 第十二章　利玛窦神父所写的《天主实义》及其成就和影响 ……… 163

结　语 /173

- 附1：孔子像 ……………………………………………………………… 178
- 附2：中国"哲学之父"孔子生平 ……………………………………… 180

附录：拉丁文原文 ……………………………………………………… 191

致最信奉基督的国王——伟大的路易十四的书信①

伟大的国王啊,不久前,来自地球另一端身穿精美礼服的暹罗国国王的全权大使觐见了您,陛下。他们因陛下的美德和智慧之名而激动不已——这盛名早已传到那最遥远的地方。② 今天,从远东来了一位君子,他具有中华帝王的皇家血统③,被称为"孔子"——所有中国人一致尊奉他为国家历史上最有智慧的道德哲学、政治哲学老师和圣贤(Oraculus)。④

据说,从前有三千门徒铭记他的每一句话。现在,他们依据他的话确立法律和人民的风俗,管理最辽阔的帝国,安排公共职务。此外,获得国家最高功名和官职的最好方法就是跟随他的教导。所有中国人都极为珍视他的事迹、著作、名字,甚至于皇帝们自己也定期朝拜他生前教过书的故居和讲

[iii]

[iv]

---

① 作为献给路易十四的正式的致辞,柏应理选择了更直接且非正式的文体——书信体(epistola)。柏应理首次到巴黎时,亲自拜见了路易十四。这封献给国王的信并未在法国国家图书馆收藏的手稿中找到,是柏应理在1686年到1687年间添加的,在这里以献给法国国王的传统书信标题向路易十四致辞。

② 1686年9月1日,由暹罗国国王法拉·纳莱(Phra Narai)派遣的外交使节在凡尔赛宫受到路易十四的正式接见。这次拜访正式开启了法国在远东的外交,而葡萄牙人、西班牙人和荷兰人早已在那里活跃了一百五十多年。

③ 孔子的家族背景相当模糊,因为我们所拥有的关于其传记的记载要远滞后于他所处的时代。似乎,虽然他有一些贵族根源,但是他的家族已经失去之前的高贵而属于文人阶层了。《孔夫子》宣称孔子拥有皇家或王室血统,有些言过其实。这或许反映了欧洲的共同看法,即贵族血统通常与人性的完美相关连。

④ 孔子立刻被认为是一位哲学教师。他的专业领域并不涵盖以欧洲课程为依据的全部哲学范围,形而上学、数学、逻辑学和物理学被排除在外。只有哲学中的五大学科之一被承认:伦理学及其分支学科政治学。孔子也被认为是一位圣贤。参见"导言"以及"中文版序言二"。

坛,视之为智慧的圣殿。这并非没有理由,因为他们从先师,正如孔子本人所称呼的——"天上至高者",这个一切王国的统治者和一切帝国的统领和审判者那里学习崇拜和畏惧。他们学习到如何以广泛的公平和仁爱统治人民、扶持技艺,最终通过最审慎的机构和法律,管理这个历经战争与和平而一直繁荣昌盛的国度。

伟大的国王啊,这位孔子到您这里来,如果通过您的关怀和皇家的慷慨得以入境高卢,并在陛下的脚前叩首①,他将对您的智慧广加赞誉,并且会承认,他自己的智慧——不管在他的同胞那里享有怎样难以置信的声望和拥戴——和您的比起来,也只是如同星星之于太阳。

我想,这位孔子将坚持他的第一印象,喜悦地赞赏陛下。他会宣称终于发现了这样一位君王——他热切盼望却一直无以得见的君王。这位出色的孔子在头脑中设想出也在著作中展现出最卓越的帝王②,不过,在历代先王中,他找不到任何与他愿望相符的君王。孔子只好放弃实例,回溯到那个最完美君王的绝对形式和理念,并说出这样一句话:"待其人。"意思是:终于有这样一个人要来,他具有神圣且超凡智慧的天赋,而且要满足我们所有的心愿,无论是个人的还是集体的。③

伟大的国王啊,如果孔子再生于世,见到陛下,难道不会意识到陛下正是他心中预想的那个人吗?带着难以置信的欢喜,难道他不会声称他的心愿已经达成吗?难道他不会向所有君王推崇以您那样的智慧来治理强大的王国吗?难道他不会从您的行为和法律中汲取榜样吗?难道在至高的责任和事务中,他不会希望您的虔敬、宽容、正义、平等,心灵和面容的安详,还有

---

① 这一想象中的孔子拜见路易十四,是一种修辞手法:将《孔夫子》的出版比作孔子来到欧洲。

② 这一措词似乎不太像孔子的而更像柏拉图的,这表明孔子并不依赖传统,而是依赖更个人化、更理智的经验。

③ "待其人"出自《中庸》。在这里,孔子被认为作为圣贤预言了完美的国王就是路易十四。他所担任的角色类似于《旧约》中宣称以色列完美统治者的先知。

陛下的威仪,都成为天下君王的标准和典范吗?①

然而,孔子这位最有智慧的哲学家,只通过自然和理性之光,就知道对人来说没有比宗教更重要的事情。他的学说和教导都朝着唯一的目标:人们应该按照至高神所意愿的法律和训诫安排生活。②

因此,在孔子看来,没有任何事情比彻底推翻外来的教派和教义更重要。他常说,这些教派和教义使山河破碎、王朝覆灭。他有句话至今仍名扬中国:"攻乎异端。"意思是:攻击异端思想。③ 确实,国王啊,如果孔子能活到恩宠的法律的幸福时代④,您在保护和扩大宗教、铲除异端邪说、促进虔诚传播方面的操劳会给这个最喜爱虔敬的人带来多少欢欣啊!如果他能看到在高卢——世界上基督宗教国家中最信奉基督的国家,在伟大国王的统治之下,反对古老信仰和繁荣国度的异端思想被厌恶、践踏、摧毁;如果他能看到曾经异端思想借以苟延残喘的法令被废止,寺庙被推倒,其名字本身被埋葬;并且,如果他能看到成千上万感激的灵魂被幸福而又坚定地从原先的错误中带回到真理,从毁灭回到救恩,那么,孔子将会给予您怎样的赞誉啊!⑤

确实,那位孔子并不会惊叹并宣扬您的高卢的这些奇迹:以人为和自然

[vi]

---

① 对这些夸张的表述不能只做字面的理解,而应将其作为一种绪论的修辞,其中"善意的欺骗"(captio benevolentiae)是主要目的。

② 这是"自然神学"的主要含义:仅仅通过理性,一些人,如孔子,知道宗教的重要性,其次知道如何按照神意的训诫安排生活。 在这种情况下,也许不能确认孔子是否被拯救了,但至少可以说他有完美的道德。

③ "攻乎异端"出自《论语·为政》,"攻乎异端,斯害也已"。 朱熹在其《四书章句集注》中认为"攻"的意思是"专治"。 为了使其观点与正统相一致,《孔夫子》将"攻"的意思解读为"攻击",并且将"异端"解读为"异端思想",这在欧洲有其特殊的意义,但与孔子本来的意思相去甚远。

④ 恩宠的法律(legis gratiae tempora)或者基督的法律,承继了梅瑟的法律(legis moisaicae tempora)。

⑤ 指的是路易十四废止《南特(Nantes)敕令》,以《枫丹白露敕令》(1685年10月1日)代替,驱逐在法国的新教教徒。

手段层层防卫起来的城堡,一些是您征服和夺取的,另一些是您巩固和建立的;①强大且众多的舰队震撼亚非;对敌人的连连胜利为您赢得维护国际和平的荣耀之冠;②美轮美奂、金碧辉煌的宫殿;您航行过的河流,翻越过的群山,探索过的海洋;不可胜计的艺术和科学的书院以及修道院。这些,我要说这一切,都不会使智慧的哲学家称赞不已。他所称赞的是:在您的领导和支持下宗教对异端思想所取得的胜利——以前从来没人敢这样做,甚至想都不敢想,而后来的人也很难相信,因此这个胜利受到怎样的重视和赞美都不过分。③

其实,关于这些事件的传说和这难以置信的胜利打动了我,于是我从中华帝国的最远端来到这里,很清楚地知道我能历尽千辛万苦安全地渡过无边的海洋,所得的报偿就是有幸亲眼见证这些事情。陛下的盛名已远播各处,然而我发现百闻不如一见。④ 如果天主愿意,我将多么乐意重新起航远渡重洋,再次拜访令我渴慕的中国,并且在那里宣扬我在这里所见证并记录的这些奇迹!⑤ 确实,我一想到这一点,辛苦和危险的感受就停止了,关于它们的回忆也消失了,这让我的返程更容易,几乎毫无困难。我可以想象,我自己喜悦地置身于围聚在我身边的新教友以及其他本地人当中,一遍又一遍地讲述我在这里所看到的事情。他们灵敏的耳朵和开放的心灵会感到震

---

① 柏应理似乎是路易十四的坚定支持者,因为 1667 年法国从西班牙人手中解放了佛兰德斯。 法国吞并的领土包括里尔(Lille)。 法国对佛兰德斯的征服在《亚琛(Aix-la-Chapelle)条约》(1668)中得到承认。

② 指的是《雷根斯堡(Ratisbon)休战协议》(1684),它保证了法国与神圣罗马帝国之间二十年的和平。

③ 耶稣会士强烈反对《南特敕令》并为了废止它而做过努力。

④ 事实上,柏应理已于 1683 年 12 月离开中国,差不多是在《南特敕令》废止前两年。《南特敕令》被废止时,他在罗马。

⑤ 柏应理没能实现他的愿望,在返回中国的途中,于 1693 年 5 月 15 日死于海上。 直到 19 世纪,有超过三分之一的越洋者在海上遇难。

惊。他们会被这些事情的重要性和新奇程度所震撼,同时,他们会恭贺您——伟大的国王,也恭贺宗教和高卢。

而且,当他们知道,他们自己的孔子受到陛下如此重视和赞许,把他的书收进皇家图书馆中,他们会多么开心啊!当他们知道您愿意把他的著作翻译成拉丁语,附上孔子的图像、关于他们君王的书籍和事迹一起出版,他们会多么高兴啊!而且,所有这些,不是刻在中国人用的木牍上,而是刻在漂亮的铜板上。① 当他们知道,您愿意让迄今仅在中华帝国闻名的这位孔子的书在高卢传播,并且从高卢远播到整个欧洲,乃至世界各地,他们会多么感谢陛下啊!他们会在各处赞扬您,为您祈祷。新教友竞相为您的安全以及您一切努力的成功而祈祷!他们难道不希望为繁华的王国和天主教的美好未来而祈祷吗?②

至善至高的主会听到他们的愿望并祝福他们,会在高卢和整个基督宗教世界长久地侍奉您,从而使天主教和整个教会、国内和国外的所有义人,尤其是那些主特别钟爱、以之为傲的人,都会为陛下的利益恳求和祈祷。

无比虔敬和忠实的耶稣会士柏应理

---

① 耶稣会士认为西方的印刷技术要高于东方的木刻印刷技术。他们试图引入活字印刷,但是遇到了要制作许多活字的困难。这项技术是不切实际的,只有在刻日本的"平假名"时使用过几次。

② 正是在这个历史时刻,路易十四重申了天主教信仰在法国的排他性,并开始着手于远东的外交事务。柏应埋希望将法国国王与中国传教团联系起来。因为其中的政治含义,柏应理的这封信很可能获得了耶稣会法国省,甚至罗马总会长的批准。

导 言

本书之缘起与目的，以及中国典籍、注疏诠释、学派及其所称的"自然哲学"①

我希望，如果我们在整本书里——特别是在这前几页里，我们要奠定几乎是整本书的基础——认真地研究许多事情，欧洲的读者们会原谅我们。确实，我们以多少有些随意和草率的方式这样做，使许多敏锐的天才或许也希望我们更简明扼要。我们当然希望，我们这些挑灯夜战的工作能满足他们，而且衷心希望不会得罪许多有好奇心的博学之士，特别是因为所涉及的是如此美轮美奂、离他们的眼界和国家又如此遥远的事情。② 其实，我们真正的目的——我们在这里很清楚地宣布——并不是为了满足欧洲人的消遣和好奇，而是为了给那些从欧洲坐船去往遥远地方传播福音之光的人提供有用的东西。冗词赘句在一般情况下不能接受，但对于说明一个因其语言与异国特征而令我们难以理解的国度，是可以原谅的。我们明确地认为，这种冗词赘句完全有必要。而且，对于任何细微之事我们都应该提供解释。更重要的是，不仅是我们自己的解释，其他人的任何解释我们都应提供，应该不辞辛苦地奠定基础，这样才能够支起框架，而不管它是否能通过其他人的工作得到进一步的发展和改进。我们首先从这些基础做起，或许读者也会高兴知道我们从事这项工作的机遇和原因。

[ix]

[x]

---

① "自然哲学"即宋明理学。 本卷第一部分第四章和第二部分第一章专门攻击宋明理学。

② 在手稿（第一卷）中，旁边标记着6277，这是收藏在法国国家图书馆的拉丁文全集参考编码。手稿有被画掉的段落序号，印刷本中却消失了。 另外，在手稿（第一页）中，这整段话是以第一人称单数（即我）开始的，后来被改成第一人称复数（即我们）。 很可能殷铎泽使用的是单数，但被柏应理改成了复数，以表达最终作品的集体性质。

福音使者来到了其他所有的民族当中，而当耶稣会第一次为自己在中华帝国打开一扇门时——这是在一百多年前①，我们神职人员就试图通过宗教实践、外在仪式和礼仪在中国传福音。不过，经验却远没有让我们达到期望的结果，并且经验很快就告诉我们，应该使用另一种更值得我们努力的方法，因为，在这个民族，宗教是被看不起的。② 那些公开坚持一种与我们的隐修士（很多人坚持这种修道，我们称他们为"Bonzii"③）完全相同的，甚至更严格、更神圣的生活方式的人，只是受到少许的尊重。他们一般来自社会的底层，不仅因为没有受过教育，也因为没有本地人所重视的那些道德的外表而名声不佳。然而，通过私下的来往，也有一些有权威的中国人跟我们建立了密切的联系，并仔细地审查了我们的事务和计划，向我们强烈建议：正如他们自己所意识到的，我们是在文学和科学上都博学的人，而且，当我们加入他们的士大夫阶层时，他们也感觉很荣幸，因此不必遵循那些外在的、严肃的礼仪——在他们看来那些祭祀是假装遵循这种苦修生活的方式，这样就可以，甚至是更好地实践圣洁的生活。④ 只有这样才能够实现我们的计划，并说服这些高官和贵族。其次，他们勉励我们，不要被那些侮辱、烦恼以及一些无耻的流氓的无礼所困扰，特别是那些可恶地攻击外国人的僧侣。确实，第一批耶稣会士已经为此忍受了很多烦恼和侮辱，不过，在基督宗教信仰方面，他们也获得了某种回报。

---

① 指在肇庆建立第一个固定的耶稣会居所（1582—1583）时。在手稿中（第一卷），此处提到的是六十年而不是一百年。事实上，它们的参照点不同。殷铎泽于1667—1668年在广州写下这篇序言，因此"六十年"是指利玛窦在朝廷被认可的1601年到殷铎泽来到广州这个期间。二十年后，1686—1687年，柏应理将"六十年"改为"一百年"，将时间推回到第一批耶稣会士到达中国的1584年左右。

② 事实上，这样通过奉献和苦行主义的工作而传播基督宗教的传统方式，在日本被证明完全是徒劳的。范礼安设想过利玛窦已经在中国实施的新的福音传道的方法。

③ 拉丁语单词"bonzii"来自葡萄牙语的"bonzos"，用来翻译日语中表示僧人的"bozu"。

④ 非常有趣的是，抛弃苦修的方式并非出自耶稣会士的主动要求，而只是出自一个可以信赖的当地人的建议。传教士们没有对他们的宗教誓言松懈，而仅仅遵循了一些好的建议。

理性和经验很早以前就告诉我们,特别是那些只为了耶稣获益而没有其他目的的人,说服他人并不困难。① 而且,借着主的恩赐,自己不仅会跟随中国文人变成文人,而且也会跟随一切人而成为一切。② 确实,从那时起,我们采用了文人的服装和生活方式。③ 当我们勉强穿上了他们的衣服(这被许多人看作不可思议的事情),所有人,从最高贵的到最卑微的,都开始尊敬我们,当中一些人确实支持我们。我们好像变成了"新人"一样。④ 甚至官吏们也开始亲自带着气派的随从更频繁地拜访我们了。⑤ 但是,只凭外在的生活方式和比较熟悉我们的少数人的见证,很难在文人中保持持久的声誉和威望,尤其是他们当中有一些人——充满了骄傲和无知——认为,他们领土之外的任何人都是野蛮人。因此必要的是,除了学习他们的语言,也要学习阅读他们的文字,所以我们要在之前的努力上更加努力。⑥

[xi]

　　此外,由于汉语词汇如此贫乏,就需要有大量的汉字。他们通过各种差别细微的声调,来区分其间异同。如果要问汉字有多少个,那会超乎你的想象。我只想说,汉字的数量是如此之多,以至于尽管很多中国人从六岁开始

---

① 这是对圣保禄的暗示:"我原是自由的,不属于任何人;但我却使自己成了众人的奴仆,为赢得更多的人。"(《格前》9∶19)

② 这是对圣保禄的另一个暗示:"对于一切人,我就成为一切,为的是总要救些人。"(《格前》9∶22)我们在这里也可以读出对耶稣会政策的辩护:他们的目的并不是要跟精英阶层交往,而是要拯救所有的人。

③ 在肇庆及韶关期间,利玛窦穿上了佛教的长袍,不过,1595年,他离开广东搬到江西时,抛弃了佛教的长袍而穿上了文人的服装。

④ "新人",在罗马是指获得了充分的公民权的人。 在这里表达的是耶稣会士将在中国获得政治地位。

⑤ 文中强调了耶稣会士采取的渐进的方式。

⑥ 第一批在澳门居住的耶稣会士认为学习汉语简直是浪费时间。 在澳门,罗明坚是第一个投身于语言学习的耶稣会士。 为了方便他的耶稣会同伴学习,他还为西方人编了一部汉语词典。 据意大利汉学家马西尼(Federico Masini)的观点,在菲律宾传教的奥古斯丁会神父马丁·德·拉达(Martin de Rada)是最早编撰汉语词典的欧洲人,但他的词典并没有太大的影响。

终其一生学习,但在他们的记忆中,仍然没有哪个人能全部知道。① 然而,我不想隐瞒这一点:知道如何正确使用五六千个汉字的人不但可以明白中国人所写的关于伦理、仪式、国家和历史的大部分书籍,而且即便是欧洲人,也完全可以记下我们跟中国人所讨论的任何问题。②

那些在他们自己的国家里已经获得博士学位或至少硕士学位,并穿行大半个地球的成年人虽然年事已高,但出于对基督的爱,在中国再一次变成孩子。③ 他们从最基本的原则开始——以不可思议的努力和毅力,并在至高神一直的帮助下,在几年之内就掌握了语言和文字,能够传播欧洲知识和基督宗教最神圣的奥秘。这时,惊讶的中国人认识到,这些如此快就能学会阅读他们的作品并在许多知识和教诲上受过训练的人真正配得上文人的头衔。他们发现,他们最初的怀疑——一开始就在许多人的思想中,特别是在政权阶层之中——是毫无根据的。我们来到他们的国家,并不是为了牟取利益或渴望荣誉,而是为了发扬一种外来的教义。④ 因为我们从那么遥远的地方而来,生活在他们之中,并且为了不成为他们的负担,多次拒绝他们所提供的超过我们严肃生活所必需的金钱。⑤

由此,第一批耶稣会士以辛劳和勤勉成功地驱散了这个民族的蒙昧和

---

① 在手稿中(p. II, r),提到的是从七岁开始。 现在,《汉语大字典》收录了五万四千个字。 据计算在汉语中约有一千二百个音节。

② 掌握了中文,耶稣会可以做三件事:首先,了解中国的文化传统;其次,可以参与到中国文化的争论之中;再次,正如在下一段指出的,传播欧洲知识和基督宗教。 这个顺序表明,耶稣会感到为了成功地传播福音有必要深入地了解中国文化。

③ 由于在欧洲的长期训练通常需要十年,耶稣会传教士到达中国时已处于成熟的年龄。 罗明坚到中国时三十六岁,利玛窦到中国时三十岁。

④ 整个这一段是要指出,通过从苦行生活转换到学术生活,耶稣会能够使文人转变对待他们的态度——从仇视到承认。

⑤ 这也是耶稣会的一条规则,不得为了他们的工作征收任何报酬。

怀疑。现在中国人不仅对欧洲人,而且对欧洲人的学问与学说都有许多讨论。事实上,正因为如此,他们大部分人变得赞同而不是忽视我们的事务。之前他们喜欢说,我们并没有更多地接近智慧本身,只是相比其他野蛮人离蒙昧与粗野远一点儿。根据他们一句古老的谚语,有些人开玩笑地说:只有中国人被赐予了两只眼睛,而其他人则完全是瞎子。① 然而现在,他们承认欧洲人有一只眼睛了。因此,我们耶稣会士决定探究他们的秘密,如同已经找到进入这片被层层关卡和防御封锁的土地的方法一样,希望尽可能地在这个自豪和高傲的哲学圣殿内部为我们自己建造一座圣坛。因此,我们的计划是,在深入地研究和理解他们的格言、先例,特别是古老的传统和记载时,看看是否有可能找到一些能够启发或者支持、宣称和证明基督宗教哲学真理的东西。我们这些宗徒的追随者要使这些骄傲的人——除了那些完全被荒唐的自恋蒙蔽的人——承认,当他们完全忽略我们的知识——在这知识中我们已经加入了他们自己的知识——时,真正缺少一只眼睛的不是我们,而是他们自己。

  在全面研究这一问题之后,耶稣会士们逐渐熟悉了几乎所有的中国哲学。我们知道,他们全部哲学的精华和核心主要包含在四本书里。一个人如果没有从青少年时代背诵"四书",就不能被称为文人。② 一个人从"四书"中汲取的政治道德知识越多,就能越快地被提拔到士大夫阶层,享有荣誉,获得官职;因为中国人把源于"四书"的每一条特殊原则都当作永恒真理。因此,耶稣会士们秉着宏伟的决心,第一次开始努力做好这项工作。为了理解这些书,他们付出了无数的辛劳和汗水。在这些书中,没有任何一处违背理性和自然法;相反,倒有许多地方支持它们。因此,耶稣会士们乐意

① 这句谚语至今仍未被确认。
② 其实,"四书"这一概念在宋朝才出现。 耶稣会对于中国经典诠释学进行含糊处理的主要一处便是:虽然他们主张回到孔子,但是仍然采纳了朱熹所确立的新儒家的经典"四书"。

用心地学习，并为己所用。

此外，伟大的劳动结出了伟大的果实，他们自己也承认这一点，即基督宗教的真理可以从他们自己的原则中被推导出来，可以被他们自己的古代先王和圣贤们确立起来，可以由他们自己的权威和证言来阐明，最终由他们自己的词语和句子所展示和点缀。① 实际上，中国人不再由于恐惧或轻蔑而把基督宗教真理看作外来的野蛮之物，而是通过赞许地聆听将之看作自己的而且是值得尊敬的。不少人接受了神圣之光的慷慨分享，并很快跟随之。多亏他们的亲朋好友，我们称之为"爱智慧的人"②，其他一些支持者和领导者也随之而来。但是另一些人，仍然在贪婪和情欲的枷锁之中挣扎，或者沉迷于迷信，所以离我们还很遥远。他们总是怀疑我们欧洲人的才能、故事和智慧。③ 最后，中国皇族、总督和巡抚，甚至还有阁老（他们的尊严和权威在政府中是最高的）都通过自己写的序言赞美我们的书。④ 当中国人尊重这些福音的使者而追随我们时，事实上是在遵循神圣的法律，这永远是我们的第

[xiii]

---

① 这些从中国经典中演绎出来的基督宗教真理并不代表基督宗教的全部道理，如基督的化成肉身、死亡和复活。 它们所论及的大多是可以以理性形式来辩论的宗教真理，例如上帝存在、灵魂不死等，并且可以从中国经典中获得证明。

② 即哲学家。

③ 手稿中有一段话被画掉了，即"sic ut vulgo iam Si Su, id est Occidentis Doctores ac Magistri vocaremur, compellatione prorsus honorifica, cum is supremus Literatorum gradus sit, et quasi apex Sinicae nobilitatis"（p. III, r）。 译文为：或者正如他们通常称呼我们为"西士"，即西方的老师或者学士，这个尊称对应于文人的最高阶层，与中国贵族的最高级别相似。 柏应理删除这段话，可能因为其可以用来反对耶稣会，会显示他们喜欢荣誉。

④ 阁老指内阁大学士。 这个头衔更普遍地用于称呼高级官员，在这个特殊的例子中指的是与耶稣会合作而出版了许多著作的徐光启。

一目的。①

因此,欧洲的古人从没有像中国人对待孔子那样,把如此多的信仰和重视给予任何的欧洲哲学家——依我之见,甚至于德尔菲的阿波罗神谕都没有。② 这位哲人③并不与福音的教义和光明相悖;恰恰相反,我们完全可以相信,中国人会满怀惊讶和喜悦地注意到,他们那闪烁着那么多理性火花的书籍,他们为之付出巨大努力的书籍,将会把他们的同胞领向福音。④ 当然,因为孔子在中国的诸邻邦中有着非常大的威信,谁还会看不出一个如此杰出的人物对于在那里的传教士来说会多么有用呢? 当给这些人带来关于真正至高之神的福音时,传教士不会凭借某些诗人的权威——即使那位"外邦人的教师"⑤曾毫不犹豫地在雅典人面前求助于诗人的权威⑥,而是凭借这位哲人的权威,来巩固其教义的真理。直到我们这个时代,这些人知道没有人比他更真实、更明智了。如今,他们被自己的大师的证词所说服,被孔子的力量幸福地征服,谁不希望他们始终在至高神的帮助下达到福音的真理呢?⑦

---

① 这里有三页纸(p. III, r、v; p. IV, r)长度的内容被柏应理删除了。 在其中,殷铎泽提到了他如何跟郭纳爵学习中文,以及在第三年里又如何翻译并出版了拉丁文和中文对照的《大学》与《论语》。 随后由于被迫害,他们无法继续工作。 殷铎泽描写了二十五名神父在北京被逮捕和审讯,又被驱逐到南方的首府(广州),郭纳爵的去世,继续进行的求助于注释(explanationis opus)的翻译工作。他们认识到,受制于速度和价格,不加中文而只以欧洲文字(typis europaeis)来出版这些书籍会更容易。 殷铎泽解释说,他纠正了已经出版的《中国智慧》及《中国政治伦理知识》中的错误。 另外还有几句话被删,因为被画得很严重,已经难以辨认。

② 在这句话之前,殷铎泽对将要在中国和远东接替使命的候选者提出了一大段的劝告(Sinicae et aliarum extremi Orientis Missionum Candidatis, p. VIII, r)。 柏应理删掉了这段话。

③ 即孔子。

④ 哲学在这里是以传统基督宗教的方式来使用的,它以理性的论证塑造理智使它相信并准备迎接上帝完整的启示。

⑤ 指圣保禄。

⑥ 参见《宗徒大事录》17:28。

⑦ 基督宗教论证不能作为外来的权威说法,而要内在于中国文化并完全基于理性。

确实，有一位已经奉献了自己。他因为拥有了中国智慧，并获得了整个帝国至高的尊严，从而卓尔不凡，并且由于他的基督宗教美德和天国智慧而更加卓越。新生教会之柱——徐保禄①，曾是中华帝国的阁老。谁曾想象过会有这样一个人？谁曾想过欧洲人带来的新教义会结出什么果实？他用这个民族特有的简洁言辞回答，并用适当的方式为他们写作。他说："补儒绝佛。"意思是：基督宗教补充并完善了我们的先师孔子和文人的哲学中所缺乏的内容，而且真正地连根拔起并驱除了有害的迷信和对魔鬼的崇拜。②

基于这些原因，现在我们要将我们艰辛的成果公之于众，不是为了向欧洲人展示中国的智慧，而是为了给那些想来东方的传教士一些建议，为战士们提供武器；在统帅基督的指导之下，凭着这武器，这些外邦人不仅可以被征服，还会因此而欣喜。这样，那些"渔人的渔夫"可以用一个新的诱饵，将那些吞饵的中国人吸引到网中。③ 最终，一百多年的经验教会我们，那些"神圣的商人"知道了要给予中国人什么样的商品，才能吸引他们并将其牢牢地抓住。④

确实，在欧洲，苏格拉底和柏拉图已经变得毫无价值，塞内加和普鲁塔克也几乎是同样遭遇，我们难道不可以希望，我们"中国的爱比克泰德"会赢

---

① "教会之柱"这个称呼通常只用于指使徒和圣保禄，在这里似乎指的是赐予徐光启的圣者称号。

② Pu ju, çive fe, 即"佛"，这个词在这里没有直接翻译出来，而是借用统称的"迷信"来翻译。"儒"这个词用来表达"孔子与文人们的哲学"。"Confucianism"这个词在西方语言中还没有形成。 鲁保禄对我说，徐光启的那句话实际上是"补儒易佛"。 后来，孟儒望（João Monteiro，1602—1648）在《天学略义》里将"补儒绝佛"这句更激进的话归于徐光启。 在这里，殷铎泽同样将这句话归于徐光启。

③ 关于"渔人的渔夫"，参见《玛窦福音》，4章19节。

④ 文本将传教士比喻为基督的战士、渔夫和贩卖永恒商品的商人。 殷铎泽的原文是"八十多年"，说明这个部分原来是1667—1668年在广州所写的，然后1686—1687年在巴黎被柏应理修改。 为了与第4页第2行的纠正相一致，柏应理改成了"一百多年"。

得掌声吗?① 事实上,当仔细端详这位古代作家的苍苍白发时,欧洲人不敢不尊敬那个伟大的时代。诚然,任何时代都经常会赋予更糟糕的东西甚至易碎的罐子和铜币以价值,也的确有一些智慧和权威的君王重视这些东西。我们本来可以带来一些铜币,甚至具有中华帝国显著特色的更古老的司南(皇帝的弟弟周公曾将它赠予越南国王的大使,从而使他们能更安全、更顺利地南下回家)②,作为小礼物。事实上,我们本可以从这个古老民族那里带回一些伟大的礼物来炫耀。虽然粗糙而乏味且锈迹斑斑的设备不能跟欧洲流行的精美而优雅的类似器具媲美,但是让欧洲人看看在远东已经存在二千四百多年的设备肯定还是有益的。

我们所做关于孔子的工作可以与欧洲人的光辉和魅力相比这样的说法尽管有点粗鲁,但是我们不能否认这样一点,即孔子确实生于公元前551年③,而且他还一再重申,这套学说和政治伦理原则并不源于他自己,而是继承自立法者尧和舜,代代相传到他本人。既然这些君王在三千八百多年前

---

① 在华的耶稣会士赞扬了斯多葛学派的爱比克泰德,比如利玛窦把《手册》(*Encheiridion*)翻译成中文(《二十五言》,1604)。在手稿中,殷铎泽负面地提到了特利斯墨吉斯忒斯(Trismegistus):"我抛弃了特利斯墨吉斯忒斯是正确的,因为不是以简洁的方式而是以象形文字符号来描述隐秘的思想。"柏应理不赞同这种观念,因此删去,并且,在序言的第二部分(第五章与第七章),对特利斯墨吉斯忒斯进行了正面的描述。

② 虽然第一次提到司南是在汉代,但是磁罗盘导航的第一次使用只在宋代有过记录。耶稣会士在这里似乎混淆了古代的发明。这个错误不能仅仅归咎于耶稣会士,因为许多中国书籍也错误地将指南针的发明归于黄帝或者周公。参见 Li ShouHoua(李书华),"Origine de la Boussole"(《指南针的起源》),in *Isis*, Vol. 45, 1954, N. 1–2。关于罗盘在越南的传播,安文思(Magalhães)在他的《中国新志》(*Nouvelle Relation de la Chine*, 1668)的第 116 页有提及。《孔夫子》在这里将周公与元朝的外交官周达观(1266—1346)混淆了。后者描述了他于 1296 年利用罗盘从温州到吴哥城的航行。耶稣会所提及的关于古代指南针的错误信息很有意思,因为它在塑造指南针是中国的发明这一普遍神话中,构成了一个重要的环节。实际上,没有决定性的证据证明中国的罗盘被传播到欧洲,磁罗盘于 12 世纪同时并独立地分别在中国和欧洲应用于航海倒有可能。

③ 在《史记》中,司马迁认为孔子生于鲁襄公二十二年。耶稣会士将其与西历相对照,认为是公元前 551 年。详见后面的"中国'哲学之父'孔子生平"。

就已经统治着这个古老的君主制国家(关于这一点,附录的年表会告诉读者),那么就应该承认,这套学说在中国拥有强大的生命力。因此,我们希望,这项夜以继日的工作能得到传教士们的欢迎和接纳,因为他们能从这项工作中获得最丰硕的果实。同样我们也希望起码在所有尊敬古代的人们那里,这项工作会有一定的价值。① 关于开展这项工作的缘由,说这些已经足够。②

---

① 虽然反复申明这本书是为传教士们写的,也声称那些尊重古代的人一样会感兴趣,但实际上,耶稣会士指出的关键不只是古代本身,还有中国君主制的悠久。

② 最后这一句话是由柏应理加上的,标志着前言第一部分第一段的开始。 柏应理将最初由殷铎泽所写的前言的第一部分,分成了十"段"或者说章节(paragraphus)。

第一部分

第一章　经典及其第一作者[①]

现在,让我们深入到将会成为我们的基础的事物之中去:这些古老的书籍,特别是有关这个民族的历史记录的作者及其诠释者。如同欧洲人对葡萄酒所做的分类一样,这些书中,有一些属于第一类,有一些属于第二类。对于第二类的书,有人不会去阅读,有人会慢慢地仔细检查,也有人会将其当作伪书而拒绝,甚至会扔得远远的,好像它们是有害的、不虔敬的。[②] 对于诠释者们(人数众多、各种各样且各不相同)也一样,人们会躲避一些诠释者,或者紧密地跟随另一些诠释者。人们会这样问自己:我们要相信什么?怎样信任?有多少信任?最重要的是这是关于什么事情的?[③] 事实上,在孔子的时代,对王室的信任、虔诚和敬畏已经被忽略了。许多人已经完全偏离了他们祖先的轨迹和路线。[④] 不久,诸侯之间战争肆虐,几乎所有的诸侯都在争夺天下。然后,在中国发生了一次大规模的可怕的焚书运动,这是无论

[xv]

[①]　这里章节的标题以及后面章节的标题,都是柏应理加上去的(加在手稿的 p. IV, r)。

[②]　关于正式批准的权威书籍的主张,这是天主教的一个重要规定,所以很早就确立了圣经经典。在中国,经典更具有变动性,从"五经",到"十三经",再到"四书"。

[③]　关于诠释中的合法性,无论是在中国还是基督宗教中都是一个难题。 对于天主教来说,地方主教以及后来的梵蒂冈在规则上起着重要的作用。 在 16 和 17 世纪的欧洲教义争论时期,许多神学著作被谴责为异端并禁止出版和发行。《孔夫子》似乎认为在中国,诠释者太多是一个问题,指出缺乏权威的机构来加以管理。

[④]　柏应理在致路易十四的信中,称赞孔子的教义给中国带来了和平与和谐。 在这里,读者认识到孔子的教义,甚至在孔子自己的时代,都没有那么容易被接受。

在亚历山大城还是世界其他地方都没有经历过或听说过的。① 由于目无法纪的战争、战乱、武器的泛滥及其带来的罪行,许多错误、异端、诸多意见和迷信的瘟疫日益增多。它们就像无益又有毒的草药,长在这"大地中间的花园"(中国人这样称呼他们的帝国)——先前不为人所知而被遗弃的土地——上。② 我们将会在下文进一步说明。

这个民族已经写就和将要写的书籍不计其数。在第一类的书中,最重要的有"五经"③,另一些是"四书"——我们下面要为这些书提供拉丁文的译注。④ 按照他们的诠释者,"四书"在权威和古老方面比不上"五经",可是却要比"五经"更有用。⑤

在我们刚刚提到的五本书里,最重要的是《书经》,它包括六个部分,主要记载了尧、舜、禹三个君王的事迹。禹是夏朝——中华帝国第一个朝代——的君王。尧和舜事实上是中华民族真正的立法者,就像梭伦(Solon)一样。他们的指示、法律和政令非常清晰且充满着政治智慧。他们还决定

---

① 这里提及的"焚书"仍将多次提到。 文本有些话故意夸张,比如,如此巨大的损失从没有在其他地方发生过。

② 这或许意味着就像欧洲一样,中国也不曾幸免于军事和思想的斗争。 在手稿中"世界花园"(Mundi horto)被删掉并用"大地中间的花园"(medio terrarum horto, p. IV, v)代替。 本卷第二部分第四章谈伏羲怎么从中东迁移到中国。 有三页纸几乎被完全删掉了(p.IV, v; p.V, r; p.V, v),涉及老君与和尚关于"上帝"的立场。 接着,殷铎泽指出一些中国人对孔子教诲的败坏感到不满:一段来自彭熙(Puon Xi),一段来自胡广的《四书大全》的序言,还有三个短句引自《孟子》。

③ 拉丁单词"volumen"最初表示一卷,在古罗马,这样的书可以卷起来,后来表示装订翻页的书籍,这样的书不能卷起来。 在中文中,"经"指布料,也可以卷起来。 关于"五经"和"四书",安文思于1668 年也做过类似的介绍,参见《中国新志》,第110—122 页。

④ 《孔夫子》用拉丁文"quatuor libri"翻译"四书",而原来利玛窦使用的是希腊复合词"Tetrabiblion"。 事实上,"Tetrabiblion"会使读者联想起"圣经五书"(Pentateuch)来。 下文即提到摩西。 将《旧约》与中国经典并列带来了非常重要的神学问题。

⑤ 《孔夫子》介绍了"五经"与"四书"之间的区别:前者古老而权威,后者则更具有效性。 这一区分使"四书"成为中国文化实际的和标准的经典。

在商议过程中认真地记下自己的意见和话语,不过很多都已遗失了。我们不想谈论这本书的古老;但是,我们不得不承认《书经》中的前两个部分在摩西之前很久就已经写成了。①

《书经》所记载尧的事迹整整一百年,他在基督之前2357年获得了王权。② 他的事迹由他的继承者舜传给后人。虽然他所有的事迹几乎都随着时间推移渐渐被遗忘了,但仍有一些在编年史中得以保存和提及,并被放在相应的统治年份里,比如,由于九年的洪水,这位好君王曾试图赈济百姓。③ 还有许多贵族呈给舜的请求书,也遗失了。

传到了我们耳中的其他事迹有:帝王要探访他的帝国的各个地区。还有其他的道德榜样,比如,他以礼仪和斋戒,向上帝(Xam ti)——天上最高的君王——献祭。还以低一级的礼仪,向闻名于世的山神与河神献祭。④ 其他一些相关事迹也得以被记录保存:在献祭中应该遵守的仪式、音乐、祈求,以及正确统治臣民的方法。关于禹这位君王的记载更丰富;通过辛劳和努力,他把中国的洪水引到海里。他把天下分成九个省,并为其命名,指明其归属于天空的哪些部分,对应什么星宿。他制定了每个省份需要缴纳的税收和

---

① 要从政治意义上来理解立法者,这里明确提到斯巴达政治家梭伦,间接提到摩西或许也不是偶然:摩西同样被认为是以色列的立法者、开国者。 然而,很难证明《书经》在摩西时代之前写成。 虽然《书经》中所记载的事件可能发生在摩西时代之前,但是现有的记载不允许我们走得那么远。 在手稿中,殷铎泽提及了亚伯拉罕,并明确提到大洪水。 由于柏应理对这一问题稍有不同见解,他删除了这一段,然后在本卷的第二部分里用同样长度的段落讨论洪水问题。 另外,殷铎泽对"今文"的论述也被柏应理删掉。

② 按照中国的传统说法,尧的统治从他二十岁一直到一百二十岁,共一百年。 手稿中则说只有七十二年,殷铎泽认为这是比较现实的。 安文思同样提及公元前2357年作为继位时间。 参见《中国新志》,第111页。

③ 《孔夫子》在这里指的似乎是只在中国当地发生的一次大洪水。 不要与公元前3000年左右的普遍大洪水混淆。 参见本卷第二部分的第五章。

④ 参见《尚书·舜典》:"岁二月,东巡守,至于岱宗,柴。 望秩于山川。"《孔夫子》在这里没有隐藏这样一个事实:尧和舜不是在实行很严格的一神论。

其他类似的事情。除此之外，还有一些重要的记载，比如禹及其贵族对于一般救济和教育提出了著名的教诲。这三个君王①因为美德和智慧，比其他所有的人受到的赞颂都更多。因此，他们是最出名的，也为后代树立了榜样并留下教诲，而这些记载几乎具有神谕和法律的力量。

《书经》的第三卷记载了有关第二个王朝——商殷的一些事迹，特别是关于这个朝代的创立者成汤的。他打败了暴君桀并把他驱逐之后，于公元前1776年获得王位。他对公众做了一次精彩而重要的演讲，在其中解释了自己这样做的理由。在同一卷书中也提到了阁老仲虺对这位君王的教诲。②还有另一位阁老伊尹对他侄子太甲提出的告诫。这些都值得欧洲君王听取和称赞，因为都发生在罗马建城大约一千年前。在那里还能读到商朝的第十七位君王盘庚③所说的话，他告诉他的百姓必须迁移到另一个地方，这样王室官邸和朝廷就不会被频繁的黄河洪水所淹没。朝廷迁移之后，他就马上设置官职、任命官员并完美地效仿了古代君王。

接下来是有关傅说的教诲，他曾在最虔诚的君王武丁——也被称为高宗——的梦中出现过一次，就好像从天而降一样（按照君王自己的说法）。为了能够找到他，武丁把这个人的样子画了下来，之后真的在石匠当中找到了。武丁向傅说征询意见，并借助傅说的智慧和谨慎大有作为。④ 接下来还提到了王兄微子启和阁老祖伊充满睿智的告诫。

《书经》的第三部分和最后部分介绍了第三个朝代——周朝的前五位君王和其他十二位君王所说的话、所做的了不起的事。书中还保存了周朝的创立者武王在不同会议上发表的几个演讲。还有其他标题为《康诰》《召诰》

---

① 即尧、舜、禹。

② 这里将"阁老"这个头衔用于古代社会，是完全错误的。

③ 今天的一些历史学家计算出盘庚不是商代第十七位而是第二十位君王。

④ 由于《论语》14.43提及了高宗，耶稣会士在翻译《论语》的这个章节时，很详细地讨论了《尚书·说命》中的"高宗梦得说，使百工营求诸野，得诸傅岩，作《说命》三篇。"

的演说,以及关于著名的周公的一些记载。周公是武王的兄弟,也是年幼的君主成王之路上的导师。他为人们树立了忠诚、谨慎和智慧的杰出榜样。还有关于后来成为朝鲜国王的箕子的一篇文章。除此之外,在这三个部分中还有很多关于如何正确统治臣民、关于宗教和其他美德的记载。到现在为止,我们只涉及"五经"中的第一本也是最重要的一本书——《书经》,因为其属于首要的权威,我们将在其之上建立我们的解释。

现在我们比较简略地谈一谈第二本书,其中收集了很多诗歌,由此构成了这本名为《诗经》的书。其中大部分的诗创作于第三个朝代,即周朝;只有小部分是在商殷时期创作的。这些诗提到了差不多十二个诸侯国已经确立的风俗,通过这些风俗所有诸侯国遵循一个高于其他一切的原则,以便每个诸侯国能在自己的领地上施行统治。这些诗很好地赞美和尊敬美德。许多诗是严肃、庄重而充满智慧的。虽然不可否认,其中不少的诗被诠释者认为是虚假的和不可相信的。比如说关于契和后稷诞生的诗歌追溯了两个帝王家族的起源,被诠释者认为是无稽之谈。① 因此在这里,对于这些夸张的形象我不会多说什么,他们产生于诗人的想象;但是我至少要说,这些诗歌中有些描写是对天和神的亵渎,是以不敬神的思考对人类事务做出的鲁莽猜测。诠释者认为书中的这些描述是杜撰的、不可信的,这并不过分。孔子的见证足以证明,这些诗歌原来不是这样的,因为他说:"《诗》三百,一言以蔽 [xviii]

---

① 契被认为是商族的祖先。他的母亲在吞食了一种黑鸟的蛋之后,奇迹般地怀上了他。另外,根据《诗经》,后稷是他无子女的母亲踏上某个神的脚印后怀上的。参见《诗经·生民》:"厥初生民,时维姜嫄。生民如何? 克禋克祀,以弗无子。履帝武敏歆,攸介攸止,载震载夙。载生载育,时维后稷。"关于这些故事的负面评价是柏应理加到手稿上的,他似乎并没有像殷铎泽那样赞赏《诗经》。在本卷第二部分的第九章中,柏应理进一步嘲笑了后稷诞生的故事。然而,《诗经》对于耶稣会士争论上帝之名的古老来说非常重要。在《天主实义》第105号中(载《天主实义今注》,第100页,版本信息在"序言二"中已详细注明,此后不再一一列出),利玛窦所提供的来自"五经"中谈到"上帝"的十一个引用,有四个出自《诗经》。

之,曰:思无邪。"意思就是说:"从不去想那些堕落和丑恶的东西。"①这些诗歌有很大的影响,可是文风略晦涩,因为总是非常简短,充满了隐喻,而且用词古朴。然而,这样的晦涩有助于奠定这些神秘而古老的诗歌的权威,所以我们经常看到其在宗庙中被人使用。

第三本经书(如果我们可以称之为经的话)被称为《易经》。② 它比《诗经》更晦涩,就像谜语一样。在"五经"中,如果不算《易经》的注释部分③,它就是最古老的。这本书的作者是伏羲,中华民族的祖先,是中国人在狩猎和农业方面的第一位老师,就像另一位俄耳甫斯(Orpheus)。世上的一切都按照一系列短线的图画而分类。下面我们会画出这些爻和卦,并说明它们每天是怎样通过不同的组合构成新的各种各样的卦象,从而蕴含新的意义。中国的君主制度成立了一千八百年后,像俄狄浦斯(Oedipus)这样的人物才出现,那就是文王。④ 他成功地说明了通过八次合并和重组的八个原则,而得到八卦的排列。他的儿子周公试图对此进行更详细的描述。但实际上,他在这些神秘的谜语、费解的记号上增添了更多的谜语。五百年后,孔子努力破解这些谜团。孔子解释了伏羲的这些神秘卦象和前人对此的神秘解释。结果,他将这一切部分地归因于事物的本性,特别是一些元素及其目的和特质,部分地归因于人类的行为和风俗。由于——正如上文所言——这本书的源起如此久远,书中其他部分又是在很久之后才被添上的,我们所提

---

① 《论语》2.2。

② 《易经》对耶稣会士来说是最成问题的一本书。 书里的文字表明其不应该算作真正的经典。 然而对于安文思来说,这本书"因为其包含的出色的教诲和道德训诫,从而是值得阅读和尊敬的"(《中国新志》,第120页)。 但是在一个注解中安文思警告,要反对道家和佛教所做的错误解释(第123页)。 之后,白晋将在解释这本书上投入大量的精力。 关于伏羲创造八卦这件事,吴莉苇提及了耶稣会士可能使用的文献,即陈桱撰《通鉴续篇》和御批本,参见吴莉苇:《当诺亚方舟遭遇伏羲神农:启蒙时代欧洲的中国上古史论争》,中国人民大学出版社,2004年,第130页。

③ 即《易传》。

④ 文王被比作通过破解一个神秘的谜而打败斯芬克斯的俄狄浦斯。

到的三位诠释者①获得了作为《易经》作者的声誉和尊敬,而不仅仅被认为是诠释者。由于书中的一切都晦涩难懂,我们决定将这本书在"五经"中排第三。② 显然,孔子对自己最初的注释并不满意。在他晚年时,他还希望诠释这本高深莫测的著作③,可是他的去世导致他的努力和愿望无法实现。多么古老晦涩的文献啊! 多么晦涩的古代啊! 它们为虚荣而迷信的后代打开了通往许多错误的大门。似乎很少有人意识到:越是看起来神秘的东西,其实越不神秘。特别是少数人开始滥用这些神秘的线条来算命和预测,而这些人同样支持佛教和道教中的错误和荒谬。关于这些神秘的著作,我们在下文还会进一步谈到。

孔子把第四部经典称为《春秋》,意思是春天和秋天。这本书是他在老年时写的。④ 他在这本书中按照历史顺序描述了许多君王的事迹、缺点、美德、惩罚和奖赏,从周朝第十三位君王周平王四十九年开始。那个时候,鲁隐公在混乱中夺取了诸侯国鲁国——孔子的家乡——的直接统治权。这部编年史记载了十个诸侯长达二百四十一年的历史,一直到第十二位诸侯鲁哀公为止。孔子把他的著作命名为《春秋》,是因为一方面,就像在最迷人的春天里一样,国家通过君王的美德和智慧繁荣发展;另一方面,又因为君王 [xix]

---

① 即文王、周公和孔子。

② 《孔夫子》在这里表明,《易经》因为其古老而被一些人认为是"五经"之首。 然而,因为对其意义存疑,《孔夫子》将《书经》排在第一位,《诗经》排在第二位,《易经》只在第三位。

③ 《论语》7.16:"加我数年,五十以学易,可以无大过矣。"下文介绍《易经》也提到了这句。然而,《论语》中的这句话有许多争议,一些人认为这里的"易"并不是指《易经》,而是一个阅读错误,或者是后来诠释者的篡改。

④ 根据一个来自孟子的古老传统认为,孔子本来是《春秋》的作者。 今天,《春秋》被认为是鲁国的多种编年史构成的。 在"五经"中,它通常被认为是重要性最小的。《孔夫子》则将它提到第四的位置,而将《礼记》放在最后。

的愚昧和不道德,国家必定走向消亡,就像树叶和花朵在秋天枯萎凋谢一样。①

通过阅读这本书,许多人能认识自身,也可以审查对公共事务的热情并看清真相。但是,实际上这本书更多是为了那些憎恨和排斥公共事务的人写的。这样他们可能会发现,与他们的意志相反,描写生动的是他们的堕落,以及紧随他们的欲望、残忍和专制之后的正义的惩罚。孔子的弟子左氏②对这本书做了彻底而详尽的解释。他还编订了另一本著作《国语》,讲的是不同诸侯国的政策和政治原则。

最后,第五部经典被称为《礼记》,或者"礼仪和责任的记录",共有十卷。孔子从古人的书和记载中收集了这些记录。③ 但是三百年以后,这本书的所有版本,在秦始皇这位野蛮皇帝的命令下被全部焚毁。后来这些记录借助老人们的回忆才得以恢复。显然,按照诠释者的说法,还是有一部分的记载遗失了。由于老人们的回忆断层,更不用说他们过度的热情,或者甚至带有恶意,从而加进了一些外来和杜撰的内容。

在此,小心谨慎的读者应该像蜜蜂那样只追求单个的东西而拒绝其他的。④ 整部书涉及神圣的或者世俗的礼仪,以及各种各样的责任。这些责任

---

① "春秋"是一年的转喻,意指诸侯国每年的编年史。《孔夫子》将标题理解成一种政治的道德教诲。

② 即左丘明。

③ 耶稣会士对《礼记》的排序是最不传统的:它在今文经学中排在第三,在古文经学中排在第四。《礼记》通常分为四十九章,耶稣会士使用的版本可能分为十卷。 许多古代的诠释者坚持认为这是由孔子的弟子们所作的汇编。

④ 被焚烧的书籍在上文被简要地提及。 然而,这里提到了焚烧对《礼记》所造成的破坏。 为什么只是这部经典被提及? 如果所焚烧的书涉及范围那么广,应该也会破坏其他的经典。 事实上,下面的文字或许能为我们提供线索:《礼记》谈论祭祀、供奉给死去祖先的食品,所有这些在"中国礼仪之争"的背景中都是成问题的。 借由文本的被破坏,《孔夫子》试图降低这个文本的权威。 在《天主实义》第552号中,利玛窦已经指出《礼记》的缺点:《礼记》一书多非古论议,后人集礼,便杂记之于经典。(《天主实义今注》,第211—212页) 现代学者认定《礼记》的文本是在汉代形成的。

在夏、商,特别是周朝的时候是需要承担的(周朝就是孔子生活的那个朝代),其中包括父母对孩子应有的责任,之后孩子对父母所应承担的责任,夫妻之间的责任,朋友之间的责任,主人对客人的责任,做客时的责任,祭祀时所要用的器皿、祭品以及各种与祭祀和神庙相关的责任。还记载了供奉给已去世的祖先所用的食物,宫廷葬礼时候的盛宴和献礼,国王、士大夫或者老百姓都应该遵守的合乎自己身份地位的礼仪。最后谈论了如何努力学习博雅技艺:首先是音乐,其次是兵法和驾车。这些技艺通过各自不同的名字得以区分。 [xx]

《礼记》的最后部分是孔子的弟子们加入的一些杂文,不过,诠释者认为其中一些是孔子自己写的,一些是他的弟子们写的。但是也有一些诠释者认为这些杂文完全是伪造的。方济各神父在一本著作中详尽、客观地将诠释者对于上文所提到的"五经"的评语和注释从中文翻译成拉丁文。①

这五部书属于第一类,具有最高的权威,如同《中国政治伦理知识》的源头一样。最接近它们的是"四书",由孔子和孟子这样的哲学家写成。虽然诠释者重视"五经",并从中借鉴了几乎所有的教义,可是"四书"仍然是最有价值的。因为,在权威性上它与"五经"同等,在使用上则胜于"五经"。因

---

① 意大利的耶稣会士方济各(Francesco Saverio Filippucci,1632—1692)在17世纪80年代到90年代初期担任耶稣会中华省省会长(provincial)和视察员(visitor)。他还写过一个报告:《作为一个全面调查的序幕:在中国耶稣会传教士的意见和实践是否与对祖先和孔子崇拜的好意或者恶意的攻击有关;论疑问的状况》(*Praeludium ad plenam disquisitionem an bona vel mala fide impugnentur Opiniones, et Praxes Missionariorum Societatis Jesu in Regno Sinarum. Ad Cultum Confucii et defunctorum pertinentes. De statu questionis*),澳门,1683年3月23日。在这个报告中,方济各用中国经典来反驳对耶稣会传教政策的批评。在方济各完成他的工作之前,柏应理已经离开了中国。在手稿里面,这一段是柏应理自己加进来的,这表明柏应理在欧洲看到了方济各的稿子。方济各的书于1700年出版,标题为 *De sinensium ritibus politicis acta*(Paris:Nicolas Pepie)。

此,他们谈论的"六经",即"五经"加"四书"。① 确实,任何人想要拥有博士和硕士学位就必须掌握"五经",而通过背诵和通读完全理解"四书"更为需要。阅读"四书"的理由有以下几点:第一,这两位哲学家②一般是从这些书中挑选"五经"中最实用的部分,将其变成自己的东西;第二,在祖先发明的东西之上,他们加上了不少自己的理解;第三,他们的教义讲得比以前的更清楚、更明白;第四,他们对粗糙的原文做了润色,把黄金时代的素朴和简单以更优雅的风格做了修饰,没有自负和傲慢。为此,我们没有把"五经"翻译成拉丁文,而是把"四书"翻译成拉丁文,使欧洲人可以通过它们来评价整个中国哲学。可是,我们也不拒绝"五经"。必要的时候,我们会随时参考,就好像我们接近泉水的源头,从那里往我们的著作里引入清泉。

"四书"由四本书构成。③ 第一本书标题是《大学》,意思是指伟大的知识。它是《四书》中篇幅最短的,告诉君王如何能施行很好且成功的统治。它首先从灵魂以及整个人的修养讲起,其次从家庭或者王室的正确教育开始,再次是治理诸侯国,如果上天容许的话直到整个天下。这本书由孔子的弟子曾子编订而成。④

第二本书的标题是《中庸》,其论点是:坚持永恒的中道,即中庸。子思出版了这本书,并增添了一些自己的想法。他是孔子的孙子,曾子的弟子,也是孟子的老师。可是,书中的内容还是遗失了很多,使之看起来更像是由一些残篇组合而成的。在"四书"中《中庸》位列第二,但因为其中高深的教

---

① "六经"在中国通常被认为是由"五经"加上《乐经》——据说在秦始皇焚书后遗失——构成的。《孔夫子》给出了非传统意义上的"六经":"五经"加上"四书",后者成了一本经典。

② 即孔子和孟子。

③ 《孔夫子》闭口不谈儒家经典的形成,暗示"四书"从孔子和孟子以来一直是经典。而实际上,直到宋代"四书"才获得经典的地位。

④ 《孔夫子》完全忽略了《大学》是《礼记》中的一篇。这纯粹是一个故意的遗漏。《孔夫子》在质疑《礼记》经典的完整性之后,最好是使《大学》与之脱离。

义使其晦涩、费解,似乎超过了自然理性的界限,所以在学校里中国的老师将这本书放在最后讲解。①

第三本书有很奇妙的用处,比第二本书更易懂、更清晰。它由十个部分组成②,被称为《论语》,或者"谈话录"。这本书就像理性的辩论,因为它以问答的形式记下了孔子与其弟子的对话。因此,这里面有很多关于邪恶、美德、责任和如何进行正确统治的谈话。《论语》中有一些出自孔子的弟子或者后人对导师的效仿和崇敬而做的回忆,但不是很多。

在篇幅方面,第四本书等于其他三本的总和。它的作者是孟子,我们在上文已多次提到。他在其中讨论了自然、礼仪、伦理以及责任。在中国的古人中,没有一个人比他更接近我们的哲学思维模式了。他很敏锐,比孔子更善辩。毫无疑问,他在雄辩方面胜过孔子,但是在生活的纯真、谦虚、严肃和诚实上则不及。③

对于这些最重要的书籍的起源和权威,我们已经谈论得足够多了。中国人的编年体史书在权威上则仅仅次之。接下来,仅在权威上次之,但地位仍然远远低之的书有:《家语》,或者"家里的谈话";《小学》,关于儿童教育的书;《孝经》,谈论孝道;《忠经》,谈论忠诚。这些书既归于孔子也归于他的弟子。我们应该适当地阅读所有的这些书,并谨慎地使用。④

---

① 这严格地遵循着朱熹所主张的教学次序。对《中庸》的评价显示耶稣会士不热衷于《中庸》的神秘元素。事实上,他们似乎一贯地重视中国文本中那些最合理的要素。与《大学》的情况一样,《孔夫子》也没有提到《中庸》是《礼记》的一篇。

② 朱熹的《论语集注》将《论语》分为十卷。

③ 对《孔夫子》来说,孟子是最接近西方标准的真正哲学家。然而,《孔夫子》认为孔子是在自己的生活中体现道德美德的人,因此是完美的哲学家在中国的最终参考对象。

④ 在手稿中,这里原本提到另一本书:《列女传》(*Lie niu chuen*),论女性教育。但被删掉了。还有一段关于《老子》的论述也被删掉了(p. XII, v)。

第二章　经典的诠释者们

[xxii]　　由于这些已经写完或正在写的书的数量极其庞大，因而诠释者的数量也一样庞大。显然，没有哪个朝代没有自己的书。据说"五经"和"四书"——这些书可以称为，借用一个词，"经典"——有六百多个诠释者。① 但是，并不是每一个诠释者都对所有这些经典做了注释，某个诠释者往往只注释了其中的一部分。比如说有一些注释了《书经》，有一些则注释了《诗经》，有一些对《礼记》做了注释。另外还有一些注释了其他的著作。但是实际上，他们当中很多人只诠释了一本书中的某个部分。《性理大全书》这本自然哲学百科全书证明这些注释的可信度是值得怀疑的。② 从周朝、汉朝到唐朝这段时期之内"五经""四书"的诠释者不超过二十位。而且，《性理大全书》认为，因为这些朝代的注释中有很多内容遗失了，所以应该忽视其中的大部分，相反，他们自己所处时代的新诠释者③最为可信，从而将他们放在周、汉、唐代的诠释者之前。这部百科全书还提到，在最近的两个朝代，即宋代和元代，一共出现了一百一十八个诠释者。④

---

　　① 我们可以注意到，《孔夫子》将"五经"和"四书"置于同一个"经典"范畴之下。 相反，龙华民认为，除了"四书五经"，儒家经典还包括《四书大全》及《性理大全书》，并且由于"四书五经"有时不清楚，更要依靠评注。 参见 Nicolas Longobardo, *Traité sur quelques points de la religion des Chinois*, Paris, 1701, pp. 9, 13, 20。

　　② 《孔夫子》将在下面的第五章中详细介绍这部著作。 在手稿中，殷铎泽将《性理大全书》与《四书大全》混淆了。 柏应理区分了它们（p. XIII, v）。

　　③ 即宋明理学家。

　　④ 关于这一百一十八个诠释者的名单可以在《性理大全书》710-2, 3, 4 中找到。

实际上，在谈及第三个朝代周朝的那些古代作家时，同样生活在这一朝代而晚孔子一百年的孟子，已经在哀叹自己时代的不幸了。他目睹了杨朱和墨子两种思想学说越来越强大，而古代君王和贤人的教诲却被忽略和遗忘。① 我们有理由怀疑不仅因为挥之不去的错误，而且因为七雄之间的混战，那个时代的作者和诠释者可以随意造假而不受惩罚。② 后来又有一个诠释者程子，以及其他的诠释者，公开谴责两位主要的诠释者——列子和庄子。因为他们的评注中夹杂了不少荒诞的胡言乱语，来源于老子以及乱世中活跃的其他教派。③

秦朝的皇帝击败其他的诸侯继承了周朝，建立历史上的第四个朝代，并把各个诸侯国变为国家的省份。可是这个朝代在文人之中名声很坏，这与其说是由于家族的过错，不如说是由于一个人的罪过。这个朝代，可以说在它建立的同时就崩溃了。秦始皇是长城的修建者，在发动战争和取得胜利方面胜过了所有的人。我不清楚他是被怎样的疯狂所驱使，在对文人的致命仇恨中，下令焚烧国内所有的书籍。④ 只有关于农业、医学、占卜方面的书籍以及老子的书——确切地说是老子的弟子所写的书——得以保留。因为被道家所制造的幻觉和言语蒙蔽，秦始皇大力支持道家。⑤ 在死刑的威胁下，古代君王和哲学家所有的书，特别是孔子的书，以及对其进行注释的书，都被焚毁。这给文学造成了无法弥补的破坏。然而似乎这些罪恶还不够，

[xxiii]

---

① 《孔夫子》将"异端"这个范畴用在杨朱和墨子学派上。 为了巩固孔子的权威，《孔夫子》认为自周代以来孔子思想已成为规范。 实际上，儒家那时候还并不是一个正统的学派，到了汉朝时才确立了地位。

② 《孔夫子》认为，由于缺乏政治控制，异端就兴起了。

③ 程颐坚决反对道教。

④ 这里又一次提到焚书。 文中以疯狂和对文人的个人仇恨来解释秦始皇的行为，却闭口不提这一决定背后的政治动机和丞相李斯所起的作用。

⑤ 实际上，《史记》提到农业、医术、占卜以及林业方面的书籍得以幸免，但是没有提到道教的书籍也幸免于难。 道教通过占卜书籍和法家学派产生了强大的影响。

还要处死许多文人:他们被埋在地里,脖子露在外面,然后被剑或者箭杀死。秦始皇死后不久,这个朝代就灭亡了。随后汉代诞生,这是第五个朝代,虽然这个朝代也学习道教,但还是有一些诸侯对古代的文学、教义和实践并不陌生。因此他们命令各地将焚书中幸存的书籍收集起来,从而使这些散失各地——有些被藏在坟墓中、墙壁中①,有些已经被虫蛀去一半——的书籍都得以重见天日。此外,还从老人的记忆中得到他们年轻的时候所背下来的内容。最后,他们在付出了那么多的艰辛和努力后,修复了许多被破坏的文本。

修复工作超出了他们的期望,据说,他们保留了许多中国政府希望保持不变的文本,无论是成了残片或部分遗失,还是被外来的字句弄得面目全非,像伤口留下的疤痕一样。而且,法律禁止在任何时候修改或者改变这些文本中的任何一句话。②

因此到了汉朝,诠释者纷纷涌现,如刘氏、张氏、潘氏、贾氏、郑氏、王氏等。宋朝一位姓胡的人记下了所有这些后来的诠释者的名字。③ 我们在谈论他们之前,需要先介绍两个污染了整个帝国的教派④,它们使文人的思想和灵魂全部或者部分地受到腐蚀。这样,欧洲人就可以更容易地分辨出应当跟从哪些诠释者,而排除另一些诠释者。

---

① 或许它是对传统的一个参照,据此认为儒家经典是在孔子家的墙壁中发现的。
② 《孔夫子》没有提到今文经学派与古文经学派之间在汉朝时为了确立文本的论争。
③ 这里指的是《性理大全书》的总主编胡广。 上文已经提到这本书,在下面的第五章也有详细讨论。《孔夫子》错误地把胡广作为宋朝人。 实际上,正如第五章要确切说明的那样,他生活在明代。 汉代的诠释者应该为刘歆、郑玄等人。
④ 即佛教、道教。

第三章　简要介绍哲学家李老君以及被称为"道士"的追随者①

为了能提供更丰富的介绍,我们要告诉读者这个教派的创始人是俗称 [xxiv] "李老君"的哲学家,他又被称为"伯阳"或"老聃"。② 他与孔子处在同一时代,甚至可能比他更早。有这样一个传说:在自己母亲的腹中待了八十一年之后,他自己终于找到一个方法,从母亲的左腋下来到这个世界。然而,由于这一奇特的出生,他的母亲很快去世了。③

他的书保存了下来,但是,据说他的追随者修改了很多内容。在李老君所写的书中,有一些是对哲学家有价值的观念:美德、对荣誉的拒绝、对财富和人事的轻蔑,以及在幸福的独居生活中灵魂在人类事务之上能够获得的喜悦。④ 当谈到万物的产生时,在诸多构想之中他特别提出一个构想——他的追随者不断重复这个构想,也是他哲学的最高原理:"道生一,一生二,二生三,三生万物。"也就是说,"法则或原则产生了一,一产生了二,二产生了

---

① 这一整段关于道家的论述原本是《中庸》译本里的一个题外话(手稿,第一卷,第163—165页)。 柏应理拿来放在第一卷里是为了提供一个对中国思想更全面的描述。

② 老子的另一个称呼源自司马迁的《史记》。 关于佛教的章节也一样,《孔夫子》提供了该教派创立者的生平简介,并简要地描述了他们流传的书籍、重要的教义观点和宗教实践。

③ 通常认为老子在其母亲肚子里待了六十一年。 这里的"八十一"或许对应于《道德经》的章节数。 此外,他从其母亲左腋出生的描述也与传统说法不同。 或许,耶稣会士将其与被认为是从母亲右肋出生的佛陀混淆了。

④ 这里简洁地介绍了《道德经》最重要的哲学问题,重点是道德观念。

三,三产生了一切"。①这作为一个宣言,就像古人的格言一样,通常是不明确的、含糊的。但有一点可以确定:他认识到有某个第一和至高的神。然而,他的理解有缺陷:尽管他承认最高的神凌驾于其他的神之上——就像国王凌驾于他的封臣一样,不过他还是认为神是有形的。② 人们普遍认为,李老君也是炼丹术的创始人。③

最终他成为许多人的老师。有一点毋庸置疑:许多世纪之后,那些声称是其弟子的人成为炼丹术的发明者,或者最起码是传播者。实际上,在第四个朝代秦朝的始皇帝统治下,有不少人开始使用道法,因为这个皇帝是出名的文人的敌人,曾下令烧毁几乎所有的书籍。④ 结果,他自己被道教和李老君的弟子说服,接受他们提供的一种被称为"长生药"的不死药水——据说饮用后可以使生命永恒。因此,他命人到那些岛屿去寻找这种药。⑤

在下一个朝代汉朝,道教尽管并不从这里开始,却得到了极大发展。汉朝第六个统治者称武帝,他的老师李少君完全致力于研究道教的内在力量。⑥ 或许因为皇后藐视祖先和孔子的哲学,所以汉武帝命令把李老君的哲学放在最高的位置——虽然当时它很可能已经被污染了。⑦ 因此,是由于一个女人的好奇和欲望,这种哲学才被接受。如经常发生的那样,宫中许多人

---

① 参见《道德经》,第42章。 拉丁语使用完成时,像《圣经》中的《创世记》一样,表示一种历史叙说。

② 这里,《孔夫子》将"道"等同于上帝,因为"道"拥有两种神的属性:是一切的本源并超越一切。 然而,就像指责宋明儒家的"太极"一样,传教士们也指责"道"没有超越物质。

③ 上文论述了道家哲学,余下更长的篇幅则介绍了道教。

④ 如同在其他情况下一样,耶稣会士避免指责老子这样重要的人物,但是指责他的弟子。 道教被认为要对这次焚书负责任。

⑤ 为了寻找长生不老药,秦始皇去过几次芝罘岛,并下令召集上百的年轻男女去寻找住着神仙的蓬莱山。

⑥ 李少君(公元前2世纪)是一个炼金术士,因为宣称自己有几百岁从而获得汉武帝的信任。

⑦ 窦太后实际上是一个道教信徒,反对她的孙子汉武帝将儒家作为官学。 根据我们的文本,道教的主要问题在于奠定了炼金术。

很快开始信奉这个新教派。当时,皇帝最宠爱的一个妃子去世了,皇帝无法克制自己的哀伤。有一个术士向迟钝和恐惧的皇帝展示死者的幽灵。① 由此皇帝陷入这些危险的戏法中,在做了许多愚蠢的事情并经常喝"长生不老药"之后,最终认识到自己是难免一死的。当死亡接近时,他跟迟到的泪水一起悔恨自己的轻信。②

但这样的情形并没有随同汉武帝的死亡而终结。在同一朝代,还出了个张道陵。③ 他出自另一个教派,而他的后继者们则将他的道法广泛传播。其中有位张道玄获得了非凡的名誉和声望。因此,该教派的道观都托付给他们两人来保护,在整个帝国有如此多的庙宇供奉着这两个人。小图像和画符随处有售,可以看到上面有一大群的魔鬼和人类同他们的仆人在一起。道士们将魔鬼排在众神之间,并称他们为"仙人"或者神仙。

实际上,在唐朝,迷信的人们将荣誉的称号"天师"赋予这个教派的祭司。这个王朝的创立者甚至为老君的偶像建造了一个庙宇;第六个皇帝玄宗也命人在他的皇宫里立起老君的雕像。④ 那时,这些人的后裔很受尊敬。特别是那些在道教发源地出生的人和道教创始人的子孙可以永远享受官吏阶层的尊严。他们可以居住在江西省某个乡村雄伟而壮丽的房子里。⑤ 确实,很多人经常在那里出没,或是为了祈求治愈他们的疾病,或是渴望了解他们的命运和他们整个的人生。这些道士正是利用"天师"的尊严和功能,

---

① 这里可能指的是皇后卫子夫,她在自己的儿子太子刘据政变后自杀。卫皇后的整个宗族被指控用巫术反对皇帝而统统被处决。后来田千秋告诉皇帝对太子刘据和皇后卫子夫的指控不成立,武帝很懊悔。

② 武帝相信术士并且似乎也吃了一些"不死仙丹"。然而,这些未必是致命的,因为他到八十一岁才逝世。

③ 张道陵(2世纪)创立了天师道,是道教第一个有组织的团体。

④ 玄宗传统上是唐朝第六位皇帝,因为女皇武则天不被列入这个名单之中。同老子一样,唐朝的皇帝也姓李。

⑤ 很可能指的是龙虎山,这是一处与张道陵相关的道教发源地。

[xxvi] 用符咒和法术帮助、教导人们。最后，人们倾其所有，挥霍完钱财，就快乐而充满希望地回家了。

在宋朝的第三个皇帝真宗的统治下，道教极具影响力。在真宗统治的第十一年，即 1011 年①，这位皇帝被道士的戏法和他自己的幻觉蒙骗，开始相信有一本书从天上掉下来。其实，这些术士趁夜把书放在皇城的大门上。轻信的皇帝徒步去寻找这本神奇的书。然后，他命人怀着极大的敬意把书取下来，以隆重的皇家礼仪将其迎进皇宫，并保存在一个金盒子里。②

从所有这一切可以清楚地看到可怜的中华帝国在不断地坠入一种堕落的状态。正如一开始我们曾说过的，中国充满了迷信。被道士们沿袭至今的法术和仪式是通过与神仙订立协约建立的。大多数中国人接受了这样的法术和迷信。接着在引入了偶像崇拜（佛教）之后，人们开始受到其教义的影响，旧的迷信之上加上了新的，人们更热心地追随这些迷信活动。③ 在今天的中国，所有这一切都变得频繁又平常了。如果读者想要我们提供一些例子，这里就有：有时候，道士们把他们的宗教领袖及其他偶像的图像悬浮在天上，看到的人们便震惊并轻信；有时候，在一个装满水的大池子里，道士们显现一些在他们教派或者新王朝中可以获得的虚构的官职；道士们在算卦和祈求神仙之后，通过吊在空中的毛笔在放在地上的一张纸或者墙上的灰烬上画一些奇形怪状的符号。他们还会施展一些其他类似的法术，进行一些迷信活动，但在此不必再提。

当然，古代的中国人没有如此无知。不过，今天不是这样。从在中国传

---

① 应为 1009 年，但原文如此。

② 真宗大大加强了道教在朝廷的地位。他受到大臣王若钦的影响，后者受到道教法术的影响。王若钦伪造了《天书仪制》，在其中封真宗为神圣的统治者。

③ 在耶稣会士们看来，迷信在秦始皇焚书之后得以发展。参见上文第一章。迷信在受道教和佛教影响的汉代再次发展，到唐宋时期达到顶峰。耶稣会士还想表明，在他们的时代迷信还是很普遍的。他们可能在道观内亲自看到过他们所报告的迷信行为。

教一开始,我们自己就不断地从事着彻底铲除所有这些古代和现代的迷信行为的工作。我们曾试图通过基督宗教经文的鼓励和劝告做这样的工作。实际上,通过这一教派的影响和努力,古代君王们逐渐变得像神一样。一些神灵,以及其他一些未知的神灵已经出现在"上帝"或者"天上最高的君王"这个名衔之下。这些神灵可以分别控制独特的元素,却与天上最高和唯一的权力没有任何关系。①

最后,更可恶的事情发生了:宋朝(不是第八个而是第十九个国朝)的第八个皇帝徽宗,不经思索就宠幸一个名叫"张仪"的汉代道士,给他封上"玉皇上帝"的名号。② 宋徽宗还到处为他造雕像、建庙宇。结果,通过天主(Deus)的公正判决,皇室开始走向毁灭,并且是如此彻底的毁灭,以至于在祖先的原则之下已经持续了四千二百多年的帝国结束了,第一次被外族人——即西方鞑靼人——奴役和统治,并耻辱地被迫服从长达八十九年。③ [xxvii]

确实,在第二十一个朝代大明朝时,阁老邱琼山用最严肃的话对此做了评价,他这样写道:"在那时,徽宗皇帝以最不公正的方式授予这个卑鄙小人以'上帝'的名衔。这个名衔作为天上诸神灵之中的最高者,被这样的侮辱严重伤害了,并受到了严峻的挑衅;因此这个皇帝被施以公正的惩罚,直至他的王朝最终完全毁灭。"④对于这个教派我们说的已经够多的了,现在开始下一个。

---

① 这是对道教的多神论的指控,在那里每个神都是相互独立的。

② "玉皇上帝"是宋徽宗送给玉皇大帝的一个神圣的名字。 根据民间传说,玉皇大帝一开始是个人,姓张。 他的名字有不同的说法:张仪、张坚、张友人、张百忍、张公艺。《孔夫子》将宋徽宗的行为看作最严重的渎神行为,因为他使一个人变成一个神。

③ 宋徽宗于 1127 年被女真族打败,北宋王朝结束。 此处八十九年疑有误,应指中国历史上首次由少数民族建立的大一统王朝元朝的存续时间,即 1271—1368 年,共九十八年。

④ 这句话很可能出自邱琼山(即邱浚)的《宋元纲目》。 作为一名儒生,他对于道教对像徽宗这样的皇帝们的影响持否定态度。

第四章　简要介绍佛教及其追随者[①]

在汉朝的统治开始二百七十年后，也即 65 年，在皇家权威的保护下，一场在任何方面都比火灾更有破坏力、更可怕的灾难侵入中国。一个以佛为偶像的不敬神的教派从印度传入中华。[②] 与此同时，毕达哥拉斯的灵魂转世说、许多神话和迷信、无神论及大量记载其教派理论的书籍也随之而来。[③] 这场灾难在那时传播得非常广，后来污染了几乎所有的中国书籍和教派——除了伊斯兰教。而且，这个教派与基督宗教及我们的努力完全不相容。我觉得有必要在此为读者们提供一些简短的解释，并且更深入地研究其在印度的起源、在中国的发展及其所包含的教义。

[xxviii]

净饭王统治了印度南北之间的一块被中国人称为中天竺的地区。他的妻子名叫摩耶。她为净饭王生了一个儿子，最初被称为"释"，或者叫"释迦"。现在，这个名字意味着僧侣们的所有肮脏和迷信，而日本人则用了不正确的汉字把它写成"Xaca"。当他到了三十岁的时候，被称为"佛"。

---

① 这一章节有一部分曾被翻译成法语放在杜赫德（Du Halde）的《中华帝国全志》（*Description de la Chine*, vol. 3, pp. 19-29）一书中。 法语版又被翻译成英文在《中国旅客》（*The Chinese Traveler*, London: E. and C. Dilly, vol. 1, 1772, pp. 155-173）中发表。

② 《后汉书》在 5 世纪里记载了东汉（25—220）的历史，提及汉明帝探寻佛教之事：他在梦中梦见一位头顶发光的高高的金人，于是派遣出一支使团。 他们把佛陀的肖像带回。 据杨炫之（6 世纪）的《洛阳伽蓝记》，使团回到都城洛阳时，用一匹白马驮着佛陀的画像和雕像。 汉明帝由此建了白马寺。 后文的"中国'哲学之父'孔子生平"中详细描述了此事。

③ 这里提及了毕达哥拉斯学派的轮回说与佛教灵魂转世说在哲学上的相似之处。 稍后，将会进一步提及佛教对毕达哥拉斯学派的历史影响。

他是人，还是撒旦的创造物呢？这是一个尚未解决的有争议的问题。日本的使徒方济各·沙勿略持第二种意见。实际上，如果佛教徒关于他的诞生的说法并非胡说，那么沙勿略很可能是对的。① 佛教徒说释迦母亲曾梦到白色的大象从她的口进入到她子宫里，也就是说，释迦是由大象变来的。但根据另一些人的更可信的说法，更有可能的是通过撒旦的帮助，人的种子被从其他地方移到摩耶肚子里，摩耶才怀上了释迦。事实上，白色大象在印度不但非常珍贵，而且备受尊崇。一旦白色大象的所有权引发争议，王国之间可能会因此发生战争，最终通过流血来解决问题。佛教徒说释迦从他母亲的右肋出生，而后不久她母亲便去世了。② 这样，这位"人类的救世主"（如同佛教徒所称呼的），甚至连自己的母亲也不能救活。③ 显然，这个人类的怪物与真正的人相比更像是蛇。事实上，"佛"字由"弗"和"人"组成就表明这一点。④ 他一出生就可以站立，而且走了七步，一只手指着天，一只手指着地，用清晰的声音宣布："天上天下，唯我独尊。"⑤因此，没有人对他的来源产生任何怀疑。

---

① 参见沙勿略致其在欧洲的同伴的书信[交趾（今越南），1552年1月29日]："我从他们的书中发现他们不是人，因为书中记载他们活了一两千年，而且释迦将会诞生八千次，还有其他荒诞的事情。他们不是人，而是魔鬼的造物。" Joseph Costelloe（约瑟夫·科斯特洛）trans., *The Letters and Instructions of Francis Xavier*（《方济各·沙勿略的书信与教导》），Saint Louis：Institute of Jesuit Sources，1992, p.337.

② 根据传统说法，她在释迦出生七天后去世。

③ 这里间接地暗示了耶稣的母亲玛丽亚后来得到永生，以进行对比。

④ 依据方济各·沙勿略的意见和佛陀名字的词源，文本认为佛陀是一个魔鬼的造物。这一立论完全脱离了整本书的理性标准。马丁·许伯纳（Martin Hübner）在其《论自然权利的历史》（1752）中强烈批评了柏应理这一不合理的论据（第24—26页）。其实，"佛"是音译，本身没有任何附着的意义，然而，可以通过词源指其意义为"非人"，这或者强调佛的神性，或者否定佛的人性。

⑤ 这里的翻译稍稍异于传统的说法："天上天下，独我为尊。"

这些事情①发生在中国帝制纪年1909年,或说公元前1026年。② 那时,周朝第四个皇帝昭王统治着中国。释迦十七岁的时候娶了三个妻子,并生了一个儿子,中国人用"罗睺罗"三个字来称呼他的儿子。③ 不久之后,释迦放弃了人世的事务和责任,为他死去的母亲献身于修行。④ 十九岁那年,他进入沙漠之中。⑤ 据说在那里,他受到四位在印度被称为"瑜伽师"的裸体哲学家的教导。⑥ 他三十岁的时候,一天在日出之前,他偶然观察到金星。⑦ 通过对这颗星星的凝视,他立即洞悉了第一原理的本质,而且被一些奇怪的神灵启迪,变成了"佛",或者说"神"——在印度称为"Pagode"⑧。这样,他从学生变成了大师,从凡人变成了神,并开始向众人传播他的教义。因为新颖,人们变得盲目,或者说因为奇异的本性,人们被完全迷惑了。这些事情传到了中国并以大量的书籍和精彩的图像来表现。在长达四十九年的时间里,释迦在东方到处传播他的教条,而在同一个时期,所罗门王(Salomon

---

① 指释迦的出生。

② 这里关于佛陀的出生日期比通常人们接受的日期(前6世纪或者前5世纪)要早。 实际上,《孔夫子》沿用了唐代的一本伪书《周书异记》里的说法。 因此,一些罕见的自然现象向周昭王宣告了佛陀的诞生。 此外,《孔夫子》中还有一些矛盾之处:依据柏应理所制的年代顺序表,应该是公元前1036年而不是1026年。

③ 按传统说法,佛陀由其父亲为他娶了几个妻子,其中主要的是耶输陀罗公主。

④ 曾德昭(Alvaro Semedo, 1586—1658)在其著作《中国通史》(Histoire universelle de la Chine, Leon, 1667)中曾这样声称(第128页)。 然而,佛陀离开他的宫殿不是为了苦修,而是为了寻找觉悟。

⑤ 传统说法认为,佛陀在十九岁时娶妻,然后在他父亲的宫殿里待了十年,直到二十九岁。

⑥ 裸体哲学家(gymnosophisti)指印度的苦修者。 他们认为衣服与食物对思想的纯净是有害的。 在亚历山大大帝远征印度之后,普鲁塔克和其他作家提到了这些裸体哲学家。 文本在这里提及了他们的梵语名字:Jogue 或者 Yoggi。

⑦ 传统说法认为佛陀在三十五岁时觉悟,而不是这里所说的三十岁。

⑧ "第一原理的本质"指"四谛"。 一般来说,"Pagode"指保存着佛陀遗物的窣堵波,不过在这里,指神。"Pagode"源自梵语"bhagavat",意为神。

Rex）则用他智慧的源泉滋养着西方。[1]

对于其门徒众多这一点很难让人相信：据说有八万人获得了"裸体哲学家"或"偶像崇拜者"的头衔。[2] 而且各处都有人毫无节制地、狂热地追随着释迦。中国人称他们为"僧"（Sem）和"和尚"（Ho Xam），鞑靼人称之为"喇嘛僧"（Lamasem），暹罗人称之为"猴子"（Talapoii），最后，日本人，或更正确地说欧洲人称之为"Bonzii"。[3] 他们说，从众多弟子中选出五百人，再从中选出一百人，然后再从中选出十人。这十个被赋予声誉和权威的弟子在释迦去世后，完成了五千本书籍来记载他们老师的著名教诲。

其实，这位"新神"最终认识到，他自己不是"不朽的"。到了七十九岁的时候，释迦便感觉身体愈加虚弱，知道自己距离疾病和死亡不远了。然而，临终时，他说"四十余年，一直没有向世界显示真理"，而是满足于图像、比喻和寓言，他用晦涩而富比喻的教诲隐藏了赤裸的真理。[4]

但是，当他濒临死亡之时，他要表达心中的秘密思想：显然，除了"空"（vacuum）和"虚"（inane）这万物的第一原则，就没有任何其他东西可以追寻了，也没有什么我们可以寄予希望的。这最后的话是无神论的主要根源。它隐藏在谎言与迷信的黑暗之中，如同埋藏于地下，逃避了无知群众的注

---

[1] 据《无量寿经》，释迦牟尼讲道四十九年，但据早期的佛经记载，如《法句经》（Dhammapada），他只讲了四十五年。 另外，《旧约》的所罗门王与释迦牟尼不在同一个时代。

[2] 据某些传统说法，佛陀在去世前向八万信徒讲道。 佛教徒团体，或者说僧伽团，可以分为和尚和居士。 裸体哲学家和偶像崇拜者是耶稣会士做的区分，以试图表明佛教从一开始就有两种倾向：精英式的无神论和一般信众的偶像崇拜。

[3] 借助于他们在亚洲的传教活动，耶稣会士们描绘了欧洲第一幅佛教僧侣地图。

[4] 手稿中引用的是中文"四十余年未显真实"，源自《法华三部经》中的《无量义经》。 这句话意在表明佛陀的教义是有层次的，他隐藏他的核心思想，直到临死前，才展示给他的几个能够理解的弟子。 耶稣会士认为他最后的这句话完全否认了他自己的教诲，表明他在品行上的表里不一、智性上的虚无主义和宗教上的无神论。 虽然耶稣会士反对这种秘传，不过，在《福音书》中，耶稣也以同样的方式讲道。 但是《孔夫子》不承认这一点。

意。① 此外,我们还会再次谈论这个著名的关于"内在教义"和"外在教义"的区分。

根据这个民族的风俗习惯,遗体要用香木来焚烧,骨灰要撒在人间、鬼神之间和海龙之间。释迦的一颗牙齿被作为礼物送给锡兰岛国王。② 布里甘提尼(Brigantini)公爵的弟弟康斯坦丁诺(Constantinus)在管理在印度的葡萄牙人的政治和军事事务时,曾命令没收在大火中意外获得的牙齿和其他战利品。虽然有一个野蛮人的国王通过他的密使提议想用重金购买牙齿,但是被拥有基督宗教和王室精神的康斯坦丁诺拒绝了。相反,他命人把牙齿粉碎成灰,撒入河流。③ 另一方面,马塞奥(Masseo)及我们其他的历史学家所说的不应该被看作一个错误。④ 按照他们的观念,这颗牙齿实际上是一只因人们迷信而受崇拜的猴子的。如同在别的地方以许多其他的形式和名字而受人们崇拜一样,释迦在葡萄牙人发现了这颗牙齿的地方,以猴子的形象被崇拜。⑤ 除了其他的寓言,佛教徒还使许多轻信的群众相信,他们的大

[xxx]

---

① 显然,对耶稣会士来说,无神论比迷信危害更大。

② 锡兰即斯里兰卡。 据《大般涅槃经》的记载:本师释迦牟尼佛入灭荼毗后,留有四颗佛牙,除帝释天、海龙宫请去两颗外,人间留有两颗,一颗在斯里兰卡佛牙塔,史称"锡兰佛牙";一颗在北京佛牙塔,史称"北京佛牙"或"法献佛牙"。

③ 康斯坦丁诺1558年成为果阿的代理国王。 作为对1544年在马纳尔岛(Mannar)杀害六百名新受洗天主教徒的凶手的报复,同时为了扩大葡萄牙人在这一地区的影响,康斯坦丁于1560年9月率领一支队伍反对贾夫纳(Jaffna)。 依据历史学家蒂欧格·都·利托(Diego de Couto)在《亚洲志》(Da Asia, chapter xvii, p.431)中的记载,康斯坦丁诺在接手贾夫纳的泰尔米王国时,夺取了保存在一座印度庙宇中的佛陀的牙齿。 南缅甸的勃固(Pegu)的佛教徒国王愿以400,000克鲁扎多(cruzados)换得那颗牙齿。 康斯坦丁诺愿意接受这笔交易。 然而,在果阿的宗教裁判所激起的宗教偏激高潮之下,康斯坦丁诺不得不向果阿大主教屈服而摧毁了佛陀遗物。 然而,据斯里兰卡佛教徒的说法,葡萄牙人在贾夫纳的寺庙所夺的遗物只是一个复制品,真正的遗物今天仍保存在康提市(Kandy)的一个佛教寺庙里。

④ 是不是马塞奥还有待考察。 另一位耶稣会历史学家可能是丹尼厄罗·巴托利(Daniello Bartoli),他著有 Dell' Historia della Compagnia di Gesu, Asia (Genova, 1756)。

⑤ 据印度的一个神话,神猴哈奴曼(Hanuman)从印度跳到了斯里兰卡。 由于受这一神话的影响,耶稣会士混淆了哈奴曼与佛陀,将哈奴曼也当作佛陀的显示之一。

师以这样那样的动物或者其他形式或名字转世了八千次。这一次他就变成一头白色大象而出生,并转世帮助世人。

然后,除了我刚才所述的这众多的门徒,释迦还留下了一个长久以来他最爱护的门徒,名叫摩诃迦叶,作为他的第一个继承人和佛教的传播者。释迦命令迦叶要把"如是我闻"这句话作为所有出版的关于其教诲的书籍的开头,而不需要任何其他的理由或者证据来说明。① 显而易见,除了毕达哥拉斯学派五百年之后所采纳的许多荒谬,迦叶还从他的老师身上学到了傲慢。②

佛陀或者说释迦在他的著作里提到另外一位比他更古老的大师。中国人称他"阿弥陀",日本人则再一次错误地称之为"Amida"。③ 他住在东印度或者孟加拉,正如和尚们所说,那里是极乐世界,汉语中称为"净土"。④ 确实,他被认为非常神圣,他的功绩如此之多,使得无论任何人有多重的罪恶,只要向他祈祷都会得到宽恕。因此,在人们的口里,没有比"阿弥陀"和"佛陀"更普遍的词语。通过这两位的名字及其功德,人们能够得到解脱和清洗。因此,他们在受到阿弥陀和佛陀的驱使的时候,其实更受到自己本身的欲望、贪婪和背信弃义的驱使。因此,他们继续逍遥法外,恬不知耻地放弃所有克制。

这种"双重教义"的力量和原因都在于"外在教义"导向"内在教义"。"权教"或者"外在教义"被使用很长一段时间之后,才能够在那些拥有能力

---

① 并非是摩诃迦叶,而是阿难听闻并记下了佛陀的许多讲道。

② 由于耶稣会士错误地认为佛陀生于公元前 1026 年左右,因此猜想佛教思想影响过毕达哥拉斯。实际上,毕达哥拉斯所在的时间要早于佛陀。 其实,轮回转世说源自比佛教更早的印度教,其很可能在毕达哥拉斯所在的时间传到了希腊。

③ 上座部的佛经没有提及阿弥陀佛。 阿弥陀佛的教义在 1 到 2 世纪兴起。 显然,我们的文本显示不知道上座部佛教与大乘佛教之间的区别,而以中国大乘佛教的眼光来看待佛教。

④ 与四方对应,有四个佛陀。 西方代表着阿弥陀佛的领域,在那里人类可以生活在通往极乐世界的福佑状态。 耶稣会士将这样的西方天堂看作一个实在的地理区域,以显示这种信仰的荒谬。

的少数人当中坚定不移地树立起被称为"实"或者"真实"的另一个教义。他们自己做了下面这样的比较：如果需要建造一个石屋子，首先要建造一个木头的结构作为支撑，直到砌好石头。石屋一旦建成，非常牢固，就不再需要木头的支撑，可以把木头拆除了。①

"外在教义"，或者说具有欺骗性的教诲的要点是：好人与坏人，恶人与义人，会得到不同的报应；一些人得到奖励，另一些人得到惩罚。幸福可以通过"三十二相"和"八十种好"而获得。②佛陀，或者说"释迦"本人就是神，也是人们的拯救者。他来到这个世界，是因为怜悯那些在拯救之路上误入歧途的人。他赎了他们的罪过，他们可以借着死亡得到拯救，并顺利地在另外一个世界重生。③"外在教义"有五条戒律：第一，不杀生；第二，不偷盗；第三，不淫邪；第四，不说谎；第五，不饮酒。毫无疑问，在诚实和正义的表面下，这个与我们的救主相敌对的人隐藏了自己的欺骗和陷阱。④另外，信徒们被规定行六种善业。最主要的是，信徒们要修建寺庙，要供养和尚。这样，他们就可以得到和尚的帮助。这些和尚通过祷告和自愿的苦行，将普通

---

① 在原始佛教中，存在着"二谛"学说。这一区分在理论上分为真理的两个层次。中国佛教的这一区分适用于区别不同的佛经和教派，主要出于宗派考虑。木头与石头结构的比较举例说明了临时真理和最终完善的真理之间的区别。第一位解释佛教"双重教义"的西方人是1577年在日本的耶稣会传教士加戈（Baltasar Gago，1515—1583），他在《日本各派错误综述》（*Sumario de los errores de Japão de varias seitas*，1557）中论及此。后来，在1623年，龙华民采用了"双重教义"的概念来理解中国所有教派，包括佛教、儒学和道教。对他来说，所有的教派都遵循如下的想法：给精英建立一套秘密的教义，而给大众建立一套流行教义。参见 Niccolas Lorgobardo, *Traté sur quelques points de la religion des Chinois*, Paris, 1701, p.26。

② 佛陀的色身中，有显而易见、一目了然的特征，称为"相"，约略可分为三十二种，叫作"三十二相"；细微难见，不易查觉，而能使人生起欣喜爱乐之心的特征，就称为"好"，共有八十种，叫作"八十种好"。由于这八十种好是随三十二相而有，所以又称为"八十随形好"。

③ 佛陀的赎罪教义是净土宗的特征。实际上，耶稣会士所认为的"外在教义"相当于净土宗。

④ 耶稣会士认识到了佛教徒五大戒律的道德价值，但难以接受佛教有任何好的一面，因此将其看成来自和尚或者撒旦自身的骗人策略。

民众从应得的惩罚和罪恶中解脱出来。

在葬礼中,他们也带来一束束代表金银的纸钱(这是后来发明的),跟丝绸衣服和其他类似的东西一起焚烧。这样,这些东西在死后的另外一个世界里就可以变成真的金银和真的物品,死者就可以得到足够的衣服和食物。借助这些东西,他们可以讨好地狱里的十八个凶猛而残酷的守卫者(即罗汉)以缓和关系。如果信徒们对此有所忽视,必然会通过六道之一被打入地狱。根据永恒的灵魂转回之轮,他们将很不幸地转生成野兽、人或者其他形式的存在。至于他们对六道细节的详细描述、收集的许多琐碎的无稽之谈,在这里无法一一叙述。我想将来的传教士应该仔细地思考和研究所有这些事情,因为在我们和他们之间会存在着无休止的冲突。

现在,让我们进一步看看"内在教义"及其最隐秘的伎俩和陷阱。在已经摧毁了"外在教义"的隐喻结构之后,让我们来更仔细地观察这隐秘真理的华而不实的结构。确实,他们自己贬损这个结构,说它完全是空无——这是最愚昧的事情,甚至就是愚昧本身。未受教育的大众不被允许知道这个道理。这实际上是这些恶人们采取的基本防备措施:由于对鞑靼人和一些关于地狱的故事的恐惧,简单而易轻信的大众将变得顺从。只有贵族、士大夫,还有拥有特殊能力的和尚与僧侣能明白真理。①

那称为"内在的""可靠的""真实的"教义的本质,就是"空虚"(Cum hiu),或者称为"空""虚"。它是万物的开端和终结。人类始祖来自它,而当人们死后又回到它。这是我们人类的状况。正如他们所说,我们都源于"空",这就是我们的实质。因此,一切都生于"空"及其元素;在毁灭之后,一切又都消解并回到那里。万物可以被区分和区别,仅仅是通过它们的外在,就像水可以装入这个或者那个容器里一样;有时,它变成雪花或者云层里的 [xxxii]

---

① 佛教的虚空教义对于耶稣会士来说是不能理解的,因为它是自我毁火的。佛教被描述成一个纯粹为获得政治权力而存在的政治工具。

蒸汽;有时,它结成冰块或者凝结成冰雹。铜和金子也是这样,能工巧匠可以将其铸成人、狮子或者任何其他的东西,但熔化的金属还是一样。那被赋予生命、感觉和智力的任何事物都是一样的:尽管其用途和外形不同,但本质上却是与其本原不可分离的相同而唯一的。①

他们教导说这个原则(即虚空)是完全值得称赞、纯粹、澄净、精致的,是不能被生成的、不会消亡的、无限的,是一切事物的极致,最完美、最安宁。② 但是,"他们否认它被赋有感觉、美德和理性"或者任何权力。③ 因此,它恰当的特性是什么也不做,什么也不想,什么也不意愿。因此,无论任何人如果希望过得好、过得幸福,就应该不断地冥思以战胜自己,这样他将变得与那本原相似,能控制所有人类的情感直到将其熄灭。他不会因任何事情而烦恼和困扰,可以完全地投入到最高的沉思之中而欣喜若狂,可以不用借助于任何理智而享受神圣的安宁和完美的幸福。当他自己获得了这内在的安宁,他就教给其他人共同的生活方式和外在教义。他可能同样遵从这种生活方式和外在教义,但是他自己偷偷地献身于真正的真理。因此,在这隐藏

---

① 在大乘佛教中,虚空意味着一切都缺乏自我本性。 然而,耶稣会士将其理解为现象下潜在的实质,也就是空。 人类、动物、植物和无机物全都属于这同一个本质。 皮埃尔·培尔(Pierre Bayle, 1547—1606)受到了《孔夫子》的影响,认为佛教是某种泛神论,类似于斯宾诺莎的学说,并且对将人类与物质的东西放在同一水平而感到愤慨。 正如这一段所表明的,耶稣会士对虚空的理解受到华严宗的影响,特别是法藏(643—712)的《金狮子章》。

② 不同于印度佛教使用的否定的语言,华严宗用肯定的语言来谈论最高的本质,即佛性,与托马斯神学的上帝论有很多类似的地方。

③ 手稿中写的"无心无念无思",很有可能来自禅宗大师慧寂(814—890)。 对于禅宗来说,心应该回归到其原初状态,在其中什么都不产生。 我们的文本暗示,终极本质没有智力。 如同耶稣会士一样,培尔不能接受终极现实没有生命、感觉和智力。 相反,他注意到斯宾诺莎没有犯这一错误,因为甚至高原则是连续不断地活动和思考。 参见 Pierre Bayle: *Dictionnaire Historique et Critique*, *Cinquième Edition*(《历史批判词典》), Amsterdam, 1740, pp.254-255。

的平静中,他享受着天堂般的生活。这是神秘的顶峰。① 在这里,不提邪恶与正直,不提赏报与惩罚,不提神圣的眷顾与不朽的灵魂。② 他们只谈论"空"和真正的"虚无"。如我们所看到的,这一切都是非常混乱的。他们讨论事物的产生和消失,认为所有事物是通过四种方式不断地轮回和转变:胎生、卵生、湿生和化生。因此,这个唯一而虚幻的本原可以变成一个人、一头狮子、一个石头或者任何其他东西。正如我所解释的,幸福是通过对这个幻想的完全沉思获得的。那些热切地献身于这个沉思的人被认为属于一个特殊的新教派。

这个教派也有另外一个名字——"无为教"③,意思就是什么也不做。我们必须谨记这个教派与在印度存在已久的裸体哲学家没有多大区别,其于惠帝时在中国开始繁盛。惠帝是 290 年左右中国第七个朝代——晋朝——的第二个皇帝。④ 更令人惊讶的是,这样的疯狂行为掌控了那么多贵族和这个帝国最优秀的人,以至于每个人都试图变得像石头和树桩一样。他们相

---

① 这里对禅宗平静心灵的描写与 17 世纪欧洲的寂静运动有一些相似之处。这一场运动由西班牙耶稣会士莫利诺(Miguel de Molinos,1628—1696)在西班牙发起,由其追随者盖恩夫人(Mme de Guyon,1648—1717)在法国发展壮大。当然,寂静主义在目的上与佛教大有不同:它是为了被上帝之爱充溢。莫利诺与寂静主义的学说在 1681 年受到官方的监视,并最终在 1687 年——也就是《孔夫子》出版那年——被教宗依诺增爵十一世(Innocent XI)禁止。显然,这种佛教与寂静主义的复合足以令人排斥佛教。寂静主义的政治结果在我们的文本中很受重视:寂静主义者们仅仅注意到外在教义和规章,使自己成为决定真理的最后审判者。培尔在他的字典的"婆罗门"(Brahman)条目中明确地将佛教与寂静主义连接起来。

② 在这一点上,佛教徒的内在教义超越了道德,但在我们的作者看来佛教开始变得不道德了。

③ 文本将禅宗与无为教错误地联系起来。无为教是流行于明清时期的宗教,混合了佛教和道教,提倡"无为"。

④ 这里提及禅宗。实际上,禅宗在中国兴起很晚,大概在 500 年随菩提达摩一起来到中国。关于禅宗在西方的传播,参见 Bernard Faure(贝尔纳·福尔):*An Epistemological Critique of the Chan Tradition*(《对中国禅宗的认识论批判》),Princeton, N.J.: Princeton University Press, 1993, pp.15-34。福尔参考了杜赫德的描述,但是似乎不知道杜赫德从《孔夫子》中抄用了大量关于佛教的介绍。

[xxxii] 信,在几个小时里保持静止,身体和心灵都不做任何运动,不运用任何感觉或者五根,就能更接近那空想的原则从而使他们返回。

他们也提到达摩——释迦的第二十八代子孙。① 他曾面壁九年。在这九年的时间里,除了冥思他那幻想的原则、空虚和虚无,他什么也没做。② 然后,通过达到与这原则相一致,他就能变成神。诚然,在中国,他得到了如同神一样的崇拜,人们为他建造了许多宏伟的寺庙。然而,中国人很久之前已经将最高的荣誉给予了阿弥陀和释迦,所以他们说这两位才是第一原则的完美和绝对的表现。他们喜欢称其他的表现为"菩萨",这适合第一原则的单一属性。比如说,既作为母亲又作为处女并以抱着小孩的形象出现的观音菩萨就是慈悲的象征。他们把低一级的神叫作"罗汉",其与古罗马小部落的神非常相似。③

同时,一位孔子的追随者、阁老裴頠在一本小册子里攻击了冥思者的教派。他有力地证明了亚里士多德的一句格言:"从无中什么也不能产生。"由此,他坚信,一种原则必然已经存在了很长时间,并且我们所见的所有事物都是由其而生的。然而,这错误传播得如此广泛,这位了不起的人并不能让它停止,以至于直到我们的时代仍有很多人浪费在这愚蠢的冥想上。④

---

① 据《证道歌》,菩提达摩是印度禅宗第二十八代教祖,在中国则是第一代。 耶稣会士在这里错误地暗示了其与佛陀的血缘关系。

② 据一些记载,菩提达摩在少林寺附近的一个山洞中面壁修行九年。

③ 除了主要神之外,罗马社会底层也有一些次要的神。

④ 裴頠(267—300)著有一篇《崇有论》。 在其中,他抨击那些颂扬"无"的人败坏了儒教。 他认为:"夫至无者无以能生。" 为了代替虚无主义,裴頠提出一种重要的宇宙存在论。 参见《崇有论》:"故始生者自生也,自生而必体有,则有遗而生亏矣。"耶稣会士或许是从《性理大全书》(卷五十七)中知道裴頠的。 他们发现这一格言与亚里士多德的格言相似,都批判虚无主义没有认识到世界的本质起源。 格言"从无中什么也不能产生"被经院哲学家们归于亚里士多德。 参见托马斯·阿奎那:《神学大全》(Prima Secundae)I. 45, 2。 事实上,"静修学派"与裴頠所论战的,不是这里所说的佛教,而是王弼的新道教。

我应该说情况更甚,今天在士大夫之中仍有很多人沉溺于释迦的学说,如同沉溺于他们自己的同胞老子的学说一样。实际上,许多士大夫出生并受教于朴素和迷信的百姓的家庭。他们尽管通过自身的聪明获得了最高的地位和公众的尊重,但却很少能摆脱从小随着母乳一起吮吸的、与生俱来的遗传的迷信。尤其是对于他们的导师所教的那些迷信,因为受导师的榜样的激励和鼓舞,他们会非常感激。不过,还有其他人用严厉的词语和判断谴责这种外来的新事物(即佛教),认为它是邪教,是有害的。

然而,事实上在我看来,所有这些并不是真的想要通过批评来摧毁石头结构,只不过是破坏木头结构。他们只是憎恨"外在教义"的各种戒律、繁多的仪式、禁止食肉饮酒、崇拜偶像,以及国内那些无用而懒惰的和尚。尽管,少数人并不支持"内在"而隐晦的教义,但由于在膨胀的傲慢和恶行的重担之下,他们本来已经倾向无神论,最后便鲁莽地投入这无神论的深渊。①

今天,不诚实的士大夫使用"性理"或者"自然哲学"这样似是而非的名 [xxxiv] 词,并不是他们所说的祖先的平坦大道,相反,是掩盖着很危险的深渊。② 当他们的思想正在犯很严重的错误时,他们却不认错,而且还表现出让人无法容忍的傲慢:不仅对当代思想,而且对整个古代思想,他们都想予以评判。他们却从没有想到,那些拥有卓越的美德和智慧的古人事实上正证明了他们自己的不恭和愚蠢。

第十九个朝代(宋代)的四位诠释者,即周敦颐、张载、程子、朱熹(在我们结束离题的本章之后,我们会回到他们),无论如何不是第一个以这种方

---

① 据我们的文本,一些文人正确地责备了佛教的"外在教义"说,但是没有彻底地破坏佛教"内在教义"说的理性基础。 文本暗示,不管在中国还是在欧洲,有必要从理性的基础上抨击无神论。

② 耶稣会士并不完全否定中国的"自然哲学",他们认为古代中国产生过一种健全的自然哲学,但是新儒家却建立了一种不当的哲学。

式犯错的人,但肯定是错得最严重的人。① 他们用自己的评注来点缀经典。更确切地说,他们用自己的评注使许多事情变得隐晦,并将其卑鄙地玷污了。最后,后人将他们视为导师而跟随他们。仅仅由这四个诠释者的意见和权威建立起来的有害的新教义,一直流传到大明王朝的著作中。

---

① 程子,指程颢(1032—1085)和程颐(1033—1107)两兄弟。 这里提及的宋代哲学家指的是"理学"派。 心学的代表人物陆象山并没有被提及。

第五章　关于文人或哲学家的教派；古人和近人建立的基础和原则

中国古人在尽心地培养并教导智慧、谨慎和其他的美德的同时，也总是在注意天地之间奇妙的秩序和规律，而且，努力尝试完全效仿之。由此，他们通过一种恰当又简单的方法——先处理最小的事情，再处理普通的事情，最后处理重大的事情——建立了维持四千年之久的君主制度。古代的君王和贤人们都尽心尽力地为此工作，从来不用舌头品尝希腊哲学的美味，因为，虽然这些美味更为高贵，但是离人的感官也更遥远。如果亚里士多德来到中国，如果斯多葛学派或逍遥学派那些更具说服力的雄辩家们来到中国，中国人会给予强烈反对，不仅会捂住自己的耳朵，甚至会封闭自己的边境。他们只希望拥有不变的和平以及风俗和法律上的公正原则。① 为了达到这一点，他们先致力于宗教，后致力于政治管理。他们崇拜最高的神，称之为 [xxxv] "上帝"，即"天上至高的君王"，此外还有一些保护神。不过，他们没有好奇地去探究在人们看来如此崇高、如此遥远的上帝的神秘本质，而是用恰当的法令禁止这么做，以防在真理与公共的和平领域内，在这些聪明又不安分、对新奇事物充满渴望的人们当中产生一些其他学说。② 这样的政治谨慎和努力如此完美，以至于他们相信在向别人下命令时，就如同在向自己的子孙

---

① 按照《孔夫子》，中国哲学家有意识地选择不去进行抽象的思索。亚里士多德主义和斯多葛主义因为概念化倾向，而被中国哲学拒绝过。相反，中国哲学呈现为一种实践哲学，以道德哲学、政治哲学和宗教哲学为中心。在手稿中，提到汉字"平"即和平（p. XIX，r）。

② 为了不破坏人们的一致信仰，政治当局责令不可以研究神的本性。神学的缺席不能归于理智的缺乏或者反理智主义，而是政治决定的结果。

下命令；服从者则相信自己是在服从如他们自己父亲一样的人。接下来，我们将会讨论古代的原则和哲学，这会丰富我们对中国知识的理解。①

剩下还有待进一步探究的是：这另一种完全被古代先贤所忽略的哲学是后来进入的，还是如同新诠释者们②所宣称的那样，是一种埋葬了四千年之后被他们发现的中国哲学？我们要有次序地前进。首先，要查明新诠释者是谁，在何时出现，有多大的权威。其次，看看他们是从怎样的源头提出自己的教义或新哲学的。③ 再次，要明白他们是基于怎样的自然原则和基础来建立自己的教义的。④ 这样，欧洲的读者凭借自己的理性可以很容易判断出，这些新诠释者是真的在维护古人的天真、正直和诚意，还是处心积虑地要在这个最腐败的时期建立自己的新教义，并传给后代。⑤

现在我们要回到宋代的新诠释者。这里的"宋"不是第八个朝代的刘宋，而是第十九个朝代的宋朝，始于960年。大概八百九十九年之前（即公元前61年），偶像崇拜与毕达哥拉斯式的梦想一起从印度传到中国，并获得了皇家的支持。⑥ 从这个教派开始，其他的教派也一个接一个地兴起了。更别提像道家、杨朱、墨家这些过去在中国占主要地位的学说了。宋代比之前的朝代更重视学问和教育，而且富有成效。这个朝代出现了一些在天赋和权威上都十分卓越的诠释者。他们不仅诠释"五经"和《史记》，还注疏了孔

---

① 最后一句是由柏应理加上的（p. XIX, r）。

② 即宋明理学家。

③ 这里指的是后面与《易经》有关的第六、七、八章。

④ 这一问题将在第二部分的第一章里论述。 虽然《孔夫子》前言分为两个部分，有两个作者，但是，柏应理用一个论证将它们统一起来。

⑤ 虽然《孔夫子》声称主要是为未来的传教士们写的，但最后柏应理将其设计成在"中国礼仪之争"中支持耶稣会士的立场。 这一段完全由柏应理写成，以阐明自己的批判方法：断定近代中国哲学与古代中国哲学相反。 在原始文本中，殷铎泽没有突出地运用这种方法。

⑥ 与《孔夫子》相反，利玛窦早先就认为轮回说源自毕达哥拉斯，随后传至印度，最后被佛教采纳。 参见《天主实义》第261号（载《天主实义今注》，第146页）。 也参见前面的第四章。

子、孟子和其他的一些诠释者。① 最后,他们以更长、更准确的诠释写下自己的著作。

在这些新诠释者当中享有盛誉的是周子(周敦颐)和程子兄弟(程颐、程颢),他们在 1070 年左右,即宋神宗时期,著书立说。② 之后有一位朱子(朱熹),在名誉和权威方面都超过了他们。③ 他死于 1200 年,即宋朝的第十三位皇帝宋宁宗统治的第六年。这位诠释者在帝国获得了很高的职位和许多赞誉,因其著作被尊称为"文公",即"文人的领袖"。④ [xxxvi]

虽然他们都只是在近六百年里兴盛起来的,但我们仍自信地将之与上文所提到的比他们早一千五百年的古代诠释者们进行比较。在这段时间内,有十五个朝代先后更替,每一个都声称自己代表最高的正义,却不管是非曲直。他们兴起像布匿战争那么久的激烈内战⑤,使得到处充斥着背叛、阴谋、杀戮和弑亲。这些朝代受到各种教派的影响。⑥ 如同我们在上文所说,一个教派像九头蛇一样在一天之内就能在大众之间散播开来。

在这样的黑暗和混乱之中,人文学问何以容身呢?中国人自己也承认这样没有一点儿益处,也对此深表遗憾。考虑到那个时代的作家如此稀少,他们的作品又那么不完整、不简洁,朱熹和其他人毫不犹豫地说,这一千多年内中国没有出现一个真正博学的人。⑦ 宋朝的皇帝曾明确地指出,在孔子、曾子、子思、孟子等古代的诠释者去世之后,只有这些宋朝的诠释者能够

---

① 我们可以注意到孔子和孟子在这里都被称为诠释者。 这或许是要表明诠释也可以成为经典。

② 我们注意到,这里遗漏了张载,但在前一章提到了。

③ 本文第一次详细介绍朱熹。

④ 这里叙述得很夸张。 朱熹在野多年,并且当他忙于公职时也是多次被罢免。 1196 年,他的学说被禁止,他本人甚至差点儿判刑。

⑤ 布匿战争是指公元前 264 年到公元前 146 年发生在古罗马与迦太基人之间的三次战争。

⑥ 这里对混乱的中国的描写,某种程度上与前文声称的"延续四千年之久而不衰"的君主制度相抵触。

⑦ 朱熹《孟子集注》:"百世无善治学,学不传,千载无真传儒。"

以令人满意又简单的方式来诠释这些古书的意义。唯有他们能够以某种方式恢复被掩埋了几百年的古人的教诲。在第二十一个朝代,即明朝(在下文我还会进一步对这个朝代进行详细的介绍),第三位皇帝永乐要求诠释者们仔细审查宋代的评注。① 朝廷小心谨慎地选出四十二个文人。他们以一种新方式精心地编集了"五经"②,以及其他理论著作。他们共同做出了一个明确的决定:遵循程子和朱子,并在学校教导他们的诠释,而不接纳其他诠释者的看法。而且,如果有人试图采用其他诠释者的诠释,那是不会被接受的。③ 永乐十三年,即1415年,这一部重要的著作被编成多卷本出版。

[xxxvii] 除了关于"五经"的诠释,他们还加上了有关"四书"即孔子和孟子的著作的诠释。④ 他们还另外写了七十卷本⑤的著作,名为《性理大全书》,即关于自然哲学的百科全书。

这四十二⑥个作者追随了上文我们已经提到的两位诠释者(即程、朱)的足迹。在古代方面,他们没有什么值得注意的地方,因为他们就生活在大概三百年前。因此在我看来,这四十二个作者只是跟随并发扬了前两个诠释者而已。他们虽然好像是要从祖先古老典籍的学说开始,但是其实不断地将这学说纳入自己的思维之中,扭曲它,因此已经远远地偏离了它,似乎已

---

① 这一工程由永乐皇帝支持而发起,以通过建立一个正统学说体系来加强他的统治。 自1414年开始由胡广主持编修,不到一年的时间即编纂完成。

② 即《五经大全》。

③ 我们可以看出,《孔夫子》对这一期待已久的正统学说的建立和执行感到钦佩。 然而,从《孔夫子》的立场来说,诠释者们建立了一个被错误污染了的学说。

④ 指的是《五经大全》和《四书大全》,皆由胡广主编,后来成为备考的官方手册,并需征引"四书"的内容写"八股文"。

⑤ 拉丁原文误为"二十",我做了修正。

⑥ 拉丁原文误为"四十",我修正了这个明显的错误。

向"新诠释者们"宣誓忠诚了。①

如是,在我们所在的这个时代,我们看到有不少文人致力于进行这些新诠释,还认为自己授予了经典应有的重要性和权威。这种似是而非的新奇显然为错误提供了可乘之机。当讨论万物的创造、原则和原因时,他们的谈话不乏机智、典雅。② 因为皇廷的支持和这四十二位在知识和地位上都很显耀的文人的努力,著作最终得以完成。③

有一些中国人更容易相信这种新的、有误导性的哲学(如果可以称之为哲学的话),将其看作从天上得来的哲学。他们贪婪而明确地认为这种哲学是符合真理和天的,尽管其实际上却与之背道而驰。为什么这么说?难道我们还能找到比这种哲学更违背真理、更违背由上天传给我们的理性之光的吗?还有比这对创造者、导师和天地万物的引导者的否定更大的吗?这种哲学否定了他们民族四千年以来的信仰和经验,如同否定了他们最具有说服力的祈祷:就像人的身体需要一个大脑,人类社会也需要一位领袖,以便长久地存在下去。④ 除非我们说,古代中国人主张他们所有的事情都要符合天地的规则,不过他们仍然认为,那遵循着某个原型而存在已久的东西已不再需要这个原型。⑤ 但是,天总是需要一位君王或者统治者,同样,效仿天

---

① 明朝的四十二个诠释者被《孔夫子》指责没有回到经典的原本意义,而成了二程和朱熹的注疏的囚徒。 其实,当耶稣会士翻译"四书"时,也在很多方面依靠朱熹的诠释。 在此,《孔夫子》试图回应龙华民的挑战,其中认为《性理大全书》代表真正的儒家。 参见 Niccolas Lorgobardo, Traté sur quelques points de la religion des Chinois, Paris, 1701, p.9。

② 据《孔夫子》,与古人不同,诠释者们进入到形而上学的领域中去冒险。

③ 在这一段中,《孔夫子》以为,宋明理学通过 1415 年编修的《大全》获得正式承认。 事实上,早在一百多年前的 1313 年,元朝仁宗皇帝就已经颁布将"四书""五经"以及朱熹所做的评注作为考试的内容。

④ 据《孔夫子》,无神论带来政治混乱。 如果没有一个绝对的统治者(上帝在天上),世俗统治者就不能建立稳固的统治,从而导致政治和社会分化。

⑤ 这个原型即是上帝。 在此,《孔夫子》提出一个不可能的假设:古代人提出了"上帝"这个说法,不过,他们并不相信他真正存在。

的君主制度也需要一位统治者。如果天的最伟大、最持久的秩序、运动和轨迹不借助任何神灵的意志,那么,必会使万物被污染和束缚。然而,中国人曾效仿天的秩序、运动和轨迹,并且认为必须通过帮助,谨慎地将他们的事物托付给一位独一无二的、拥有了几乎神一样权力的君王。我们可以说,一些野蛮或者疯狂的人会犯错误——被无知和鲁莽控制而犯下错误,但是,这些错误不可能发生在像中国古人那样充满智慧的人身上。①

---

① 柏应理删掉了很长一段话。 其中,殷铎泽使用第一人称。 他提到了利玛窦、郭居静(Cataneo)、庞迪我、高一志(Vagnone)、艾儒略(Aleni)、傅泛际(Furtado)。 因为他们采用儒家经典,殷铎泽为他们进行辩护(p. XX, r),特别是以"上帝""天主"来翻译"Deus"(p. XX, v)。 殷铎泽还提到跟传道修士"Patres Praedicatores"(即多明我会)的争议,认为他们缺乏汉语知识而将他们的著作送到马尼拉去(p. XXI, r)。 这个似乎是针对闵明我。 殷铎泽继续说:"Ita igitur in primis causa, praeter alios, nos impulit, ut hic brevibus declararem quid nova Sinensium Philosophia in Libris Sim-li-ta-çiuen de procreatione rerum, principiis et causis doceat; spero namque me hoc pacto ventura quoque aetati, et paci, concordiae inter Evangelicos Praecones consulturum." 这表明 1668 年在广州传教士之间有一项短暂协议。

第六章　新诠释者吸取新哲学的源泉

无疑这一整套理论都只源于一个源头、一个根基——《易经》,或说"描 [xxxviii]
述变化的书"。在之前提到的"五经"中,我们将它排在第三位——如果几幅
难懂的卦画和卦象就可以被称为一本书的话。① 由于中华民族的创始人伏
羲所处的时代还没有使用文字,所以他将这些卦画和卦象留给子孙们诠释,
就像另一个戈耳迪之结(nodum gordium)一样。② 新诠释者们借助这本书开
始着手他们的百科全书,而且他们的学说主要都基于这本书。在我们深入
开展工作前,有必要向好奇的欧洲人介绍这本小册子的概要与示例。③

显而易见,作者(伏羲)的目的无外乎是向人们展示被造物的相互关连
与联系或相互分离与矛盾,以及被造物之间的影响、秩序和变化。通过这些
阶段,他可以逐渐地引导幼稚的中华民族去认识自身的开始、终结以及灵魂

---

① 卦象看起来像象形文字,对于耶稣会士来说很难理解。 然而有些学者,如基歇尔,提出了一个
假设,认为埃及的象形文字与中国的文字系统之间有着历史联系。 不过,本卷的第二部分很明显地给予
了否定。

② 许多学者认为八卦归于伏羲只是传说。 戈耳迪(Gordius)是小亚细亚佛律基亚(Phrygia)的国
王,传说他原先是个贫苦的农民。 一天他在耕地时,有只神鹰从天而降,落在他马车的轭上,久不飞
走。 戈耳迪就赶着马车进城去请求神示。 其时,佛律基亚的老王突然去世,一国无主上下动乱不安,
于是人们请求神示由谁来做国王。 神示说:"在通向宙斯神庙的路上,你们遇到的第一个乘马车者就是
新王。"恰好这时戈耳迪正乘着马车前往宙斯的神庙,人们看见巍然屹立在车轭上的神鹰,认为这是掌
握政权的象征,就一致拥戴戈耳迪为国王。 戈耳迪当了国王后,就把那辆象征命运的马车献给宙斯,放
置在神庙中。 他用绳索打了个非常复杂的死结,把车轭牢牢地系在车辕上,谁也无法解开。

③ 这一句由柏应理添加到手稿上。

的最高智慧（即上帝）——他们向上帝祈祷、献祭。① 因此，伏羲还有另外一个名字——庖牺(Pao hi)，意即抱着献祭用的祭品。这最充分地证明，对真神的敬拜在这个民族的最初就存在了。②

看起来，对特别有关于天、地、人的事物，后代们进行了思考。不过，当伏羲观察这三个元素之间的微妙关系及其相互关联和相互对称时，便自然地描绘出了八卦(Pa qua)，即八个悬挂的图像或图征。张居正解释卦字为"挂悬之象"，然而现在人们将其误用于占卜。③ 每个卦象由三条或完整或断开的短线组成。这样就得出了八个组合。你可以将其设想为诗歌中的三音节韵文组合：完整的线是一个长音节，断开的线是两个短音节。他将这些卦两两叠加，并重新组合八次，最后得出六十四个卦象。后来，一位勤勉的后人给每个卦象分配了一个整体结构内的固定位置。所以，这些卦象和与其相对应的位置以某种方式，像一幅粗糙的图画一样，勾勒出事物多变与多样的性质及其运动和秩序。

---

① 这里似乎是对基督宗教的三位一体的暗示：创造者（圣父）、救赎者（圣子）、指导者（圣灵）。 在手稿（par. 11, fol. 1）中，我们能找到一节对《易经》的引用："昔者圣人之作《易》也，幽赞于神明"，以及张居正的注释的拉丁译文："Prisci sancti sive sapientes cum operam darent Libro Mutationum, hoc scilicet agebant, ut operando innarent quadantenus, vel ut alii explicant ut venerenter sacroque silencio veneraventur Spiritus Suprimi intelligentiam."（古代圣人，当他们自己研读《易经》时，他们虔诚而默默地崇拜最高精神的智慧。）其中还提到张居正对"神明"注释："神明即天地之主宰。"这一统治世界的最高之神的想法对于耶稣会士阅读经典的支持非常重要，不过，很难确认张居正相信有位格的神。

② 唐代史学家司马贞的《补史记·三皇本纪》载："养牺牲以充庖厨，故曰庖羲。"文本声称，通过伏羲，最初的中国人对上帝有真正的认识和崇拜。 这在殷铎泽的原始文本中没有提及，但后来由柏应理加上了，他认为在中国，伏羲是第一个崇拜上帝的人。 本卷第二部分第五章也提及庖牺。

③ "卦"字的来源很明显跟占卜有关。 古代，人们把绳子打结并分组悬挂起来备考，后来简化为阴阳符号，也用来计数，如此，"卦"广义为记号。 而且，"卦"和"掛"通用。 后来，"掛"中的"卜"消失了。《孔夫子》故意不谈"卦"跟占卜的关系，而采纳宋明理学的理性诠释。 而且，《孔夫子》暗示，《易经》本来没有迷信内容，是后来加进去的，从而败坏了它的意思。 我查阅过张居正的注释，并没有找到他将"卦"解释为"挂悬之象"的内容。 参见张泰岳：《易经直解》（顺治庚子岁秋八月四明）。

你们应该知道，中国人自古就认为万物皆有两个起源：一个是完满，或称为"阳"；另一个是残缺，或称为"阴"。此二者生于"太极"（Tai Kie）——它被理解为是一种"混沌"，或者某种囊括一切的物质原料。对于中国学者、大多数异教徒以及同享圣光照耀（的基督信徒）而言，他们都将"太极"解释为"元质"或"原初质料"（Materia prima）。① 因而，很多诠释者在讨论事物的原初产物时，认为它犹如无边的海洋，包含灵魂及思想。② 这种原初产物似乎分成了两个较小的海，这样，那些更易变、更轻盈、更完美的东西组成一部分，而那些不易变化、更浑浊、不完美的东西组成另一部分。这构成万物的二级原则。

然而，这两个元素就像两小片海一样，彼此越来越分开，并且两者各自再分成两个部分：较纯洁、完美的部分和较浑浊、不完美的部分。如此往复，又从四个中形成相互分开和区别的八个。继而八又像一条大河一样分成十六，再分成三十二，直到最后分成六十四。而每一次分流又都遵从第一次分离时的规范，分成的如此多的溪流最后构成了这个可见的世界。现在，让我们从这个比喻回到事物本身。正如中国人普遍认同的哲学思考那样：凭借"阴"和"阳"的力量与能力的多样特性，所有事物都是坚固的；任何事物，按照自身所拥有的"阴""阳"两个元素的多寡，而获得相应的完善或者不完善。

---

① 柏应理在手稿上做了补充，认为"太极"如同"元质"或者物质（p. XXI, v）。 柏应理的这种观念看起来很奇怪，因为大多数儒家知识分子不会简单地把"太极"看作纯粹的物质，而是看作一种既是物质的又是精神的最初力量，或者叫"元气"。 这种对"太极"的唯物主义的解释，使得耶稣会士们认为宋明儒学充满着唯物主义。 利玛窦首次在中国引入了亚里士多德的质料因，称为"质者"（《天主实义》第45号，载《天主实义今注》，第85页）。 后来，在《性学觕述》中，艾儒略将新儒家的"元气"等同于亚里士多德的"元质（原初质料）"。 柏应理遵循了这一误解。 耶稣会士们在这里以一种值得商榷的方式，将西方物质与精神二元论运用到中国思想之中。

② 在这里可以看出耶稣会士们对于"太极"的理解有些模糊：之前他们说它本质上是一个物质的原则，现在又说它包含着灵魂和思想。

[xl]   一种不断开   一种断开
                 ━━━   ━ ━

如前所述,卦象的整个结构由两种线组成:不断开而完整的线(阳爻)代表完美和坚固的优胜于其同类的东西,也表示一些幸福和幸运的事情。断开而不完整的线(阴爻)则表示相反的东西。因此,断开的线表示"不完美"(Imperfectum),譬如地、月、水、寒、夜、女,还有我们经常称为过激、疾病和灾难的元气。① 相反,连续不断的线表示"完美"(Perfectum),比如说天、日、火、热、昼、男、原始的火或最初的热,还有健康和幸运。此外,新诠释者们教导,展现自己、外发、行动、扩大、稀释、上升、提高、开放都属于"完美"。相反,隐藏自己、内敛、休憩、缩小、浓缩、下降、减少、封闭,都属于"不完美"。他们还教导,由这两个元素生发出四个次要元素:出自"完美"的有两个,即"较多完美"(perfectum majus)和"较少不完美"(imperfectum minus);出自"不完美"的有两个,即"较少完美"(perfectum minus)和"较多不完美"(imperfectum majus)。②

孔子把这四个来自两个元素的衍生物称为"四象",即四种图征。根据解释者们的观点,它们标识了太阳、月亮,以及更大或更亮的星星和更小或不那么亮的星星。我还不清楚他们通过怎样的论证来证明和支持这个观点。确实,我还不知道他们在这里显然承认的共同根源,或者如我们所说的因果关系,是什么。例如,冷产生于热,或者至少伴随热,另一方面,热又产

---

① 也许"元气"(humor nativus)来自中医用语。
② 卦中的每一行都与一个数字所代表的力有关,老阳(9)、少阴(8)、少阳(7)、老阴(6)。这里用"完美"这样的范畴来解释阴阳之间相互衍生的老阳、少阳、老阴、少阴,往往是将它们当作固定不变的实体,与原本的意义不合。"少""老"意味着一种不断转变的过程。

生于冷。① 诠释者们利用这样一个例子来努力维护并证明这样一个观点:据他们所说,水和金从性质上来说是冷的,但是不可否认,水的清澈和金的光亮都产生于热,而且,这个热显然不是产生于别的热,而应该是来自任何水和金里都包含的热。同样,火的本质是热。但是,在燃烧的火焰中经常能发现某种稍暗的东西。它很像蓝色的海水。如果它不是产生于冷,又是从哪里来的呢?② 毫无疑问,当热到了极致,达到某种程度就会产生冷;同样,当冷达到最高限度时,就会产生热。而且,当冷在北方达到极致时,在这里热也开始上升。然后,热渐渐向右移动并在东方得到发展,最后在南方获得最强的力量和完善。相反,冷在南方产生,随后向左运动,在西方成长,最后在北方达到完美。他们这样说。 [xli]

继而如前所述,由这些次要元素或说"四象"的成长,"八卦"出现了。文王曾对之进行解释,给每一个卦命名并赋予特征。每一个卦由三条或完整或断开的线构成。下面我们所提供的卦图将会说明。

最初的两原则(两仪)③ [xlii]

完美　　　　不完美
———　　　— —

阳　　　　　阴

---

① 《孔夫子》采用西方科学,特别是因果关系,来理解《易经》所表达的关系。 从这个角度,耶稣会传教士不得不判断《易经》是非理性的。 然而,若不只是从两个单独元素之间的线性因果关系来看,则《易经》也可以被看作是理性的,因为它描述了对应元素之间的相互关系以及每个元素与整体之间的关系。

② 这种解释也许不代表中国传统,而更偏向于西方的因果关系,即在火里面找到水。 这样,《孔夫子》能更容易把《易经》排除掉。

③ 这里《孔夫子》描述了八卦的产生:分别在一条阳线和一条阴线之上加上一条阳线和一条阴线,构成四种图像,称四象。 然后,再分别加上一条阳线和一条阴线来构成八种图像,称八卦。

两仪直接生四象

过于完美	较少不完美	不够完美	较多不完美
⚌	⚍	⚎	⚏
太阳（老阳）	少阳	少阴	太阴（老阴）

四象生八卦

乾	兑	离	震	巽	坎	艮	坤
天	泽	火	雷	风	水	山	地
☰	☱	☲	☳	☴	☵	☶	☷
1	2	3	4	5	6	7	8

他们（诠释者们）还把八卦描述为一个圆，其中四卦趋于完美，另外四卦趋于不完美，相互协调形成对比，并且朝向四个方向。① 而且，他们将八卦与黄道的四个点联系起来，即两个至日（夏至和冬至）和两个分日（春分和秋分），再加上几个中间点，以描述黄道八宫和世界的八极。同时，他们这样描述卦象：从第一卦出发往左，经过四个卦后形成一个半圆；同样，从另一边的开端或者第五卦开始往右，经由同样数目的卦形成另一个半圆，这样就构成一个完整的圆。

---

① 西方黄道有十二宫，而在这里的黄道只有八宫。 此处表述的是"先天八卦图"所反映的宇宙秩序：一年中太阳行经的路线。

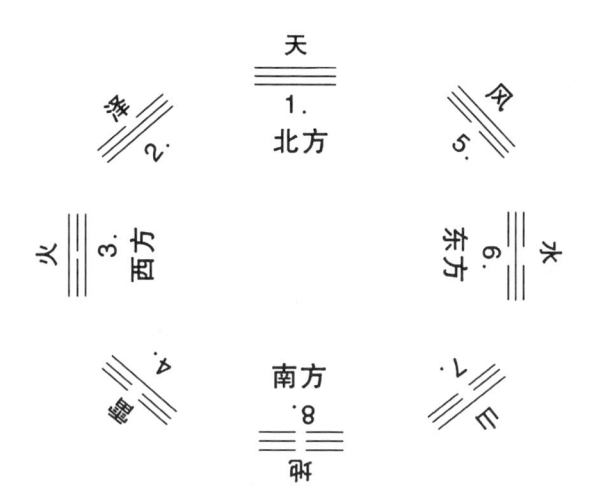

正如张阁老所说，孔子在《易经》里这样解释这些相互联系和对立："天（乾）在上，地（坤）在下，它们在各自的位置上固定下来"①，"山（艮）与出自山的水（兑）通过湿气相互渗透"②。有一些湿气从地下的水中被释放上升，变成蒸汽，再变成云和雨。还有一些湿气因为更稠密，就降下来，变成了源泉、河流与湖泊。带着干与热的雷与那带着蒸汽与寒冷的风，氤氲相作，"相互挤压与追赶"③，联合交融，相辅相成。因此，雷带着更大的力量冲下来，而风则越来越沸腾而发出炽热。同样，当水的寒冷调和火的炽热时，"并不是相互斗争"而两败俱伤，而恰恰是为了所有事物的益处而联合交融。④ 很显然，八卦是两两相对的，但不能就此认为它们之间是完全对立的，而应是相混的事物间的友好联合，或说"相辅相成的事物"。⑤

---

① 《系辞·上传》："天尊地卑，乾坤定矣。卑高以陈，贵贱位矣。"《说卦·三章》："天地定位。"这里形成第一个天地之间互补的对立（图中卦1和卦8）。

② 《说卦·三章》："山泽通气。"

③ 《说卦·三章》："雷风相薄。"

④ 《说卦·三章》："水火不相射。"《说卦·六章》："故水火相逮，雷风不相悖，山泽通气，然后能变化，既成万物也。"即图中卦3与卦6的互补对立。

⑤ 耶稣会士在这里理解了中国的逻辑，因为西方的逻辑遵循不矛盾的原则，而中国的逻辑遵循相反相合的原则。

[xliii]　　在《易经》的另一部分(《说卦》)中,哲学家孔子对前面所说的八卦,以及它们之间的交错和分离,按照它们自身的属性和周公、文王对它们的诠释,描述了事物的生成。事物通过均匀、永恒的全年循环而生成,这正是均衡的次序和进程。它的循环往复经过四季与八个方位或区域。

　　据孔子说①,"天帝在万物的最初产生中显现②,并在仲春时从东方显现。③ 随后,他以他的方式继续他的运动和工作,恰当地安排了位于东方和南方中间的万物,一直到季春——与之相连的就是夏季。接着,他安排在南方,在夏天的火热中,万物破土而生,彼此相处,充满生机和活力。④ 随后,在位于南方和西方正中间的地方,他通过大地和其他元素赋予万物以活力,支持它们,直到与初秋相连的夏末。随后,据说,当他所命令的所有事物都完成了,他欣赏这一切,最后,休息了;那是在西方,于仲秋之时。⑤ 但是,到了秋末,当初冬也开始混进来的时候,在与秋天和北方相同的间隔之中,他发起斗争和战争;寒冷与炎热想要支配彼此,彼此之间斗争不断。随着寒冷完

---

①　这段文字都来源于《说卦》。 耶稣会士以为,《说卦》是孔子所写的,不过到汉朝才出现。

②　"《易》曰:'帝出乎震。'夫帝也者,非天之谓,苍天者抱八方,何能出于一方?" 在《天主实义》里面,利玛窦提到了在"四书五经"里有关于上帝的十一次表述。 利玛窦提及了《说卦》的这句话(《天主实义》第108号,载《天主实义今注》,第100页)。 因此,"天帝"应该被理解为"上帝"或"天主",如同前面所说(I.3)。 虽然《说卦》描述天地万物的自然产生,但是,《孔夫子》要强调上帝来发动过程的每个步骤。

③　"万物出乎震,震,东方也。"《说卦》表达地和万物出乎东方,不过,《孔夫子》通过创造的过程,把两者连接起来。

④　"齐乎巽,巽,东南也,齐也者,言万物之洁齐也。" 跟原文比较,我们可以注意到《孔夫子》不断地采用时间连接词,与《创世记》的七天一样,以文字描述历史上的创造过程。

⑤　"离也者,明也,万物皆相见,南方之卦也,圣人南面而听天下,向明而治,盖取诸此也。 坤也者,地也,万物皆致养焉,故曰致役乎坤。" 译文表达了天帝欣赏他的造物,而休息。 这两个情节不在原文,而跟《创世记》有关。

全主宰炎热,在北方和仲冬之时,他使万物平息。① 最后,他精心建构和完成了这一切,在北方和东方的中间,当季冬与初春相接之时,他使首尾相连"②。

孔子说了这些话③,后来有诠释者张阁老(即张居正)的诠释,他做了这样的结论:"盖上帝之主宰。"就是说:"这一切都来源于最高统治者的统治和掌控。"④在这样解释了八卦和它们之间的相互联系和对立之后,当八卦被重叠时,就成为十六卦;十六卦同样演化成三十二卦;三十二卦演化为六十四卦。⑤ 其中每一个都是由八卦中的两个,按照位置和次序排列,相互组合而成的。⑥

---

① "兑,正秋也,万物之所说也,故曰说;言乎兑。 战乎乾,乾,西北之卦也,言阴阳相薄也。 坎者水也,正北方之卦也,劳卦也,万物之所归也,故曰劳乎坎。"《孔夫子》提到上帝的休息。 不过,《说卦》中没有提到。 很可能,上帝的休息是跟《圣经》所说上帝在六天内创造宇宙而第七天休息有关。

② "艮,东北之卦也,万物之所成,终而所始也,故曰成言乎艮。"

③ 事实上,《说卦》只能追溯到汉代。

④ 如同龙伯格所言,张居正的这句话趋向于赞同有神论。 然而,在朱熹的评注中,他并没有将"帝"解释为"上帝",而是解释为"天":"帝者,天之主宰。"朱熹还将"帝"看作"命"。 在别的地方,朱熹以一种隐喻的语言将"上帝"视为一个主人和统治者,但却明确地将上帝看作一种非人格的原则:"天下莫尊于理,故以帝名之。 惟皇上帝降衷于下民,降,便有主宰意。"(《朱子语类》第四卷)。 由于张居正在对《易经》的注解中使用了"上帝",相对于朱熹的评注,耶稣会士更喜欢张居正的。 但我认为,这完全不足以证明张居正相信有神论。 而且,很有可能张居正对"上帝"的理解与朱熹一样。

⑤ 《孔夫子》指出,六十四卦由八卦重复三次而成:$8 \times 2 \times 2 \times 2$。

⑥ 《孔夫子》提到关于六十四卦产生的传统说法,即把八卦互相混合:8×8。

[xliv]

六十四卦图
或者称为《易经》的"变化之书"①

1[乾] 天 ――― ――― ――― 天	2[坤] 地 ― ― ― ― ― ― 地	3[屯] 水 ― ― ― ― ― ― 雷	4[蒙] 山 ― ― ― ― ― ― 水	5[需] 水 ― ― ― ― ― ― 天	6[讼] 天 ― ― ― ― ― ― 水	7[师] 地 ― ― ― ― ― ― 水	8[比] 水 ― ― ― ― ― ― 地
9[小畜] 风 天	10[履] 天 泽	11[泰] 地 天	12[否] 天 地	13[同人] 天 火	14[大有] 火 天	15[谦] 地 山	16[豫] 雷 地
17[随] 泽 雷	18[蛊] 山 风	19[临] 地 泽	20[观] 风 地	21[噬嗑] 火 雷	22[贲] 山 火	23[剥] 山 地	24[复] 地 雷
25[无妄] 天 雷	26[大畜] 山 天	27[颐] 山 雷	28[大过] 泽 风	29[坎] 水 水	30[离] 火 火	31[咸] 泽 山	32[恒] 雷 风
33[遁] 天 山	34[大壮] 雷 天	35[晋] 火 地	36[明夷] 地 火	37[家人] 风 火	38[睽] 火 泽	39[蹇] 水 山	40[解] 雷 水
41[损] 山 泽	42[益] 风 雷	43[夬] 泽 天	44[姤] 天 风	45[萃] 泽 地	46[升] 地 风	47[困] 泽 水	48[井] 水 风
49[革] 泽 火	50[鼎] 火 风	51[震] 雷 雷	52[艮] 山 山	53[渐] 风 山	54[归妹] 雷 泽	55[丰] 雷 火	56[旅] 火 山
57[巽] 风 风	58[兑] 泽 泽	59[涣] 风 水	60[节] 水 泽	61[中孚] 风 泽	62[小过] 雷 山	63[既济] 水 火	64[未济] 火 水

---

① 这张六十四卦图按照传统的文王六十四卦而绘制。

文王是第一个试图诠释这六十四卦——即上面的图表——的人。每一 [xlv]
个卦都有解释,极为简洁,但有点费解。如图中所示,因为每一卦都由六条
线构成,我们可以看到,构成这些卦的线条(爻)的总数,恰是中国人的闰年
的天数,即三百八十四。① 随后,文王的儿子周公致力于阐释这些卦中的每
一条线(爻)。他认为,上面和中间的线能确定卦象的具体连接、次序和关
系。② 此外,这些线条之间或多或少有着联系,并由此共享"完美"(阳)或
"不完美"(阴)。正如我说的,当周公仔细研究这些事物时,他经常使用比
喻。他比他的父亲(文王)更成功,正是因为这一点,而不是因为他能神奇地
诠释绝大多数的卦象。当他描述每一卦象,更确切地说每一条线(爻)时,总
是从最低的那一条一步一步地上升到最高的第六条。他赋予每一条线(爻)
以数值;完整的线(阳爻)是九,是短线(阴爻)的数值的三倍。③ 同时,他并没
有遗漏其他依照相应次序排列的线。可以看出这些事物充满神秘,因为中国
人将奇数视为"完美"(阳),将偶数视为"不完美"(阴)。④ 因此,他们将"阴"
视为不完美,把寒、夜、月、水、地都归于它;将"阳"视为完美,把热、昼、日、火、
天都归于它。根据这样的原则,他们进而说明,天为三,地为二,得到五,再将
五翻倍得到十。⑤ 确实,所有数字都可以被归约为十这个基础及其补数。⑥

---

① 中国的农历分为十二个月,每个月有二十九天或者三十天。 遇到闰年的时候,加上三十天的闰月,总共三百八十四天。
② 八卦中爻的位置的作用解释得太简略,读者不容易理解。
③ 这里在我看来应该是:老阳等于九,少阳七,老阴八,少阴六。
④ 阳爻的确是单数的(七或九)。 在《孔夫子》看来,《易经》中有个逻辑缺陷,因为偶数应该比奇数完美。 在希腊数学中,偶数是完美的数字。
⑤ 跟《系辞》比较,数字有些不同。 在《系辞》中,天数与地数是互补的。 在理想状况下,天数与地数应该都等于五,这样加起来的总和就是十。《易经·系辞上传·第九章》:"天一地二,天三地四,天五地六,天七地八,天九地十。 天数五,地数五,五位相得而各有合。"
⑥ 手稿中有一段解释奇数与偶数间发展的文字,以及关于人们相信伏羲从一只龟背上得到"河图"的记述,都被删掉了(p. XXVII, r-v)。

这对于中国的智慧而言非常复杂的六十四卦，我不会说它是无用的。它是一个迷宫，只有孔子一人从中取得了值得称赞的成功。的确，他应该受到赞美，因为他在年老的时候，还想再一次且更仔细地研究这些卦。① 因此，在说明了主要的诠释者——即文王及其子周公——之后，他可以以更卓越的才华和富有说服力的道德意识，有把握地表达一切：从事物之间的自然联系，从事物的次序、变化和活力中，他可以提出最美好的教诲，这不仅是为了个人习惯或家庭教育，而且是为了城市、州府乃至整个帝国的公共管理。

[xlvi] 孔子自己没有否认，中国古人尊重自己所研究的预言和占卜，而且这些东西也的确被赋予了一种力量和特性。由此，人们可以在事情发生之前很早就说出这是幸运还是不幸，好像通过这样的占卜能够获知关于未来事件的某种知识。根据贤人们所言，这样的知识并非完全虚假。然而，如同那些诠释者所证明的，孔子自己并不理会预言和占卜，认为它们根本是徒劳而无用的。毋庸置疑，这些事物完全没有影响到他。他乐于只被理性和他为之努力并只为之献身的道德完善之光所引导。② 诠释者们对这点保持沉默，但在这里我们完全可以依靠孔子自己的证词。在《易经》的第三页，他明确表示，远古的圣人们非常谨慎地创作并解释这本书，并不是为了用来占卜和预言③，而是，如同张阁老所言，为了认识到天赐给人们的本性，并要像跟随一

---

① 这在前面第一章已经说过。 原文参见《论语·述而》。
② 这里，《孔夫子》说明孔子虽然没有反对占卜，但更愿意用道德理性来代替。
③ 在前面，有了"远古的贤人"（prisci sapientes），而这里有更具有宗教内涵的"远古的圣人"（prisci sancti）。 手稿中主张孔子没有将《易经》看作占卜用书的论据被删掉了："cum çu chi y min ye yu li yi ulh pu kie siam chen." "Interpres tum-xi dictus in Prologomenis ad ye-kim-ta-çiuen, folio 22, id est：'Confucius in commentando Librum Mutationum intentum penitus defixum in uno hoc erat, ut exponeret ea quae rationi et aequitati congruebant, neque se extendebat ad hujusmodi imaginum seu figurarum divinationes et auguria explicanda'." 手稿中也引用程子做证："y y li guei kiao ulh pu chuen yu po xi ye."

个领路者和导师一样遵从它,最终感知天命或者本性由之而来的至高神的眷顾。①

因此,为了让所有人更清楚地了解,我们要报导那四十二位诠释者②在六十四卦开始部分用适当的语词所作的陈述。在那里,诠释者们提醒读者——实际上是预先警告所有的子孙——这样教训说:"'皇帝'也被称为至高的主人和统治者。"有人或许会问:"这被称为至高的主人和统治者的是谁?"他们马上回答:"他本身就是主人和统治者。因为,天的确是最坚固、最完美的,被造成自然地、不间断地运转着。既然天被造成总是在运动的,那么那使之成为可能的就是主人和统治者。需要奠定这样一个基础,以使人类能够自己认识上帝。但是,言语不足以令我们完全理解他。"③

---

① 在手稿上,柏应理加上了对天命的解释:"至高神性的预知"(suprimi Numinis providentiam),为了强调中国古人的一神论。 龙伯格将这里的文字与张居正的评注进行比较,指出耶稣会士有选择地采用了张居正的评论:"他们只是从八卦评注的第一部分中断章取义地引用了一小段,其中没有谈到使用蓍草,也没有谈到阳爻与阴爻。"(Knud Lundbaek, "Chief Grand Secretary Chang Chü-cheng & the early China Jesuits", in *China Mission Studies*, III, 1981, p. 8)张居正的注解很有可能来源于《说卦》:"昔者圣人之作易也,将以顺性命之理。"耶稣会士认为,除了张居正,大多数宋明诠释者都没有注意到这一段文字。 从这一段中,耶稣会士读出,《易经》的目的不在于预言未来,而是要符合神圣的天意。 然而,在我看来,"性命之理"不能理解成超越的原则,而应该理解成内在的原则。 因此,其本来意思是要符合万物的自然规律。

② 即《五经大全》的编订者。

③ 文本想要证明,中国古人相信上帝是世界的来源。 耶稣会士认为这种观点保存在《五经大全》中,虽然如在第五章中我们已发现的那样——这本书中充满着宋代诠释者的错误。 这里的论据很像亚里士多德式的:上帝作为第一个推动者,形成带来物质的天空和其他事物的运动。 关于这个段落,也参见毕诺(Pinot):《中国对法国哲学思想形成的影响》,商务印书馆,2013年,第174页。

第七章　演示六十四卦图实例

  为了让读者能用自己的眼睛去检视事情的真相，同时，也能从这本书中见微知著，最后，还能明白中国哲学的倾向，值得一提的是六十四卦中的一卦，以及文王、周公、孔子和张阁老对这一卦的注释——我们将之从中文翻译成拉丁文。这即是第十五卦。虽然它比其他卦更谦虚，却最为中国人称赞，并且被认为预示着幸福。

[xlvii] 这一卦被称为"谦"卦。它表示心灵的仁慈、谦虚和谦逊。因为之前的十四卦如拾级而上般向这一卦靠近，我们需要介绍其中的每一卦，至少简要地介绍其位置和在整个卦中的排列。单单第十五卦就可以清楚地向读者们展示所有其他卦的模式，这正是孔子在附录《系辞》中解释这些卦的时候所采取的方式。此外，在《易经》引论中，孔子从创造天地开始，这样说道："在天和地出现之后，出现了万物；在万物出现之后，出现了男女；在男女出现之后，出现了夫妇；在夫妇出现之后，出现了父子；在父子出现之后，出现了君臣；在君臣出现之后，出现了上下；在上下出现之后，出现了义务与正义上的等级与次序。"①对哲学家孔子的引用到此为止。现在继续我们的话题。

  第一卦被称为"乾"。它的上部和下部都表示物理的天。孔子从中引申出君王及其美德的典范。与此相似，第二卦，即"坤"，表示"地"。它是臣属

---

① 引文由柏应理加到手稿上，出自《易经·序卦传》："有天地，然后有万物；有万物，然后有男女；有男女，然后有夫妇；有夫妇，然后有父子；有父子然后有君臣；有君臣，然后有上下；有上下，然后礼仪有所错（措）。"耶稣会士根据传统说法将《易传》归于孔子。虽然《易传》在语气和内容上都是儒家式的，但现在学者认为它成书要晚得多。

的标志或象征。天与地都是万物的基础和自然法则,常隐喻地被赋予父亲和母亲的名义。① 实际上,孔子从天与地引申主要是为了确立一种君王与属臣的模式,描绘一种永恒的稳定、一种万物平衡的秩序和趋势。② 这一秩序可以用四个字来表达——"元、亨、利、贞",也就是伟大永恒、清楚明白、和谐满意、正确完美。③ 而且,哲学家(即孔子)努力通过四个重要美德来依次解释:仁、礼、义、智,亦即虔诚(pietas)、礼仪(convenientia)、正义(justitia)和智慧(prudentia)。④

由天地而造的万物的种子很快出现,主动的种子(阳)与被动的种子(阴)相混合。然后,它们被取出并保存在某种子宫内,以藏于其中。被称为"屯"的第三卦,表达的就是这个意思。⑤ 然后,在子宫里的种子逐渐活跃,变成胚胎,并通过自己物种特有的生产方式,显现于世,如同一棵葡萄藤从萌芽生长出来展露自己一样。教导我们这些的第四卦被称为"蒙"卦,听起来就像婴儿发出的声音。正如萌芽的葡萄藤要生长,就必须有土壤的滋养和阳光的照耀。⑥ 万物都要经历这种萌芽时期。为了使出生后不致干枯,首先它"需要"——正如第五卦"需"卦所表明的——乳汁和滋养,其次还需要更有营养的食物以及生活的调剂品与日用品,这样事物才能顺利地成长,直至

[xlviii]

---

① 原文到此为止,柏应理在手稿中加上了后面政治性的诠释。
② 《孔夫子》坚持认为政治权力不是在人类之后才形成的,而是在宇宙大混沌之后就形成了。
③ 乾卦卦辞:"乾:元,亨,利,贞。"
④ 对乾卦卦辞的解释,《文言·乾》曰:"元者,善之长也;亨者,嘉之会也;利者,义之和也;贞者,事之干也。君子体仁,足以长人;嘉会,足以合礼;利物,足以和义;贞固,足以干事。君子行此四者,故曰:乾:元亨利贞。"在翻译中,耶稣会士强调儒家四德与基督教——例如阿奎那所定义的——主要德行之间的相似性。
⑤ 屯,《象》:"屯,刚柔始交而难生,动乎险中,大亨贞。"
⑥ 蒙,《象》:"蒙亨,以亨行时中也。"拉丁原文在文字上受到西塞罗(Cicero)的影响:"ea quae gemma dicitur, a qua oriens uva se ostendit, quae et suco terrae et calore solis augescens primo est paracerba gustatu..."(Cicero, *De Senectute*, XV, 53)。

成熟、完善。①

当每个事物都努力保护自己,一个屈从于另一个往往是必要的。为了自我保存,争辨、口角、殴斗就必然会出现,特别是人类之间,他们的本性是那样的贪得无厌,因而少数东西是无法令其满足的。这就是第六卦的意思,名为"讼"卦。②

因此,需要法律和法官来解决官司并分辨什么是公平和正义。但是,由于法律通常是不确定的,或者私人的理由和利益被置于法律和公正之上,所以没有城邦,没有共和国,没有任何共同之处。人们最容易彼此不一致,首先在观念上,其次在追求和欲望上。在这样一个破碎的社会,人们被分成不同的党派,各派都建立军队。本来被同一个本性联合的人们,现在被城堡和武器分开。这由第七卦"师"卦来解释。③

因此,在这样的分歧与骚乱中,除非出现几个人,拥有能包容粗暴群众的美德和智慧,使他们紧密地联为一体,否则最可能的情况是他们会像野兽一样彼此消耗。当然,当每个人都为了自己而与其他所有人对抗时,所有人都会日渐衰弱而灭亡。需要有一些懂得如何"赢得"人心的杰出的人——正如第八卦"比"卦所显示的那样。这些人通过自己的努力、审慎和权威去平息、控制骚乱的群众。此外,各个团体会如服从导师和主人般地服从他们,会如追随首领与牧羊人般地追随他们。④ 由此,所有人之间更紧密的联系与联合产生了。随着事物被不停地给予和接收,随着财富和必需品的交换,没有人会缺少任何东西,而是足以维持生活。此外,人们会遵循城邦和诸侯国

---

① 需,《象》:"云上于天,需;君子以饮食宴乐。"

② 讼,《卦》:"讼:有孚,窒惕。中吉。终凶。"

③ 师,《卦》:"师:贞,丈人吉,无咎。"《象》:"师,众也;贞,正也。能以众正,可以王矣。刚中而应,行险而顺,以此毒天下,而民从之,吉又何咎矣。"

④ 比,《象》:"比,吉也;比,辅也。下顺从也。"《象》:"地上有水,比;先王以建万国,亲诸侯。"

的原则。名为"小畜"的第九卦,所象征的就是"小的统一和联合"。①

通过一个有益且有魅力的新团体,凭借相互关爱、相互服从,凭借对他们领袖的服从,事实上,对于那些已经感觉被联系在一起的人来说,用法律和义务来逐步约束这些人不会很难。然后,道德义务将会蓬勃发展,并且使那些至今还在"蹒跚"而行的人的步伐更加坚定——这正是第十卦"履"卦的意义所在。② [xlix]

然后,当每个人都获得了自己应得的那一份,当精神和身体的需要得到了辛勤的照料,当法律和义务得以有力地执行时,那么心灵肯定会得到极大的愉悦和普遍的和平与和谐——这就是第十一卦"泰"卦所说的。③

然而,正如第十二卦的中国文字"否"教导我们的那样,由于人类的幸福通常是如此的短暂而不稳定,争执与斗争的旋涡将不可避免地破坏——无论多么短暂——那存在于公民和兄弟之间的持久和平与和谐的宁静。但是,没有哪一种纷争不能孕育出对那原初的感情与尊重的任何复兴。④

这种尊重一旦像被风吹过一样被纷争所动摇,往往会扎根得更深,人们彼此之间以及他们与君王之间将会更紧密地结合在一起。因此第十三卦"同人"的意思就是"全体一致"。⑤

只要这种全体一致是坚定的,在关注公共利益和热爱国家的情况下,国家繁荣昌盛并且稳定,那么,如第十四卦"大有"卦促使我们期望的那样,将

---

① 小畜,《象》:"君子以懿文德。"
② 履,《象》:"君子以辨上下,安民志。"
③ 泰,《卦》:"泰:小往大来,吉亨。"《彖》:"泰,小往大来,吉,亨。 则是天地交而万物通也,上下交而其志同也。"《象》:"天地交泰,后以财成天地之道,辅相天地之宜,以左右民。"
④ 否,《卦》:"否:否之匪人,不利君子贞,大往小来。"《彖》:"否之匪人,不利君子贞,大往小来。 则是天地不交而万物不通也,上下不交而天下无邦也。"《象》:"天地不交,否。"
⑤ 同人,《彖》:"唯君子为能通天下之志。"

会出现"一个巨大而丰富的资源"与财富,一个巨大的荣耀和广泛的公共荣誉。① 正因为如此,这样一个管理良好的国家将会享有极好的名声。这名声将会被邻近的民族传到更远的地区。这些地区将会乞求我们的友谊和结盟,屈服于我们,并将我们的信仰和正义的庇护看得比他们自己的自由更重要。

然而,当一切都顺利地顺应我们的意愿时,当国家事务处于极高的幸福和荣耀的崇高之中时,每个人,尤其是将要作为全民领袖或首脑的人,都要小心谨慎,以免我们这些因为傲慢而得意的人——这通常发生在那些处于高位的人身上——会摔下、堕落,否则升得越高摔得越惨。因此,将来应该避免傲慢、冷漠和自大;相反,应该温和、虚心和谦卑。第十五卦"谦"卦,正是这种美德和教义的导师,也就是要谦逊。跟其他所有卦一样,此卦也是由两个卦组成。下卦由三个爻组成,两阴一阳,称作"艮",意思是山。山原本是崇高的象征,因此也是最高、最杰出的美德的象征。然而,这美德像山一样根植于大地之中,或者说谦卑之中,以至于深藏不露就像被埋葬了一样。

[1] 上卦是三条阴爻,意思是大地,也与特殊的美德谦卑相关,以至于成为它自己的卦象和象征。埋葬在最卑微最不起眼的地方,大地蕴藏着丰富的资源和最珍贵的东西,虽然它将它们聚集在一些不起眼的地方。通过运作和美

---

① 大有,《卦》:"大有:元亨。"《彖》:"其德刚健而文明,应乎天而时行,是以元亨。"《象》:"火在天上,大有;君子以遏恶扬善,顺天休命。"

丽而有益的果实,大地将其力量和美德延伸到整个人类之中。①

坤

$\begin{matrix}6\\5\\4\end{matrix}$ ☷

艮

$\begin{matrix}3\\2\\1\end{matrix}$ ☶

---

① 谦,《卦》:"谦:亨,君子有终。"《彖》:"谦亨,天道下济而光明,地道卑而上行。 天道亏盈而益谦,地道变盈而流谦,鬼神害盈而福谦,人道恶盈而好谦。 谦尊而光,卑而不可逾,君子之终也。"《象》:"地中有山,谦;君子以裒多益寡,称物平施。"总体来说,这一章对手稿没做多少修改。 然而,手稿中前十四卦的卦图全删了。 柏应理只保留了第十五卦(p. XXX, r)。 后来,白晋用寓意的解读方式理解谦卦,基督因解救了人类而成为谦卑的象征:"第十五卦是高山掩埋在大地——一种神圣威严的象征——之下,因其化身为人而被掏空。 谦虚是坚持正义的原则,义人坚持直到其生命的尽头。 谦虚也是所有民族皈依的象征,因为尽管救世主自愿承受了所有的折磨,但他始终没有动摇"。 参见 Von Collani, "The First Encounter of the West with the Yijing", *Monumenta Serica* 55(2007), p.275。

第八章　第十五卦的诠释

在简短地解释过这些卦象之后,我们开始介绍之前提到过的三位诠释者,即文王、周公和孔子。既然这一卦是其他所有卦的唯一模型,我们就在这里说说他们的论述吧。就此,第一个尝试解开这一谜题的文王这样说道:"谦虚是虚怀宽广的德行。君子即便在一开始深藏不露,最终还是会获得成功,取得成就。"①

然后,孔子采纳了文王对"谦亨"二字的简要评注,这样诠释说②:"其实质(或说此二字的力量和含义)是谦卑、虚怀、宽广;天的规律和本性,即格外高于并优于一切;它按照自身的意愿下降,与谦卑的大地结成一体;然后它的美德和力量——事物通过它们而被创造和保存——绽放出灿烂的光芒并展现在万物面前。③ 大地的规律在这方面并无不同:大地在最低的地方消失,进入它所聚集的事物之中;然后它伸展自身,通过自己的运转向上提升,直到与天结合。并且,天的规律和本性一方面是削减充盈,压抑膨胀,剥离奢华;另一方面,对于那些像空虚一样谦逊和低微之物,天以微小的影响来

---

① 这是对乾卦卦辞的翻译:"谦:亨,君子有终。""亨"没有翻译成进步的意思,而是翻译成宽广的意思。 实际上,"亨"指的是那包含一切的上天的有利影响。 手稿中,在译文之后提到:"ex lib. Ye-kim par.3 fol.10 et sequent",指《易经》第 3 段落,第 10 页等。

② 引用出自被认为是孔子所作的《象传》:"谦,亨;天道下济而光明,地道卑而上行。 天道亏盈而益谦,鬼神害盈而福谦,人道恶盈而好谦。 谦,尊而而光,卑而不可逾,君子之终也。"手稿中只写了"象曰:谦亨",后面的翻译写在手稿书边上。

③ 手稿中标有音译:"tien tao hia çi ulh quam mim"(天道下济而光明)。 在这里,翻译"天道"时,耶稣会士避免了宗教性的概念,而以哲学的概念表述,比如"理性"(ratio)和"自然"(natura)。

支持、滋润它们并使其繁衍。同样,大地的规律一方面是压制并破坏那些过满而溢的东西;但另一方面,对于那些细小、谦卑的事物,大地促使其增长并达到完善。"①张阁老花了同样长的篇幅来说明这些事物都是起源于"天"和"地"的自然结果。因为欧洲的读者可以毫不费力地理解这些——尽管这一谦卦是我们许多例子中唯一的一个,但是最好还是简洁一些,因此我们谨慎地省略了他的注释。②

"所以,鬼神们迫害自高自大的人而保佑谦卑的人。③ 人类的规则也与此相似:讨厌过分自负的人,而喜欢谦卑的人。④ 谦逊、谦卑的人建立起尊卑的等级,因此而闻名并受到赞颂:虽然他并不渴求它,自然地在高处发射出自己的美德之光。⑤ 但是,即便将他放在底层和卑微的地方,他的美德本身还是会发光,他还是会出名并被祝福,而且他的赞颂和好运不会被超越。这样的幸福和荣耀就是谦卑而有成就的人达成的结果。"⑥ [li]

孔子用一句简短的句子或者说教导概括了这个卦:"这就是'大象'(magna imago)的意义所描绘的美德:'山立于大地之中,代表着谦卑。'"⑦我认为,这就是崇高的谦卑的象征,因为从大地最基础、最低的内部,山在其顶峰延伸到星星和白云。因此,君子不是不知道人的缺点:人们放大自己的成就,而看不起别人。"首先,通过抑制和控制自己心灵的膨胀而战胜自我;其次,通过抑制自身过度的、出自成功和成就的自大和傲慢而战胜他人。恰恰

---

① 手稿中音译:"ti tao pi ulh xam him"(地道卑而上行),"tian tao quei ym ulh ye kien"(天道亏盈而益谦),"ti tao pien ym ulh lieu kien"(地道变盈而流谦)。

② 文本坚持将其看作一种纯粹的自然过程。

③ 手稿音译:"quei xin hai ym ulh fo"(鬼神害盈而福谦)。 文本将"鬼神"翻译成"spirits"。

④ 手稿音译:"gin tao u ym ulh hao kien"(人道恶盈而好谦)。

⑤ 手稿音译:"kien çun ulh quam pi ulh pu ço yu"(谦尊而光,卑而不可逾)。

⑥ 手稿音译:"kiun çu chi chum ye"(君子之终也)。

⑦ 这是整个卦象抽象意义——称为"大象"——的开始,"siam yue ti chum yeu xan"(象曰:地中有山)。

相反,如果能够认真地补足并增加那些他知道的自己或别人身上所缺乏的东西,进一步,如果能在更大的范围内衡量一切——他自己和他人的成就,那么他会公平地将属于他的一切归于每个人,他将会调整自己以适应每个人,他会小心地鼓励那些谦卑的人,最后,更重要的是,他会以自己的道德权威贬低那些傲慢的人。他将使一切变得平等,并且能非常成功地管理事务。"① 以上就是文王的话,孔子对其做了诠释,张阁老又对孔子的话做了诠释。

现在,我们来听听文王的儿子周公说过什么。他的诠释比他父亲的更丰富,但也更含糊,以至于我们不得不借助上面提及的诠释者(张居正及其他人)。周公并没有像他父亲那样将六个爻合起来解释,而是从最下面的爻一步一步地向上诠释每一个单独的爻。② 另外,孔子对此做了一些解释,他称之为"小象",以区别于对整个卦象做出诠释的"大象"。③

因此,周公说:"六一爻(即"初六","初"是因为它在最底下,"六"是因为它是断开的)④,意思是谦卑的人谦卑的方式,以及诚实而完美的事物。当人们致力于这一美德时,他可以渡过那充满争斗与痛苦的又宽又长的河流。他不应该气馁,因为他一定能成功地到达奖励的港口。"⑤

孔子用他自己的注释阐明了上面的爻辞:"小象的意思是,无论何时何地,谦卑而完美的君子以谦逊与克制来控制自己;尤其是,他要关注自己,要

---

① 手稿音译:"kiun çu y peu to ye qua chim ue pim xi"(谦君子以裒多益寡,称物平施)。 指谦卦的《象》。

② 这被称为"爻辞",每个卦有六个爻辞。

③ 对六条爻辞的解释被称为"小象"。

④ 如果爻是连续的线,就称为"九"。

⑤ 手稿中对爻辞的音译:"ço lo kien kien kiun çu yum xe ta chuen kie"(初六:谦谦君子,用涉大川,吉)。

活在自己之中,这样他就可以受到美德的滋养,会做得很好。"①周公从最底的爻移到下一个,说:"六二的意思是,一个谦卑的人已经被人们知道并受到称颂。这谦卑是如此的纯粹和真诚,以至于虽然他既不追逐也不渴望名利,名利还是跟随着他。"② [lii]

孔子补充道:"由这一象所显示的谦卑是明显的,并受到称赞。因为它是纯粹、真诚而坚定的,也因为被赋予了谦卑的人引人注目的行为。这是因为他拥有谦卑,不只是在口头上或通过徒劳地模仿美德的外在形式上,而是在他的心中。"③

周公在诠释第三爻——是指倒数第三爻(这条爻是连续的线,被认为是更完美的,以奇数"九"来标示,也称之为"九")时,说道:"九三教导我们,如果有人在对国君与人民都有很大的贡献时还保持谦卑,那么,毫无疑问这位一直保持不骄不躁的君子早晚会取得成功以及与其努力相应的奖励。"④

孔子说:"这个象的意思是,这位君子无论获得多少褒奖,他永远不会放弃做节制而谦逊的人,以至于所有的民众都会在心里服从并支持他这种大德。"⑤

周公说:"六四向我们展示了一个在德行与尊严上几乎都超越之前那位君子的人。确实,他在服务于国家方面卓有名声,而且他自己从不取一物;无论事物如何变化,时代如何变迁,他只求在德行上获得回报。因为他懂得自己没有任何功绩,只能让自己显得越来越谦逊和节制,而且,不被任何愤

---

① 手稿对解释的音译:"siam yue kien kien jiun çu pi y çu mo ye"(象曰:谦谦君子,卑以自牧也)。

② 手稿音译:"lo ulh mim kien chim kie"(六二:鸣谦,贞吉)。

③ 手稿音译:"siam yue mim kien kie chum sin te ye"(象曰:鸣谦贞吉,中心得也)。

④ 手稿音译:"kieu san lao kien çu yeu chum kie"(九三:劳谦君子,有终吉)。

⑤ 手稿音译:"siam yue lao kien kiun çu uan min fo ye"(象曰:劳谦君子,万民服也)。

怒或妒忌的情绪所左右。"①

孔子说:"这个象的意思是,一个不占任何便宜,相反越来越多地用节制和谦逊来约束自己的人,不容易犯错,也不会做任何违反法律与理性的事情。"②

至于六五(这个爻通常被认为是最重要的),周公这样说:"具有自制和谦逊天赋的君王不会浪费国家的资源和力量,因此能得到他的臣民和附庸国的支持,因为,与慷慨大方或军事力量相比,这种美德更能吸引并征服所有人的心灵、努力和意愿。但是,如果有人抛弃了人性,无视法律,不愿服从这样的美德,那么运用强力和武器去统治和摧毁这样的敌人将是恰当的。事实上,没有任何被武力武装的东西是这样的美德不能达到的。"③

[liii] 孔子进一步确定了这一教诲:"这个象的意思是,当公正、理性和君王的德行都无法使造反者屈服时,朝廷以武力打击和镇压那些造反者是正确且公正的。"④然而,正如这位诠释者评注的那样,这种武力并非出于君王的谦卑,而是出于迫切的必要性。

然后,周公诠释最后一个也是最高的爻:"上六指的是,平凡的君王所具有的伟大的谦卑,散发光芒并广受称赞。其他人的谦卑通常局限在非常狭窄的范围,因为没有被上天给予君王的最高级别,他们只有个人的、有限的权威——这一断开的线象征着他们力量上的局限和缺陷。他们显然同许多附庸国与臣民一样,在某种程度上缺乏财富和土地。因为万物服从于帝国的最高权威,所以,如果帝王出于利益而决定征募军队并将其武装起来,那

---

① 手稿音译:"lo su uu pu li hoei kien"(六四:无不利,㧑谦)。 在拉丁文本中似乎有个错误。依据文本的意思和《易经》的原文,应该将"nullis"替换为"nonnullis"。

② 手稿音译:"siam yue uu pu li hoei kien pu guei ce ye"(象曰:无不利,㧑谦;不违则也)。

③ 手稿音译:"lo u pu fu y ki lin li yum çin fa uu pu li"(六五:不富,以其邻,利用侵伐,无不利)。

④ 手稿音译:"siam yue li yum çin fa chim pu fo ye"(象曰:利用侵伐,征不服也)。

就没有什么建议能比征服造反者并将国民都置于统治之下更好的了。"①

孔子写下这样的见解和诠释:"这就是第六爻也即最高的爻的意思。他的确拥有伟大的美德以及同样伟大的名誉。但是,因为他缺乏最高权力和其他的资源,他的心灵不能成就最伟大、最美好的事物。这就是为什么当他需要通过军队和武力为这些东西奋斗时,会担当起保护其臣民和附属国的责任。"②

对第十五卦的简短诠释,为理解其他卦提供了一个清楚的模式。实际上,之前的十四卦及接下来的四十九卦,可以用同样的道德与政治意义来解释。一切都与对君臣、父子、夫妇的道德和责任的观察相一致,也与对客人、外来人、敌人的行为的观察相一致。最后,要尊重鬼神,要虔诚而坚定地服从天。③ 在这里,我们处理了所有(相关的)问题,其中有一些比其他问题(讨论得)更详细,没有什么问题没有被谈及。

接下来的第十六卦被称作"豫"卦,描述的是呈现于公众眼前,却还能轻松愉悦,因为君王那节制与低调的美德会扩散到臣民身上,就像从头流到全身一样。第十七卦被称为"随"卦,其教导臣民在每一件事上都要执行君王的命令,就像身体的各部分热切而又迅速地遵循头脑的命令一样,等等。

显然,可以说原作者(即伏羲)的整个工作无异于是谜之符号或符号之谜。好奇的后裔们为自己从中得出了各种各样的教训。如果要从所有教训和第一批诠释者们当中发现什么,就会让人想起一些占卜和预言。④ 只要想 [liv]

---

① 手稿音译:"xam lo mim kien li yum him su chim ye que"(上六:鸣谦,利用行师,征邑国)。

② 手稿音译:"siam yue mim kien chi ui te ye ço yum him su chim ye que ye"(象曰:鸣谦,志未得也。可用行师,征邑国也)。

③ 在提到《易经》的道德和政治意义之后,《孔夫子》开始谈及宗教层面。

④ 《孔夫子》对《易经》的最后判断显示了耶稣会士的担忧。他们在冗长的介绍中展示了儒家式的文本阅读——一种涉及道德生活的理性阅读。 然而,耶稣会士意识到《易经》的神秘莫测,这亦使得许多中国人将其当作占卜用书。

想在同一时期,欧洲在正义的太阳——基督——照耀之前,曾长期笼罩在众多错误和迷信的黑暗之下,欧洲的读者显然就会原谅那些古代中国人的不信教了。①

---

① 殷铎泽的前言到这里结束。在手稿中,后面接着的是《大学》的译文。然而,在最终的版本中,柏应理加上了自己的文章,作为前言的第二部分。

第二部分

第一章　古代和当代中国人对事物的质料因和动力因的解释①

在一定程度上,我们已经介绍了中国各种学派的来源。接下来,我们要对此②进行讨论。为此,我们需要依靠神圣的恩宠来获得全面的理解:中国的哲人在物质上以及动力上建立了怎样的原则、怎样的基础,以及怎样的天地万物的根本。由此我们才能够判断他们是否关注到某种至高神和使事物运转的最初原因③,以及,是否我们在华传教的奠基人利玛窦——通过中国人自己的论据和权威——并不是糊涂地,而是更为小心谨慎和公正地,致力于攻击并改正中国当代的错误。为此,他从这个古老民族的经典中去寻找某种基督宗教真理的原则。利玛窦对后来的诠释者以及他自己同时代的诠释者并不重视④,他更重视的是中国人认为属于他们自己的文学。即使在风俗习惯上这些文学已经发生了变化,但中国人仍尊重它们,因为是祖先传下来的;他们似乎朝拜它们,把它们看作是神圣的。

我们之前已经提到的《性理大全书》——或者《论自然》——的引论讨论　[lv]

---

① 原本的整个前言由柏应理编辑,第二部分则由他自己写成。在这一章中,《孔夫子》用亚里士多德的"四因说"来分析新儒家。虽然文中没有明确提到目的因,但提到了质料因、形式因和动力因。《孔夫子》认为质料因和形式因都被现代的诠释者谈及。然而,《孔夫子》想要确立古代哲学相对于现代的优越性。因为古人通过"上帝"这个词,意识到有动力因。

② 即中国人对事物的质料因和动力因的解释。

③ 这里提出"内在原因"(质料和形式),并且想要知道是否可以建立一个"超验原因",比如上帝。

④ 事实上,利玛窦与其他耶稣会士并没有忽视新儒家。为了与士大夫对话,他们必须理解并使用宋明理学,尽管他们自己提倡要回到经典的原义。

了事物的物质原则,此外,书中还有大量篇幅对此进行的讨论。新的诠释者称这个原则为"太极"。① 不过,连朱熹自己也承认,中华民族的创立者伏羲、第一个诠释伏羲所制八卦图的文王、文王的儿子周公都没有提到过这一名字。② 这些新诠释者只依靠一本书——《易经》,或更确切地说是由孔子增添用来诠释《易经》的附录,即《系辞》,作为他们所依赖的权威。如同孔子的其他注释那样,这一附录也具有同样的权威性。③ 所以,我们可以看到其中有这样的话:"易有太极,是生两仪——两仪即是完美与不完美,天与地——两仪生四象,四象生八卦。"④

《系辞》以外,在"四书"和"五经"中没有其他任何地方提到过"太极"。但是,这些新诠释者把所有的事物都回归到了太极,就像他们在讨论任何事情的时候,总是以这样或那样的方式提到他们自己的"太极"。因为这个原

---

① 参见本卷第一部分第二章和第五章。 从这个哲学讨论一开始,《孔夫子》就错误地认为 "太极"是一个物质的原则。

② 在手稿中,伏羲被描述为 "中国君主制的创立者"（monarchiae sinicae conditor）。 柏应理后来修改为 "中华民族的创立者"（gentis sinicae conditor）,以避免含糊不清:伏羲是中华民族和文化的起点。柏应理认为,在伏羲之前,中华民族和文化还没有形成,在大洪水后,伏羲来到中国并传播关于上帝的真知。 参见毕诺:《中国对法国哲学思想形成的影响》,商务印书馆,2013 年,第 173 页。 在手稿旁白处,也提到参考:sim li ta çuan, lib. i., fol. 63, 指《性理大全书》卷一页六十三。

③ 《孔夫子》非常认真地对待《系辞》里提到的 "太极",认为其源自孔子。 如果耶稣会士知道,《系辞》并非孔子所作而是后来才出现的,那么他们或许会直接否认这个概念。

④ 在音译中,"sem su siam" 错误地重复了一次。 参见《易传·系辞上》第十一章。

因，这些诠释者把新哲学的贡献归功于宋朝的诠释者们。① 他们主要是找到了宋朝的诠释者程、朱。按照他们的说法，程、朱揭示了所有在古代被忽略而且在孔子和孟子以后这么长时间内都被隐瞒的东西。②

不管怎样，他们说"太极"是不能经由人的理性来解释的，是一种精神性的东西，我们既不能探寻它的力量，也不能给它命名。③ 尽管如此，他们仍然煞费苦心地运用许多比喻来表达自己的观点。因此，从字面的意思来看，"太极"这两个字是指巨大的边界或极点。他们打一个比喻，把"太极"作为世界之轴或者极点。④ 他们也把它视为一所房子的大梁，其他的梁都与之交接，它几乎将中华大家族中所有成员联系在一起。还有人把"太极"比喻成根基，或者马车的轮轴，因此称其为事物的基础、关键、支柱以及根本。他们绝对否认"太极"只不过是一个幻像，认为"太极"不同于佛教中的"虚空"或

---

① 利安当认为，儒家文人将"太极"或者"理"，而不是"上帝"，作为最终的现实。参见《关于大中国传教区的若干问题》，第64—67页。柏应理跟随利安当和龙华民，认为"太极"是一种物质的原则。但柏应理认为"太极"是新儒学的发明，不能代表原始的儒学。后来，莱布尼兹在他的《论中国的自然神学》(*Discourse on the Natural Theology of the Chinese*)中试图为新儒学的"太极"和"理"这两个概念辩护。在莱布尼兹看来，"太极"和"理"不是一个完全被动的原则，不像经院哲学的"纯物质"那样没有秩序和形式。他断定："理、太极或者上帝可以设想为一种有理智的本性，可以看到一切，知道一切，做一切。"(Leibniz, *Writings on China*, Henry Rosemont & Daniel Cook, University Press of Hawaii, 1977, p.71)

② 《孔夫子》正确地指出，"太极"不是孔子和他的门徒的重要概念，而是由邵雍首次发挥之后，成为周敦颐思想的核心。另外，当时"汉学"正是因为这些而抨击程朱学派。在手稿旁白处，标有参考：*sim li*, lib. 28 f.12, lib. 39 f.3, lib. 40 et 41 a folio 15。

③ 在前面断言"太极"是事物的质料因之后，我们可以在这里看出《孔夫子》的犹豫，他们提到"太极"的精神方面。手稿旁白处标有参考：lib. 3, f.i et lib. 24 f. 10；指示："太极之至灵孰能明之"(《性理大全书》卷三页一)，"太极者本然之妙也"(《性理大全书》卷二十四页十五)。

④ 手稿旁白处标有参考：lib. i., f. 14, l. 26, f.7；指示："太极之所以为极至者言"(《性理大全书》卷一页十四)。

道教中的"无"（nihil）。① 相反,他们肯定"太极"是一种真实的存在,应该先于万物而存在,而且不能被分为其他事物——例如完美和不完美、天和地以及五行,但跟其他事物是同一的。这样,在个别事物身上也存在着它们自己的"太极"②,这就如同疯狂的塞尔维特给加尔文的第六封书信中所主张的那样:在石头之中天主就是石头,在树干之中天主就是树干。从而他们得出结论:一切事物都具有同一本质。③

[lvi]

在别处,他们也说:"太极"在最初的状态中应该被认为是不动和静止的。然后,当它运动起来时,就产生阳或者说"完美",当它静止下来时,就产生阴或者说"不够完美"（minus perfectum）。④ 这类似于一个人在思考某个事物时,这一事物会在他的脑中不断地运转,然后他才能说出自己所思考的事物是什么。或者它好像心灵的意向一样,在向外延伸之前会如同树根一样保持不动。⑤ 最后,他们还用另一个比喻来阐明所有这一切:太极是像活动的水银一样的物体,隐藏在一个封闭、静止的圆球中,这圆球一旦被打破,水银马上会分成上千个小珠子四散开来,而这些小珠子在质料和形状上是完全相同的。⑥

这些新诠释者还教导,在宇宙中,动静之间永恒交替,如同一个圆圈或

---

① 实际上,新儒家特别是朱熹明确提到"太极"与佛教的"虚空"、道教的"无"完全不同。 手稿旁白处标有参考: lib i., f. 15。

② 这里认为包含所有现实和可能的原则的"太极",在所有事物和每一个个别事物中完成。 手稿旁白处标有参考: l. i., f. 9; l. 26, f.5。

③ 西班牙神学家塞尔维特（Miguel Serveto, 1511—1553）认为神和质料或多或少是神圣实体的连续统一体。 他认为上帝存在于并构成所有创造物。 塞尔维特的神学特点尤其令加尔文（Jean Calvin, 1509—1564）讨厌。 他被日内瓦改革派教会判处活埋。 因此,《孔夫子》将新儒家理解为泛神论。

④ 手稿旁白处标有参考: l. i., f. 5。 这个术语与第一部分所用的不同,在第一部分中,"阴"不是称为"不够完美",而是"不完美"。 这一变化或可反映文本有两个作者。

⑤ 这个比喻很有趣,因为它表明《孔夫子》没有将"太极"完全限定在物理世界中,而是也包含人的心灵。

⑥ 手稿旁白处标有参考: l. i., f. 39。

者循环那样,或者说就像一个不断运转的水车。① 他们否认有这样的一段时间,在其中不存在永恒运转的万物。② 他们认为运动和休息——这里的休息并不是指绝对的静止——之间的区别就像黑夜与白天之间的区别一样,通过这样一种永恒更替——就像我们呼吸时心脏会不断地收缩和扩张一样,黑夜和白天交替出现,冬天和夏天轮流转换。③ 尽管一切事物都有这种循环更替的过程,他们还是认为,在一切重新开始它们的进程和生命之前,有一段两万九千六百年的时间。通过这一数字,他们还想说明,在此之前,事物也是处于一个永恒的生长和消亡之中,这一循环在无限地进行着。④ 因此,新诠释者的观点反对古代中国传统的共同信念。那时,人们认为天地以及男女都有自己的开端;毫无疑问,他们相信有一个万物由此开始存在的时间点。⑤

这些新诠释者坚信他们附加到"太极"之上的这些东西是神圣的,例如:它的能力、宏大、宽广,它的穿透力以及它与一切事物的调和。它的特征有多少?他们把"太极"称为绝对的开端、最高的、最精致的、最纯洁的、最美的,是最完善的中道、最极致的完美,是善,是一切事物的模范和理想,无始无终。甚至有人将"太极"与灵魂和精神归为一类,将它看作一种有生命的

---

① 手稿旁白处标有参考: l. i., f. 20。

② 手稿旁白处标有参考: l. i., f. 20。 新儒家被含蓄地批评不知道有一个永久的休息。

③ 亚里士多德认为在永恒静止中有一个第一推动力,它推动万物而自身不动。 第一推动者被阿奎那认定为基督宗教神学里的上帝。 对《孔夫子》来说,新儒家的"休息"(quies)是个错误,因为它是暂时的,而不是永恒的。 手稿旁白处标有参考: l. i., f. 20。

④ 这个演算来自邵雍,但却缩短了十万年:用 29600 代替 129600。 或许 129600 相对于西方的时间范围来说太夸张了。 参见邵雍:《皇极经世》。 手稿旁白处标有参考: lib. 26, f. 3, 指示:"邵康节,以十二万九千六百年为一元,则元是十二万九千六百年之前一个大阖辟。 更以上亦复如此。"(《性理大全书》卷二十六页十六)

⑤ 这里可能指的是一些关于创造世界和人类诞生的中国神话,例如盘古和女娲。 然而,中国的文人没有将这些神话当作正统。 儒家反对创世神话,保持着这个无始无终的永恒循环的体系。

实体。最终,如果这些新诠释者一直坚持自己的立场,读者几乎就会相信他们再三提到的真正的、最初的且至高的神了。的确,有不少人是如此评判和理解的,他们可以奉"太极"为神圣,为其建造庙宇。①

[lvii]   其实,他们将"太极"理解为我们的哲学家所说的"元质"是有根据的,因为他们赋予"太极"另外一个名字——"理"。② 在中国,"理"这个汉字和"道"一样,在广义上明显和拉丁文的"理性"有相同的意思。他们用这个词来解释"太极",认为事物本质上的差异来源于同一个"理"。他们以哲学的方式进行思考,似乎要从事物的部分中确立某种普遍实体。这种普遍实体与事物自身的外表和独特特征纠缠在一起。因此,我们必须假设,他们用"太极"这个词实际上表达的是"元质";而"道理"以一种限定和独特的形式,可以理解为某种"理"。他们提出这样的例证:譬如说使椅子能够成为椅子的,就是椅子的理;使桌子能成为桌子的,就是桌子的理;等等。③ 打坏椅子,破坏桌子,椅子和桌子的"理"也就不存在了。通过这个"理",他们毫不犹豫地以哲学的方式,不仅思考物理世界的问题,也思考道德世界的问题。譬如说在权利和义务之间、君臣之间、父子之间以及夫妻之间的"理"。④ 他们用"理"来定义道德,以及灵魂和身体的感觉。同样,他们把"理"跟灵魂等

---

① "太极"的属性似乎是上帝的属性。 上帝拥有的属性的数量问题是经院神学的问题之一。"太极"富于生命力,类似于人格神,而且"太极"受到这样的公认和崇拜似乎跟上帝没有什么不同了。 而事实上,它只是一个物质原则。 手稿旁白处标有参考:lib. 1 et 27。

② 在这里将"理"和"太极"解释为可以互相转换的。 然而,就在下文,文本却将"太极"区分为质料因,将"理"区分为形式因。 新儒家自身都很难解释清楚这两个范畴的差别。 甚至朱熹也只能以简化的方式说:"太极即理。"

③ 《孔夫子》在这里将"太极"描述成质料因,"理"描述成形式因。

④ 由于"太极"含物理世界和道德世界,确实可以理解为宇宙的物理道德的基本原料。 因此,形式因不但可以给予这个基本原料以物理形式,还可以给予它道德表达。 手稿旁白处标有参考:lib. i., f. 24 et 27。"阴阳理而后和。 君君臣臣,父父子子,兄兄弟弟,夫夫妇妇……"(《性理大全书》卷三页二十六)这句话来源于周敦颐的《通书·礼乐》。

同起来,因为灵魂形成身体,甚至于如果"理"被破坏,灵魂就会停止形成身体。他们说,如同水结成的冰因热而再次融化时,就恢复了原来的液体状态,冰就不复存在了。①

但是他们并没有就此止步,而是由这一论述进入到一个最大、最可耻的错误中。因为,在他们以一种复杂而且混乱的方式讨论了"理"和"太极"之后,可以看出他们正一步步地陷入无神论,甚至拒绝任何超自然的动力因。尽管他们主张脱离感觉和物质,但是仍然停留在物质世界当中。他们也确实指出"精神及其产物"被赋予了某种更微妙而且有效的力量。② 然而,他们似乎从没有超越我们的哲学家所称的主动和被动。③ 他们越是更多地阅读这些最著名的古书——尽管这些书如此频繁而且清晰地谈论到了万物的精神统摄和最高智慧的正义和天命,就越是以或对或错的方式将它们扭曲为一种唯物主义的和粗鄙的思维方式。④

但是还有些其他的理学家的观点似乎和前面提到的理学家的观点互相矛盾。他们明确地教导说,每个人在自己的内心都可以控制身心的各种行动和感受,还能以自己的心灵去理解最高、最大的心灵,去理解神圣心灵和最高主宰。他们还教导说,通过事物之间微妙的联系和繁衍,一个事物可以[lviii]

---

① 手稿旁白处标有参考: l. 5, f. 25 et 27。

② "精神及其产物"这个表达似乎不好理解。 或许《孔夫子》暗示,新儒家认识到一种动力因。 但是这一暗示马上被指责为没有建立一种真正的超越。

③ 这是经院哲学中的一个区分。 例如说, 阿奎那就区分过元素的主动和被动特征(参见 De Mixtione Elementorum)。 对于《孔夫子》来说, 这样的区分不足以确立有动力因的真正超越。

④ 对于唯物主义的指责似乎有失公允,因为《孔夫子》认识到了质料因("太极")和形式因("理")的道德维度。 为了更一致,《孔夫子》可以将新儒家的思想体系描述为一种内在的一元论,包含了物理世界和道德世界两者。

按照这样的规律造出与它类似的事物来,这显然需要一个"大头脑"①——它通过均衡的变化来保护和统辖一切,并引领达到合适的目的。② 因此,他们否认"大头脑"③是会死的,也否认它是物质的。④ 相反,他们认为"大头脑"是精神性的、自主的⑤,包含了所有的善以及万物的法则。你会以为你听到的是柏拉图主义者,或者其他接受"天主"观念的哲学家。⑥

对我来说,需要进一步考察的是这些新诠释者是否应该被指控为无神论者——虽然他们或许算不上是积极的无神论者,而只是唯物主义和消极的无神论者,但他们还是可以通过新奇古怪的说法,将不少读者带到无神论的深渊边缘。⑦ 因此,即便他们在古书中发现了最高的心灵和天命,还是把一切都归于他们的"太极"和"理"。由于没有分辨质料因、形式因、动力因、目的因和工具因,他们教导说一切都可以按照"太极"和"理"区分。另外,他们坚持认为,一切原来被归于"天"和天的最高统治者"上帝"的,现在要归于

---

① "大头脑"可以从元朝如倪士毅的作品中找到。 他在一种形而上学的意义上使用这个词:"或题目散,头绪多,我须与他提一大头脑。 如王会龙省试义,提道字串是也。"(《作义要诀》)在《性理大全书》中,也用过几次:"凡看道理,要见大头脑处分明。 下面节节,只是此理散为万殊。 如孔子教人,只是逐件逐事说个道理,未尝说出大头脑处。 然四方八面合聚凑来,也自见得个大头脑。"(《性理大全书》卷一页七十八) 黄宗羲也在形而上学意义上用过这个比喻:"此学问大头脑。"(《明儒学案》,《钦定四库全书》本卷二十七页二十) 王阳明在他的《传习录》中也用过"大头脑"来表示"关键问题",无形而上学含义。

② 在这里我们可以看到"终极因"这个概念。 手稿旁白处标有参考: l. i., f. 51。

③ 手稿旁白处标有参考: l. i., f. 3, 39, 67。

④ 手稿旁白处标有参考: l. 2, f. 33。

⑤ 手稿旁白处标有参考: l. i., f. 4; l.9, f. 5; l. 24, f. 10; l.31, f. 1。

⑥ 在这一段中,《孔夫子》承认在新儒家思想中有一条超越性的思想路线。

⑦ 《孔夫子》区分了积极的和消极的无神论。 积极的无神论直接否认上帝的存在,而消极的无神论或许保持沉默,不提及有超越性的动力因,也不提及上帝这个名字。

"理"和"太极",或者天和地的自然力量。① 从那以后,如果他们提到上天的力量,或者偶尔谈及某种神圣的心灵,你可以将其看作是诗人的而不是哲学家的表达,因为其只是一个隐喻。因此,我们有理由认为他们的学说会将人们——特别是市井小民和耽于感官的人——引向积极的无神论。因此,任何福音的使者都应该将一直使用的理性论证当作武器来猛烈地攻击这些新诠释者,应该揭露他们自己的评注中的错误。拉克坦修曾说过,只有西塞罗能有力地反驳西塞罗。同样,只有这些新诠释者最能证明他们自己的错误。②

事实上,可以清楚地看到他们(彼此)的思想差异,他们离自己的祖先有多远,他们如何将一切都建于虚空的基础之上,以及他们编造了哪些新的东西——这可以追溯到他们写作出书之时。实际上,越古老的书越反对他们的创新。这一点将通过明显的证据得到证明,《书经》中有多处为我们提供了证据,因为它在所有的正统著作中是第一本,也是最古老的一本。

你或许会说这一切都是徒劳,因为这些新诠释者会举出一本比《书经》更古老的书。到底是哪一本书呢?就是那本《易经》,由中华民族的祖先伏羲所作。你还可能会问:"那么告诉我,你宣称由伏羲所写的这本书的内容是什么?除了六十四个神秘的卦象,或者三百八十四条短线(爻)——有些是完整的(阳爻),有些是断开的(阴爻),就什么都没有了。"确实,这些卦象

[lix]

---

① 《孔夫子》指责新儒家将古代神学自然化,导致超越性消失了。 利安当认为,中国人将上帝等同于"太极",而且"太极"是缺乏意志和智慧的物质原则。(《关于大中国传教区的若干问题》,第83—86页)在这里,柏应理回答说,这只是新儒家的错误,而不是古代儒家的观念。

② 拉克坦修(Lucius Caelius Firmianus Lactantius,240—320),早期基督宗教作家。 文艺复兴时期人文主义者重新对他产生兴趣,主要是因为他被称为 "我们基督宗教的西塞罗"(Noster Cicero Christianus)的修辞风格。 依据《孔夫子》,对付新诠释者的方法就是揭露他们思想系统的内在概念缺陷。 文中的引言可以从拉克坦修的《神性制度》(*The Divine Institutions*)第1卷第17章中找到(Num eloquentia superare possumus Ciceronem? minime id quidem; sed fiducia illi defuit ignoranti ueritatem, quod ipse simpliciter in eodem opere confitetur)。

如此神秘和含糊,以至于需要另一位俄狄浦斯来阐明。那么,这位作者伏羲是谁?你或许会说,其实关于伏羲我们一无所知。然而,一位伟大的君王——他几乎可以算是中国第三个朝代周朝的创立者——文王,以及他的儿子周公,就是真正的俄狄浦斯。他们破解了这个谜团并解释了这些卦象。但是,他们难道跟伏羲是同时代的人吗?相反,他们生活的时代比伏羲要晚一千七百年。

可以说,长期以来对这位迷雾一样的创始人的最初研究完全不被认可。在这么长的时间里,中国是否是粗俗而没有文化的呢?完全不是这样!因为一些把最初的统治者及其时代的事迹传给后代的出色文献记录清楚地证明中国拥有繁盛而丰富的文化。不过在这些文献记录中,这些新诠释者也不能找到任何论据来支持他们的新观点,相反,会找到许多跟他们的观点相反的内容。他们尽管可以从书中找到"太极"这两个字,并从里面挖掘出很多神秘的东西,但是不可能从这些文献记录中找到另一个字——"理",这个字是他们按照自己的想法提出的。然而,他们有没有注意到那些在古书中如此频繁、如此明显、如此严肃地提到的独一无二的至高神的智慧和天命呢?有没有注意到有关的仪式和献祭以及那些应该被尊敬的神灵呢?文王和周公——这些神秘卦象的最初诠释者为什么并没有提到"太极"或者"理"呢?只有孔子一个人,在文王和周公六百年后,在《易经》的附录①中仅仅有一次提到了"太极"这两个字,他说:"易有太极,是生两仪。"

因此,在中华民族的祖先伏羲之后两千三百年,"太极"出现了,如同一个解围之神(Deus è machinâ)。② 按照最博学者的诠释,这位哲学家(孔子)只是把"太极"看作元质而不是其他什么东西,他的上述引言充分证明了这一点。不过在孔子之后一千六百年,你们这些擅长革新的人出现了,赋予

---

① 即《易传》。
② 指在关键时刻出现并扭转局面的事件或人。

"太极"前所未闻的意义。不管多么的荒谬、令人无法接受,你们还是不惜用整个古代来迁就你们的幼稚,并且扭曲原意来迎合你们的思想。你们试图说服后代,相信你们的祖先相信了三千年的东西和他们所写的关于天主和神灵的内容应该让位给一个不说话的存在和飘忽、偶然的气流——用一些华而不实的名词称之为——"太极"和"理"。

[lx]

第二章 混乱的教条、教派、著作和诠释者
令利玛窦和最初的传教士困惑

这种混乱确实在中国影响深远,就如迷宫、巨石一般,第一次出现便明显地打击了在华传教团的成立者利玛窦及其同伴,迫使他们进展极为缓慢拖沓。在横渡了几片海洋,并相当幸运地突破了许多存在很久的障碍后,他们进入了一片有着多种学说的新"大洋"。就像老练谨慎的船长一样,他们总是在星星的指引下前进。他们小心地探索每一个角落——海湾和河港、沙洲和浅滩。他们探究什么样的学说更有影响,其根基是什么,有多少确定性和可靠性。

最初,他们惊讶而失望地发现到处都有偶像的痕迹,特别是那些曾在印度涌现并及时被僧人带入中国的偶像。大多数文人和有声望的人都讨厌到处都有的寺庙、数目众多的僧人团体、从同一个宗派衍生出的多种多样的错误、僧人们从无知民众中获得的威望和名声。所有这些都令他们难以忍受。① 除佛教外,利玛窦和他的同伴还遇到另一个教派,人们称之为道教。它更古老,而且出自中国本土,不少文人成为其追随者。这个迷信的教派不仅相信鬼神的神圣和不朽,还相信世人也同样如此。对于他们所喜爱的算命术和法术,我就不多说了。② 还有穆斯林也陷入了这样的泥沼之中。差不多是七百年前,他们被允许进入中国。他们数量庞大,已经在这里扎根。③

---

① 参见本卷第一部分第四章。

② 参见本卷第一部分第三章。

③ 本书认为伊斯兰教传入中国是在 10 世纪。 实际上,早在 9 世纪甚至是 8 世纪,伊斯兰教就已进入中国。

在所有这些教派中,一个叫儒教(Ju Kiao)的教派,在财富、地位和权威 [lxi]上都超过其他教派。它因为倡导智慧,而且历史悠久,所以获得了很高的威望。文学赋予它财富、荣誉和权力。在名义上和实质上它就是文人教派。儒教嘲笑,有时甚至攻击前面提到的两个教派①,不过有些不同族群的统治者和一些追随他们的大臣,出于私人的狂热和虔诚信奉这些教派。此外,儒教也反对穆斯林——我想可能是因为它的外来起源。它们之间的冲突虽然不频繁也不长久,但是非常尖锐和激烈。这很有可能是因为穆斯林"事天"②——如同那些描述过他们的习俗和宗教的作者所写的那样,而有些文人自豪地承认他们信奉这一教派。由此,不难推断出,当这些中国文人说穆斯林崇拜和侍奉"天"时,显然不是说伊斯兰教侍奉的是物理的天,而是"天之主"。③

因为通往荣誉和官职的大门确实只有经由学问之途才能打开,在这些经由学问之途而显赫的人中许多人出身寒门,曾地位卑微。正如我曾说过的那样,几乎所有的平民都崇拜偶像。因而有时候,加入文人教派的很多人并不能彻底地拒绝他们家乡的迷信。据我推断,文人中有一些人由于常常关注社会和谐与和平,会毫不犹豫地加入与这两个偶像教派友好相处的联盟。因此很显然,他们希望将三个教派——他们自己的教派、来自印度的和尚的教派以及那个被称为"道教"的本土教派——融合成一个教派。宋朝文人教派所产生的那些幻想和错误给类似的新事物提供了机会,虽然同时儒教也通过文字攻击这些偶像教派。确实,他们对关于"太极"和"理"进行这样的哲学思考时,有时把它们当作空洞的虚无,有时又把它们当作坚实而崇

---

① 即佛教和道教。

② 对伊斯兰教来说,其主旨就是"专以事天为本,而无象设"。 语出《大明一统志》卷九〇"默德那国"条,最早可追溯至1348年(元至正八年)《定州重建礼拜寺记》。

③ 在这里,《孔夫子》提出一种新的证明来用"天"指称上帝。

高的虚无,也不得罪这个宣扬同样空想的"无"的自豪教派①。的确,当他们为了无知群众而继续忍受这些迷信仪式和外来的教条以及所有的偶像和僧侣时,他们自己则可悲地陷入了无神论。②

[lxii] 那么,我们这位要向中国传播基督的法律的利玛窦做了些什么呢?他又是如何扭转了如此多样的教条与宗教呢?他必须去面对一场精神斗争——不仅是与偶像信徒、穆斯林以及普罗大众的斗争,而且也是与高官乃至几乎整个文人阶层的斗争。在文人阶层中,有超过十万人处在社会上层。如我所言,利玛窦是在与中国的精英、核心和中流砥柱作斗争,与这些"无神论政客"(Atheopoliticus)——人们通常来找他们寻求正义和法律——作斗争。他们因为自己的傲慢和政治权力而膨胀。他们只满足于美德的外表,而实际上,他们大多数都陷在丑闻的泥潭之中。必须与最有名气的作家斗争,与古老而经典的书籍的新诠释者们斗争,甚至与几乎所有人都看过其评注的经典作斗争。③

如果这些新诠释者所坚持不懈的是真的,也就是说,他们有着与古人一样的观念和主张,那么我们就要推翻古人的权威。这样的话,可能要冒着生命危险,因为它被四千年的权威保护着。因此,我们要谴责错误的制造者:古代的统治者、哲人、帝国的老师孔子本人、所有作为这个世界的圣贤以及美德与智慧的光辉典范的人、所有至今受到敬仰的人。如果有人正式询问我们对他们有什么看法,我们应该自信而且清楚地回答说:他们全都犯了

---

① 即道教。

② 这便十分清楚地显示了文人的错误。 他们考虑的仅仅是宗教的政治用途而不是其内在真理,当他们为了社会稳定而容忍宗教之时,却否认了所有宗教真理,认为宗教是虚无的——他们因此陷入了无神论。

③ 这或许指的是《易经》。

错,而且永远死了。①

那么,这个最骄傲、最顽强、最忠实于古代习俗和祖先的民族,会想些什么？当然,由于痛恨如此可恶的新事物,他们始终坚称古人不会犯错,那些享有如此声誉的哲人也不可能在这么多个世纪里不断地犯错。因此,实际上他们宁愿冒着犯错的风险而追随先人的足迹,也不愿意接受从没有听过的几个外国人的意见。

利玛窦谨记自己是个外国人,在这些中国人眼中是个野蛮人。他谨记他所要宣扬的宗教信仰在这里是闻所未闻的,而且来自一个陌生的国度。确实,一方面,任何外来的名字都会被轻视,任何新鲜事物都会被怀疑扰乱平静的公共秩序,在一个如此坚持他们祖先的法律和习俗的政治国家,这总是不受欢迎的。另一方面,如果统治者的高官和顾问主张,除他们自己的文人教派外的每一个宗教和教派都必须永远彻底废除,那么所有的统治者就会用剑与火来暴力反对这些教派的追随者——这些教派曾因一些皇帝的迷信而得以蓬勃发展和壮大。那么,有一个人——神,他被钉在十字架上,这 [lxiii]
样的信息如此新奇,与这个温和而傲慢的民族的性格如此相悖,令人如此难以置信,对此还能抱什么希望呢?②

---

① 柏应理在这里表示他完全服从真理,假设孔子跟新儒家一样犯了严重错误,柏应理会坦白地说明孔子下了地狱;事实上,与新儒家不同,孔子没有犯错。

② 文本似乎表明,这种解决之道不是佛教和道教的粗暴禁止,而是耶稣基督的奥秘;不是任何施暴行为,而是甘愿承受暴力。

第三章　利玛窦对在中国传福音方式的思考和对古籍与史书的阅读与考察

无疑,面对这么多的烦恼与恐惧任何人都会失去勇气,除非他依赖的是超越人类的力量。然而,利玛窦信赖天主并且坚持了下来。日日夜夜,他沉浸在这个古老君主制国家的体制和法律中,用下面的话来说服自己:如果所有的人不停地对我所说的话都是真的,那么那个偶像及其教派自第一次被正式从印度引入中国到现在,已经有一千五百多年了。另外,如果中国的编年史至少与希腊人和罗马人对自己历史的记载一样可信,那么显然中国已经存在四千多年了。

因此,对于出现偶像崇拜之前的两千五百年,我们该说些什么呢？难道他们真的不知道任何神灵？也不管它们是真是假？就像西塞罗说的那样,无论是怎样野蛮和愚昧的民族,这样的事情几乎也是闻所未闻。难道人类的那句"存在着某个神灵"独独绕开了中国人的耳朵吗?[1] 难道中国人在其他方面非常敏锐,却单单自始至终看不到辉煌、美丽和伟大的宇宙吗？正如圣保禄说的那样,通过宇宙可以清晰地看到万物的造主。[2] 难道像在心里喃喃自语"没有神存在"——这如奥古斯丁说的那样折磨着少数人——这样

---

[1] 在这一段中,为了支持"自然宗教"存在于全人类的观点,《孔夫子》提到了异教作家如西塞罗的著作、教父如奥古斯丁的著作以及《圣经》本身的相关论述。 引文出自 Cicero, *De Natura Deorum*, Liber Tertius, IV. 9: "Primum fuit, cum caelum suspexissemus, statim nos intellegere esse aliquod numen, quo haec regantur"。

[2] 参见《罗马书》1: 20。

的疯狂已经完全占据了所有中国人的心吗？① 难道那些聪明、有教养又温和的人会不知道文盲、村夫和原始人所熟知的事情吗？我们可以相信这个国家自从诞生以来会对星星不变而有规律的运动、天空的旋转感到钦佩,会遵循在君主制统治下的正义、和谐和不可侵犯的秩序②,但却从来没有想过天的推动者和主人③,也从来没有从他们自己有着肉身的君王身上想到那至高而无形的君王吗？实际上,他们确实相信自己的君主是那无形的君主的代理人,像一个养子一样来管理这尘世的世界。④

但是,如果确实有哪怕极微小的认识真神的迹象,那么这些错误的意见和习俗来自哪里呢？我们今天看到的这么多教派的泥潭及其所有伤害和欺骗的伎俩又来自哪里呢？简单来说,原因就是:它们来自易变的堕落本性,或者给它一个名字——来自有害的偶像的奴役。有多少次,他们自己向我们宣称古代的正直、忠诚和神圣！显然,所有的德行很快都衰微了,即便没有被别人摧毁,人类的软弱也会自然地坠入邪恶。罗马时期是多么质朴而严格、原始而纯真。但是有多少习俗上的堕落与来自亚洲的胜利一起进入罗马？⑤ 基督的教会自身经历了多少变迁？为什么在它诞生时就已被点燃的圣神的热情那么快就冷淡下来了？因此,今天那些倒下的,你不能说从来没有站立过。但是,你可以说,人类会因为本性而堕落了。 [lxiv]

可以肯定,这个民族已经开始堕落了。它的习俗败坏了——这一点我

---

① 参见圣咏 51（52).2 及奥古斯丁《上帝之城》(*De Civitate Dei*, Liber V)。

② 在中国传统思想当中,皇帝的决策和治理必须遵循宇宙的运转秩序。因此,颁授历法就显得十分重要。

③ "推动者"显然是一个亚里士多德-托马斯主义的词汇。按逻辑逆推方式推导出上帝是首位推动者,在中国哲学中从未出现过这样的思路。

④ 将君王视为天子是中国古人的看法。但是,"代理"(vicarius)指的是基督不在时,罗马教宗作为代替来引导教会。

⑤ 与罗马帝国一样,中国也曾保有真正的自然宗教和道德风俗,直到偶像崇拜传入为止。这一观点早已为奥古斯丁所论及:在《上帝之城》中,他就指出罗马的衰亡就是因为偶像崇拜。

不否认。虽然说他们败坏了,但他们曾经是诚实和健全的。① 这就是它的概况。曾经有一段时间,中国不是我们今天所看见的这个样子。同样的事情最近也发生在我们欧洲:在思想和道德明显败坏之后,在那么多——就像九头蛇一样每天都会出现的——异端的考验之后,无神论确实已经毒害了不少人。同样的事情在中国也发生过。事实上,无神论比到处蔓延的可恶的瘟疫要残酷得多,因为缺少对无神论的有效治疗,而且它需要更多的营养。

那么,在如此绝望的情况下,应该采取怎样的行动呢?我们应该首先用理性和哲学来进行治疗吗?但在这方面,因为我们来自欧洲,所以他们要作为老师来教育我们。如此,我们应该利用《圣经》提供的大量最神圣的武器来战斗吗?他们会愚蠢地认为自己的经典也是同样神圣的。当然,如果他们宣称自己的经典更古老,那么显然我们很难谴责他们的错误。所以,我们凭着全能的天主的支持,手握绑在十字架上的我们的救主基督的图像,勇敢地面对人群,穿街走巷宣扬我们信仰的战利品。我们的主将会帮助虔诚努力的我们,如果我们不能通过奇迹和象征来稳固他的教诲,我们肯定可以通过血和生命来稳固。但愿如此!

然而,连外邦人的使徒(圣保禄)本人都渴望为了基督而死以宣扬被钉在十字架上的基督,虽然他没有这样做。相反,当面对一个崇拜偶像的城市而感到非常愤怒时,他采用这样的途径和方法:在哲人们的亚略巴古山(Areopagus)②上宣扬基督。的确,当谈到基督时,他将他看作一个救世主和一个人:首先谈到作为造物主的天主,其次谈到奇迹般从死亡中复活,并且将会光荣地审判整个人类的救世主。这位使徒确实在这些外邦人中行了许多见证和奇迹,在一群有才华和智慧的人之中,圣保禄决定:应该借着上帝的恩

[lxv]

---

① 文本坚信,人类从最开始是接近自然宗教并因而保持道德上的纯洁的。 随着时间流逝和邪恶的传入,人类与上帝渐行渐远,而且日渐堕落。 文本主张要重视过去存在过的自然宗教。

② 古雅典的最高法庭,名称取自召开会议的阿瑞斯山。

宠,用大量有力的推理来感动他们。①

因此现在,如果我们要效仿圣保禄——当在亚略巴古山传道时,他毫不犹豫地从诗人们晦涩的作品中描绘出一缕黎明的曙光——那么同样,让我们从中国哲学更古老的记载中为那喜悦的黎明和正义的太阳②寻找一线曙光吧。确实可以看出他们的古籍是如此丰富。似乎书籍离真理的起源越远,他们越能清晰和透彻地讨论真理。

但是,令人担心的是,即便古人与我们一致,那些古人的诠释者也可能不赞同我们:因为,我听说这些出现还不到五百年的诠释者对古书做了丰富而又精明的诠释,自信可以评判四千年的思想和教诲。再加上他们自己是当地人,而且精通他们祖先的文学。由于这些人都是受到广泛认可的杰出人物,还借着这种名誉,在过去被授予最高的职位,而且所有人——从最高阶层到最低阶层——都怀着一种特别的关注和钦佩一遍又一遍地阅读他们的作品。③ 因此,他们为什么要向一个人屈服呢?何况还是一个外国人?因为在我看来,他们认为所有的外国人都远远比不上他们任何一个老师或者诠释者。

任何人都有理由怀疑,那些在最近、最败坏的时代写作的人是否接近古人真正的心灵和教诲,尤其是涉及古代宗教的一些事情;或者他们是否偏离了我们自己和大众的观念。④ 的确,诠释者们之间,特别是不同时代的诠释者们之间的和谐一致,几乎像奇迹般罕见。一般来说,后面的时代几乎都喜

---

① 参见《宗徒大事录》17:15-21。 圣保禄的例子可以为耶稣会士的传教政策辩护。 如同圣保禄在雅典,耶稣会士在中国开始与知识分子进行对话。 这并非因为耶稣会士害怕因对偶像崇拜正面攻击而造成冲突,而是因为他们相信理性的力量。 利玛窦很严厉地反对三教合一;参见《天主实义》第508号,载《天主实义今注》,第203页。

② 即基督。

③ 文本承认,后来的诠释更清晰、更具权威。 事实上,尽管耶稣会士拒绝宋明儒学中与他们自己的哲学不相容的教条,然而他们却也着迷于像朱熹这样的儒家学者的思想。

④ 文本认为宋明时代的哲学家实际上并不能代表大众的想法。

欢增加或者删减前人的东西。所以,我们这个时代的中国文人,从这三个宗教中创造出了一个新的宗教,即便宋朝的诠释者们猛烈地抨击其中两个①,并揭示其虚假和危害。他们为什么还是抱有偏离他们祖先的时代和教诲那么远的妄想呢?难道是因为如他们宣称的那样,在曾出现过长达一千多年的黑夜中,中国古代哲学似乎已经昏迷不醒或者消亡了吗?②

所以,当利玛窦日日夜夜反复在心里思考这些思想时,他强烈地希望将总部建在帝国的大本营,即皇城北京。这里是整个君主制的首府。曾让伟大的沙勿略那么热切地向往。但是,利玛窦认为,他还没有准备好这样的一次远征,而且,除非已奠定了一条道路,否则草率行事带来的伤害可能远大于好处。因此,他认为最好是"慢慢地前进",最好尽可能从最近的地区和省份开始取得一些成果,而且最好是先在皇城之外就处理好他可能会在皇城内遇到的矛盾。[lxvi]

因此,他在中国南方几个省住了十六年。③ 此外,有时凭着自己的努力,有时借着同伴的帮助,他在好几个地区建立了天主教的稳固基地。虽然在这一整段时间内,他面临着艰难困苦和危险的挑战,但从没有被压垮,而是一直在天主的支持下,在这些困难之中收获了一些皈依者和影响。与此同时,他总是朝着一个目标努力,借着特别的谨慎和聪慧,默默地调查和权衡着一切:中国人的书籍、他所交往的最博学的朋友。所有这一切都是为了同一个目的。

1598年,利玛窦认为时机已经成熟,便欣然准备远赴北京。但是,因为听说一场新近战争的恐怖,打乱了他准备的一切。因此,他谨慎地向困难让

---

① 即佛教和道教。

② 文本在此提到"三教合一"运动。 此运动起源于元朝,兴盛于明朝。 本书将其视作知识分子的一种知识运动。《孔夫子》认为,通过这种融合运动,儒教更受到佛教和道教的偶像崇拜和无神论的污染。

③ 从1583年到1601年,利玛窦先后顺利地在肇庆、韶州、南昌和南京各地建立居所。

步,适时地退回南京,即南方的皇城。① 在那里,由于有不少人皈依了基督,他建起一座教堂,同时还建起了耶稣会会院。将近两年后,北京城的局势稳定下来。在对天主——他唯一追求的就是为了天主——做了无数祈祷和流了无数眼泪之后,他充满了希望和信心,如同在罗马基督祝福了依纳爵(Ignatius)一样,在北京基督也会祝福他。1600年,为了在这繁华的帝国大本营竖立起基督十字架的纪念碑,也为了与偶像崇拜者、无神论者以及穆斯林斗争,他再一次出发了。借着天主的旨意,他会赢得胜利。他将为永恒的真理做一次见证,而且如果需要的话,他将以自己的鲜血来印证真理。

1601年1月——大明朝第十三任皇帝万历二十八年年末——利玛窦进入北京宫廷向皇帝献礼。这些礼物得到重视并被接受,但只是因为新奇:一幅优雅的彩色基督救世主与童贞天主圣母的画像,以及一个十字架。② 皇帝以特别的崇敬接受了这些圣物——这是他的善意与仁慈少有的证明。在如此不同寻常的接纳被公开后,所有人都被唤起热情来迎接这个陌生的客人。几乎所有有官阶和地位的人都蜂拥到利玛窦的住处。他们迫切地想知道,这样一个陌生的客人带了什么东西到这里来。因为他们从未想过在他们那个时候地球上存在这些东西。

[lxvii]

每个人都问了许多问题,利玛窦非常谨慎地做了回答。他们听他非常熟练和清晰地用他们自己的语言,向他们解释他们闻所未闻的诸元素,解释天与地的位置与运动。他们非常喜欢并尊重他严肃的性格及其非凡的谦逊和礼貌。这个最谨慎的人不断地向更崇高的事物前进,比如从天地上升到其创造者和主宰。很快,他就能用有力的论据来证明天主的本性和神圣的

---

① 由于日本的丰臣秀吉入侵朝鲜,利玛窦只在北京待了三个月。1598年9月,丰臣秀吉突然逝世,日本军队随后从朝鲜半岛撤军。

② 利玛窦还向明朝皇帝赠送了一个自鸣钟,但是文本并未提及,只提及宗教作品而已。关于利玛窦的礼品名单,参见夏伯嘉:《利玛窦:紫禁城里的耶稣会士》,上海书籍出版社,2012年,第216页。

完美,天主的和谐、智慧、全能和仁慈。① 然后,在他讨论了事物的最初原则或起源之后,所有人都很容易接受,并且还有不少人很自信地肯定:天主就是古代君王与先贤曾以恰当的名字称呼且真正敬拜的"上帝",也就是"最高君王"。②

不过,仍有一些人发展了完全不同的原则,即我们前文所提到的"太极"、"理"(存在的普遍理由)、"空"(虚无)。③ 另外,还有一些人提倡从印度引入的偶像"佛"。最后,还有一些人以同样的方式提倡被称为"道教"的本土教派。④ 通过向自然和超自然的真理寻求论据,利玛窦有力而又优雅地抨击并征服了所有这些教派的错误和空洞的教条。

同时,他听取了许多在南方时和他一起生活的非常熟悉的同伴的意见,也听取了那些用非凡的赞美来拥护他们远古时代的纯洁和朴素的人的意见。⑤ 利玛窦听见他们引用古代的文献记载,其中明确提到自然法和他们鼓吹的其他事情。同时,他们也会说,那黄金时代的正直与公正在很久之前就已经停止了,因为那个时代许多智慧的老师只在名义上是孔子的学生。在这些人的心中,除了财富、地位、世间的快乐和口才上的虚假名誉,别的什么都没有。他们并不为未来担忧,因为除了所感觉到的,他们什么都不相信。

这确实是那些原始的真理之光更少被恶行和错误所掩盖的人的言论和抱怨。在他们之中名誉最高的一些人不仅仅通过人的理性,更通过启示,被

---

① 此即托马斯·阿奎那《神学大全》中所提到的上帝的特征。

② 依据我们的文本,中国知识分子自己说明了,利玛窦所信奉的就是中国古人的"上帝"。

③ "理"被解释为经院哲学所讲的"存在的普遍理由"(universalis ratio entis)这一概念。

④ 除了"上帝",利玛窦还提及其他三个替代"神"这一概念的并列词汇:宋明儒家所言的"太极""佛"和道教所使用的"道"。 这三个并列词汇都为利玛窦弃置不用,因为其与自然理性或超自然理性相悖。

⑤ 文本认为,利玛窦在北京时得到了他在南方所认识的人的强有力的支持。 其中应该有王汝训(1551—1610)。参见夏伯嘉:《利玛窦:紫禁城里的耶稣会士》,上海书籍出版社,2012 年,第 226 页。

教诲的力量所俘获和征服，从而积极地遵循我们的利玛窦的出色教诲。① 他们还特别搜集更多古老的书，以便查阅自己的民族。事实上，在与利玛窦讨论了两三次之后，他们比以前更能清楚地理解古代文献中所记载的和他们自己以前不愿意处理的一些事情。②

因此，不但整个古代所知道的——以自然为指引者和导师——显然都要得到承认，而且古代的所有统治者和圣贤——尧、舜、禹、汤、文王、武王、周公、孔子——对天上的最高君王、主、神灵和宗教的思考也都要得到承认。确实，后代如果没有成功地效法他们，起码要一直尊敬他们。如果人们实践这些非凡的真理，那么这些真理就应该被认可，甚至被接受，就好像由上天宣布的一样。 [lxviii]

如果利玛窦在他们的古籍中发现了他自己的宗教与光的种子和火花，那么他可能会要求那沉睡了这么久以至于好像熄灭了一样的种子被唤醒；而且借着神圣教诲的新光辉，这一本土的古老真理之光可以被重新点燃并完善。③

其他一些与利玛窦交往多年的最严肃的人的建议和愿望与利玛窦所想的极为相似，似乎利玛窦在这方面对他们有不少影响。然而他对此明智地假装不知道，很和蔼地回答他们说，只要他们下令，他一定服从，并且怀着极大的渴望从这些最博学者的书中学习和前进，特别是从这个时代的书中——即便这些书鼓吹反对智慧和神圣——学习并发展。同时，他因神秘

---

① 尽管利玛窦仅仅运用了理性的论据，但文本仍坚持认为这些文人受到上帝的指导。

② 利玛窦与这些知识分子的合作方式可以清晰地表述如下：在对上帝的解释有了共同的理解之后，中国人选择了那些符合这一观念的古籍，并摒弃了其他的书籍和解释。 最后，在这一新哲学的基础上，中国人对于他们的古籍有了更好、更一致的理解。 这样，与西方哲学比较之后，中国哲学取得了一种新的意义。

③ 文本在此提到"种子"概念。 它来自"圣言的种子"（拉丁语 semina Verbi 或者希腊语 spermata logou）。 这一说法被一些教父使用，例如查斯丁（Justin）和亚历山大的克莱门（Clement of Alexandria）。他们从异教的哲学、宗教和文化中看到基督宗教真理的一些元素。

的喜悦而欢欣,并且对基督的引导和计划致以无限的感谢,因为他察觉到一扇巨大的门为传播福音打开了。另外,他也知道,如果他谴责这些博学的人的所有古代习俗,或者在所有作家和高官之间激起敌意和斗争的话,这扇门就会完全封闭。他不得不通过与彼相似的努力和意见来说服他们,而不是通过过于新奇和差别而远离他们。因此,基督宗教的基本原理可以在这个帝国建立,不是依靠神圣的力量——这的确是最重要的,而是依靠人的力量,如同正义和理性所允许的那样。①

因此,利玛窦希望通过新的热情和努力,与这些拥有最高荣誉的博士一起,与这些支持者和领导者一起,去更彻底地探索一切,接近中国学说的源泉。他一次又一次地阅读充满古代教诲的书和最古老的编年史。他还想通过参考——一方面是古代和近代诠释者的注释,另一方面是当时的老师和哲学家——来仔细地检查那些含糊和可疑的要点。在中国的二十七年里,利玛窦发表了五千多篇评论。一些诠释者曾拜访过利玛窦,而且,他自己也去拜访了这些诠释者,并且向他们请教问题。

[lxix] 为什么要长篇大论?利玛窦去观察、倾听、阅读,然后,他的灵魂充满最伟大的喜悦,他清楚地认识到,事实上,中国人——不只是在一个时代,而是在很多个时代中——曾注意到真神,而且知道自然法的卓越之光。如果今天的人们能被唤醒,他们很有可能会在真神的帮助下逐渐转向利玛窦所宣传的福音的恩宠和神圣,特别是那些还没有完全陷入根深蒂固的盲目、傲慢以及堕落的生活习俗的人。的确,这些人是如此喜爱和深深依恋他们古代的习俗和文化,以至于要想尽一切办法采取以下努力。我们应该效仿"外邦人的使徒和大师"②,他毫不犹豫地利用诗人与异教徒的权威来传播福音。

---

① 利玛窦认识到,在福音传布的初步阶段,他只能以基督宗教哲学吸引中国人。这与"基督宗教的丰满"相差甚远,但是,这仍是一个准备阶段。

② 指圣保禄。

我们也应该效仿早期教会——正如圣热罗尼莫(Hieronymus)所证明并由教会博士托马斯在其《反异教大全》第十二章中所引用的那样,所有的神学博士和作家,"从使徒时代到哲罗姆时代,他们都把世俗的智慧和修辞跟圣经结合起来"①。因此,对中国人在最开始拥有的第一道自然之光应予以鼓励,即便它此时几乎完全被罪恶和错误的黑暗所灭绝了。

---

① 托马斯·阿奎那:《反异教大全》(*Liber contra impugnantes Dei cultum et religionem*, pars 3, cap. 5)。

第四章　有权威著作证明中国跟其他民族没有交往

我们的利玛窦辛苦奠定的如此稳固的基础，以及他的工作所带来的伟大的权威、成功和赞美值得在这里谈谈。起初，这个敏锐且审慎的人了解到，中国人非常信任他们的编年史——因为其罕见的权威和古老。他也知道，那些写编年史的作家都是皇帝所挑选的。国家发生了任何事情，马上就被记录下来。虽然如此，通常在很久之后，即旧的王朝已经灭亡新的王朝建立之后，才编修史书。因此，利玛窦决定纠正一条意见，一条几乎我们所有欧洲人都熟知和拥有的意见：整个人类（当然，以色列人除外）在大洪水之后的几百年中——在这段时间里各个民族形成了——失去了他们关于真神的认识。① 利玛窦不赞同这条意见。无论其他民族的情况怎样，他不能如此看待中国。一直到现在，中国不仅在地理上，而且在道德、习俗、文字上都与其他民族大为不同。正是因此，中国人认为，在天底下或者太阳底下没有哪个民族比他们优越，特别是邻国和野蛮人的岛国。实际上，他们习惯用"天下"(Tien hia)这个词来称呼他们的帝国，或者叫"四海之内"，也就是，"在天底下"或者"四海所环绕的地方"。②

---

① 这就意味着，原始信仰的丧失发生在聚集在巴别塔的民族分散之后和特殊的国家在世界各地建立之前。

② 如同其他文明一样，中国亦将自身视为世界的中心，并且在其他国家之上。 耶稣会士承认中国与其他国家相比不同的地位。 因此，中国的"独特性"亦是耶稣会士的建构。 在此，耶稣会士的主要动机是要构建出中国作为一个独立于其他国家及其因此长期保持其原初的诺亚信仰——直到 65 年佛教的传入——之间的联系。

假设这个帝国在最初两千年与遥远的地区和国家通商,那么,其他那些古老的国家,如埃及、希伯来、希腊或者罗马,怎么会隐瞒事实而不提及呢?中国的编年史也同样没有提到,不过有提到在公元前200年左右,汉朝的第五个皇帝武帝派遣他的军队越过长城,走出罗布泊沙漠,不断扩张到蒙古、柬埔寨、暹罗、孟加拉。① 编年史还提到,大概在90年,同一帝国的第十七个皇帝惠帝让班超将军进入印度,在二百天的征途中,他令大概四十个国家臣服于中华帝国。②

然而,要想更好地明白这一点,我们要参考最为古老的亚述帝国(Assyria),一般认为这个国家来自含(Cham)的孙子宁录(Nemrod)。很明显,这个国家一开始就脱离了真正崇拜而转向偶像崇拜。这个国家被残酷、情欲和其他罪恶玷污、蒙蔽。除了创始者的空名,它几乎没给后代留下什么。③ 这个帝国,一开始被米提亚人(Medi)推翻,然后被波斯人(Persae)攻占,马其顿人(Macedonae)紧随其后,再后来分别是希腊人和罗马人。还有谁能不明白,帝国会在获得战利品和胜利的同时沾染上罪恶和偶像崇拜呢?

---

① 汉武帝向中亚扩张其统治疆域,在公元前108年,他征服了地处罗布泊的楼兰王国。耶稣会士似乎不知道汉朝的交流是向着西方发展,尤其是张骞出使之后。张骞到达了塔里木盆地,开辟了丝绸之路,让罗马帝国和中国之间形成了间接的贸易和文化联系。

② 其实,班超将军没有到达印度。但是,这扩大了中国与中亚——甚至是远到里海地区——之间的联系。班超派了一位使节前往罗马,但他到达黑海之后便停止前行。虽然班超未能成功地建立中国与罗马之间的直接联系,但它们之间有了间接的联系。柏应理应该知道,1世纪时期的一些拉丁作家已经提及"丝之国"或"丝人",比如斯特拉博(Strabo)、梅拉(Pomponius Mela)和老普林尼(Pliny the Elder)。柏应理也许认为,这些"丝人"是其他亚洲人而并非中国人。事实上,与柏应理的这一判断相反的是,中国的古籍《后汉书》中提供了有关中国和罗马在1世纪时已经建立了间接联系的文字记载。这证明中国并不像柏应理所断言的那样孤立。

③ 根据《创世记》的记载,宁录是诺亚的曾孙、含的孙子。据记载,宁录是大洪水之后建立第一个国家的人,传统上认为这个国家是巴比伦或亚述。不过,在亚述人的传世文献中还没有发现宁录的名字。巴别塔建于宁录所统治的巴比伦境内。建立该塔不是为了信仰上帝,而是为了显示人类的荣耀。因此,这是人类首次的偶像崇拜。参见《创世记》14章。

而偶像崇拜是所有罪恶之母、之源泉。的确,罗马帝国随后将偶像崇拜带到了其他地方。这些国家将外来的偶像与他们自己的偶像结合起来,就形成了每个国家的迷信。

由此,我们可以认为亚述帝国是最古老的国家。它建在亚洲的中心,延伸到阿拉伯、埃及和印度。① 然而,远东地区的中华帝国在自己的君主统治下持续了 4222 年②,因此,不能把它作为亚述的分支。直到西部鞑靼人占领中国的时候,两个民族都认真地保持着各自人民在风俗、语言、礼仪、文字和其他所有方面的不同。但是,大河能与其泉源没什么共同之处吗?尤其是这出自偶像崇拜的罪恶会如此快速地传播。事实上,任何人去查阅中华帝国的编年史就会发现,偶像崇拜这个灾难是在中国君主制建立近三千年之后,也就是说亚述灭亡九百年之后,才被正式引入中国的。③

[lxxi]

的确,如果我们不承认中国与亚述的交往,那么它与埃及的交往就更应排除在外。尽管有人宣称,中国的象形文字和埃及很相似,不过,既然中国比埃及更古老几百年,为什么要说中国的文字来自埃及,而不可以说埃及的文字来自中国呢?而且,两个相距甚远的国家的人们是能够发现相同的东西的——有什么能够反驳这一观点呢?为了教小孩子每个事物如太阳、月亮、鸟、树的意义,两个国家的人都画一些字符来表示这些事物,还是由于(中国文字与埃及文字的)这种相似性,要假设埃及人越过整个亚洲到达中

---

① 事实上,以传世文献和考古证据为基础的现代学术研究认为,埃及是第一个统一国家。它建立于公元前 3150 年,这比亚述王朝(前 1900 年)和中国的夏王朝(前 2070 年)的建立早一千多年,比印度的孔雀王朝(前 1500 年)的建立早一千五百多年。

② 从伏羲氏(前 2952 年)算起,到忽必烈建立大元(1271),一共是 4222 年。

③ 偶像崇拜不可能凭空产生,而是通过传播所致。柏应理想证明直到佛教传入中国之前,正是因为中国与外界的隔绝才免受污染。柏应理在此使用了循环论证。一方面,中国的史籍没有提及任何与其他国家关系的事实,证明了中国是与世隔绝的,因此得以避免偶像崇拜;另一方面,儒家经典中偶像崇拜的缺失,证明了中国与世隔绝并且没有受到偶像崇拜的影响。

国,这两种可能性哪一种更容易、更简单呢?①

但是,在印度的"裸体哲学家"来到中国传教之前,我们不能说中国有偶像崇拜。据说,这位佛教的传播者佛陀于昭王(他是第三个王朝周朝的第四个君王)十六年——约公元前1308年——出生于印度。② 这大概在孔子和毕达哥拉斯出生前四百年,这时中国的君主制已建立一千六百多年,而且在不断地通过当地的法律和礼仪来进行自我管理。他的教条在其逝世约九百年后,连同偶像崇拜一起被正式引入中国。

更不可信的观点是认为从日本可以找到中国的来源,尽管其文字和其他一些方面与中国有共同点。事实上,高傲的中国人称日本人为"倭奴"。据中国编年史记载,中华帝国持续了两千五百多年后,在200年左右,有一千个家族从中国迁到东海的岛屿上。③ 但是我不认为日本是中国的殖民地,因为起码从公元前660年开始,日本就计算自己的统治者了,到1608年已有108位统治者。④ 正如一本在日本印刷的中文书所指出的⑤,我觉得另一种解释更有可能:日本可以追溯到更古老的来源,即居住在北海周围的鞑靼人。因为,如编年史的记载,公元前1196年左右,北方野蛮人(很可能是鞑靼人)聚集而迁往东海岛。⑥ 我们更应该注意这一点:日本人在性格上的强 [lxxii]

---

① 与基歇尔不同,柏应理并不相信中国人起源于埃及。

② 关于佛的诞生时间有误。 第一部分的第四章也错误地提及公元前1026年。 年表中则是公元前1036年。 然而如上所述,佛的实际诞生时间是在公元前6世纪或公元前5世纪。

③ 一千可能有误,应该是一百。 参见《汉书·地理志》(下):"乐浪海中有倭人,分为百余国,以岁时来献见云。"

④ 第一位日本皇帝是神武天皇,于公元前660年建国。 第108位天皇是后水尾天皇,他实际上是1611年登上王位的。 不清楚为什么柏应理停止于第108位天皇。

⑤ 1686年到1687年,柏应理正在处理其文本的最后一版,在手稿上加上了这个注释。 这本书现在应该保存在法国国家图书馆。

⑥ 根据现代学者的研究,在不同时间多次有移民迁入日本。 绳文人或阿依努人大约在三千年前从中亚和东亚迁入。 公元前400年到公元前300年左右,弥生人从中国南部迁入。 对此,柏应理颇感兴趣的是,日本人将其起源置于中国之外。

悍和坚韧远远超过中国人,这导致了日本人好战的性格,而且他们使用的语言与汉语大为不同。①

日本的使节以及其他野蛮人,可以确认上面这些说法。中国有关日本使节的最早记载,出现在第五个王朝(汉朝)第十四个帝王(光武帝)二年,即28年。② 正好在他统治的第三十三年,来了第二个使节,其第一次被赐予皇家印绶。③ 第三次设立使节是在第十九个皇帝安帝元年,进献了一百六十个人。④ 因为内战,使节设置中断多年。一直到第七个王朝(晋),才得以恢复和继续。⑤ 之后直到第十三个王朝唐朝的第二个皇帝(唐太宗)统治的第五年——从叙利亚来的传教士到来之前三年才有一个使节到访。⑥

继任者唐高宗在位时,日本第一次改变国号,此后称为"日本国",也就

---

① 柏应理试图证明中国如同一个孤岛,有着真正的信仰和宗教,并且与四周围绕的迷信相隔绝。对于日本而言,这一观念颇具战略意义。 一些传教士如耶稣会士陆若汉(João Rodriguez)和方济各会士利安当发现了中国和日本在许多错误上的相似性。 利安当坚信迷信和偶像崇拜从中国传到了日本。(参见《关于大中国传教区的若干问题》,第68—73、143—145页)此处柏应理试图证明中国因为远离迷信,从而在根源上保持了纯洁,也不会影响到日本。 因此,柏应理试图为日本民族确立一个中亚起源,以独立于中华民族。

② 实际上,据《三国志》所载,在光武帝统治之初,曾有一次来自东方岛屿的访问,但是许多历史学家怀疑这一记载的权威性。

③ 根据《后汉书》的记载,汉武帝曾赐给倭国使节一枚金质印绶。 就中国人自身而言,这次事件意味着中国承认了日本是其附属国。 柏应理认为这次事件应发生在59年。 参见《后汉书·东夷列传》:"建武中元二年,倭奴国奉贡朝贺,使人自称大夫,倭国之极南界也。 光武赐以印绶。"

④ 按照《后汉书》的记载,汉安帝在即位的头一年接待了一个日本使节。 然而,仍有一些数字上的混乱。 按照《后汉书》所言,这位使节向中国皇帝进献了六十人,他们可能是奴隶,也可能是学生。《后汉书·东夷列传》:"安帝永初元年,倭国王帅升等献生口百六十人,愿请见。"柏应理认为此事应发生于108年。

⑤ 隋代共有六位日本官方使节到过中国。

⑥ 按照柏应理的说法,此事发生在633年。

是"日出之国"——对我们来说"日本"就是这个意思。① 大宋朝的第二个皇帝（太宗）第十九年，僧侣开始被列入使节。② 大明朝第三个皇帝（永乐）准许他们每十年来一次朝廷。③ 读者由此可以理解，正是借助于互相通商，不仅祖先的风俗、文字与印刷术，而且迷信和罪恶的行为，也一起传了出去。很明显，在多次王朝交替、民众叛乱和各种灾难中，中国人在不同时代都会到邻近的地区和岛屿去避难，比如西藏、柬埔寨、暹罗、越南东京（Tunkinus）、马六甲、福尔摩沙（台湾）、马鲁古（Molucae）、爪哇（Java），以及我们说过的日本。④

虽然如此，我们欧洲的同伴没有从上面的事实中做出正确的结论。他们依据在日本观察和学到的东西，想要成为中国事情的诠释者和评判者；更让人惊讶的是，他们还想成为中国起源和中国书籍的诠释者和评判者。从这个世纪的开端，即1600年起，他们想从今天的日本来判断中国的整个古代习俗和学说。⑤

可能有人认为这些遥远的亚洲人源自希伯来人，因为他们认为亚洲的祖先都来自同一个人，即闪（Sem）。最先从欧洲来的人提出这样一个根据：

---

① 事实上，"日本国"这一名号在隋朝时即已使用。 直到894年唐朝灭亡，日本才停止向中国派遣使节。

② 在中断了差不多一百年之后，到宋朝时，中日官方之间的关系重新建立起来。 根据柏应理的年表，这一事件发生在宋太宗在位期间的987年。

③ 明朝永乐皇帝将外交使团限定为每十年一次，每次两艘船、两百人。 柏应理认为此事发生在1408年。

④ 柏应理想在此表明日本人源自与中国人不同的诺亚的子孙谱系。 不同于中国人，日本人已经有了偶像崇拜。 柏应理把日本同印度一样，看作中国迷信的直接来源。 柏应理对日本的负面看法可能反映了中国和日本工作的传教士之间的竞争。

⑤ 柏应理认为这是一个误解。 这一误解来自在日本的西方传教士，如陆若汉，他们接受了日本人的观点而未能考虑中国人的看法。

[lxxiii] 在中国发现了精通《圣经》的犹太人。① 其实,我不想多讲中国人的道德和本性:他们几乎都渴望尘世的幸福、财富、舒适、荣誉;除了风调雨顺和五谷丰登,他们不再期望其他。妾室常常要服从第一个妻子②,中国允许一夫多妻的习俗。他们认为不育和绝后是人类生活中最大的恶,因为死后,没有人纪念祖宗。正如以前受到上天特殊恩宠的希伯来人一样,中国人也高傲自负,轻视其他国家的人。他们比希腊人还要专横,称所有不熟悉的人为"野蛮人"。他们从未放弃侮辱外国人,直到外国人摆脱了他们的风俗和野蛮,接受了中国人的习俗。只有这样,中国人才会像收养孤儿一样接纳他们,把他们算作自己的子民。

中国人对逝者的尊敬或许会加强这种意见——中国人来自希伯来——的可能性。人们通常列举这些证据:中国人如此关注坟墓的显赫、葬礼的各种礼仪和送葬的哀歌,以及定期的祭献。确实,他们有这么多的礼仪和习俗,这么多筹备祭献仪式的规矩和细节,这么多不同的祭品,如牛、公羊、饼和酒。的确,这些被宰杀的牺牲,还有贵重物品,也常常作为祭品祭献给天上最高的统治者(上帝)。同样,只有唯一且最高的祭司——皇帝,才可以给天上最高的统治者献祭。③ 当皇帝经常巡览帝国时,也就必须经常在山川和高地进行献祭。最后,中国似乎比其他种族更长久地保存了关于真神的知识。

这所有事情确实能够引起欧洲人的犹豫:这么多礼仪和风俗是不是从

---

① 1605年,利玛窦接待了一位来自开封的名叫艾田的中国犹太人。 随后,耶稣会士前往开封去寻找这个小型的犹太人团体。 柏应理接受犹太人出现在中国的事实,但反对中国人是亚伯拉罕或摩西的后代的观念。 闪是中国人和希伯来人的共同祖先,然而这两个民族后来分别成立,使这两个民族之间存在着文化上的根本区别。

② 即正室。

③ "最高祭司"(supremus sacerdos)一词指在《圣经》中明确提到的墨基瑟德(Melchisedech),他如同中国的皇帝一般,既是君王又是祭司。 参见《创世记》14:18—20。

犹太传到中国的呢？或者中国人是不是希伯来人的后裔呢？但是，中国编年史反对这个观点——我在整个文章中一再请读者们注意中国编年史。事实上，在以色列部族四散之前很久，中国已经有了高度文明，其法律和礼仪——不管是神圣的还是世俗的——也非常完备。下面的说法就足以证明这一点：在摩西从天主那里接受法律一百多年前，虔诚的统治者和第二个王朝(商)的奠基人成汤已经八十岁了，在饥荒——据《圣经》上记载的折磨整个世界的饥荒①——的第七年，为了拯救他的子民，他在举行了庄严的敬拜并对天说了几句话后，将自己作为牺牲献给上天。② 这也就是为什么在亚伯拉罕出生两百多年前，已经不止一次有记载舜帝用祭祀和其他牺牲来给最高统治者献祭，然后用其他低一等级的祭品来给山神和河伯献祭。据《书经》记载，这献祭发生在夏朝建立之前不久，大概公元前2200年。③

---

① 柏应理在其年表中明确提到了《创世记》41章所记载的饥荒。

② 按照柏应理的年表，这一普遍的大饥荒发生在公元前1770年左右。这证明在摩西确立以色列人的信仰之前，成汤已经以中国人民的名义敬拜上帝。中国有关这次大饥荒的原始记载见于《吕氏春秋·顺民》："昔者汤克夏而正天下，天大旱，五年不收，汤乃以身祷于桑林，曰：'余一人有罪，无及万夫。万夫有罪，在余一人。无以一人之不敏，使上帝鬼神伤民之命。'于是翦其发，枥其手，以身为牺牲，用祈福于上帝，民乃甚说，雨乃大至。则汤达乎鬼神之化，人事之传也。"

③ 所以，虽然诺亚敬拜的天主是最古老的，但是，亚伯拉罕和摩西因以色列的名义来敬拜天主，要晚于伏羲的敬拜。尧和成汤早已经在中国确立了作为一个民族的崇拜，其神学的含意确实是非常重大的，因为这样，救赎历史就不是从亚当通过摩西到基督的单独一条线。

第五章　证明中国的大洪水以及早期对真神的了解和敬拜

[lxxiv]　　因此，要么应该完全无视他们史书的证据——虽然这些史书详细地排列了他们自己的"奥林匹亚纪"，即六十年周期，要么有必要将中国的起源回溯到接近大洪水的时期。如果我们这样做，那么很明显，中国人的法律、知识和各种制度都不可能来自世界上其他地方，而只可能源自祖先诺亚自己或他的孙子。

为了澄清这一点，如果你愿意的话，让我们回到中华民族的创立者伏羲。他的出身和诞生地在中国的编年史中并没有记载，只提到他出生在西北部的一个省，即陕西省。确实，如果他是在民族和语言分散时期从美索不达米亚或者山拿迁徙而来，必须首先到达陕西省，再进入中国中部的河南省。① 据记载，他在那里建立起第一个朝廷，就是现在的小城陈州，其附属于

---

① 山拿（Sennaar 或 Shinar）在《圣经》中即指美索不达米亚地区。《孔夫子》一书是最早从大量细节上说明中国文明起源于美索不达米亚的，这或许与基歇尔的中国文明源于埃及的理论针锋相对。 过了一个世纪，即 1880 年，法国汉学家拉克伯里（Albert Terrien de Lacouperie, 1845—1894）出版了《中国上古文明西源论》（*Western Origins of the Early Chinese Civilization from 2300 BC to 200 AD*），又将《孔夫子》的理论进一步发展。 拉克伯里以为，黄帝领导的巴克族（Bak Sings）即从美索不达米亚迁徙到中国的甘肃省。 20 世纪早期，许多中国学者曾探寻人类的共同起源。 拉克伯里的书有一部分被翻译成中文并对刘师培和章太炎产生了一定的影响。 参见 Frank Dikotter（冯克）：*The Discourse of Race in Modern China*（《近代中国之种族观念》），London：C. Hurst, 1992, pp.119-122。

省府开封市,又名汴梁。① 当然,有人坚持认为伏羲和中国的早期居民在山拿地区时不是与其他民族生活在一起的,他们认同红衣主教卡斯坦的说法。他在著作的第二章中评论"大地上只有同一个舌头和语言"这句话时,这样写道:"你不要以为,整个人类都是从东方来到了山拿地区;因为这既不符合文本也不符合理性。"②

若有人要研究中国是在何时开始为这个国家奠基的,时间应该离大洪水时期不远。而且,如果遵循中国人的严格推算和七十子译本《圣经》——实际上中国的编年史并没有迫使我们一定要听从七十子译本《圣经》,那么中国大约在大洪水后两百年建立国家,那时祖先诺亚还活着。③ 同样,所有人都会同意,也应该正确地认为中国的产生和起源来自作为这个亚洲民族的祖先闪——在中国发音为"牷",有"创造""生命""牺牲"的意思。④

或许有人会认为不应当赋予这些古老的中国史书太大的权威,使我们被迫采用七十子译本《圣经》推算,而放弃通俗拉丁文本《圣经》(Vulgatus)——后者在诸多方面对每个人都有用。这尤其是因为很多中国书被认 [lxxv]

---

① 伏羲建都陈州,也被埋葬于此。 按照吴莉苇(《当诺亚方舟遭遇伏羲神农:启蒙时代欧洲的中国上古史论争》,第131页):"《三皇本纪》称其都于陈并崩于此,惟御批本明言葬于陈。"陈州,即今河南省周口市淮阳区。

② 卡斯坦(Caëtanus 或者 Thomas Cajetan,1469—1534),也叫多玛斯·德菲欧(Tommaso de Vio),意大利多米尼加的神学家和枢机主教。 引言可能来自卡斯坦的《摩西五书注解》(*Commentarii in quinque Mosaicos libros*,Paris,1539)。 据卡斯坦说,在大洪水之前,所有人类说同一种语言,但不是所有人类都来到山拿地并参与巴别塔的修建。 因此,在大洪水之后,一些人可能分散到遥远的地方,比如中国。 然而,卡斯坦的观点相当边缘,绝大多数诠释者坚持认为巴别塔和大洪水一样是整个人类都经历过的。《孔夫子》赞成传统的解释,但是并不排斥卡斯坦提出的可能性。 卡斯坦的引言由柏应理加到手稿上,因为他在巴黎皇家图书馆很容易拿到这本书。

③ 大洪水之后,诺亚又活了三百五十多年,在九百五十岁时逝世(《创世记》9:28-29)。

④ 按照《圣经》,所有人类都源于诺亚的三个儿子:含、雅弗(Japhet)和闪。 含为诺亚所诅咒,故将中国人与含联系起来不是明智的选择。 因此,耶稣会士选择了闪,但是依据不够有力,说闪指伏羲,因为伏羲向上帝献牺牲。

为是伪书或由无名氏所写——甚至中国诠释者自己也这么认为。① 事实上，就我们而言，并不反对这一点。因此，如果你允许，我们不考虑帝国的六位奠基者，而将君主制度的开始归于第七位奠基者——尧。② 如果你不相信，可以将中华民族的起源追溯到远至大洪水时期，但是我担心你会附带提到第二次大洪水。③ 实际上，从尧一直到现在如此来计算，就安排得很好也很准确，要感谢所有作家统一地使用他们自己的周期——六十年的甲子纪年。这样，我们就不能怀疑这种计算的完整性，甚至不亚于我们对希腊人的奥林匹亚周期纪年的信任及对其权威性的认同。所以，从帝国的立法者和统治者尧统治国家的第一年——发生在一个周期中的第四十一年——开始，一直到1683年——清王朝的第四十三年也是我们写作本书的这一年，一共有4043年。④

假如现在已经确定中国人的起源离大洪水时期不会太远，那么每个人都可以这样来推算，无论是按照短一些的通俗拉丁文本《圣经》还是更充分的七十子译本《圣经》。⑤ 让我们再假设那些神学博士和神学家毫不犹豫的

---

① 问题的敏感之处就在于利用《圣经》文本之外的证据——比如中国的史籍，来证明《圣经》的真实性。 柏应理明确地显示了他对此的谨慎，不敢否定通俗本《圣经》中的编年史。

② 这六位君主是：伏羲、神农、黄帝、少昊、颛顼和帝喾。

③ 对于《孔夫子》而言，坚持将大洪水作为《圣经》和中国历史的共同开端非常重要。

④ 这暗示，原来在广州所写的本卷第二部分1683年在荷兰被柏应理修改。 这里的年代计算上有4年的出入：以公元前2697年为甲子纪年的起点，尧应该是在六十年周期的第四十一年也就是公元前2356年开始统治，直到1683年中国的君主制一共延续了4039年。 有趣的是，文本含蓄地指出，尧于公元前2356年开始统治，或许是为了指出其与拉丁文版《圣经》中的年表有矛盾，因为据拉丁文版《圣经》，大洪水发生在公元前2268年。 柏应理在其年表中明确提到尧开始统治的年份是公元前2356年。

⑤ 原文提出，七十子译本《圣经》和拉丁文本《圣经》跟中国的历史记载都不矛盾。 然而，按照拉丁文本的计算，大洪水发生在公元前2268年，七十子译本则定为公元前2957年。 卫匡国是首个提议为了中国历史能进入《圣经》的框架内，可以按照七十子译本进行计算。 柏应理在其年代表中认定黄帝的统治始于公元前2697年，而尧的统治始于公元前2356年。 因此，柏应理赞同七十子译本的年代表，不过不敢直接反对拉丁文本的年代表。

宣告是真的：最神圣的始祖诺亚传给他的子孙关于真神的知识和崇拜，以及其他所有可以通过言行观察的事情。在语言、民族和国家分裂之后，被辱骂的含的子孙因恶行和怯懦而玷污了宗教和虔诚，并且很快就被毁灭了。但是那顺从和蒙福的真子——闪、雅弗以及他们的子子孙孙，长久保存着宗教和虔诚，并传给他们的后代。由此可以推断，在第一批民族的开始，关于真神的知识和崇拜早于关于假神的知识和崇拜。因此拉克坦修正确地说："那些声称从一开始人类就崇拜许多神而且认为异教比天主的宗教的存在还早的人，都错了。"在其他地方，他还说："在萨图努斯（Saturnus）的时代，对神的崇拜尚没有建立；直到那时，人对神的力量没有想法；人只尊奉唯一的上帝而已。"①

诗人们所歌颂的黄金时代转向天主；当黄金时代结束之后，正义因为人类的恶行而受到冒犯，离开大地，回到天堂。倘若如此，所有其他民族都被认为侍奉真天主，谁还会怀疑处在诺亚时期的最早的中国人已经知道并且敬拜真天主呢？闪的子孙难道会比含的子孙更糟糕吗？

[lxxvi]

不但含——尽管他遭到辱骂，甚至他的子孙后代，都被认为突然失去了天主的知识。虽然史家们将偶像的出现归于尼努斯（Ninus），但实际上，含的这个曾孙是在大洪水三百五十年后（前1918年）才开始统治的（依据通俗拉丁文本《圣经》的推算）。这证明，在此之前中国人可以认识真神。②

如果真神的知识不会因为一个女人被诅咒而绝迹，难道会因为一个女

---

① 手稿上写着：*Divinarum Institutionum*, lib. 2, cap. 11, lib. 5, cap. 5。

② 尼努斯被认定为亚述的第一位君王。尽管前文已经含蓄地放弃了通俗拉丁文本《圣经》中的年表，但是文本在此使用它是为了指出一点：即便我们接受在通俗拉丁文本《圣经》的基础上将公元前2268年作为大洪水的时间，那么在公元前1918年偶像崇拜被尼努斯创造出来之前，还尚未传入中国，因而，就留下了几百年的空档，这期间中国还没有受到偶像崇拜的影响。

人被祝福而消失和绝迹吗？①

　　这样想是错误的。虽然中国编年史除他们民族第一批奠基者的名字外什么都没有记载，但是，他们按照自己的纪年方式，一致给这些奠基者分配了一定的年份。依据这一纪年方式推算，可以正确地猜想，这些奠基者在大洪水快到来时拥有关于真天主的知识。② 我们更应该考虑一下中华民族的第一位奠基者伏羲，或者孔子以及所有的后代对他的称呼——庖牺，意思是"牺牲"。③ 正如诠释者们所言，他是第一个制作牺牲并且通过仪式将之敬献给天地的神灵的人。某个文本的结尾提到，他一共饲养了六种牲畜。有人说，他从对天地的沉思中，规定了正确管理人民和国家的标准。他以上文我们提到的六十四个卦象来表示这些标准。他探索了所有事物的本质，将自己的沉思引向万物之上，引向所有被造物应该认识的"神明"，即灵性智慧④——哲学家孔子在我们前文提到的《易传》中也这样称呼。⑤

　　因此，我们可以肯定——对中国人来说也是不容置疑——的是，最早的中国人，尤其是中华民族的奠基者们，已经知晓并崇拜真天主。事实上，在时间上与大洪水的接近证明了这一点，而且"庖牺"这个名字的词源也提供了有力的证据——这个名字意味着"牺牲"，对此我们已经做过解释。

　　有人或许要说，这一切都很好，但是对真天主的知识和敬拜何以能存在如此之久？因为在亚述人、埃及人和欧洲人当中，那光因为黑暗、迷信和其他罪行很快就熄灭了。因此，我们或许会怀疑真天主的知识是否在中国人之间持

---

① 《创世记》3：16，夏娃受到上帝的诅咒。在《创世记》17：15，上帝祝福了撒拉（Sarah）以及从她而生的百姓。

② 由于中国人的始祖与大洪水发生的时间接近，而且是在偶像崇拜出现之前，因此他们被推测应该拥有由诺亚传播而来的关于上帝的正确知识。

③ 在本卷第一部分第六章，庖牺已经被提到。

④ 参见司马迁《史记·三皇本纪》："有圣德。仰则观象于天，俯则观池于地，旁观鸟兽之文与地之宜，近取诸身，远取诸物，始画八卦，以通神明之德，以类万物之情。"

⑤ 参见本卷第一部分第六章。

续存在了两百年。或者换句话说,难道中国人不是同样软弱吗？当然,如果黑暗一样,那么罪行和迷信也一样。①

然而,在你谴责人类中的很大一部分为偶像崇拜者或者无神论者之前,你的任务是证明上面这些问题。否则,中国人——我在这儿说的是古代中国人——没有罪,他们还能保留他们原来的知识,因为自然与理性、在眼前旋转的万物秩序、万物之间的差异与和谐也能把这个知识植入粗俗和野蛮的民族当中。在这种情况下,任何人都不应该被认为有罪,除非可以证明他已经偏离了原始的天真无邪和上天赋予的光,而迫不及待地一头扎进了不虔诚的深渊。 [lxxvii]

由于不能从现在这些人来推断,正如我们上文所教导的那样(我并不是说这种情况因为有好祖先就会更经常发生,而是正如人们所言,即便好父亲也会有邪恶的儿子,坏人本来也可能是英雄),事情的真相需要从最古老的文献中仔细地探索和查找出来。因为关于美德和虔诚的一切与关于罪行和不虔诚的一切一样,都与其言辞相称。这些记载明确而真诚地称赞了古代的纯朴,并且用文字给后代以榜样和警告的建议。但是,由于我们在这里讨论的是宗教,我们要寻找那些哲人和圣人在过去是怎样思考天主的。事实上,埃及人有特利斯墨吉斯忒斯,希腊人有苏格拉底、毕达哥拉斯、柏拉图和爱比克泰德,罗马人有瓦罗(Varro)、西塞罗、塞内加和其他的哲学家,关于天主,他们都能进行正确的思考和写作。② 所有这些人虽然都有严重的错误,

---

① 神学上的问题就是,如果中国人不依靠历史上的启示而能如此长久地保有真天主的知识,就表明,自然宗教本身就足以救赎,不需要《圣经》,也不需要天主教会。

② 基督宗教作家——尤其是教父群体——已经认识到自然宗教的某些积极因素。 耶稣会士也在讨论中国古代的自然宗教的合法性。 不过,龙华民指责"几乎所有的异教哲学家"虚构一些象征、谜团、符号等来隐藏其教义的真正意义,即无神论。 龙华民认为,中国古代的哲学家犯了和古代希腊哲学家一样的错误。 参见 Niccolas Lorgobardo, Traté sur quelques points de la religion des chinois, Paris, 1701, p.23。我们文本的这一段就是对他的指责做出的回应。

但是并没有完全被偶像崇拜的黑暗所包围。实际上,我们要探寻过去的统治者、首领、官员和管理中国的文人阶层曾经是怎么想的。因为那时在中国,相对于世界其他地方来说,就像在一个家庭里一样,一切事情——通过法律、习俗、礼仪和文字——都取决于他们的统治者、父母和官员的命令和意愿。①

---

① 耶稣会士认为,自然宗教的要素更大程度上要在形成中国文化的政治和知识精英身上去寻找,而不是在大众身上。

第六章　中国人大概早就认识真天主了

让我们在所有人的眼前来浏览并展示中国古代宗教的起源、发展和衰败,好让欧洲的读者有所判断,形成观点。我相信,关于第一位君王伏羲的事迹已经足够清楚了。第三任君王是黄帝,史书记载他建造了(可能是世界上第一座)"上帝"庙。但是黄帝的后继者少皞统治时,一些外来的迷信开始散播,这无疑是由魔鬼四处散播设置的陷阱,激起九王的叛乱。叛乱者通过扰乱献祭的秩序,带来空洞无知的迷信、恶灵和鬼魂,来恐吓民众。人们因为惧怕而加入了反叛的行列。诠释者们承认,的确在某种程度上,这开始威胁整个帝国。 [lxxviii]

然而,在这一罪恶出现后不久,接任的君王颛顼镇压了所有的叛乱,消除了错误,重建了正确的祭祀形式与秩序,恢复了仪式的原始辉煌。他还在帝国各地设立官员来保卫原始宗教的神圣和纯洁。史料中也提及颛顼亲选的继任者——帝喾,他的配偶姜嫄不能生育,她便与丈夫一起,在祭祀时非常虔诚地祈祷"上帝(至高君王)"赐予她怀育后代的荣耀。天主应允了,于是她的愿望成真,诞下一子,取名后稷。① 后稷家族第四十代后人,即武王。后稷诞生之后一千三百年,武王建立了第三个王朝——周,开始他的统治。

现在,关于继任的两位帝王同时也是立法者的尧、舜,我可以说些什么呢? 直到今天,他们仍然受到尊崇,被树立为美好、公正的生活和统治的典

---

① 关于后稷诞生的故事,这里比较赞同,不过,在本卷第一部分第一章和第二部分第九章,这个故事被认为荒谬。

范,来教育之后的所有君王。关于他们,我们就不再讨论,因为他们将会反复多次出现在我们所注释的孔子和孟子的书中。

因而,让我们从此以降,来到最初的三朝(这三朝紧随六位最初的民族创立者和两位立法者),即夏、商、周三代。之后所有的朝代都以这三代为榜样,所有的书籍都无时无刻不在颂扬这三代。上古三代历经八十位帝王,凡一千九百七十五年,或是由于时间的流逝,或是由于帝王们的统治,真神的信仰和知识似乎已经消失了,人们陷于偶像崇拜或无神论的深渊。然而,一个非常明智的人——林欧(Lin ô)①,在给明朝第八位皇帝英宗皇帝上书中的断言是真的——"在从印度引入迷信及其偶像,即佛之前(65 年),中国并无假神的画像与雕塑"——那么的确应该承认,当时要么无神论占领了中国,要么关于真天主的知识的确保存了下来。

[lxxix]　提及《礼记》或《诗经》并非我的意愿,特别是因为前文所说的三代与两位立法者尧、舜之统治的行为、建议与意图都被记录在《书经》——"五经"中的第一经——里面。② 其中虽然是一些断章残篇,也难免有些腐化,但还是依照这些事件的时间顺序列了出来。当然,由于通常的时间流逝或是那次严重的焚书,确实有很多文献都遗失了。但是后人的证据也足够表明,三代管理和统治帝国的方式,或者说统治的要素,基本上是一致的,都是基于以立法者尧、舜为楷模。区别是:第一个王朝夏朝的简朴诚挚有些原始;第二个王朝(商朝)接替之后,一改前朝的粗糙,取而代之的是华丽迷人;第三个王朝(周朝)以其雄伟壮丽和丰富仪式远远超过了前两个王朝。

既然他们接受了从祖先和立法者传下的宗教,也就是我们正在此处谈论的宗教,那么仅仅复述成王的临终遗愿就足够了。依据通常的顺序,成王是第三个王朝的第二位君王。《书经·顾命篇》记载道:成王常常服从上天

---

① 查《明史纪事本末》及《明史》相关内容,未能找到相关记载。 此处人名按音译译出。
② 在第一部分的第一章,《书经》被排在"五经"中的第一经。

至高统治者的意志。在其五十岁,掌权第三十七年(前 1077 年)的四月十六日,成王自觉病重。当他意识到归期将至,便召集帝国的全部贵族,正式宣布他的长子为王位的继承人,就是后来的康王。那天贵族集聚,在如此重要的时刻,成王并没有依礼节而行事;相反,身体虚弱的他从王榻上起身,由王子们搀扶左右,待梳洗完毕,戴冠加袍,凭靠在由珍贵石头制成的玉几上,开始对围绕在身旁的贵族们讲话:"依照天命,我病得很严重,恐怕将毫无准备地离开人世。因而,我要宣布我最后的遗嘱。你们都知道我的祖父文王和我父武王是如何将他们的美德传播到世界各地的。"①(诠释者张居正阁老这样诠释君王对周围人所说的话。)"我不配继承大统。虽然我鄙陋无知(这是古代君王说到自己时常用的谦词),但还是获得天命。然而,天命无常,我们应该畏惧上天。虽然我常常被人怀着畏惧之情而尊奉,但我还是遵循我的理性,从来不敢忘记自己的职责,或有丝毫的怠惰。多亏上天的恩赐与国民的精心看顾,关于文王和武王的重要文献得以保存,它们一直在我的心中。我从来不敢扰乱任何东西,也不敢越界。多亏这样,我才能发扬本朝的美德。我所做的任何事,都是为了得到上天的眷顾,使帝国的方方面面都不会衰弱。"成王明智地说完这些话,还有很多其他的嘱托,首先是关于他儿子的教育,其次是关于人民的利益。最后,他遣散集会的贵族,躺回病榻。第二天,成王就驾崩了。②

[lxxx]

以上皆出自《书经》。我亲爱的读者,请注意这里:临终前,成王至少两

---

① 《尚书·周书·顾命》:"惟四月,哉生魄,王不怿。 甲子,王乃洮頮水。 相被冕服,凭玉几。 乃同,召太保奭、芮伯、彤伯、毕公、卫侯、毛公、师氏、虎臣、百尹、御事。 王曰:'呜呼!疾大渐,惟几,病日臻。 既弥留,恐不获誓言嗣,兹予审训命汝。 昔君文王、武王宣重光,奠丽陈教。'"

② 《尚书·周书·顾命》:"在后之侗,敬迓天威,嗣守文、武大训,无敢昏逾。 今天降疾,殆弗兴弗悟。 尔尚明时朕言,用敬保元子钊弘济于艰难,柔远能迩,安劝小大庶邦。 思夫人自乱于威仪。 尔无以钊冒贡于非几兹。 既受命,还出缀衣于庭。 越翼日乙丑,王崩。"

次要求他的儿子维持宗教,并且在内心深处爱他的臣民,从而让他的儿子明白这就像两根链条维系着帝国的力量。从这一件事情中,你可以得出结论:在至少一千五百年里,从著名的立法者尧开始,历经夏、商两朝,忠于宗教传统、顺从天意是多么重要。你甚至可以再加上从成王到幽王的三百年,幽王是周朝的第十二个皇帝(他即位于孔子诞生前两百年)。因为史书表明,幽王谨记其祖先的教诲。如果一个人头脑清晰、心灵纯净,仔细地阅读了上文提到的责任之书——《书经》,以及礼仪之书——《礼记》,那么他肯定会发现,在几乎所有的民族中,有一位独特、非凡的神圣之神在守护和保护着中国人民。

试问:哪里的宗教仪式有如此多的繁文缛节?哪里有这种遍布帝国所有城乡关切要求用优等饲料喂养将被献祭的动物的皇家法令?哪里有由国库拨款设立专门掌管宗教仪式的官员?设想如果中国人认为天帝不会接受这种献祭仪式,如果除了灵魂的内在教养,缺乏外在的崇拜基础,那么还有必要如此严格地遵循这些仪式吗?为何王后要为了这种仪式饲养蚕虫,制作特殊颜色的丝袍?更有甚者,(欧洲人对此会相信吗?)每年,天子都要亲手耕种一小块土地或是御花园,用之后将收获的谷物和米酿制成酒,用于下一年的献祭仪式。更好的虔诚典范应该是什么?还有比这更虔敬的吗?为何每年的斋期天子在祭司仪式之前要固定三天或七天的禁欲使自己更为洁净?

其他的仪式是多么不重要,比如,当天子登上宝座,战争迫在眉睫,天子巡视四方,发生大的灾难如洪水、粮荒、地震,或者出现日食、月食的异常天象的时候,举行的仪式都没有宗教仪式那么受到的重视。因此,对于天子来说,在每个月的第一天和每年的第一天,在春分、秋分、夏至、冬至,没有什么比向至高的天帝履行誓言和祭祀,以确保天子自己和国家社稷的安康更为紧急和重要的了。天子昭告天下,更为强烈地祈求上帝的仁慈,并且要求人民对他可能犯的任何错误进谏。一旦发现无辜,还常常从监狱中释放囚徒。然而,对于那些罪大恶极之人,天子向整个帝国公开宣告谴责。

[lxxxi]

君王在祈求上天的时候，内心的确非常谦卑、谦逊，天子在至高的君王面前自称卑下小人。君王是如此仁爱，为臣民的所有罪孽而内疚，甚至愿意独自承担来自愤怒可怖的上天的惩罚。在对至高君王的公开崇拜与个人忠诚上，他们的确非常在意、紧张、纠结和畏惧。难道所有这一切还不足以证明，如我所说的那样，真宗教已经在他们的心中吗？

如果所有这些我们轻描淡写地触及的东西，被君王和贵族如此严格地尊奉，那么我们还会怀疑最为顺从的民众会不遵守吗？尤其是当君王颁布法令，从而让从上到下的人民全部崇拜至高君王和其他地区的保护神时。

因此，我要问，若是有人看见亚里士多德或任何其他的哲学家每天在固定的时刻，满怀着虔敬和热忱，跪着或是匍匐于地，以空手朝向上天而祈祷，那么哪里还用得着怀疑这位哲学家已经知道了神，即便他在任何著作中都没有任何内容提及神。如果这个人还观察到，在这个国家或某种学派中，而且同样在这个民族或这个学派的首领那里，有一些非常类似宗教的标志，他还会怀疑吗？那么如何能指责古代中国人的无知和不敬呢？即使他自己可能没有见到过他们稀有的虔敬的痕迹，或是君王依据风俗的数不尽的宗教仪式与祭祀的表现，但是，他必定能在文献记录和经典中读到所有这些事情。这些文献写于所描述的这些事情依然非常盛行的时期。亲爱的读者，当你在世界的一些民族或国家和地区——可能是亚述人、埃及人，或者高卢的德鲁伊，或者西班牙、德国——最古老的文献中，或者尚未从古代作品中发掘出来的类似事物中，发现那些已然存在于中国的东西，我想知道，你将作何感想？你会说什么呢？你将怎样喜悦地呼喊与喝彩？你将在多大的程度上虔诚地赞赏他们祖先的观念，并且尽职地把他们介绍给所有其他民族呢？既然每一个属于他自己民族的人都会以如此多如此好的话来称赞自己的民族，那么你们为什么仅仅因为中国人先于所有其他民族为自己的后代留下了记载着他们历史的最古老文献而妒忌他们呢？相反，你们为何不去赞扬造物主赋予中国独一无二的恩宠呢？ [lxxxii]

第七章　更多的论据证实中国认识了真正的天主

的确,频繁而严重的罪行和道德的衰落最终导致了一切罪恶中最重大的一个:无神论。相反,所有的美德、美好生活的原则和人民的公正政府彰显了真实宗教的存在。我们会看到,为何古老的中国仅仅是在自然之光的引领下,不仅在文字上,而且在行动上都出类拔萃。[1] 他们常常如此教导说:自然在其原初之时必然是好的和正确的,它是上天赐予的,是对虔诚和其他美德的支持。后来,孔子之后的哲学家孟子曾用哲学的方式证明了这个古老的观点。然而,即使自然的造物主——天主在所有民族中间植入了同样的美德的种子,但是一旦缺少真正的宗教,这些种子必然会衰败并迅速消亡,所有的美德也都会崩溃。正如拉克坦修所说的那样,当罪恶被视为宗教和神圣时,当罪恶不仅不被避免反而被赞扬时,那么多民族缺乏美德也就不足为奇了。因为,当诸神的婚姻与通奸行为,以及裸体的维纳斯(Venus)、丘比特们(Cupidines)、普里阿普斯们(Priapus)受到颂扬的时候,哪里还有荣耀与纯洁之所?当玛尔斯(Mars)、柏罗娜(Bellona)和墨丘利(Mercurius)被当作神一般受赞扬的时候,哪里还有和平、友谊和忠诚?[2] 当打败父亲、篡夺权力的朱庇特(Jupiter)被当作诸神与人类之王一起被崇拜的时候,哪里还有顺从?当疯狂的宗教仪式颂扬那些毫无理性的怪兽,如牛、狼、鳄鱼、蛇以及生

---

[1] 柏应理在这里直接摆出这个问题:一个没有宗教的民族是否可能是道德的。他想展示中国古代在这个方面的独一无二之处,因其完全跟随自然宗教并认识天主。

[2] 普里阿普斯是希腊罗马神话中男性生殖力和阳具之神。柏罗娜是古罗马的战争女神。墨丘利是商业之神和旅行之神。参见拉克坦修:《神性制度》第1卷,第21章。

长在花园里的洋葱和大蒜的时候,哪里还有审慎智慧、自然之光和理性呢?

我想知道,在中国的整个古代,在他们的大地上,甚至天空和闪耀的星空中,哪里可以找到这些动物?哪怕是影子?哪里有神灵(他们认为是无形的)之间的性别、男神与女神的结合以及他们的变形呢?哪里可以找到中国通过宗教仪式而崇拜的那些肖像、绘画或是雕塑呢?我不仅仅是说那些动物的,也有那些人的或是神灵的。如果那些偶像确实在古代存在过的话,在偶像崇拜①被从印度引进之后,是否所有后人都在古代偶像之上加上了新的偶像?如果早在汉明帝之前佛教就已经在帝国广泛传播的话,那么第一个将偶像崇拜引入的汉明帝是否还会被那么多历史学家用严厉的言辞与尖锐的笔调斥责呢?基于同样的原因,如果之前已有偶像被公开崇拜,他们是否会写这灾害比暴君桀、纣更为可憎呢?如果偶像崇拜早就存在,为何在他们自己的古老而权威的历史著作中,在帝国省或城市的档案中②,他们会忽略或根本不提及这件事情呢?

[lxxxiii]

中国的法律禁止与外国进行永久贸易,所以中国过去没有与海外民族有任何定期往来,你没有理由期望或认为,那里曾有过血腥的祭品或发生过可耻的事情,比如普里阿普斯节日(Priapeia)、福罗拉节日(Floralia)、撒图恩节日(Sathurnalia)。③ 通过这些节日,受人尊敬的元老院与罗马人民,以及所有民族的统治者会听任他们的年轻人堕落。中国没有婴孩祭,如同拉丁人用之以祭拜他们的撒图恩,或者犹太人用之以祭拜外邦的神。④ 中国没有活

---

① 即佛教。

② 即地方志。

③ 普里阿普斯(Priapus)是男性生殖神,福罗拉(Flora)是女花神和花园女神,撒图恩(Saturnus)是罗马神话中的农神,掌管五谷。

④ 人祭可能存在于早期的以色列,但是被亚伯拉罕的献祭取代。参见《创世记》22 章。《圣经》明显地反对人祭,参见《利未记》20.2、《申命记》18.10。说古代中国没有人祭也非实情,因为在商、周时期,年轻男女被作为祭品敬献给河神。 在此,文本回应利安当所说的,即中国古代充满了偶像崇拜。 参见《关于大中国传教区的若干问题》,第 126 页。

人祭,如同那虔诚的埃涅阿斯(Aeneas)曾将自己献祭给死者,而后,罗马的皇帝与元老们遵循了这个榜样。① 中国没有以人流血进行的斗兽场游戏,或其他诸如此类拉克坦修详细描述并激烈谴责的事情。在所有这些方面,中华民族历来与众不同,倘若听闻来自欧洲的这些做法,他们会难以接受。

从其他民族的最初文献和历史记载来看,确实有关于他们的迷信和原始宗教的记载。与拉克坦修一样,我想说的是,俄耳甫斯和最初的诗人赫西俄德(Hesiodus)、荷马(Homerus)等人都生活在哲学的名字诞生之前的时代。② 他们虽然被认为是智者,但讲述了关于神以及诸神的谱系这类愚蠢的虚构和故事。而关于中国古代宗教,在基督之前两千多年就已写下了,这远比俄耳甫斯和其他希腊作家出现得早。

中国古人认为,至高无上的天帝与神灵跟我们尘世的污垢或有形、可视的物质毫无共同之处;相反,任何与正确的理性有关的东西,正如我将要说的美德、天意、权力、智慧、正义、仁慈,都被认为归于他们。并且中国古人通过言辞、事实和例子教导众人,不仅要用至高的荣耀以及与最高的权威相称的牺牲来敬拜神明,更要用美德与公义之心来敬拜它们。在这里,我不谈论外在的行为:庄重、谦逊、自制、节欲、合礼、儒雅。中国人坚持认为,若非有心灵的修养与内在的美德,单单靠外在的修养并不能取悦天。

[lxxxiv]

现在,对于古人的服从及其对父母和祖先的尊敬,并且让这种尊敬持续下去,从而使他们在过世后也能享有同样的尊敬,我该说什么呢?例如,当他们还在世的时候,儿子们学会如何孝敬父母。然后,人们认为,用与父母在世时所享受的待遇来孝敬过世的父母,是适当的。同样,关于对遗体的妥善照顾,关于葬礼、灵柩及墓穴,我该说什么呢?由此,他们可以尽可能长久

---

① 参见拉克坦修:《神性制度》第5卷,第10章。 埃涅阿斯仪式性的牺牲击败了八个敌人,为他死去的朋友巴拉斯(Pallas)复仇。 参见《埃涅阿斯纪》第十一卷。 公元前40年,佩鲁贾(Perusia)投降后,屋大维(Octavian)在朱利斯的祭坛上献祭了三百骑士和元老。

② 参见《神性制度》第1卷,第5章。

地保存这些给予他们生命的人的遗体与记忆。对于为已故父母举行的三年哀悼——父母一旦去世,子孙即便官居高位也必须立即辞职以守孝三年,我该说些什么呢?对于其他很多相似的事情,我该说些什么呢?如果从他们最权威的书中也看不出来除了守孝的惯例、感恩的责任以及对祖先的敬重,即使在他们死后也不应该中断,还有什么其他的目的和意义,那么他们对过世双亲的思念、他们的关心和勤勉,这一切似乎都可以被指责为迷信了。①我们应该承认,随着时间的流逝,更有甚者,由于宗教和偶像崇拜的迷信,古人最初的信条已经在很多方面被败坏了。

关于对长辈与老人的尊重,我该说些什么呢?皇帝自己在巡察天下的时候,毫不犹豫地去拜访他们,赐予相称的尊贵头衔,甚至于尽可能地赏赐土地。对于皇帝对穷人、盲人、寡妇、孤儿、残疾者以及曾经获得过领地的其他人所表现出的宽厚仁慈与慷慨大度,我又该说些什么呢?从古至今,在这个帝国的一些州县,皇家粮库供养着一些人,直到一定的数量。鞑靼统治时期也是如此:虽然皇帝曾考虑取消,但是由于这一慷慨举措历史悠久,他最终放弃了。②对于被判决有罪的人,即使应当严格执行法律,但并非没有宽仁的空间,不过如果在这庞大国家里的某人应当被合法地判处死刑,只要这宣判得到皇帝的首肯,犯人便可以被处决。我想我不必在下面提及从监狱中公开赦免和释放囚犯。

对于女性的忠诚、谦逊、性格以及矜持的外表,我应该说些什么呢?即使现在她们跟古代大不一样,但有一种习俗几乎毫无例外地保留了下来,即在合法婚姻之前她们是不可侵犯的。虽说在时代的洪流中,这一习俗在一段时间内曾经被破坏过。在此处,我不谈论那本应远离所有血缘关系的婚 [lxxxv]

---

① 与多明我会士和方济各会士基于现实的实践理解中国礼仪不同,耶稣会士更倾向于依据经典来理解中国礼仪。

② 可能是指康熙。

姻,同样我也不谈论寡妇的贞操和忠诚,因为对于她们而言,忘记死去的丈夫而再婚是不对的。① 为了维持彼此之间的和睦,人们严格遵守交友与待客的规则,以及其他民事义务。在这个方面,"己所不欲,勿施于人"这一规则总是适用的。

既然中国是君主国的榜样,并且的确管理得很好,我们就应该多少关注一下两位立法者和"三朝"的奠基人。我们将在下文依据孔子和孟子两位哲学家来介绍他们。据说君王尧是如此谦虚与节制,虽然占有无尽的财富与至高的权力,在家庭生活中却总是保持着谦逊与适度。他像一个普通的穷人一样出行,避免一切奢侈和华丽,他满足于简朴的衣着,除非要参加祈祷仪式。舜是尧的美德与帝国的继承者。尧没有挑选自己九个儿子中的任何一个,而是挑选了舜,因他唯一关心的是美德。舜效仿尧,选定了一个继承者,称为禹。禹是第一个王朝夏的建立者。第二个王朝的建立者成汤,在经历了七年的饥荒之后,为了他的人民将自己作为祭品祭献给上天。他恳求上天,询问是不是因他自己以及他的官员们政令失节,管理不善;是不是因腐败横行;是不是因宫廷里充满了流言蜚语;是不是因女人的衣装和行为有失检点;如此等等。② 他所说的难道还不足以证明这是一个集正直、美德和节制于一体的政府吗?

清白、简朴和节制在这个帝国盛行了一千两百多年。富有的亲王箕子就是一个明显的例子,他是第二个王朝(周朝)的第十八个也是末代皇帝纣

---

① 事实上,这并非古代的习俗,而是在明、清朝时才"发扬光大"的。

② 成汤的奉献在本卷第二部分第四章已经提到。 张居正《帝鉴·桑林祷雨》(1572):"商史纪:成汤时,岁久大旱。太史占之,曰:'当以人祷。'汤曰:'吾所以请雨者,人也。 若必以人,吾请自当。'遂斋戒、剪发、断爪,素车白茅,身婴白茅,以为牺牲。 祷于桑林之野。 以六事自责曰:'政不节欤? 民失职欤? 官室崇欤? 女谒盛欤? 包苴行欤? 谗夫昌欤? 言未已,大雨,方数千里。'"故事来自《淮南子·主术训》,也记录于《列女传·齐伤槐女》。 耶稣会士翻译《论语》20.1 时,提及了这件事。

的叔父。一次他注意到一些新奇玩意儿被引进帝国,便长叹一声,并且非常有预见性地说:"一开始象牙为箸,犀角做杯。简朴粗陋的衣服改用丝绸和金子制作得漂亮奢华。然后,我们祖先居住的老房子不再让人满意,人们要用珍贵的石材建起高楼大厦。如果人的贪欲永远得不到满足,我可以预见天价的石头和其他东西被从遥远的地方带到这里,最终我会看见这个帝国的毁灭。"①这就是他所说的。人们只要愿意,就可以查阅历史记载或是其他我们评论过的书籍。如果有人觉得被冒犯了,请允许我声明,我在这里仅仅涉及众所周知的事情,而且不违背美德和理性。 [lxxxvi]

在这种情形下,当古代中国试图仅仅通过美德而达到正确管理国家时,对于以下的事实我们就不会震惊了:通过美德的示范,中国人温和地把邻近的野蛮民族引入文明的规范中;古代中国已经发展成一个疆域辽阔并且持续了几千年的帝国,使周边国家的统治者成为忠诚的臣属,而其国常常成为附属国。曾经,公元前1100年前后,仅仅因为听说中国有一些圣人可以请求上天,并得到丰收的祝福,交趾便派来使节。他们来乞求保护,并且要求改良他们贫瘠的土地,因为当时交趾正在遭受严重的饥荒。难怪一个如此伟大的帝国在古代能够如此成功,持续那么久,以至于最初的三个王朝的统治时间远比其后的全部十九个王朝加起来还要长得多。三代之后的那些王朝虽然如前述从古代继承了一些东西,而且努力了,但是由于战争、异端兴起、宗派林立、叛逆弑亲等,以及时间的流逝,再也不能回到原始的纯真和古老的正直了。

在这个被无数罪恶、欺骗与假象所统治的道德堕落的时代,美德可能会再次闪耀,但这可能并非真正的美德,而只不过是真正美德堕落之前的回光返照。或许将来会有人,甚至可能就是现在的人,敢于表达古代的判断与意

---

① 《史记·宋微子世家》:"箕子者,纣亲戚也。 纣始为象箸,箕子叹曰:'彼为象箸,必为玉杯;为杯,则必思远方珍怪之物而御之矣。 舆马宫室之渐自此始,不可振也。'"

见,那么他就会明白这个虚空的宗教(佛教)的经文已经获得了力量,并且被统治者和官员们利用来愚弄无知的民众。正是这种大众的或者"外在教义"①,超越了留给政客们的"内在教义"②。无论他们说什么或做什么,其唯一的目的都在于维护公共的和平与秩序。③

事实上,没有人能从古人的真实作品中找到这种"双重教义"的影子。鲁莽地说,我反对后来的文人们所主张的这种双重教义的观点。的确,他们在演讲与著述中,一致地赞扬古人的坦率、质朴和真诚,因为他们有些遗憾地认识到,这些美德正是他们所处的时代缺乏的。显然,那些读过孔子和其他有着最高权威的古书的人自己会发现,他们常常被教导与强调的是:一个人应该合乎道德地效仿古代君王的行为,言谈举止也应该同内心的声音相一致。因此,诠释者们经常重复的一句话是"诚实无妄",意思是"没有虚假与欺骗的真理和正义"。④ 所以,在君臣、父子、兄弟、朋友及夫妇之间的行为、言语和责任上,古人总是想要保持一种纯粹的、没有丝毫虚假的真诚和信任。但是,在最重要的宗教问题上,他们会成为伪善和背信弃义的政客吗?他们会拥抱佛教,并仅仅把它作为控制人民的欺诈手段吗?宋朝的新诠释者,即"无神论政客",肯定不会承认这一点。⑤ 他们创造了一个政治神学的空洞怪物,却毫不犹豫地将"诚"字所表达的真理与真实作为他们整个

---

① 指净土宗。

② 指禅宗。

③ 对柏应理来说,这些士大夫把宗教当作一个政治工具,使宗教失去了它的本质。他们推动净土宗,敌视"迷信"而偏向禅宗中的所谓"无神论"。参见本卷第一部分第四章。

④ 参见胡广:《书经大全》,《钦定四库全书》本卷一页六。

⑤ 在耶稣会的论证中,"无神论政客"的说法是很关键的。这个词来源于西班牙耶稣会士 Juan Eusebio Nieremberg y Otin (1595—1658): *Theopoliticus sive brevis illucidatio et rationale divinorum operum atque providentia humanorum*, Amberes, 1641。他把马基雅维利作为"无神论政客"的肇始。在《神学政治论》(*Tractatus Teologico-Politicus*, 1670)中,斯宾诺莎为哲学家辩护,称他们并非无神论者。这个词只在本卷第二部分出现,即第二、第七、第九和第十二章。

哲学的基础。因此,宇宙中的每一事物,所有似乎是偶然发生的事情,都力争被这种坚定的、具支配性的美德管理和保护,而无论这美德最终会变成什么。无论是在公共事务中,还是在个人生活中,他们要求把所有不是出于心中完全纯粹和真诚意图的行为和动机去除。①

如果诠释者说了一些令你的确难以苟同的话,我要问你,他们说这话的依据是什么?他们能从"五经"中提炼出什么来捍卫自己的观点呢?他们或许会提出这样的观点:古代的圣王贤哲通过控制宗教,使帝国的人民顺服。但是,这就必然意味着他们发明宗教是为了控制人民吗?没有人能忽略这一点:真正的宗教并非人而是神的"发明"(如果这样说正确的话),这取决于共和国和帝国的稳定及其持续时间。因为根据特利斯墨吉斯忒斯的观点,宗教之所以被爱戴、被追随是因为其自身的善良和诚实,而不是因为它是一种旨在维护国家的骗局。② 事实上,大概在大洪水时代,古人将宗教作为自身真实和神圣的东西而接受。中国古代君王为了普遍的善和子民的幸福与福祉而接受宗教。

然后呢?是否有这样的可能:帝国最初的建立者伏羲很快拒绝了诺亚的子孙后代带来的宗教;他使用一个假名——伏羲之名的意思就是献祭用的牺牲——建立了一种新的、虚假的宗教取代了原来的宗教,使人民受到义务和法律的限制。这样一来,中国古代的所有制度和政治规则都将只是一种虚构、一场骗局,因为它们完全建立在一种谬误和空虚的基础之上。这样,臣民对君主、子女对父母与祖先的信任和顺服都将是虚假的。这怎么可能呢?

他们教导说,臣民应该侍奉他们的君主,就像君主与国家都会侍奉至高 [lxxxviii] 的天帝那样。同样,子女应该服从父母,就像父母自己服从天那样。但是,

---

① 在巴黎手稿上,写有:Simli l.i., f.18; l.26, f.8。

② 关于特利斯墨吉斯忒斯的这个说法的来源,有待考察。

如果宗教上的祭仪与遵从是错误且虚假的，那么对于君主和王的服从与遵循也是如此，同样，对于父母和祖先的孝行也必然是虚假的。这样一来，整个古代国家管理的基础和原则都将败坏。那么帝国的贵族，因为两个王朝最后的僭主桀和纣忽略了对至高的君王以及神灵的献祭，而愚蠢、可笑地去指责他们，也只是徒劳。同样，最忠诚的大臣将自己的生命和财产置之度外，多次指责桀、纣对于至高神的不诚，用天的愤怒来威胁他们说，如果他们不悔改，天会惩罚他们的罪行，这也是徒劳。最后，他们讲述了最初三朝的虔诚君王的事迹，也是徒劳，因为桀与纣在敬拜至高天帝的祭拜仪式上，虽然不敢公然表现得非常无礼和怠慢，却敢私下里这样做。

人们能够相信古代的圣贤和君王把这样一种无耻和不敬的虚伪加于他们的子民吗？人们能够相信他们用这样一种关于宗教信仰与神明的可耻可憎的谎言来使自己蒙羞吗？人们能够相信在这么长的时间里，在这么多不同地方，在这些在智力、性格和地位上悬殊的民众之间，对这种可恶的虚伪与亵渎神灵的行为达成一致了吗？现在的人们即使会认为他们的祖先在宗教和正直生活方面说了谎，也会小心地遮掩和隐藏这一事实，因为他们认为，应该相信他们的祖先同古代的君王和哲人一样是敬神的，不应该剥夺对他们的公正、忠诚和真诚的赞美。因此，我们的论述始终会把古人的道德力量表达得清楚明白，并且必须一直采用这一不可避免的武器，借此使他们承认他们的古人已经认识了神并且用宗教仪式来崇拜了，或者将他们从疯狂的怀疑中解放出来（这是他们永远也做不到的），或者最终使他们承认，他们由于自己的轻率和浮躁，远离了他们祖先的观念和习俗。

第八章　中国古人用来称呼真天主的名字及其词源与特征[①]

　　的确,我们应该在这里讨论一下另一件事情,即真天主的名字问题。这一问题,以及其他那些关于这一名字的常见问题,都不该被忽视。假如在那原始的年代,接近大洪水的时代,中国人已经认识并且崇拜真神——我相信所有人也都会同意我的观点——那么,古代的崇拜者用什么名字、什么词、什么汉字来表示至高无上的神呢? 如果确实从未有哪个民族不用一个名字来称呼他们崇拜的神,不管这个名字是对是错——正如西塞罗所说,神的名字就同人类的语言一样多——那么,像中国这样一个文明、开化、智慧的国家,怎么可能被剥夺给他们所崇拜的神命名的权利呢?[②] 中文很可能是已知的七十种作为语系的语言之一。[③] 中文里有那么多的名字、词语和汉字来描述世界万物,包括植物和自然的所有居住者,怎么可能偏偏遗漏了宇宙的创造者和上主的名字呢? ——整个自然都宣告了他的存在! 我相信没有一个思维健全的人不会这样想。那么,你可能会问:他们用什么名字可以表达出至高无上的权力和完善的含义,或者表示与创造的关系呢? 由于我们在这条路中已经走了很久,我们知道,人类无法构想出一个可以完美地表达神圣的、不可言说的本质的名字,更不用说单单用一个词语来表达了。[④]

[lxxxix]

---

　　① 天主的诸名(divina nomina)是神学的专题。 教父学家和经院神学家如阿奎那,专门讨论过。
　　② Cicero,*De Natura Deorum*, Liber I, 84a。
　　③ 按照《圣经》,在巴别塔倒塌、人类解散之后,一共有七十个民族。 参见《创世记》11 章。后来,犹太教文献提及一共有七十种语言。 按照《孔夫子》,中文很可能是这七十种语言之一。
　　④ 经院神学虽然提供了很多神的名字,不过还是认为,无法命名神。

因此，我说古代中国用"上帝"这个名字来表示真天主。① 这个名字有一个古老的起源，从中华民族的创建者伏羲排列的一些符号开始。后来，在第三个君王黄帝治下，仓颉进行了更加清楚的排列工作。② 据说黄帝为上帝建造了一座宫殿或寺庙。这发生在亚伯拉罕出生前大约六百年，如果我们相信历史记载和七十子译本《圣经》的计算的话，这远远早于"Θεός"的发明，而罗马人的 Deus 正起源于此。如果你选择跟随权威的信念，"上帝"之名无可争辩的起源可以在王室的书吏和史官的书③中找到。大致在第一个朝代夏朝的建立者禹的时代，就记下了尧、舜的历史。现在只剩一些残篇，其余大部分已经佚失——在十六章中，有十一章已完全不见了。④ 从这些残篇中，我们知道帝王舜以挑选他来继承其王位的前任尧为榜样，向"上帝"进献牲礼，然后用其他的仪式来祭拜六位主神，最后祭拜保护山川河流和所有其他事物的神灵。⑤ 他们通过一种被称为"柴"的屠宰仪式来向上帝献祭，在举

---

① 利玛窦去世之后，耶稣会的内部报告显示在他们之间展开了一场关于用"天主"还是"上帝"作为至高神的中文翻译的争论。 龙华民反对这两个用法，而坚持"Deus"的音译。 在嘉定会议（1627）上，来自日本的耶稣会传教士陆若汉跟龙华民一样，都反对使用"天主"和"上帝"这两个译名。 最终，视察员班安德（André Palmeiro）在 1629 年提出一条新的规定，决定采用"天主"作为至高神的译名，禁止使用"上帝"和"天"。 参见 Liam Matthew Brockey, *Journey to the East, The Jesuit Mission to China, Japan and Korea, 1579-1724*, Cambridge: The Belknap Press of Harvard University Press, 2007, pp.85-88. 然而，有许多传教士还继续使用"上帝"——《孔夫子》很明显地推动使用"上帝""天主"这两个名字。 颜珰主教（Charles Maigrot）谴责中国的仪式（1693 年在中国发表），称应该包括禁止使用"上帝"和"天"，只能用"天主"。 这个用法至今保留在中国天主教会中。

② 据传说，在中国统一之后不久，黄帝对于"结绳记事"的记录信息的方法相当不满意，因而任命仓颉负责造字用于书写。 秦朝时宰相李斯编制了一个标准汉字表，为了纪念仓颉，就以《仓颉篇》来命名。

③ 即《书经》。

④ 的确，《尚书》的第一部分称为"虞书"，仅有五章。

⑤ 《尚书·舜典》："肆类于上帝，禋于六宗，望于山川，遍于群神。"

行仪式时,焚烧动物和一些非常珍贵的物品。① 所有这些都由王室的书吏于公元前 2220 年左右记录下来。② 现在,你或许希望从世界上其他民族中找寻更古老、更可信的证据。然而,如果你允许的话,请给我看看古代中国人用以表达真天主的另一个名字——因为你不得不承认在接近大洪水的年代,中国人就已经认识了真神。③

如果探究"上帝"的真正词源,那么就会知道这个"帝"字的含义,首先,在通常的意义上,并且事实上唯一的和恰当的意义是:君王、统治者和主。在中国,人们自始至终用同样的表达和文字来称呼大多数的君王,即使在这个帝国最初的八十八位统治者中,只有十三位是用"帝"来称谓的,而其他的统治者要么是用他们自己的名字来称谓,要么被称为"王"。这种情形一直持续到第四个王朝秦的统治者始皇帝,他自认为自己的功绩与德行超越了尧、舜、禹三王以及帝国的领袖汤和武王。因此,始皇帝决定将含义为"伟大或庄严的皇帝"(Magnus, seu Augustus Imperator)的"皇"字放在"帝"之前。始皇之后的所有君王都以"皇帝"来称谓。"上帝"中的另一个在"帝"字之前的汉字是"上",它的意思是"至高的"。即使很多君王都是不虔敬的、最骄傲无礼的,然而迄今为止,没有哪一位君王敢将"上"与"帝"连用。因而,俗世的君王用"帝"来描述他们的权力并且统治他们的王国和臣民,当"帝"与"上"连用的时候,就意味着在天上和地上,在帝国与王国之上,在君王与民众之上,对于万物的威严、权力和对所有灵魂的统治。这就是为什么中国积极地推行君主制度,始终在一个人的统治之下。中国人相信,在天上有一个

---

① "柴"或为"燔柴",参见《仪礼·觐礼》:"祭天,燔柴……祭地,瘗。"也参见《尔雅·释天》:"祭天曰燔柴。"邢昺疏:"祭天之礼,积柴以实牲体、玉帛而燔之,使烟气之臭上达于天,因名祭天曰燔柴也。"

② 虽说这些事件或许可以追溯到公元前 2220 年,但看上去像是在公元前 1000 年左右写成的。

③ 因此,即使有嘉定会议和班安德规定,《孔夫子》依然以"上帝"作为至高神的名字,因为这是对凌驾于六神和所有其他生命之上的神灵的宗教祭祀的最古老的文本证据。

[xci] 看不见的君王掌管着天地、世代的更迭、元素以及它们的平均分配；在他的领地上，一个可见的、绝对的统治者利用他的威严和权力来效法至高的、不可见的神，即使这权力在他的臣民眼里是看不见的。①

你可能会指出，在大多数古代的可靠文本中，"天"字的使用较"上帝"这个词要频繁得多。② "天"意味着智力、意志、天命、规律、权能、正义、虔敬等。显然是这样，我不会否认"天"这个字也非常古老，可以说它与"上帝"都属于同一个时代。然而，如果你同意我的观点，认为中国人民大约在大洪水的时代就已经存在了，那么他们应该已经知道真神，并且理所当然地知道真神真正的名字。③ 当然，无论这名字是"天"还是"上帝"，我们都应该推断出，他们知道并且想用这些名字来表达真神而非其他事物。的确，既然自然中没有比天更美丽、更高贵的了，那么在时间的险境中，人们都将眼睛和心灵朝向上天。如果你已经知道中国的语言——最古老的活语言之一，在实际生活中用"宫殿"指代"君王"、"城"指代"城主"、"公堂"指代"官方"，甚至用"家"指带"家庭"都是再寻常不过的了，那么天之名被归于天之主，难道会令你惊讶吗？很多语言的确都会有这种现象，《圣经》也是如此，甚至我们的救主基督自己也是这样用的。

为了使你更清楚地了解这一点，我请求你注意一下《礼记》《书经》《易经》及其他经典古籍。很可能在它们的帮助下，你最终能够说服自己，古代中国已经承认且崇拜管辖着山川河流与城市的神灵。在某些文本中，他们为"山河之神"命名，而在另外一些文本中，他们简单地称之为"山神"和"河

---

① 这里表述了一种两级论（以道家为主），一个是可见的，伴随着皇帝、大臣和其他官员，另一个是不可见的，与至高的神性、半神和灵相伴。

② 组合词"上帝"在"五经"中出现了八十五次，相比之下，单字"天"出现了上百次。

③ 所有的争论都建立在大洪水之后的所有人类有一个共同的起源的前提之上。中国人既然在大洪水之后不久就出现了，应该保持关于上帝的正确知识。

神",或者保护城市的神灵,"城隍",意即城墙和护城河之神。① 因此,如果他们通常以神灵所居住的地方来指示管辖尘世事物的神灵的话,那么为什么当他们使用"天"之名的时候,你就不能更理直气壮地推断出,他们认识到天的支配和统治呢? 我们不应该忽略两部重要的辞书——《字汇》和《正字通》——的证据,其中有言,当"天"这个字被多次使用,而且其含义又明晰的时候,就应该教导民众,"天"这个字首先指的是上天之主与统治者,也就是说,"天"实际上等同于"帝"或者说"至高君王"。②

假使有一个欧洲人谈及罗马城,称之为"基督教世界使徒和神圣的首都",说它是正统教义的源泉,所有教会的尊严和荣誉都由其授予。这时,如果我们说,我们所谈论的不是罗马城,只不过是牲畜和人类的眼睛都能看到的一个地方而已,难道不是在胡说吗? 难道我们都疯了吗? 如果我们坚持否认我们在胡说,那我们不会被认为真的疯了吗? 然而,孔子,还有所有的中国人,不仅在过去,而且在我们的时代,都将天称为"智慧的""虔诚的""慈悲的"。同样,他们将"父母"与"主人"之名归于天,并且说理性之光从天而降,倾泻到人身上。对正义的奖赏和非正义的惩罚也来自天。这个国家的所有圣贤和师长都是承天受命。最后,统治者的王冠和权力的给予、剥夺和改换也取决于天。为什么? 是因为他们将语言和理智都隐喻地归于天吗? 因此,那些认为自己受到非常不公正的待遇的人抱怨时就会说:"难道老天无眼吗? 难道老天看不到他们所遭受的不义的伤害和那不义的施与者,以至于没有对那些犯了不义之罪的人施以恰当的惩罚吗?"甚至,他们赋予天以感情、愤怒、怜悯、喜悦和爱。③ 因此,既然他们不能上升得比他们肉

[xcii]

---

① 文本正确地指出在中国存在对于诸多神灵的崇拜,是为了说明他们也崇拜所有神灵中的至高者。 然而这种论证很容易被耶稣会的对手抓住把柄,指出中国人从一开始就有偶像崇拜。
② 《字汇》由梅膺祚编撰,于 1615 年出版。《正字通》为张自烈所著,由廖文英在 1671 年出版。
③ 参见《中庸》第一章:"喜、怒、哀、乐"。

眼所及的更高，当他们把生命、视觉和语言赋予这可朽、盲目和哑巴的机器①时，甚至当他们在他们的君主和王国之中自由地分配正义和权威时，难道他们不是在胡说八道吗？②

另外，在中国，有很多关于无形的天和有形的天的说法。人们用不同的词语和句子，来强调两种天之间的巨大差异。他们用同样的方式区分他们的皇帝的朝廷和他的宫殿：他们因建筑的结构、典雅和坚固而称许宫殿，因权威和公正而赞颂朝廷。同样，在《中庸》中，"哲学家"谈到了一年四季的持续与更替，讨论了日月运行的稳定轨道，谈及以其怀抱覆盖并帮助万物的天的崇高，谈到在天地的结合中产生和保存万物，以及其他类似的事情。③ 这里，没人会怀疑他所指的是可见的、有形的天。而当他谈论所有知识和理性都从其溢出的天时；当他提到天的命令、戒律和天意——依据它，任何时候我们都将能得到恰当的评判——时，这就是无形的天；当他告诉我们天意应该是我们行动的原则——我们不能逃避它或欺骗它，它可以给我们带来财富和名誉，而且加上理性的本性，它会带来比财富更宝贵的礼物，就是审慎、勇敢、正义和虔诚时；当他说一个太忙于积累财富的人将不幸地远离可使其获得官位和权力并使王朝绵延的天意时，我们应该正确地尊重这不可见的、神秘的、控制着诸天的最高权威。

因此，我们必须接受这样的事实，天意的权威存在于"上帝"这两个字中，其正确的含义在常见的说话方式中既可以用一个字"天"来表示，又可以用"上帝"即"诸天的君王"来表示。

的确，"上帝"是中国人使用过的最早的名字。他们一听到这个名字，就

---

① 即人的身体。

② 这里表达的是托马斯主义关于类比（analogia）的观念。

③ 参见《中庸》第30章："仲尼祖述尧舜，宪章文武。律天时，下袭水土。辟如天地之无不持载，无不覆帱。辟如四时之错行，如日月之代明。万物并育而不相害。道并行而不相悖。小德川流；大德敦化。此天地之所以为大也。"

将其理解为没有什么更伟大、更卓越了。儒家,被认为好过所有其他教派,也使用这个名字。这个教派更接近于自然法,在这一点上,它更接近基督宗教的真理,更容易产生一个关于真神的概念。"上帝"这个名字是最古老的、至高无上的,并且在许多世纪都作为神的唯一名字持续使用。只有作为天的养子和地上的代理人的皇帝,才能向"上帝"献祭。① 由于这表达了皇帝对"上帝"的感知,那么他的臣民也要对皇帝有同样的感知。那就是说,对于整个中华帝国而言,皇帝是至高的、唯一的,是被上帝所挑选的,就如同上帝自己是天地的至高与唯一统治者一样。因此,皇帝想要,并且命令用一种庄严的仪式来进行献祭礼,他下诏书并通过帝国的所有官员宣布这一天是一个庄严的日子。亲王和大臣依据各自的位置向其他神灵献祭,目的在于表明这些神灵与上帝的关系,就像亲王和大臣与他们的君主的关系一样。正因如此,拉克坦修说了一句中国人一直都知道的话:"我们说上帝统治着世界就像总督管理他的行省那样;即使总督所做的很多事情都是他的官员们效劳的,但是没有人会说这些官员是总督统治行省上的同僚。"②

首先,"上帝"这个名字并非人名,如撒图恩(Sathurnus)或其他那样的人的名字,而是像"神(Numen)"或"主(Deus)"这样的一个称号。另外,从语源上看,这个名字也没有不完美之处,相反,它表达的是权力和至高无上的权威。因此,根据圣师托马斯和其他神学家的观点,称呼真神,要用完美无

---

① "地上的代理人"(vicarius in terris)一般指教宗。 本卷第二部分第三章也用过这个名字来谈中国皇帝。

② 又一次说明中国的两级论,并通过引述基督宗教作家拉克坦修(《神性制度》第 2 卷,第 17 章),将其与基督宗教中的理论相比较。 虽然基督宗教坚持一种牢固的一神论,但依然会有等级观念:耶稣、玛利亚、圣徒,首席天使和天使。 基督宗教也持有事实上的两级,可见的皇帝以及天上的皇帝。

缺的名字。① 我们赞扬古代中国人公平公正，因为他们已经知道用这样一个名字来表述和敬拜真神，正如大量权威书籍文献的可靠记录所证明的那样。在这些书中，你找不到任何可以贬低这个名字及其至高无上权威的字句（这是你应该钦佩的），这是因为这样的字句的特征和属性要么是不正当的，要么违背了理性。当然，如果你（拿这些书）跟欧洲和亚洲②的圣师们用深奥的、神学的方式写出来并留传给后代的书来比较是不恰当的，因为后者充满了更强大的圣神，并且被基督信仰之光照耀。

[xciv]

---

① "完美无缺"（perfectionem absque imperfectione）这一表述事实上源于卡斯坦的《论名字的譬喻》（De Nominum Analogia）第十卷。 对于卡斯坦而言，当理性依据其所固有的东西而抛弃名字中的缺陷时，以及这一名字被形式地理解时，它就具有了一种"完美无缺"。 本卷第二部分第五章已经提到了卡斯坦。

② 即小亚细亚。

第九章　为什么新诠释者的败坏诠释不会有损上帝之名的真义？

在迷狂了几个世纪之后，这些新诠释者乖张的观点和诠释仍然不可能对"上帝"这个名字——在被如此多的属性和特征阐明之后可以恰当地用于那唯一的真神——的明确意义和词源有所损害。这个名字的意义第一次是被"道教"严重扭曲，因为有许多神被以"道"的名义引入了，每个神都被认为按各自的元素拥有独立的力量。后来，有两三个皇帝，如唐朝第十三个皇帝玄宗，或者宋朝第十九个皇帝惠宗，把上帝的名字、头衔以及至高无上的权力和卓越，给予两个人——老君和张仪。第一位，老君，跟孔子同一时代；第二位，张仪，如上文所述，生活在汉朝第五个皇帝统治时期。[①] 但是，如此不虔诚的滥用不能损害正确的用法，也不能消除古老的中国语词的象征力，如同魔鬼或人类对"Θεός"或者"Deus"的篡夺无法消弭其正确意义的力量一样。同样，任何一个用武力为自己不公正地篡夺君王名字和头衔的叛乱者，也不能因此取消合法君王的名字和权力。[②]

无论这个时代的"无神论政客"声称什么，剥夺和改变最初的"上帝"之

[①] 关于道教的介绍，参见本卷第一部分第三章。 这里批评道教的泛神论，将神分裂成相互独立的不同的神。 另外，也批评"渎神"，将一个人而不是耶稣当作神。 原文写的是 Yvençum，这是错的，应该是 Hiuen çum（玄宗），翻译修正了这个错误。 关于惠宗对张仪的迷信，参见《中华帝国年表》。

[②] "象征力"（vis significandi 或者 vis significativa）这一概念源自昆体良并由经院哲学家加以发展。 其基本思路是，"上帝""天主""君王"这些词语指的是一种元语言的现实，意味着它们拥有独立于人类解释的真实意义。 因此，《孔夫子》断言"上帝""意义的力量"在中国一直保存得很完整，尽管这个名字曾被误用过，尤其是这里的道教企图用"道"来代替"上帝"。

[xcv] 名的正确权力和意义是不可能的。四千年后，这些"无神论政客"的错误诠释出现了。他们企图把一切都归于沉默且无生命的力量，以及事物的自然能力，从而逃避至高无上的神及其属性。① 因此，他们以自己的意见歪曲整个古代的记载和意义。有必要在这里讨论一下，这些新诠释者在他们的评注②和他们关于自然的著作③中提出并细致地解释的内容。我发现，他们说只有中国皇帝一人能祭祀那至高无上的君王④，因为作为"天子"或者"上帝之子"（当然，他是被领养的，因为他所有的权力来自天），他确实能更好地分享更纯洁、更洁净的天的权力和效能。⑤ 因此，当皇帝祭天时，他的气可以与天相呼应。这样，他的气会变得更纯洁并与天结合在一起，被天维护和加强。在祭祀仪式之前，皇帝要斋戒和禁欲以便能净化气，因为气被像乌云一样的欲望和罪恶遮蔽和玷污。随着他的气回到自己的天庭，并且被天充满，他才能正当地开始祭祀。⑥ 正如他们所说，所有这一切是因为在圣王的最初时期，最初两个朝代（夏、商）的黄金时代，气更新鲜、更旺盛，也更有美德、更有活力。在古代君王时期，与天沟通一切都很容易。然而，在接下来的几百年里，气逐渐恶化，并且失去了它那神圣的美德和有效的力量。正如他们所说，泉眼中的水是纯洁的，但是水流得越远，就越容易被它经过的肮脏、泥泞的地方所污染。

在别处，这些新诠释者在诠释"天"是如何产生君王、教师和圣人时，认

---

① 这里指的是新儒家的"太极"概念，上文已经指责过它停留在最终目的的内在层面而没有达到其超越的层面。 参见本卷第二部分第一章。

② 即《五经四书大全》。

③ 即《性理大全书》。

④ 即上帝。

⑤ 文本在这里指的是皇帝向天献祭的礼仪。 文本谴责只有皇帝才能与天交流的想法违背了中国传统。 下面给出了论据。 与中国传统争论的关键是基督徒宣称任何人都可以直接向上天或者天主祈祷。

⑥ 文本介绍帝王祭天旨在用气（呼吸）与天交流。 然而文本并非以象征性的方式来理解这仪式，而是提供了一种唯物主义和物理学的解释，这当然被指责是错误的。

为这是天偶然地影响了这个或者那个人时发生的。确实,当一些文本提及"天"或者"至高无上的天帝"通过虔诚的君王的祈祷和恳求来选定某个人时,也即当君王们虔诚的灵魂完全与天及其影响结合在一起时,这天上和谐的气流可以立刻自发地进入到这些虔诚的恳求和愿望中。由于相信这一点,他们可以达到成功。① 以类似的方式,诠释者胡五峰(Hu u fam)②试图解释至高天帝赐予姜嫄皇后的特殊恩宠,即皇后在同她的丈夫一起向上帝献祭和祈祷之后怀了一个儿子(后稷)。三千四百年以后,胡五峰说:"当姜嫄将所有的精神情感都献给至高无上的君王时,一种完整的精神意图和情感就产生了,并由此产生了一种神圣的影响。当这一切发生之时,某种繁殖的力量随之而来,这样她的祈祷和献祭就被接受了。因此,她怀孕并生下一个儿子也就不足为奇了。"③

关于神的天意和善恶的回报,他们的思考多么荒谬,或者更确切地说,是荒唐。他们教导说人事的成功来自上天,把所有成功归因于气,或者某种良好而多产的气——这气息展现自身,蔓延并注入到那值得拥有的人身上。但是相反,在那些与这气相敌对的人身上,这气就会从不配享受它的人身上撤回它带来的好处。④ 你或许想要知道,为什么在公元前 1195 年,即武乙皇帝统治的第四个年头,武乙在一次狩猎中被雷电劈死?武乙是商朝第二十 [xcvi]

---

① 在提到纯随机性之后,文本表明古代君王和圣人与天之间有一种蒙受神恩的交流。 然而新儒家对古人这种蒙受神恩的交流的解释,对于《孔夫子》的作者来说可能存在神学上的问题:他们过于重视人的性情,在某种程度上限制了上帝恩宠的绝对自由。

② 胡宏(1102—1161),字仁仲,号五峰,人称五峰先生,崇安(今福建崇安)人。 湖湘学派创立者,主要著作有《知言》《皇王大纪》《易外传》等。

③ 第一部分第一章和第二部分第六章已经提到了后稷的诞生。 柏应理试图在这里嘲笑这个故事及其解释。 后来,白晋以一种更调和的方式,将后稷的神奇孕生解读为耶稣的一个"形象"。

④ 在更哲学的层面,《孔夫子》将儒家所谈的天的影响视为一种纯粹物质的。 耶稣会士在这里没有理解新儒家"气"这个观念并非纯粹的物质原则。

五个统治者,他不虔诚、放肆无礼、亵渎上天。① 宋朝的诠释者们说:"闪电是天上猛烈和暴躁的气息;因此,它降临到一个不虔敬且暴躁的人身上,毁灭不虔诚的武乙。这是合乎情理的。"但是,丁南湖(Tim nan hu)②和诠释者自己(指张居正)拒绝这些评注。③ 那么,他们如何解释邪恶与正直的思想呢?正如他们所言,当一个人有好的或虔诚的思想时,这就是《诗经》里所说的"上帝临女",也即"至高无上的君王靠近你并降临到你的身上"④。但是,当一个人的思想变得堕落邪恶时,对他来说就是"帝震怒",除此之外什么也没有。⑤

因此,他们在他们败坏的评注中宣称,天神不是别的只是人的灵魂。他们倔强地认为,"上帝"和"天"就是这样。的确,当涉及人的灵魂时,正如某个文本所言,人死后身体回归大地,而精神向上攀升,去到那些虔诚的君王的灵魂所在的地方,"等候天上的至高君王"。⑥ 显然,"灵魂"应该被理解为由气构成。这气与天混合,又被偶然的冲动驱使忽此忽彼,时上时下,从未保持不动。⑦

任何有理智头脑的人,都可能会拒绝我们在这里提到的许多无法得到诚实认可的东西。总的来说,人民对美德、罪恶和成功管理共同体都有深刻

---

① 参见司马迁撰写的《史记·殷本纪》:"帝武乙,无道,为偶人,谓之天神,与之博,天神不胜,乃僇辱之。为革囊盛血,仰而射之,命曰射天。后猎于河渭之间,暴雷震死。"

② 疑为丁奉(1480—1542),字献之,号南湖,常熟人,明正德三年(1508)进士,授南京吏部主事,晋郎中。著有《四书臆言》《五经臆言》《丁吏部文选》等。

③ 耶稣会士们虽然当然赞同武乙应得的命运,但拒绝他们所理解的新儒家唯物主义的解释,因为这似乎限制了天主的旨意不能超越于自然法则之上。《孔夫子》在这里提到与他们同时代的哲学家,比如丁南湖和张居正,否认这样的解释。

④ 参见《诗经·大雅》。

⑤ 虽然经院神学使用人类学的观念来谈论天主,但它以一种积极的方式,认为天主是好的、善良的、仁慈的等。即便它也许说天主可能有时也会发怒和凶暴,但这不是它的真正本性。

⑥ 参见《诗经·大雅》:"有周不显,帝命不时。文王陟降,在帝左右。"

⑦ 按照《孔夫子》,新儒家把人的全部理解为由物质形成。

的了解。但是,由于某种疯狂,他们显然不赞同古代所有的事情。他们以自己的方式阐释了留给后代的关于最高的神和宗教的明确记载。由于对自己的智力极为傲慢和自负,他们试图通过自己的气、上天无生命的影响,以及其他新教条,来解释一切。这些教条在近四千年中闻所未闻,而在他们看来是被忽略和埋葬在遗忘的黑暗中了。① 同样,欧洲的异端者无耻地用《圣经》和教会博士的权威来证明他们新的、有害的教条,而且把《圣经》和教会博士纳入他们自己堕落和扭曲的意见中,就好像他们是整个古代的改良者。

有哪位欧洲的使者②会希望中国人固守他们败坏和不虔敬的政治诠释吗?会希望他们追随那些用不诚实的意见来阐述整个古代观点的"无神论政客"吗?还是希望中国人听从少数几位曾经被践踏和抛弃的诠释者更明智的判断③,鼓励自然的创造者赋予中国黄金时代的最美丽的光芒,复兴古代人的纯洁、虔诚和宗教呢?对这样的民族来说尤其如此,因为,任何稍加注意的人都会发现古代文献所提供的帮助,已经为福音的传播铺平了道路。 [xcvii]

---

① 简而言之,已经引入的三要素是:唯物主义(以"气"为中心)、道德不确定性(无生命的原则不能有公平的赏罚)、其他的哲学发明(比如"理""太极")。

② 即传教士。

③ 也许这里指的是张居正的命运:在他死后他的名誉受到攻击。

第十章　圣保禄和教父的榜样以及其他理由
　　　　证明中国古人命名了真神

　　到目前为止,我们所提到的事情中的大部分都促使中国传教团的创立者们拒绝某些诠释者的错误的评注,而遵循朴实的古人的足迹。为了彰显他们要宣扬的天主,他们使用古代词语和表达——"上帝",其几千年以来在谈话和写作中都没有改变过。① 他们很自信而且毫不犹豫地这样做,并不是因为多年的勤学和重新阅读古代书籍和文献的努力打开了一扇门,也不是因为位高权重者在许多事情上的判断,亦不是因为他们对许多正确意见的建议和决定,以及他们在诸多事务上所提供的鼓励和领导。如果中国传教团的创立者们这样做了②,那是因为在如此重要的问题上有一个更为有效的动机,就是要模仿外邦人的使徒③、教父和教会博士。实际上,这是大公会议和普世教会真正地向所有民族宣扬天主的普遍做法和方式。当然,教父和教会博士并非在地球上所有地方使用同一个名字,而是从每个民族当中找一个,尽管他们知道这个名字已经被多少世代以来异教徒的梦想和无数的故事败坏了,几乎被完全遗忘了。因此,教会、使徒和福音使者们决定——

[xcviii] 在任何大公会议中都没有任何异议——"Θεός"或者"Deus"这样的名字应该比所有其他的名字更受希腊人和罗马人偏爱。因为异教徒一听到这个名字就能获得关于神的知识,即便他们经常将这个名字用在物质的天、大地、

---

　　① 确实,利玛窦使用过中国传统的名字"上帝",但是我们的文本没有说明罗明坚在《天主实录》中,以及利玛窦在《天主实义》中用过一个新词"天主"来表示"Deus"。

　　② 即使用"上帝"这个名字。

　　③ 即圣保禄。

元素、行星甚至最邪恶的人身上。他们的错误要比中国人的更严重、更可耻，因为中国人从没有将"上帝"用于任何可耻和不当的东西之上，即便他们曾把这个名字给了两个人。①

所以，让我们来问问这些被焦虑和不安所困扰的人，奥古斯丁和其他正统的教父与摩尼教徒争论时，用的是什么名字来称呼天主。对于"Deus"这个词——由于异教的使用和曲解使得有人认为它意味着某种有形体的东西，这些谨慎的修士会克制不用吗？②

他们认为当教会之父③和使徒们向罗马人和希腊人宣扬天主时，使用的是什么词呢？修士们说，就是"Deus"这个名字。但是，对于那些古代的异教徒，这个词是否意味着别的类似萨图恩、朱庇特和墨丘利这样的神呢？实际上那个时候，他们大部分人——我没有说所有——对天主一无所知而只是听闻一些传言。所以，是因为使用这个词引起了错误吗？你或许会说，根本不是。因为圣人们以这样的方式来使用这个词：一方面，它可以确认符合神圣本性的事物；另一方面，它会否定不符合神性的事物。他们虽然教导无知和未受过教育的民众，但是强调这样一个事实，即他们宣称天主无限超越异教徒们盲目崇拜的神灵。这样也好。

那么现在，在中国的第一批传道者在口头和写作中使用其他什么词语呢？当他们念"上帝"这两个字时，他们同时也详细地教导说，这就是那无形、永恒、巨大、无限、最完善的创造者和天地的主人。因此，在雅典人和罗

---

① 两个人指老君和张仪。参见前面一章。

② 这里提到的修士们指的是多明我会和方济各会的修士们。文本错误地认为耶稣会士们对于使用"上帝"一词已达成共识，矛盾只来自这些修会的修士。实际上，关于使用"上帝"还是"天主"，在耶稣会士之间也有激烈的争论，特别是在1627年的嘉定会议上，参见 Liam Matthew Brockey, *Journey to the East, The Jesuit Mission to China, 1579-1724*, Cambridge: The Belknap Press of Harvard Press, 2007, pp.86-88。

③ 即圣伯多禄和圣保禄。

马人当中,圣保禄可以安全地使用"Θεός"或"Deus",难道在中国使用"上帝"就真的不安全吗?尤其是这个名字从字面上及其一开始就意味着"最高君王",而且根据中国的诠释者们,"天主主宰"的意思就是"天的统治者和主人"。①

此外,如果中国最具权威的学者正式询问一位欧洲的学者这些问题,他会怎么说呢?"最早的福音传道者在欧洲用的是什么名字呢?'Deus'这个名字就一直没有被改变、被败坏过吗?它从没有以某种方式被用于任何凡人或者任何物质的东西吗?"一个谨慎的人会如何回答这些问题呢?"Deus"这个名字在欧洲就一直没有被改变、被败坏过吗?谁敢承认这一点并且说最早的福音传道者在欧洲一直使用它呢?接下来,这个中国人或许会问:为[xcix]什么一个欧洲人会质疑"上帝"这个名字在中华帝国的使用呢?即便他发现这个名字被老君的信徒和后来的诠释者们败坏了——他们赋予这个名字一种沉默的天的力量和流动的气。我相信中国人应该会生出这样的说法:如果欧洲人反对使用"上帝"这个名字,那么同样的理由更应该用在反对"Deus"在欧洲的使用上。因为其在欧洲被污染和败坏得更频繁、更长久。

然后你可能会说,至少还有一种担忧和害怕——如果使用它,对许多人来说,基督宗教的法律可能会显得与文人教派的有一些共同之处,这样他们的改宗就会被耽误——应该会阻止欧洲传教士使用"上帝"这个名字。不过,若有人采纳这一论据,就会促使我们说,使徒们和其他的传道者们过去并非必须使用"Θεός"或者"Deus",特别是天主自己曾赐予了其他的一些名字,比如 Eloe、Adonai 和 Jehova,都是可以用的。此外,生活在伊斯兰国家和讲波斯语或者土耳其语的基督徒应该不被允许称天主为"Hallah"(真主)。而且,当基督徒用希伯来语交谈时,不可以用希伯来的名字称呼天主,以免表现出他们与犹太教徒和伊斯兰教徒之间的不同。事实上,要将一个教派

---

① 这些解释者之一就是张居正。关于天主作为主人和统治者,参见本卷第二部分第六章。

与另一个教派区分开来,没有必要令每一个名字和教条都不同。基督宗教的法律确实与犹太教、伊斯兰教或者文人教派的法律有一些相同,例如:存在着统治一切的最高智慧;要孝敬父母;"己所不欲,勿施于人(Quod tibi non vis fieri, alteri ne feceris)"①;等等。实际上,文人学派与我们的共同点越多,就越容易选择改信基督宗教。因此我要问:当圣哲罗姆写到基督宗教非常类似于斯多葛学派——许多斯多葛主义者改信基督宗教,并以自己的著作和鲜血为其辩护时,有没有人批评他呢?② 或者,当奥古斯丁写到他在柏拉图主义哲学家的著作中找到了《若望福音》的开端"在起初已有圣言"(In principio erat Verbum)时,有没有人会责怪奥古斯丁呢?③ 当拉克坦修在他所有著作中用一些异教徒的权威来反对其他异教徒,之后提到我们宗教的教条以前就被各种哲学家使用过,最后得出结论说,"事实上,哲学家们已经触及了真正宗教的全部真理和每一个奥秘"④,会有人谴责他吗?

如果恩宠的法律的确不是破坏自然的法律而是成全它⑤,那么为何借助大自然最美丽的光——它们被记载在古人的文献上——是不恰当的呢?甚至那些神圣的作家和教父所熟悉的异教徒证词虽远离人类理性却是由上帝

---

① See Thomas Aquinas, Instit. jurisprud. divinae, I, 4.18.

② 圣哲罗姆错误地坚持认为,斯多葛主义者塞内加改信了基督宗教。 参见《论伟人》(De Viris Illustribus, 12)。

③ 参见奥古斯丁:《忏悔录》第7卷,第9章,第13—14页。

④ 拉克坦修认为可以发现整个基督宗教教义散布在异教哲学家的著作中。 参见拉克坦修:《神性制度》第7卷,第7章。 利安当反对拉克坦修的这些观念。 参见《关于大中国传教区的若干问题》,第108—109页。 看起来,利安当跟殷铎泽和柏应理等关于拉克坦修的学说在广州交换了意见,表达了不同的看法。

⑤ 参见托马斯·阿奎那:《神学大全》,Q. 94, a.1。

[c] 所启示,例如:希腊女预言家的预言,或者特利斯墨吉斯忒斯所说的"单子生单子"①,或者那被认为显示了最神圣的三位一体形象的塞拉彼斯(Serapis)的肖像,等等。② 因此,无论是一个不分青红皂白的诽谤,还是稚子所犯的错误,抑或是成人曲解的错误,或因为时间流逝造成的滥用,都可以阻止信仰的传道者们使用"上帝"这个古老的名字。

---

① 参见拉克坦修:《神性制度》第24卷。 阿奎那引用这句话以证明三位一体可以在基督宗教的启示之外,通过自然理性来理解。 依据拉克坦修的这一原则,第一存在可以产生他自己,圣子产生于圣父,圣神也来自圣父。 参见托马斯·阿奎那:《神学大全》,Q. 32, a.1。 闵明我反对阿奎那的解释而追随另一个多明我会神学家——佛洛伦萨的安东尼乌斯(Antoninus of Florence, 1389—1459)——认为没有天主的启示哲学家无法知道三位一体。 参见 Domingo Navarrete: *Tratados Historicos*, Tratado Tercero, p. 129。

② 古埃及人崇拜一位拥有三个形象的神:塞拉彼斯(Serapis)、伊希斯(Isis)和何露斯(Horus)。

第十一章　不依据新诠释者,而尽可能依据原文的根据

但是你或许会问:欧洲的传道者难道不会被这些诠释者的权威吓跑吗? 的确,这些诠释者诠释古老而权威的中国书籍,并塑造了一种新的哲学——由皇帝的权威认可,直至今日仍被所有人所称颂。① 实际上,几乎所有这些诠释者都是五百年前出现的,有一些则是三百年前才出现。因此,这些新诠释者出现在君主政体建立四千年之后,或者说,出现在帝国的老师——孔子——所处时代一千七百年之后。与此同时,许多偶像崇拜的教派、战争、谋反、弑君以及朝代更迭时有发生。正如他们所承认的,所有这一切打断了一千多年来经典和古代教诲的传播与辉煌。② 最终,新诠释者提出了他们自己新的诠释,因此理所当然地受到欧洲传教士的怀疑。

但是我们又怎能期待这些新诠释者从中国的文人学派中消失呢? 因为我们只是外国人,他们指责我们的轻率和骄傲,指责我们忽视了他们的著作和注疏,指责我们试图仅凭自己就去理解古人的奥义和每一个谜。我们本来应该跟他们学习,难道现在我们要教导他们并改正他们的错误吗? 如果他们中有人想要学习希腊文和拉丁文,我们可以在中国成为他们的老师。但是,中国的经典必须由中国人自己来处理。因此,任何可疑和晦涩的段落

---

① 这一段重新提出了利安当的问题:"他们会更相信谁:他们古老而有权威并被整个国家公认的诠释者们? 还是一些外国人如还在学习中国的语言和著作的我们?"参见利安当:《关于大中国传教区的若干问题》,第104页。

② 新儒学家确立了"道统"观念。 如同朱熹所说,由于政治分裂和道教与佛教的兴起,这个道统被打断了。

都要由他们自己来诠释。所以，我们为什么要将这些合法的后代们的诠释当作错误和不正确的而拒绝呢？这些合法的后代努力地去阐明他们祖先的作品。我们这么晚才沉浸到中国文学的海洋之中，并且对他们那长久以来已被整个帝国接受的教诲并不熟悉，甚至是无知的，我们怎么可以傲慢而鲁莽地提出我们的观点呢？

[ci] 当然，如果碰巧新诠释者们到欧洲研究《圣经》，他们一定不会这么做，而是同意并接受我们欧洲人的解释，尤其是那些在圣洁和学问方面出类拔萃的人的解释。他们会牢记他们到欧洲来是为了学习而不是教导。

多么精彩的演讲！如果我们考虑到它的开头，那听起来是多么合理和公平！因此毫不奇怪，会有好几个欧洲人被说服。① 这是整个争论的根本所在，也是困扰他们的所有忧虑和顾虑的来源。在此之前，我自己曾试图消除来自他们内心的顾虑。我想要问他们这样一个问题：难道他们不认为自己要去了解并且评价这些"贤哲"和"博学之士"的见解和解释是很恰当的吗？② 事实上，这些人是堕落和迷失的。他们满足于信仰、正直和公平的外表。他们以美德为幌子，而不是向往美德本身。此外，他们的内心充满了贪婪和野心、欺骗和诡计以及其他六百种罪恶。他们唯一的神是他们的欲望。他们是如此沉浸在他们错误的泥沼和可怕的贪欲之中，以至于再也没有注意到不洁。他们还不如野兽，却因傲慢自大而自认为凌驾于星辰之上，自认为是最明智的人，是整个世界的老师。他们中的许多人无法以自己堕落的

---

① 这些欧洲人，指龙华民、利安当、闵明我这些人。他们并不怀疑新诠释者们对中国经典原来意思的阐释是正确的，还嘲笑耶稣会士自称对儒家经典的理解比当时的中国知识分子更好。在这一段中，柏应理要表明新诠释者们是不正当的：首先，这些人道德堕落；其次，他们犯了知性上的错误；最后，他们错误地理解了古代的教诲。因此，他们无神论的诠释并不代表对经典的正确理解。可以看出，殷铎泽、柏应理等已经很大胆地参与对儒家史的诠释工作。

② 这里，柏应理开始在道德层面攻击新诠释者们，认为他们不能正确地理解古人的思想。在整段话中，对新诠释者们不道德的指责似乎过于含糊而不能做到真正公平。

心智看到古代真理之光；或者即便他们能看到，他们也不想看到。他们用自己的无知和错误来遮蔽一切。他们自相矛盾，甚至彼此意见不一，互相争斗。

然而，整个博学而虔诚的古代都明智且公正地归功于最高精神、天上的主和主宰；现在，他们却希望将其归功于他们的太极、理与气、阴和阳，如同一些随意的气流或者一些其他奇怪的文字现象。他们依据他们自身的想法来塑造这些事物的意义，使之适应于无神论。但是毫无疑问，没有什么比这更与真理和他们祖先的理念格格不入的了，甚至我相信古代先贤们做梦都不会想到他们的后代那些荒谬的故事和幻想。所以，谁愿意相信这样的人，并接受他们的见解和解释呢？

但是，有些人兴许会说，如果能够来到欧洲，并且对《圣经》的原义提出一些可疑之处或者发起一场争论，他们自然不会遵循他们自己的判断和解释，而是要遵循欧洲人的，尤其是圣教父的。所以，我们这些生活在中国的人为什么不能听从并跟随他们呢？

真的是这样吗？光明与黑暗、信仰与背信、真理与谎言能在同一水平上吗？事实上，这些中国人应该听从欧洲人。① 为什么不呢？学生应当听从他们的老师，愚蠢之人应当听从明智之人，不懂哲学的人应当听从哲人，异教徒和无神论者应当听从基督徒，罪人应当听从圣人；伪君子和说谎者应该听从那些发自内心完全真实和诚挚的人；那些被困在自己无知的深沉黑暗之中的人应该听从那些被"正义的太阳"②照耀的人，并像其一样永远发光。最后我以一句话来总结这一切：中国的无神论者应该听从欧洲的基督徒。的确，世界上有什么地方——包括中国和其他任何地方——拥有类似于基督

[cii]

---

① 这是对龙华民所写的做出的回应：传教士们"不可被他人引导，而是要引导他们"。（参见 Niccolas Lorgobardo, Traté sur quelques points de la religion des Chinois, Paris, 1701, p.21）。

② 即基督。

教世界中的思想呢？哪里有一种稳定的哲学，一种从世界的开端开始亘古不变的哲学呢？哪里有一种遵循理性之光的真正神圣的智慧呢？最后，哪里有一种由那么多教师的非凡圣洁、殉道者的坚韧、神迹乃至最高神的权力，以及天地的那么多证据所证实的教义呢？所以，声称如果中国人来到欧洲他们将会听从并且追随我们，所以那些在中国的欧洲人应该听从并且追随他们，是完全不公平的。①

但是有人会问了：我们应该完全不理会所有的诠释者吗？事实上，我们不会走得那么远。但是，有哪些诠释者我们可以称之为最好的呢？谁最有权威？我们又该追随谁呢？关于孔子的那些书，我们不应该首先想到最博学的诠释者曾子吗？他曾诠释其老师的《大学》。或者诠释者之名是否可以归于最严格的作家子思呢？他曾准确地诠释了他的祖父孔子的一本独特的书——关于如何不断地保持中庸的书②。其他追随者以他们的评注阐明《论语》，难道不能同样被视为是诠释者吗？还有谁呢？甚至孔子本人和孟子都可以被称为诠释者，因为他们所有的荣耀在于他们忠实地诠释了古人的书籍。确实，不仅孔子和孟子的评注而且曾子和子思的评注都带有原始文本的力量和权威。当然，他们都被认为是权威的诠释者。因此，我们还缺乏诠释者吗？我们中的许多人要依赖这些诠释者，我们应该好好尊敬他们，不要与他们的诠释有哪怕毫厘之差。但或许有人会追问我们：是否有人向你揭示过"你们"古代的诠释者呢？那么，我会反问说：是否有人向你们揭示过"你们"新的诠释者呢？而且，其他的诠释者又怎么样呢？我不做判断。正

---

① 这段话表现出一种强烈的欧洲中心主义。柏应理拒绝相对主义的诱惑，据此欧洲人不能评价中国传统，中国人也不能评价欧洲传统。在此，柏应理确立了一个永恒哲学（philosophia perennis）的观点，在其中基督宗教哲学被看作智慧的顶峰，而与之相对的儒家思想需要被评判。

② 即《中庸》。

如你们自己理解"你们"的诠释者一样,我们自己也理解"我们"的诠释者。①

但是,不要让人认为我们必须拒绝所有后来的诠释者。的确,拥有特殊名誉和权威的进士们,诸如张居正、邱琼山、张侗初,以及其他人等脱颖而出。② 当他们开始诠释古人的文本时,他们没有做别的,只是明确而坦诚地阐明这些比正午之光还要清晰的事情。我承认,他们多多少少受到了无神论的影响,这可能会阻碍我们找出他们的证据。他们有时会发表些自相矛盾的意见。然而,让我们看看外邦人的使徒圣保禄和教会最初的教父们:为了带领外邦人接近永恒之光的真知,他们以虚伪的诗人们、女预言家们和其他来自外邦人的记载为证。他们能够以某种方式,从污泥中搜寻宝石,从黑暗中看到光明,就好像自然的创造者将灿烂的阳光注入人们内心一样。所以,我们不应该忽略所有的诠释者,甚至于现代的诠释者。在中国,我们应该按照圣保禄的榜样和建议,像教会最初的教父和博士们所教导的那样去做。如果你仍然不同意他们的建议和权威,请记住我所说的:假使那些圣人到这个地方来宣扬我们的宗教的话,他们会做同样的事情。我们要忽略那些无神论的诠释者,只应坚持古人的文本和那些最合理的诠释者的意见。③

请允许我们提到一件将神圣与世俗联系起来的事情,对此或许会有帮

[ciii]

---

① 整个这一段与选择诠释者有关,柏应理强调了中国哲学的阐释性质。甚至孔子的作品从本质上说也是阐释的。因此,很难精确地确定一个正统的教义核心。柏应理必须承认耶稣会在阅读古代诠释者时依靠当时的中国知识分子,与多明我会和方济各会在阅读宋代的著作时依赖中国的知识分子一样。

② 柏应理选择了三个新诠释者。第二位是邱琼山(1420—1495)。邱琼山是广东琼山(今属海南)人,1454年进士,官至礼部尚书、文渊阁大学士。在《大学》原文的基础上,邱琼山进行了很严密的考证工作,对于原文中所出现的历史人物,他提供了大量的历史材料。其实,他继承了真德秀(1178—1235)的诠释方法,写了《大学衍义补》(1487)。第三位是张侗初(Cham Tumço)或者张萧,1604年进士,后为吏部侍郎。他与耶稣会士有来往。在此,柏应理含蓄地承认耶稣会士不能独立地阅读原始的经典文本,正如多明我会士和方济各会士所说的那样,欧洲人不得不借助新儒家的注解。同样,龙华民坚持认为理解经典的原意是不可能的,因为它们太晦涩了。参见 Niccolas Lorgobardo, Traté sur quelques points de la religion des Chinois, Paris, 1701, p.16, 20。

③ 柏应理在这一段话中主张在中国使用早期教会的方式:小心地选择适应自然理性的事实。

助。既然在思想上我们是自由的,就让我们设想圣安布罗修斯(Ambrosius)、奥古斯丁、巴西略和金口若望等人前往以色列或者埃及,说服犹太人相信基督就是真正的弥赛亚和世界的救世主。① 这些教父虽然精通希腊语和拉丁语,但还是不得不去学习他们一无所知的希伯来语。并且,让我们再假设,所有至善而神圣的东西都包含在希伯来文(即《圣经》)中。那么,所有这些人——因审慎、圣洁的生活而被人们尊敬——会做些什么呢?因为对成功感到绝望,他们会回到曾经出发的地方吗?事实上,这样的浮躁和不一致不可能发生在他们身上。他们会向拉比或者犹太的法律专家请教希伯来文本的真正含义吗?他们会认为犹太人肯定或者否认的事情是理所当然的吗?我们不能肯定。那又怎么样呢?这些明智的人难道不知道那些背信弃义的人会倔强地坚持他们的错误吗?难道不知道他们如此骄傲并故意以他们自己的意见来诠释基督宗教的一切吗?难道不知道当他们无法以其他的方式诠释时就会恶意地篡改文本吗?的确,永远不要接受这样一场战斗,这样总比与背信弃义的敌人们进行不公平的战斗要好,因为这可能会使基督、我们自己和我们最神圣的宗教暴露在敌人的玩笑之中。

[civ]

但是我要问,如果他们想要证明犹太人错了,除了在关于弥赛亚降临的争论中使用博学的《圣经》诠释者的诠释,他们还能做什么呢?有人或许会问,然后要做什么呢?你有什么建议呢?当然,除了事实本身和理性能给谨慎的人提供一些建议,别无他法。如果这种机会出现在他们自己的时代,这些明智且神圣的人毫无疑问会抓住它。为了基督,他们会毫不犹豫地离开家乡,漂洋过海,置身于数不尽的危险之中。而且,在基督的恩宠下,他们会毫不犹豫地努力学习希伯来语和文字,即使这样或许会有必要像圣热罗尼

---

① 巴西略,即圣巴西略(Basil the Great, 329—379),凯撒里亚的主教,教会博士。 金口若望,即圣金口若望(Saint John Chrysostom, 约 347—407),君士坦丁堡的大主教。

莫那样与世隔绝,他们仍会高兴地花三四年时间来学习。① 他们会勇敢地、坚定地完成任务,时刻牢记任务的目的和必要性。

他们精通了希伯来语之后,就可以开始研究希伯来文本了。他们不分昼夜地阅读这些关于绝对真理和教条的神圣篇章。如果发现可疑或者晦涩的地方,他们会毫不犹豫地亲自向犹太人请教,特别是那些熟悉基督宗教的人;如果这样的人不多,他们首先可能会听从那些被认为是最正直的人,或者至少是不听从虚假与谎言的人。的确,他们显然不会听从那些被认为乖张又固执的人,不管这些人受过多好的教育,也不管其在犹太人中拥有多大的权威。当掌握了希伯来文本真正的和原始的意义,他们会屈尊与拉比们一起争论,驳斥所有虚假的、错误的观点与解释。最后,从伟大先知的证言中他们会勇敢地证明,人类的赎罪工作已经完成。因此我问你,正直的读者,为了向犹太人宣讲基督,他们还能有什么其他的途径吗?上文提到的教会的博士们还能采取什么其他的方法吗?显然,圣热罗尼莫,基督宗教世界的伟大光芒,采取的正是这样的方法;现在,所有的国家和时代都见证了他的成功,见证了他的劳动成果。因为身为达尔马提亚(Dalmatia)人的热罗尼莫学会了犹太人的语言和文字,所以后来他用犹太人自己的神谕和证言说 [cv]
服了这些人。

但是我们是否可以认为:中国的语言和文字系统是那么困难,或者那神圣之手这次对于我们如此吝啬,以至于没有一个福音传道者可以达到同样的熟练水平吗?事实当然并非如此。上主的圣神会鼓舞他们努力,因为从

---

① 当开始他的翻译计划时,热罗尼莫略通希伯来语。但他还是去往耶路撒冷以加强对《圣经》的理解。一个富有的罗马贵族保拉(Paula)资助他住在伯利恒的一个修道院,并在那里完成了他的翻译。他从382年开始纠正现有的《新约》拉丁文版本,然后翻译七十子译本《圣经》。到了390年他还翻译希伯来《圣经》,并于405年完成。在热罗尼莫之前,所有的拉丁文版本都是以七十子译本为基础翻译的。热罗尼莫决定以希伯来文本代替七十子译本,遭到了大多数基督徒的反对,包括奥古斯丁,因为他们都认为七十子译本《圣经》是在圣神指引下所写的。

古至今同一个圣神充满整个世界。由此可以理解,在中国葡萄园的欧洲看守人当中,有一些会脱颖而出,因为他们掌握了最难懂的语言和最丰富的汉字,尽管汉字有无穷多。虽然他们的眼睛和面孔很像欧洲人,但即便最细心的中国人也可能会错误地以为他们是中国人。因此,为什么我们不能允许这些拥有天赋并被神祝福的人自己在一定的范围内努力并接近中国智慧的根源,以便拒绝后来的诠释者们的二等著作,或者更正确地说,拒绝他们的虚伪论述呢?这些论述完全是不诚实和不纯正的,但却被偶像崇拜者和无神论者到处歪曲利用。

我向你保证,最博学的中国进士们——如徐光启(Paulus)、杨廷筠(Michaël)、李之藻(Leo)、王徵(Philippus)、夏大常(Matthaeus)、程挺瑞(Lucas)——和其他人一直持有相同的观点:我们传教士不应该关注古代书籍的诠释者们,而应该只关注古代文本。① 我们应该只在古代文本的基础上进行研究。如果我们发现什么不清楚的地方,希望我们能在中国人当中,甚至在中国的基督徒当中,找到一些最博学、最有权威的人给我们解释最困难的段落。显然,最有先见之明的人能够明白,也许有一天——事实上他们承认并且抱怨说这已经发生——那些不怎么高贵和专业的人将会偏离古老的真理和祖先的教诲。正是那些应该保护真理和正确教义的人,他们,以自己的方式阐释了一切。在这种情况下,我问你,还有什么比听从那些只有愚昧和轻率的人才会去听从的人,相信那些表面上值得信赖而实际上是最不值得信赖的人,更愚蠢和危险的呢?

如果有人仍对此表示怀疑,那他一定受到了诸多不良的影响。他可能

---

① 这一断言似乎太过笼统、含糊而不够真实。 依据龙华民,李之藻认为,文人的诠释建立在宋朝和明朝的诠释者的基础上;但是他也建议,耶稣会士要挑选对他们有利的诠释。 杨廷筠认为,不借助于诠释者们就不可能理解经典。 参见龙华民:《论中国宗教的几个问题》,第94—99页。 不过,夏大常在他的著作中始终坚持这样的看法:谁想要说服中国学者,就必须先向中国的经典寻找证明。 参见 Nicolas Standaert ed., *Handbook of Christianity in China*: 635—1800,Leiclen: Brill,2001, p.434.

热切地听从了那些按照自己的理解去公开地诠释《圣经》而吸引每个人的注意的人的教导。他也许想去土耳其帝国,既然必须信任那里的教师和诠释者们,那么他会带着敬畏之心聆听伊斯兰教的老师们解释《旧约》。我们会认为这就是采取这种方法必须付出的代价吗?他最终会得到怎样的结果呢?这样可以引导人们从他们的错误走向福音的真理吗?实际上,这只会导致真理的敌人更加坚定他们的错误。如果他脑子里没有充满伊斯兰教思想或者其他教条,而且他曾经也到过中国,那么他就会带着无神论和偶像崇拜回到欧洲!

[cvi]

在所有这些事情上,都要确立一个公正的法官,一个谨慎而有职责的人,特别是一个已经前往遥远的国度传播福音的人。的确,当他已到达那他想将当地人变成基督徒的地方,而如果当地的民族拥有许多从祖先那里继承来的书籍和智慧,那么他不应该匆忙而草率地决定是支持还是反对这些书籍,也不能盲目地谴责或者赞许那些古代书籍的诠释者——不管他们是外国人还是本地人。一个谨慎的人应避免走极端,采取折中的方法,因此,除了祈求至高神的帮助,还应该先要试着认真掌握他们的语言和著作。然后,他就可以不断地阅读最重要的书籍和注疏,并进行彻底的检查和评估。同时,他可以热心地研究古代文本的真诚与真理是否得到了证实,或者相反,是否被后来的诠释者们的错误和疏忽所败坏。他还可以研究,那些诠释者是否坚定地跟随祖先的步伐,或者是否背离了祖先的教诲,以迎合他们自己的错误,又或者他们想要忠于他们的老师——即使他弄错了,并且用他们祖先的权威和智慧来捍卫他们自己和他人的愚蠢以及腐败的道德。最后,他还要判断他们的思想和学说是全体一致,还是相互矛盾、彼此抵牾。

当所有的事情都以这样的方式被看待和理解时,如果他意识到在上述书籍和著作中找不到什么坚定和真实的内容,他就不应该去接触它们,更不应该提及它们。但是,如果相反,古代的君王和老师们在自然的引导下,获得了许多不仅不与福音的光明和真理相左,甚至是更有用和有利的教诲,就像晨曦一样为"正义的太阳"①开辟道路,那么传福音者们,如果他们愿意听从我,将不会轻视所有这些教诲,反倒会常常使用。这样他们就可以在新教友温柔的心中注入天上教义这种外来的食物跟原汁原味的本土教义——汁液属于本地,当然适合当地人的口味。

---

① 即基督。

第十二章　利玛窦神父所写的《天主实义》及其成就和影响

利玛窦在天主面前仔细地权衡这一切,在长期持续而辛苦的劳作之后, [cvii]
在夜以继日地研究之后,在将近二十年的时间里,他与著名的文人会面和辩论,并仔细地研究了古代以及近代的书籍。最终,这位从西方来的"新人"在中国宣扬一种新的——同时也是古老的——教义。他用一本关于基督宗教的书给中国的民众带来光明;这本书名为《天主实义》,即"神圣教义之真义"。它由两卷本组成,于万历三十一年——这是中国第七十二个六十甲子的第四十年,也即 1603 年——由朝廷出版。①

在这本书的开始部分,利玛窦就坚定地宣称,因为被扭曲的教条、多种教派和学说,以及道德的腐败,中国严重偏离了"天上至高无上的君王"。在世俗的事情上,所有这些都造成了灾难和令人遗憾的动乱。② 随后,利玛窦开始谈论万物的创造者和管理者——至高无上的天主,关于他不同的名字、属性和他神圣的卓越。③ 接着,他将注意力转向三个教派的三重结,并思考如何解开。他嘲笑和尚的梦想及其所有梦想和学说的基础,即轮回。他驳斥道家的迷信学说。他还拒绝接受宋朝最近的诠释者们的原则及其新评注。通过使用理性的论据和永恒的真理,利玛窦彻底颠覆了关于"太极"和"理"的哲学以及"万物一体"的思想。④ 而且,利玛窦勇敢地召唤他们上法

---

① 参见利玛窦:《天主实义今注》,梅谦立注,谭杰校勘,商务印书馆,2014 年。
② 参见《天主实义》第 4—5 号,载《天主实义今注·序》,第 75 页。
③ 参见《天主实义》第 16—64 号,载《天主实义今注·首篇》,第 78—90 页。
④ 参见《天主实义今注·第四篇》。

[cviii] 庭,将这些后裔带到他们祖先面前——或者我该说,让古代的圣贤和君王做他们正直的法官。在那里,利玛窦命令他们诠释他们的教义。他问他们,在哪部经典中可以读到他们对"太极"或者"理"的献祭、服务、服从、畏惧、崇拜和祈祷呢? 然而,他们在任何地方都可以读到,所有这些事情都是为了"上帝"即"天上至高无上的君王"而做的。显然,利玛窦所要宣扬的正是"上帝",天上至高无上的主和统治者。①

你或许会惊讶,利玛窦作为一个外国人,而且身处那么多骄傲而排外的士大夫之间,还是在明朝的统治下,会做出这样的举动。他还敢于传道,特别是敢于在中国的中心——北京的朝廷上这样传道:"我无法用语言来表达,我们这个时代的作家们在诠释古代书籍时所犯的错误有多严重。就风格而言,他们那花里胡哨的写作倒还清楚、流畅,但是考虑到对义理的理解,他们却远远偏离了主题。"利玛窦这样总结道:"虽然今天的文风极其华丽,但却缺乏事实和正确行为上的坚定和真实。"②既然只有他一人在法庭上反对所有活着的人,那么对于他谴责那些已经过世的诠释者,难道我们还会感到惊讶吗?

实际上,基督宗教信仰的基础是关于真天主的知识和信仰。利玛窦用"天主"的名字传播基督宗教信仰。我们从一开始就在使用这个名字,即使中国的书籍没有提到它,但是它一直延续到现在。利玛窦在阅读了中国古代书籍之后,非常自信地用"上帝"或者"至高无上的君王"的名字向中国人传布基督信仰。如此,当崇拜者们听到"天主"时,当无神论者听到"上帝"时,利玛窦就可以消除错误和冒犯的危险,并能防止一系列的怀疑和混乱。所以,在细查了天主所有其他的名字之后,利玛窦称之为天地之主和至高的

---

① 参见《天主实义》第 104—108 号,载《天主实义今注·第二篇》,第 100—101 页。
② 参见《天主实义》第 391 号,载《天主实义今注·第六篇》,第 175 页:"今儒之谬功古书,不可胜言焉。 急乎文,缓乎意","故今之文虽隆,今之行实衰"。

君王、天上至高的管理者和统治者、最高权威的至高的君王、万物的创造者与管理者、人类共同的父亲、元始与终末，以及其他的许多名字。然后，利玛窦用如此非凡的属性来颂扬天主，以至于任何读者——即便他是盲人，也能通过心灵看到发射出来的神圣光芒。文人中的大部分人，经常聆听利玛窦的谈话，从而更亲密地追随他。他们非常高兴，因为不仅能够学习他们的祖先曾经所信仰的至高之神与不朽灵魂，而且还能够知道更多关于最高权威的显赫事迹，一些他们不曾听过也不曾想过的事迹，例如：从无中创造万有，创造的次序，天使的堕落，初人①，还有其他已经向我们西方人揭示的永恒真理。同时，他们感受到最甜蜜的安慰，因为认识到神圣的仁慈从来没有远离他们的民族，而且他们的古人和虔诚的祖先们被真理的拯救之光照耀，并且在几百年的迷雾中，完整地保留了他们的信仰。 [cix]

好奇的读者或许会问，利玛窦这本书的出版带来怎样的成功和影响呢？我首先回答那些赞美人类理性的人，然后回答那些对此感到绝望的人。想要彻底理解中国的欧洲人，应该认识到中国的宗教结构和宗教法律。他也要知道当时的文人有多大的权威，中国人又是多么鄙视那些来自国外的东西，以及所有的外国人。他还要知道他们对于外来的法律，尤其是未经许可和官方授权从国外引进来的新奇事物有多么惧怕。实际上，利玛窦不是作为大使而是作为敬献小礼物的普通人来到这里。不像曾经来自印度的迷信②的老师和追随者们那样，他既不是被派来的也不是被邀请来的。因此，正如我所说，如果欧洲人考虑到所有这些因素，就不得不承认是天主援手，这本书得以出版并取得成功，尤其是因为利玛窦准备从南京往北京出发的时候，天主对他允诺"将会在北京帮助他"，并且天主会实现利玛窦当时的祈

---

① 即亚当。

② 即佛教。

祷,甚至会给更多的东西。①

撇开其他耶稣会士的诸多证词不谈,单单提及多明我会最虔诚的白敏峩(Domenicus Maria Sarpetrus)神父的见证就够了。白敏峩神父在中国待过三十多年,深谙中国文字,并且在教义、道德和宗教礼仪上都非常卓越。因信仰的缘故,他跟我们一起被流放到大都会广州。在那里,他写信给传信部和多明我会总会长。这位神父已经发了修道末愿,不是被任何人说服或者为了响应一些要求,而只是受真理之爱的驱使,他写道:"我非常认真并多次阅读过这本书②;我可以作证,这样的想法经常出现在我脑海中:如果没有神圣的启示或者其他来自天主的帮助,利玛窦不可能写成这本书。我真诚地亲手于1667年5月9日在广东省的都会广州写下这些话。白敏峩。"③

对于那些最有学问的进士——如徐光启、李之藻、杨廷筠、段衮(Petrus)④、王徵、瞿汝夔(Ignatius)⑤、韩霖(Thomas)、夏大常以及其他人——的善意和热情,我不想多说。利玛窦的这本书先分发给朝廷那些因学问和职位而闻名的官员,随后,再分发到帝国的其他省份、城市和乡镇。它几乎在每个人的心里都激起对神圣的法律和这个欧洲人的名字的惊讶、尊重和崇敬,以至于只要是有关我们的法律的讨论,你听到最多的就是"利玛窦",即Matteo Ricci,因为他第一个在朝廷宣讲基督宗教。他的名字和他

[cx]

---

① 注意这里拿依纳爵与利玛窦做的对比:在前往罗马的路途中(La Storta),依纳爵得到一个启示,基督说将会在罗马帮助他。 参见《圣依纳爵传》。

② 即利玛窦的《天主实义》。

③ 西班牙多明我会士白敏峩(1623—1683)的原文被翻译成法语并在杂志上出版,即 *Directeurs des Séminaires des Missions Etrangères*(《外方传教会修道院导师》),Paris,1701-04-18。 莱布尼兹于1709年8月12日写给耶稣会修士德斯·博斯(Des Bosses)的信件中引用了这句话。 参见 Christiane Frémont,*L'être et la relation*,*Lettres de Leibniz à Des Bosses*,Paris:Vrin Press,1981,pp.165-166。 当时的多明我会总会长是意大利人乔凡尼·巴蒂斯塔(Giovanni-Battista de Marinis,1650—1669)。

④ 或可能是马呈秀。

⑤ 或可能是孙元化。

来到中国的事迹都被记载在帝国首都的编年史上。在他的书出版七年之后,他在北京的宫廷里去世。皇帝本人下令并通过正式章程,赐给他一大片土地作为他的墓地。

利玛窦用这样的方式奠定了基督宗教的基础,其他耶稣会士马上受到这样幸运的成果和杰出的榜样的启发。他们怀着极大的热情,开始在中国建造基督宗教的大厦,还将会在至高神的帮助下把它建得越来越高。我在这里省略了利玛窦写的其他书;在那些书中,他对人世的空虚、死亡和永恒进行了哲学的思考。然而,既然我们谈论到那些书,首先要谈的就是利玛窦在朝廷上形影不离的同伴庞迪我。他深知精神的恶习和罪恶是这些高雅和骄傲的人接受天主教的最大障碍。因此,在阐述十二使徒信经之外,庞迪我特意花了七章来写七宗罪及其反面七大美德。他充分利用中国学人的博学、雄辩和智慧,赢得了与利玛窦相似的赞许和欢迎。即便那成癖的习俗还没有深深扎根,但是为了将中国人民从他们古老的疏忽中唤醒,天主高高在上的手臂和神圣恩宠的帮助显然是有必要的,而这种唤醒又避免不了某种健康的暴力。①

其他分散在各省的耶稣会士不断再版这两本用中文撰写的优秀作品。同样,受中国南方文人排挤的艾儒略毫不犹豫地用中文出版了利玛窦的生平事迹。② 为了神圣的荣耀,艾儒略还出版了一些其他著作。其中一本名为《万物真原》,其中,他精彩地驳斥了不敬神的教条和新儒家背离原旨的解

---

① 在提到利玛窦的《天主实义》之后,柏应理列出了一份耶稣会士用中文写的重要著作目录。1683年,也正是柏应理离开中国的那一年,他编写好1581—1681年间在中国的耶稣会传教士以及他们的著作的目录。 目录的标题是拉丁文: *Catalogus patrum Societatis Jesu qui post obitum S. Francisci Xaverii ab Anno 1581. usque ad Annum 1681. in Imperio Sinarum Jesu Christi fidem propagaverunt*(《1581年至1681年间在中华帝国传播基督宗教信仰之耶稣会神父目录》)。 在《孔夫子》出版前一年的1686年,柏应理在巴黎出版了此日录。 文中提到庞迪我的著作有《庞子遗诠》《七克》。

② 艾儒略:《大西西泰利先生行迹》。

释。在另一本书中，他还描述了我们救主基督和童贞圣母的生平事迹。① 而且，在福建省新成立的教会中，艾儒略勤奋地教导领洗、告解、圣餐这些圣事还有我们宗教的其他奥秘。② 艾儒略因美德和智慧而闻名，被中国的文人称为"西来孔子"。内阁大学士叶向高同许多名人一样，在朝廷上认识了利玛窦，他虽然不是基督徒，但想要提高自己的名誉，因而在利玛窦的书中写了一篇赞扬的序言，并盖上自己的印章。③ 许多其他在学问和地位上杰出的文人，通过将自己与利玛窦和其他耶稣会士的书扯上关系来提高自己的名誉。后来，为了基督宗教之名的最大荣耀和"无神论政客"的困惑出版了两本合集，其中收录了内阁大学士们所写的称赞的序言和其他重要人物为我们的著作所写的序言。在这里，我不应该提及那些显著的荣誉和头衔：它们被以金字写在纸上或者被刻在到处悬挂的木牌上，使我们的房子与教堂格外引人注目。后来，很明显天主支持艾儒略的发展，因为他在福建省的八个大城市建立了八座教堂，此外还有小一点的城镇。④ 因此，基督之名和基督信仰在中国南部得以广泛传播。

另一位传教士——高一志，应该获得同样的荣耀。他追随利玛窦的足迹，在中国的北方宣传基督宗教，取得同样的成功。他在韩霖阁老的保护下，在四十个不同的城镇建立了教堂。此外，他还为老百姓甚至文人建立了许多协会团体，让他们践行基督宗教的美德和信仰。他也出版了一些大部

---

① 艾儒略：《天主降生言行纪略》。

② 艾儒略：《弥撒祭义》《圣体要理》《涤罪正规》《悔罪要旨》。

③ 叶向高（1559—1627）最早于 1599 年在南京认识了利玛窦。在 1607 年担任大臣之后，他与利玛窦保持着密切的关系直到后者于 1610 年去世。1623 年，叶向高为艾儒略的《职方外纪》作序。他还为杨廷筠的《西学十诫初解》作序。尽管他与耶稣会交往甚深，但是却没有成为一名基督徒。

④ 在福建工作了二十三年后，艾儒略因建起了二十二座教堂和无数的礼拜堂并为一万多人施洗而备受称誉。

头的书,不仅对基督徒有用,对异教徒也有用。① 最后,到了从中国这片土地中收获灵魂和回报神圣荣耀的时候了:众多教堂献给了天主,大量信徒聚集到一起,许多堕落的习俗得以纠正,那迷信的空虚被揭露出来。几乎每个主题都有大量书籍流传,甚至可以传播到传教士的脚步不能够到达的最偏远的地方,虽然传教士的脚步非常迅速而且不知疲倦,但是相对于这拥有无数民众的庞大帝国而言传教士的数量还是很少。因此,我要说所有这一切首先要归功于神圣的恩赐和智慧,当然也归功于我们的利玛窦。因为他以美德和谨慎完美地为天主服务,他应该得到感谢和赞扬。

然而,在利玛窦过世几年后,有一个恶魔嫉妒我们取得的成功,于1615年煽动了针对我们的新教友和我们的第一次迫害。几年之后,因为进士们——不管是异教徒还是基督徒——用他们的权威维护我们基督宗教的清白,这场灾难才平息了。在他们的建议和努力下,一些奏折以他们和我们的名义或私下或公开地呈送给一些高官,然后经由他们呈递给皇帝。这些奏折解释了利玛窦的到来及其道德和智慧在各地获得的赞美和肯定。同时,还附上了基督宗教教义纲要,由"朝拜唯一的天主"和"爱邻人"两部分构成。关于这一纲要,中国人从他们最古老的文本中选用最恰当的词作为两个标题。虽然这些奏折被一些邪恶小人毁掉了,但是很难想象这些奏折在那些通情达理的人心里产生了多么大的影响。② 这样,就不再有针对基督宗教而发起的普遍阴谋了,只有这个人或者那个人的阴谋,这个"无神论政客"或者那个偶像崇拜者的阴谋,或者某个妒忌欧洲的智慧与名誉的人的阴谋。在明朝末代皇帝在位期间,有十八封反对基督宗教的谏书被呈送上去,但是都

[cxii]

---

① 从1624年到1640年,高一志(1566—1640)在山西绛州(今称新绛)传教。 参见梅谦立:《晚明的西方修辞学和话语团体的形成——以〈达道纪言〉(1636年)为例》,《基督教思想评论(第五辑)》,上海人民出版社,2007年,第257—270页;《晚明中国的文艺复兴教育——关于耶稣会士高一志〈童幼教育〉的初步研究》,《广东社会科学》2014年第6期,第119—130页。

② 南京教案(1615—1617)时期,为了拥护天主教会,徐光启写了《辩学章疏》。

被皇帝拒绝了；而且坚持呈送这些谏书的官员受到了惩罚，被贬职并罚了一大笔钱。由于涉及外国人——老百姓对外国人有着深深的敌意，罚款会引起中国人的极大嫉妒——因此，这位谨慎的皇帝要求汤若望放弃接受罚款。

长期的观察和经验证明，严重冒犯和惹恼中国人的，与其说是基督宗教信仰的规则和习俗，不如说是基督宗教对中国的所有学派，甚至包括当代文人们的谴责。的确，中国人在举办礼仪和仪式的时候，都会男女分开，分别召集男人和女人，让男女在同一时间和同一地点聚集在一起是不合法的。此外，他们不喜欢外国人在各省建立固定居所的速度，不喜欢外国人在追随者和弟子中的影响，也不喜欢外国人在异教官员那里所享受的特殊权利。最近几年，在鞑靼统治之下我们遭受一场严重的风暴，不过吸取了很多教训。我们被怀疑涉嫌叛乱，并被指控为虚假而堕落的宗教。①

但是天主怜悯我们，那些不敬神者的诽谤最终被揭穿。基督宗教在该国庄严的会议上，通过法律被宣布为清白和正直的，并通过皇家法令向各省宣布。② 这样的关怀和爱护来自鞑靼统治者③——缺乏安全感使得他害怕一切——自己，他给予我们罕有的荣耀和偏爱，允许我们修会的神父留在朝廷，执行基督宗教礼仪，并享有和以前一样的自由。然后，他默许所有其他耶稣会士返回他们的原居地。④ 1675 年 7 月 12 日，他批准了我们神圣的信仰。当他亲临我们的教堂和屋舍时，在一块木牌匾上用皇家的毛笔写下两个字"敬天"，即"尊敬上天之主"，并盖上皇家印章以证明这两个字。我们三

---

① 这里指的是"历狱案"，1664 年由杨光先挑起，造成汤若望被监禁，在华的大部分传教士被驱逐到了广州。

② 这里指 1671 年 1 月 31 日的法令。

③ 即康熙。

④ 1671 年 1 月 31 日的法令没有赦免传教士们的罪，而只是授权部分的传教士从广州回到朝廷工作，其他人回到他们自己的教堂。事实上，传教士们到了 1671 年 9 月才能离开广州，而且，他们无权再建立新教堂和接受新教友。

个等级的教堂和屋舍前都挂起了牌匾的副本,使之对基督宗教信仰和未来的传教士们产生巨大的影响。①

---

① 康熙赐予题字的事件稍晚于1671年本卷第二部分的初稿,是由柏应理后来加到手稿里的(p. 257,r)。 事实上,在1692年,《孔夫子》出版五年后,康熙皇帝才颁布了所谓的《对天主教的宽容诏书》。 耶稣会的居所被区分为三个等级:主要住宅、其他住宅和传教用房。

结 语

这就是前言的终点了——其体量大小和论证使其可以被当作独立的一 [cxiii]
本书。在这篇文章中,我们似乎忘记了是在为欧洲人写作,而对他们来说,
少许文字就足够了。我们希望,当他们考虑到我们必须处理的是一个时间
跨度长达两千多年且事关重大的问题时,他们会出于善意而原谅我们的啰
唆。因为我们试图证明古代中国以及儒家的许多礼仪是正确的,以避免它
们受到无神论的怀疑。还有另一个理由,我们是为了那些准备到中国来传
播真理的欧洲人才写的,我们希望他们来时不会沾染上这种怀疑,因为它不
但不符合事实,而且会带来其他的不便:它分散了基督的士兵的注意力,使
他偏离了正当的目标,而借此他可以在基督的引导和支持之下,成功地攻击
那些迷信者和无神论者并征服他们。①

另外,通过讲述、解释和比较的方式,将我们自己的事情同中国的事情
放在一起来追问,也是非常适宜的。我们讲述了那些为这片土地带来福音
之光的人的初次努力与勤奋。我们论述了中国人的道德与政治科学。我们
评论了他们的经典与最重要的——或新或旧的——文献。我们谈及了不同
的教派——一些是本地的,一些是外来但已在此扎根的。在某种程度上,我
们也阐明了《易经》的自然哲学——一部关于变易的最古老的书。其他事
情,则留待有敏锐才智的欧洲人去讨论吧。最后,我们详细讨论了古代及后
世文人们所建立的万有的原则,讨论了他们中有人显然已经知道了真神,讨
论了他们用来称呼真神的名字,讨论了他们关于真神和真宗教的知识繁荣
了多久。虽然时间湮没了对真神的认识,但它还是在中国持续到了周幽王
时代——幽王是第三个朝代周朝的第十二个皇帝,大约在孔子诞生前两百
年,基督诞生于八百年前。我们不想以此为我们自己观点的可靠和明显的
基础,而是将这整部论述留给欧洲人去评判。我们只需指出一点就已经足
够了:从大洪水时代开始——不管你用七十子译本还是通俗拉丁文本《圣

---

① 按照上文,迷信者是指道教、净土宗。 无神论者指禅宗、宋明理学。

经》计算——中国的先民就已经认识了真神,并且称之为"上帝",即"至高君王"或者"天"。

[cxiv]　　孔子及其学说的诠释者张居正——生于靠近荆州城的湖广省江陵镇——在注疏的丰富和风格的清晰上,无人能出其右。因此,张居正被擢升为十岁的万历皇帝的教师和内阁首辅。他生病时,他的皇帝学生来探望他,并送上亲自熬的汤药。张居正死后谥为"文忠",即"杰出的文才和忠诚"。皇帝指派一位官员并委以重任,庄严隆重地将张居正的遗体送回他在湖广省的祖坟。① 然而,在他死后的第二年——万历十二年,他遭到一些政敌的猛烈谴责。皇帝颁布诏令,剥夺张居正及其后裔的爵位,把他所有的家产充归国库。②

但是,当大臣们提议为了彻底清除关于张居正的记忆,要焚毁他的著作和注疏时,万历皇帝拒绝了,说:"书又没有错,为何要焚毁这些有用而无害的书呢?"然而,为何我们挑选这样一位诠释者是合适的,而非其他人呢? 因为他的注疏流传甚广,并为传教士们所看重。虽然他是近世的注疏者之一——实际上是最近的,但他似乎更可信,其著作中的谜团和新奇之处比其他的解释者更少。因此,我们主要追随他。因为他的文风比较华丽,以取悦中国年轻人③,所以我们做了一些调整来适应欧洲人的口味。虽然如此,我还是要承认,我们无法避免对啰唆的指责。如果我们写下这些不仅是为了给在华传教士们使用,还是为了满足欧洲人的好奇心,那就不是我们刻意为

---

　① 《明史·列传第一百一》:"及卒,帝为辍朝,谕祭九坛,视国公兼师傅者。 居正先以六载满,加特进中极殿大学士;以九载满,加赐坐蟒衣,进左柱国,荫一子尚宝丞;以大婚,加岁禄百石,录子锦衣千户为指挥佥事;以十二载满,加太傅;以辽东大捷,进太师,益岁禄二百石,子由指挥佥事进同知。 至是,赠上柱国,谥文忠,命四品京卿、锦衣堂上官、司礼太监护丧归葬。"

　② 《明史·列传第一百一》:"新进者益务攻居正。 诏夺上柱国、太师,再夺谥。 居正诸所引用者,斥削殆尽……后言者复攻居正不已。 诏尽削居正官秩,夺前所赐玺书、四代诰命,以罪状示天下。"

　③ 指年轻的万历皇帝。

之了。的确,我们并没有忽视通过编年史和年表来满足他们的好奇心:我们仔细地从古代的书籍与记录以及中国的编年史中整理出一个编年史和系谱年表,它们很适合作为本书的附录。再会了,请把中国交给至善至尊的天主吧。当你考虑到中国人民的伟大与众多,或是他们的道德与性格的成熟,或是自然的创造者赋予他们的杰出光芒时,为了推动中国的皈依和永恒的拯救,似乎值得整个欧洲全力以赴。

驻罗马的中华传教区代表
耶稣会士菲利普斯·柏应理

附1：

孔子像

[cxv]

(梅谦立拍-获得北京语言学中心许可)

图片说明：

孔夫子(或孔子)，尊称仲尼，出生于今山东曲阜，乃中国的"哲学之父"。他的父亲叔梁纥曾任陬邑的地方行政长官，母亲名征，出身于显贵的颜氏家族。孔子出生于第三个朝代(即周朝)第二十三个皇帝灵王统治的第二十一年，其时公元前551年。孔子有三千弟子，其中七十二个弟子出类拔萃。在这七十二个弟子中，正如我们在皇家书院(即孔子庙)所看到的，有十个人被选出来，他们的名字刻在牌位上。在经过一番徒劳的努力和实践，对其时代和统治者的改革绝望之后，孔子离开了人世，享年七十三岁，其时正是周朝第二十五个皇帝敬王统治的第四十九年。孔氏血统一直延续到1687年。孔子的第六十八代嫡系后裔如今居住在孔子的故里，并享有公爵的头衔。到这位后裔为止，孔氏血统延续了整整两千两百三十八年。

[cxvi]

附 2：

中国"哲学之父"孔子生平

[cxvii]　　孔夫子(或孔子)更为人熟知的名字是丘,字仲尼,中国人追随他并尊他为"哲学之父"。孔子生于鲁国(今称山东省)昌平乡陬邑村,靠近今天的曲阜——曲阜现归兖州市管辖。① 他生于公元前 551 年②,庚子十一月十三日深夜两点。当时是第三个朝代(即周朝)第二十三个皇帝周灵王统治的第二十一年——第三十六轮甲子的第四十七年庚戌年③,也是鲁襄公二十二年——当时襄公统治着鲁国。④

　　孔子的母亲名征,出身于显贵的颜氏家族。父亲叔梁纥,出身高贵显赫,在宋国做大司马。中国的编年史和附有年表的家谱清楚表明⑤,孔子的祖先可上溯至商朝第二十七个皇帝帝乙。孔子出生时,叔梁纥已年近七十,在孔子三岁时,父亲离开人世。⑥ 母亲在抚养孔子二十一年后过世,与丈夫合葬于鲁国东面的防山。⑦

　　直到孔子六岁,人们从来没有看到过他与同龄孩子玩耍,他早熟,言行举止像个大人。在举行"俎豆"这一古老的宗教仪式之前,孔子决不会触碰

---

① 该传记第一部分主要节选自司马迁的《史记·孔子世家》。 这里,我们会指明相应的段落,即司马迁《史记·孔子世家》:"孔子生鲁昌平乡陬邑。"此外,该传记还参照了其他资料的一些评注。

② 显然,这是耶稣会士所做的纪年,这种纪年西方至今仍在沿用。

③ 第一个六十甲子始于黄帝统治时期,即公元前 2697 年。 第三十六个六十甲子始于公元前 597 年。 参见《中华帝国年表》。

④ 《史记·孔子世家》:"鲁襄公二十二年而孔子生。"

⑤ 司马迁并未记载孔子的贵族血统据推测可以上溯至帝乙一事。 殷铎泽在此引用了《孔子家语》的不可靠记述。 柏应理在写给路易十四的信中表示赞同殷铎泽的看法,即认为孔子有王室血统。

⑥ 司马迁提到孔子出生时他的父亲就过世:"丘生而叔梁纥死。"司马迁暗示叔梁纥结婚晚,但未提及叔梁纥的确切年龄。 叔梁纥七十岁生子似乎不大可能。 据《孔子家语》,孔子三岁时,父亲去世。

⑦ 原文此处有个小小的错误:不是"东防山",而是"防山",此山在鲁国东边:"鄹人袂父之母诲孔子父墓,然后往合葬于防焉……葬于防山。 防山在鲁东。"

附 2：中国"哲学之父"孔子生平　　181

那些向上天祭祀以示宗教敬畏的供物。① 孔子十五岁时,开始全身心投入到那些最有价值的典籍当中,并舍弃了一些用处不大的资料。他拣选最好的文献,使其在自己的生活中得以体现,再将其展示给那些想要仿效的人。② [cxviii] 之后,他还跟孟懿子和南宫敬叔探讨什么样的公共仪式值得学习。③ 十九岁时,或按照其他人的说法是二十岁的时候,孔子娶亓官氏,孔子非常爱他的妻子。④ 婚后第二年,亓官氏生儿子伯鱼。孔妻亓官氏先伯鱼三年离开人世,伯鱼五十岁时过世,孔子时年六十九。然而,多亏了孔子的孙子子思,孔氏血统没有因伯鱼的去世而终止。⑤ 子思赞美祖父的名望和哲学,评注祖父的书,并身居要职,最终孔氏血统延续至今,并享有非同一般的财富和权威。⑥

---

① 司马迁提到孔子学习礼仪但未提及当时的年龄:"孔子为儿嬉戏,常陈俎豆,设礼容。"

② 司马迁并未提及。

③ 《史记·孔子世家》:"懿子与鲁人南宫敬叔往学礼焉。"我们应该特别指出殷铎泽所提及的礼仪是"民间的",而非"宗教的"。

④ 司马迁未提及孔妻亓官氏的名字。

⑤ 《史记·孔子世家》:"孔子生鲤,字伯鱼。伯鱼年五十,先孔子死。伯鱼生伋,字子思,年六十二。尝困于宋。子思作中庸。"孔子子孙的传记资料在司马迁记述文章的结尾,而不像这里是在文章开头。

⑥ 由殷铎泽的文本看出,柏应理删除了一个段落,他可能断定它没有必要:"有关这一点即他的祖先比非洲或者欧洲的贵族血统更加久远。耶稣会神父兼杰出的中国专家汤若望毫不迟疑地断言孔子的这位后代曾到过北京,并且自己偶然见过他,而这位后代依中国所显示的礼节极为敬重地与汤若望见面。如果我们能够恰当地追述四千多年前统治中华民族的最古老的帝王们,我们就会想到儒家的世系应该被追溯成汤禹皇帝 (Chim-tam-yu-hoam-ti)。我们对古代的这些记述没有怀疑,因为中国的编年史是可靠的。" (nulli fortasse familiarum, quas vel in Africa, vel in Europa nobilitatis antiquas commendat, postponenda. Sic quidem affirmare non dubitavit P. Ioannes Adamus Schall, Soc. Iesu Sacerdos, vir Sinarum rerum peritus in primis, cum forte is, qui hac aetate Philosophi nomen, ac stirpem tuetur, eum Pekini visendi gratiâ, nec sine muneribus qui mos est gentis adivusset: quod si meminerimus primam Confucianae stirpis originem ab antiquissimis peti Sinicae gentis Imperatoribus Chim-tam-yu-hoam-ti; hunc autem iam ante annos 4. Mille & amplius Sinis imperavisse, nullus utique de tantâ nobilitate dubitandi locus nobis erit, si modo Sinarum chronicis fidem quam merentur dare placuerit)" 参见殷铎泽:《中国政治伦理知识》。

孔子在各处担任官职并赢得了很高的赞誉。事实上,他之所以热衷于这些职位和权威,只是为了公共事务和传播自己的学说。一旦发现自己的愿望落空,孔子便辞官,转去别处任职。如此这般发生过好几次,而且在孔子五十五岁时,有很明显的证据:他在鲁国担任"Mandarinus"——在此我沿用葡萄牙人的说法,他们习惯如此称呼管理公共事务的中国人。① 在三个月内,他使得鲁国法制严明、习俗敦化、事务井井有条。②

邻国的国君和竞争者们心生嫉妒和恐惧。他们清楚地知道,保存和巩固国家不是靠别的,正是得益于遵纪守法。因此,针对那么卓越的政治方法,齐国的国君与权贵们设计了一个阴谋。他们向鲁国国君敬献了一些礼物——漂亮的女子、歌姬和其他诱人的妆奁——以隐瞒自己的阴谋。③ 不明真相的鲁君接受了这些狡诈的礼物,很快沉迷于愚蠢女人的殷勤之中。大臣们也沉迷其中,这种情况持续了整整三个月。鲁君沉溺于新宠,无心朝政,也无人能接近他。

在这种情形下,孔子无法接近君王,他对此也不能容忍,于是辞官离开王宫。④ 孔子流寓至齐、卫、楚。⑤ 然而实际上,这些国家也不懂欣赏别国所嫉妒的人才:孔子同样未被接受,甚至被迫到陈,在那里被困至绝粮。不久,

---

① 拉丁语中的"mandarinus"一词来自葡萄牙语,该词源于马来语"mantri"或者印地语"mantri",意为"大臣"。

② 司马迁就孔子的成就给出了更多的细节:"与闻国政三月,粥羊豚者弗饰贾;男女行者别于途;途不拾遗;四方之客至乎邑者,不求有司,皆予之以归。"我们的文本略去了孔子在鲁国任职时的一些重要事件,比如他在五十三岁时晋升为大司寇。

③ 《史记·孔子世家》:"齐人闻而惧,曰:'孔子为政必霸,霸则吾地近焉,我之为先并矣。盍致地焉?'黎弥曰:'请先尝沮之;沮之而不可则致地,庸迟乎!'于是选齐国中女子好者八十人,皆衣文衣而舞康乐,文马三十驷,遗鲁君。'"

④ 《史记·孔子世家》:"陈女乐文马于鲁城南高门外,季桓子微服往观再三,将受,乃语鲁君为周道游,往观终日,怠于政事。"

⑤ 《史记·孔子世家》:"子路曰:'夫子可以行矣。'孔子曰:'鲁今且郊,如致膰乎大夫,则吾犹可以止。'桓子卒受齐女乐,三日不听政;郊,又不致膰俎于大夫。孔子遂行,宿乎屯。"

孔子流寓至宋,多次被恒魋——一个有权力但臭名昭著的人——追杀。① 但是,即使陷于如此多的麻烦之中,且常常危机四伏,孔子也没有气馁,为了传播自己的学说,为了正义,他随时准备牺牲自己。他依赖自己的良心和上天的佑助。他也认为,一个人如果完全依靠上天的照顾,便不能被任何东西真正地伤害。直至生命终了,孔子都充满着热情,孜孜不倦地在整个帝国传播更健康的学说。他的热情难以被祖国的边界所束缚,他不止一次地想出海航行,去往更遥远的地方。

孔子有三千弟子,其中五百人脱颖而出,在不同诸侯国担任官职。在美德和学问上比其他弟子更优秀的有七十二人,他们的姓名、字和出生地点被准确地记录下来。孔子为自己的学说创立了四科,并把弟子们分化等级。② 最高等级的科致力于培养美德。这一等级的杰出者为闵子骞、冉伯牛、仲弓和颜渊。在所有弟子中,孔子最爱颜渊,并一直痛惜他英年早逝——众所周知,颜渊三十一岁过世。第二等级,即言语科,致力于思辨和演说。其中的佼佼者是宰我和子贡。第三等级,即政事科,致力于治理国家和管理公共事务。其中,冉有和季路最为卓越。第四等级,也就是最后一个等级为文学科。这一科旨在通过恰当而优美的文笔表达伦理方面的事情,其中两个尤其受赞美的弟子是子游和子夏。这十个人是七十二弟子当中最杰出的,如同儒家之花。③

孔子的个人努力及其整个学说,先是侧重于使已经被黑暗遮盖、被恶败坏的本性回归到原初的光明和善,如同被"天"创造时的那么完整。接下来,

[cxix]

---

① 司马迁未提及,但在《孔子家语》中有此记述:"天生德于予,桓魋其如予何!"(7.23)。

② 关于孔子学生的叙述,引自《史记》的另一章节《仲尼弟子列传》:"孔子曰:'受业身通者七十有七人',皆异能之士也。 德行:颜渊,闵子骞,冉伯牛,仲弓。 政事:冉有,季路。 言语:宰我,子贡。 文学:子游,子夏。"我们的文本在四科的等级上与司马迁的有所不同。

③ 十个弟子的列表引自《论语》(11.3)。 值得注意的是,此处是西方最早明确运用"儒家学说"(Schola Confuciana)这一术语。 后来,这一术语演变为英文的 Confucianism。

要形成一种有节制的、公正且高效的状态,最重要的是国家的和平也可能随之而来。而为了真正达到这个目标,孔子希望人们敬天、爱人、克己复礼,即服从天、敬畏天、朝拜天,如同爱自己一样去爱邻人,通过理性控制自己的欲望,非礼勿动、非礼勿言、非礼勿视、非礼勿听。孔子用文字和言语教授这些学说。更重要的是,他以身作则。① 关于这一点,许多杰出人士能提供确凿的证据。这些人会聚于孔子的门下,孔子所行所言,无论多么细微,由于亲眼所见,他们都会传述给子孙。② 众多统治者的赞誉和几千年的尊敬——关于这点,我们马上会提及——能证明,孔子有着真正的美德,而不只是徒有其表。为什么这么说呢?因为我们的时代并不缺乏文人,这些人或者已经皈依基督宗教,或者至少通晓基督宗教的完善与神圣,他们毫不怀疑地断言:孔子如果生活在我们的时代,肯定是第一个皈依基督信仰的人。

显然,孔子的追随者们宣称孔子是这样一个人:非常严肃(即义)、身心节制(即智)、值得信任(即信)、服从礼仪(即礼)、异乎寻常地温和(即仁)。孔子善于反省自己。他藐视权力和荣誉,他唯一不倦努力的就是向更多的人传播自己的学说。因此,欧洲人所钦羡的他的谦恭,正是我们欧洲的古代哲学家所缺乏的。孔子不仅在提及自己的成就时极为谦逊,甚至公开自责:没有积极主动地学习,没能坚持自己的学说,在改正自己的错误方面不够努力,也没有努力实践美德。③ 孔子坦言说,他的学说实际上并不是他自己的,而是来自古代,尤其是比自己早一千五百多年的立法者尧、舜的学说。此时,他实际上提供了灵魂的谦逊和纯粹的最确凿的证据:尽管总有人假定孔子生而知之,甚至对此进行宣传,但孔子拒绝这种说法并明确否认自己能达到尽善尽美的程度。④ 据一些中国人说,他经常说"西方有圣人",不过,圣人

---

① 我们在此处看到对《大学》开头的随意翻译。
② 从此处开始,殷铎泽不再翻译任何中文文本,而是进行有利于孔子的论述。
③ 从基督宗教的观点来看,此处暗示孔子并非没有罪孽。
④ 《孔夫子》没有把孔子神化。 从其出生和成就来看,他仍旧是人。

是谁或者与什么有关,并不清楚。①

实际上,65年,第三个朝代汉朝的第十七个帝王汉明帝被孔子的话所鼓动,甚至有西方的英雄托梦给他。由于考虑到安全,明帝没有亲自前往,而是派遣了蔡愔和秦景作为他的使节朝着日落的方向,寻找这位圣人及其学说。蔡愔和秦景在离红海不远的一个岛登陆后,没敢继续往前航行,于是把某个神像和被称为"佛"的人像——"佛"差不多在孔子之前五百年就在印度盛行了——及其令人憎恶的教义带回中国。如果他们带回的不是这个祸根,而是当时圣多默宗徒在印度所宣传的基督救恩的教导,那么他们就会更幸运,而且能永久地造福自己的祖国了。②

不过,我认为人类的幸福以及由此而产生的富裕、强大和兴盛的民族的骄傲,有可能阻断通往真正幸福的道路。因此,当中国人敬拜更多的神像,并以热烈追逐新迷信的国王为榜样时,他们便逐渐背离了孔子真正的学说和古人的谆谆教诲。最终,由于蔑视一切宗教,他们陷入了无神论。实际上,佛陀或释迦的教义引导文人和更聪明的人成为无神论者,而对于普通民众来说,佛陀或释迦不过是偶像崇拜的导师罢了。当然,这个最堕落的骗子和无神论的王子拥有"双重教义"。一方面他教导说万事万物无始无终,追随这一教导的人是无神论者,称这一教导为"密义"和"内在教义"。而另一方面,他们称为"外在教义"的不过是学说的表面文章,仅仅是为了适应普通

---

① 此处可能引自《列子·仲尼第四》的章节:"孔子曰:'三皇善任因时者。 圣者则丘弗知。' 商太宰大骇曰:'然则孰者为圣?' 孔子动容有闲,曰:'西方之人有圣者焉,不治而不乱,不言而自信,不化而自行。 荡荡乎民无能名。 丘疑其为圣,弗知真为圣欤? 真不圣欤?' 商太宰嘿然心计曰:'孔丘欺我哉!'"这种引用是有问题的,因为这本书并不属于儒家经典,而是属于道家。 在本卷第一部分第二章中,列子是被视为非正统且充满道家意味的而被提及。 在此,孔子扮演《旧约》中的先知,孔子,如同先知,预知耶稣基督的来临。

② 利玛窦在《天主实义》(第591号,第251页)中对此故事有更早的记述。 本卷第一部分第四章也简略提到。 耶稣会上对明帝的梦的真实性没有表示任何怀疑。 中国人期待圣人的到来,但定义圣人时犯了一个错。 这一故事发现于《后汉书》,而不是司马迁的《史记·孔子世家》。

民众以及无知者的迷信。然而,毫无疑问,孔子没有受到这个祸根的影响。在我们这个堕落的年代,即使是那些偶像崇拜者也不敢说孔子是一个偶像崇拜者。而且,孔子和中国的整个古代都与无神论保持着距离,这一点正如我们在《中庸》的评注中所提及的那样。

[cxxi]　　孔子七十三岁时去世,其时为己丑年四月——第三十七个甲子的第五十九年壬戌年。① 当时正是周朝第二十五个皇帝周敬王统治的第四十一年②,也是鲁哀公统治孔子家乡鲁国的第十六年。孔子重病前不久,时代的骚乱令其悲恸,昏迷中,他听见有天鹅在唱:"大山崩倒了(孔子想到了自己的学说)!屋梁倒塌了!智者和圣人的才思枯竭了!"③随后孔子更加虚弱了。死前七天,他召集弟子们说:"昨夜,我梦见自己的葬礼在皇宫举行。可是,如果君王们都不重视我的学说,我们的国家还有谁会遵循和支持我的信条呢?我唯有一死,这信条才能幸存。"④说完这些,他像睡觉似的昏迷了整整七天,最后与世长辞。

　　因为孔子及其弟子基本在鲁国境内活动,他便被葬在老家鲁国。此地靠近曲阜,位于泗水岸边。他曾经教过学的书院如今被围墙环绕,与外面隔离,如同一个城市。在书院里,身着哀服的弟子们通过斋戒、哭泣的方式为他们的老师服丧,丝毫不亚于儿子为父亲服丧。服丧持续了一年。而有些弟子则持续守丧整整三年。实际上,子贡在此地持续守丧六年。⑤ 孔子身材高大,中国人确信他是个巨人;宽厚的臂膀和宽广的心胸,使他受人尊敬并

---

　　① 《史记·孔子世家》:"孔子年七十三,以鲁哀公十六年四月己丑卒。"
　　② 此处的四十一年与前文的四十九年不一致,但原文如此。
　　③ 《史记·孔子世家》:"太山坏乎!梁柱摧乎!哲人萎乎!"
　　④ 此处对司马迁的原文略有修改:"天下无道久矣,莫能宗予。夏人殡于东阶,周人于西阶,殷人两柱间。昨暮予梦坐奠两柱之间,予始殷人也。"
　　⑤ 《史记·孔子世家》:"孔子葬鲁城北泗上,弟子皆服三年。三年心丧毕,相诀而去,则哭,各复尽哀;或复留。唯子赣庐于冢上,凡六年,然后去。"

显得尊贵。① 因前额高凸,父亲给他取名为"丘",有小山之意,因为小山的样子显示某种凸出,孔子之名由此而来。② 这个谦恭的人也用这个名字来称呼自己。正如中国人说的那样,他脸宽,皮肤黝黑,眼睛深邃,头发乌黑,蓄着长胡子,鼻子扁平,声如洪钟。

两千多年来,中国的子孙后代给予孔子如此多的敬仰,尤其是对他的著作和学说的敬仰——不是我,而是整个国家乃至精英阶层都这样认为。所有信仰儒家学说和儒家著作的人,为了赢得晋升机会而参加考试,最终获得了财富、荣誉和显赫的头衔。每一个乡镇和城市都创建了孔子书院。而且,文人出身的官员每当路过书院门前,都会立即从华丽的轿子中下来,步行几步,再上轿继续前行,以示对孔子的尊敬。在我们所说的书院大厅的正门上,可以很清楚地看到用金字写的封号:"致伟大的老师、文人杰出而神圣的王",或者"致被赋予最高智慧的人"。而且汉、隋、唐、宋、元各朝的帝王或者西方的鞑靼人也用相似的话语来表达对孔子由衷的敬仰。

[cxxii]

然而明朝——早于目前东方鞑靼人统治的清朝——开国皇帝严禁在其统治期间敬拜孔子。③ 只有经过他的同意,才可以祭奠"先师",即祭奠已逝老师的生平,而他在世的学生不能用任何仪式纪念孔子。此外,皇帝也明令禁止在书院里竖立孔子及其弟子们的雕像,他说逝者的精神不一定非要通过神像来敬仰,通过仪式能达到同样的效果。他下令只能供奉牌位,上面写有每个人的头衔和名字。这些牌位纯粹是纪念性的,但确实是孔子及其弟子们的替身。这也正是祖先的牌位之所以存在的理由。因此,在那些献身于儒家经典的人那里,在他们的后代那里,对孔子及其弟子的忠实记忆不应

---

① 司马迁在此给出了精确的身高,《史记·孔子世家》:"孔子长九尺有六寸,人皆谓之'长人'而异之。"

② 《史记·孔子世家》:"生而首上圩顶,故因名曰丘云。字仲尼,姓孔氏。"

③ 殷铎泽的两行文字从此处开始被删除。柏应理增加了讨论孔子的荣誉的内容。明代开国皇帝朱元璋声称自己对尊孔的独断是为了坚持他自己的政治权力,而不是如柏应理所言因为惧怕偶像崇拜。

消亡。这些牌位比起我们欧洲的画像——它们优雅地向朋友和宾客描画出祖先们栩栩如生的生活图景——来说,错误更少。我们可以毫不犹豫地说孔子更值得尊敬。我们毫无冒犯之意地观察中国人在这些牌位面前的跪拜行为。我们也毫无冒犯之意地注意到:当一个欧洲人有机会在父亲或国王面前行礼时,我们看到的是脱帽致敬,正如我们最近看到暹罗王的使者所做的那样——当他们在伟大的路易的画像前经过时,马上止步,作揖,整个身体前倾,就好像被无比的威严所折服。①

实际上,儒家的敬拜和礼节无疑是民间性的。② 他们不是在庙堂,或者有塑像的内殿行礼——在庙堂和内殿行礼是被国法禁止的,而是在向文人们开放的书院里行礼。在书院,他们由司仪主持行礼,他们中有一部分是穆斯林,却没有任何宗教的顾虑,但憎恶迷信和异教徒的神像。在此我将不谈论"无神论政客"。当那些从青少年时期就中了偶像崇拜之毒的文人——这些人属于一个小群体——要通过考试以获得书院的职位时,要么首先向家神请教并祈求其神威和力量,要么到神鬼的公共殿堂祈祷,希望有助成功。他们完全没有想到要去孔子书院,而是去了菩萨庙,而菩萨是一个很大众化的偶像。在中国,向孔子拜见、祈祷或希求某事某物,的确是闻所未闻的。

事实上,这更证明儒家的礼节纯粹是政治性的。③ 我们可以从以下的事实得知这一点:在书院里,不仅供奉着孔子的大牌位,七十二个弟子的小牌位也分侍左右,而且还供奉有其他圣贤和重要人物的牌位——他们的学说,以及他们对公职的尽职尽责在得到诸多证明之后,通过地方官员为皇帝所知。借着公众的推荐和君王的好感,孔门弟子的数量一直在增加。他们的名字被写在小牌位上,和写有其他人名字的牌位摆在一起。事实上,当他们

---

① 这是柏应理对殷铎泽文本的一个明确补充,柏应理曾目睹了凡尔赛的暹罗大使。

② 利安当认为,儒家敬奉"绝不是政治性的,而是绝对迷信的"。参见《关于大中国传教区的若干问题》,第 53 页。

③ 殷铎泽上面提到儒家的礼节纯粹是民间的。 柏应理在此补充说这些礼节是"政治性的"。

在每年的固定时间携带供物随地方官吏到书院时,当他们在众人面前向祖先行跪拜和叩头的礼节时,孔门弟子赢得了最高的评价。

有一位后裔与孔子在相貌上很相似,他如今居住在孔子的故乡。① 显然,我们现在谈论的这位后裔,在前面已经提到过。虽然已过去两千两百多年,超过六十八代,但是所有人都尊敬这位后裔,以此来纪念他的祖先。每当他来到皇宫,鞑靼的皇帝顺治都会依照礼节尊敬地接待他,康熙皇帝也采取同样的做法。这位后裔长久享有世袭的尊贵和头衔——"公",并拥有不用纳税的罕见特权。当时,只有有皇室血统的皇子不需纳税给皇帝。每隔三年,所有被提升到进士的人都将对孔子表达感激之情,如同向密涅瓦(Minerva)敬献供物一般,但因这种感激之情不能献给孔子,便献给了他的后裔。②

我们欧洲人应该赞美和钦羡的是:中国虽然历经各种各样的命运,经历了各种战争和灾难,并见证了每个当政王朝的崛起与衰亡,但是,我刚刚提到的,对孔子的敬仰,以及后世对孔子的感激的记载从未中断过——如果我们排除孔子去世三百年后的那个短暂朝代,其时正当第四个王朝秦的第二个统治者秦始皇统治,他不仅憎恨书籍,而且对待文人也极为野蛮。但秦始皇一去世,大部分书籍又可以正常传播。今天,我们可以看到孔子的名望在鞑靼人那里也获得了荣誉。

显然,这些荣誉和谥号的意义在下面这个例子中比在任何其他地方都更明显。明代的第三个皇帝永乐在参拜书院时,向孔子致敬,并发布了如下法令:"我自己尊孔子作为帝王的老师。帝王是人民的主人,但是孔子提出了教育人民的学说:三纲,即君臣、父子、夫妻;五常,即普遍美德的五项标准(仁、义、智、信、礼);以及中华帝国的伟大秩序和格局。正如我所说,孔子宣 [cxxiv]

---

① 柏应理在加入了一些关于孔子牌位的讨论后,回到了殷铎泽的文本。
② 密涅瓦,古罗马神话中的智慧之神,相当于希腊神话中的雅典娜女神。

扬这些学说教导所有世代。因此,对我来说,参拜书院,并为已故老师的生平、智慧和思想写颂词以便为文人们提供优秀的学说是再恰当不过的了。"①

细心的读者将会明白:孔子的权威对福音的传教士而言大有裨益。在孔子的国家,人民总是热衷于他和他的书,无论何时都可以拿来——而事实上也确实能够——肯定基督宗教的真理。如同过去我们看到外邦人的使徒圣保禄在雅典人中采用希腊诗人的权威。

在此,留给我们这个传教团的那些典范(这个传教团的建立源于他们的美德和智慧)警示我们:铭记他们的榜样,在中国,我们应该适度地赞美孔子,以便通过我们的证据和权威使他更加崇高,尤其是在一个天生骄傲且排外的民族中。然而,更应警示我们的是:既然整个国家如此珍爱并尊敬孔子,那么就应当避免在言谈和文字上去谴责或攻击他,以免引起这个国家对我们以及我们所宣扬的基督宗教的反感。如果我们要强烈鄙视和谴责这样一个一贯凭理性教导人们且因知行合一而受赞誉的人,那么我们欧洲人就会被认为——至少在中国人看来——不是在与他们的老师而是在与真理本身作斗争,我们试图熄灭的不仅是孔子之名,而且是理性之光。

---

① 未在殷铎泽的文本中找到永乐的这则法令,显然是由柏应理补充的。 原文如下:"孔子,帝王之师。 帝王为生民之主,孔子立生民之道。 三纲五常之理,治天下之大经大法,皆孔子明之,以教万世。"参见《明太宗宝训》卷四十一。

附录：拉丁文原文

LUDOVICO MAGNO REGI CHRISTIANISSIMO.
EPISTOLA.

[iii] *Postquam ab altero non ita pridem Orbe*, REX MAGNE, *adierunt cum insigni apparatu potentissimi Siamensium Regis Legati, exciti videlicet virtutis ac sapientiae tuae famâ, quae remotissimas in oras jamdudum penetraverat; adest nunc ab extremo procul Oriente Princeps è* [iv] *Regio Sinensium Imperatorum Sanguine*, Confucium *appellant, uno Sinensium consensu habitus omnium, qui unquam apud eos floruerunt, Sapientissimus et Moralis Philosophiae pariter ac Politicae Magister et Oraculum.*

Ab hujus ore, sicuti quondam pendebant tria Discipulorum millia, ita modo ex ejus effatis amplissimum gubernatur imperium, statuuntur leges, Gentis mores et civilia componuntur officia, denique in ejus doctrina perdiscenda summorum Reipublicae honorum ac Magistratuum obtinendorum spes una et ratio continetur. Hujus memoriam, libros, nomen ipsum Sinae omnes, mirificè colunt, ipsíque adeo imperatores qui ad eas, ubi docebat olim, aedes (quae tanquam sapientiae sacraria servantur) ejusque gymnasia venerabundi ventitare non dedignantur: nec sane immeritò; quippe qui ab tanto Magistro didicerint Summum coeli, ut vocabat ipse, Imperatorem Regnorum omnium ac Imperiorum moderatorem et arbitrum adorare ac timere, subditos sibi populos aequitate magna et charitate regere, fovere artes, orbem denique Sinensem domi tot jam annos ac militiae florentem, sanctissimis institutis legibusque moderari.

Hic igitur ille Confucius *tibi se sistit*, REX MAGNE, *curis tuis et Regia liberalitate in*

Gallias veluti deportatus, et ad Majestatis Tuae pedes provolutus accedit, palam admiraturus sapientiam tuam, et suam illam, etsi apud populares suos incredibili fama et existimatione jactatam, Tuae tamen nihilo secius, quam Soli Stellas, decedere confessurus.

Haerebit ille, opinor, ad primum aditum atque conspectum, et admiratione simul gaudi óque defixus repertum sibi [v] tandem Principem illum dicet, ad quem videndum nequidquam hactenus tanto studio exarserat. Cum enim egregius ille vir eximium, et qualem informabat animo, Imperatorem suis in libris adumbrasset, ac neminem sanè votis suis parem ex avitis Imperii Principibus reperire potuisset, in quem unum omnes regiae illae dotes conspirarent, quique illam numeris omnibus absolutam formam ideamque perfectissimi Principis referret, tunc in eas erupit voces Tái Kî Gîn Expectandus hic Vir hic est, qui veniet aliquando, et divina quadam et admirabili sapientia praeditus talem se exhibebit, in quo nihil nostra, nihil publica desiderare vota possint.

Nonne ille, si modo revivisceret, ac Te, REX MAGNE, contemplaretur, illum ipsum esse Te agnosceret, quem prospexisset animo, et incredibili gaudio perfusus, voti se compotem esse factum exclamaret? Nonne tuam in administrando Regno amplissimo sapientiam regibus omnibus proponeret, exempla tuis è moribus, leges ex effatis peteret? Tuam denique pietatem, clementiam, aequitatem, illam aequabilem in tanta rerum maximarum et negotiorum mole mentis ac vultûs serenitatem atque praesentiam cum tanta Majestate conjunctam, Principibus universis pro norma et regula esse vellet?

Quoniam vero Philosophus ille sapientissimus, solo naturae ac rationis lumine cognoverat, nihil religione antiquius homini esse oportere, ad eumque scopum unum suam ipse doctrinam disciplinamque referebat, ut mortales vitam omnem è supremi Numinis legibus praeceptisque componerent, idcirco nihil ipsi prius aut potius fuit, quam ut sectas et [vi] peregrina dogmata, quae in populorum exitium, ac Monarchiarum perniciem nata esse dictitabat, penitus profligaret. Hinc ejusdem ea vox, hodieque inter Sinas celebratissima: Cum hu y tuon, Oppugna heretica dogmata. Quantam igitur afferret homini pietatis amantissimo laetitiam, siquidem ad haec felicissima legis gratiae tempora pertingere potuisset, tua illa Rex tutandae et amplificandae Religionis, extirpandae haereseos, pietatis propagandae cura? Quibus Te laudibus efferret, cum haeresim, hostem illam avitae fidei ac regni florentissimi teterrimam, proculcatam et attritam, edicta, quibus vitam ducere videbatur, abrogata; disjecta templa, nomen ipsum sepultum, tot animarum millia pristinis ab erroribus ad veritatem, ab exitio ad salutem, tàm suaviter, tàm fortiter, tàm feliciter traducta, Galliam denique universam sub Rege Maximo et verè Christianissimo Christianissimam aspiceret?

Non ille tantùm profectò miraretur ac praedicaret caetera Galliae tuae miracula, non tot arces omnibus et artis et naturae praesidiis permunitas partim à Te dejectas et captas, partim extructas et erectas; non potentissimas et numerosissimas classes quibus Asiae et Africae terrorem attulisti; non tot victorias de hostibus reportatas, quibus coronidem gloriosissimam imposuisti publicae trophaeum pacis: non visenda illa, in quibus Regium splendorem et magnificentiam tuam explicas, Palatia; non flumina ultra montes transvecta; aperta et juncta maria; non tot artium et scientiarum gymnasia et seminaria: haec, inquam omnia, tantam admirationem sapientissimo Philosopho non injicerent, quantam haec una Religionis, duce Te atque auspice, de Haeresi triumphantis [vii] victoria, quam nec tentare quisquam antea sic ausus erat, nec sperare; credere vero vix olim poterit sera posteritas, admirari quidem certe ac praedicare nunquam satis poterit.

Ego vero hujus unius rei et victoriae tam incredibili fama praecipuè perculsus huc ab ultimis Sinarum oris adveni, magnum me longissimi Oceani feliciter emensi operae pretium fecisse ratus, quòd his oculis ea videre mihi contigerit, quae fama ubique sparserat, quam tamen ipsa re minorem esse deprehendi. Quam dulce mihi jam accidet, favente Deo, rena-vigare tot maria, revisere optatissimam Sinam et illic ista miracula, quorum testis oculatus extiti, praedicare! vel eorum certe recordatio tot laborum ac periculorum absterget sensum, memoriam delebit, viam redeunti efficiet faciliorem, et quasi complanabit. Jam mihi videor in medio Neophytorum ad me convolantium laetissimo consessu, atque ipsorum etiam Ethnicorum, renarrare, quae hic viderim, illos arrectis auribus animisque adstare suspensos, obstupescere ad rerum magnitudinem ac novitatem, simulque Tibi, REX MAGNE, *Religioni, et*

Galliae congratulari.

Quibus porro incedent laetitiis, cum accipient suum illum Confucium *tanto à Te in pretio et honore habitum fuisse, ut ei cateros inter Bibliothecae Regiae libros locum esse volueris? eumdem latio sermone donatum, ejus effigiem ac libros necnon etiam et acta principum suorum, non ligneis tantùm illis, quibus Sina utitur, tabulis, sed aereis et elegantissimis excusos; eum denique, qui Sinico tantum in Imperio hactenus erat cognitus, jam per Galliam atque ex Gallia per omnem latè Europam brevi spargendum, ac tanti ab omnibus, quanti par est, ubique faciendum. Quas illi tum Majestati* [viii] *Tuae gratias agent, quibus Nomen tuum laudibus universi, quam fausta comprecatione prosequentur! quae vota Neophyti certatim pro tua incolumitate; pro felici rerum omnium, quascumque fueris aggressus, exitu; pro florentissimi Regni ac Religionis Catholicae secundissimo illo cursu nuncupabunt?*

Et audiet illorum vota fortunabitque Deus Optimus Maximus, talemque Te Gallis et Orbi Christiano diu servabit, qualem Catholica res et Ecclesia tota, qualem probi omnes tam tui, quam exteri vovent ac precantur, atque imprimis, qui praeter caeteros esse amat gloriaturque MAJESTATI TUAE,

Devotissimus atque addictissimus;
Philippus Couplet, Societatis Jesu.

OPERIS ORIGO ET SCOPUS NEC-NON SINENSIUM LIBRORUM, INTERPRETUM, SECTARUM, ET PHILOSOPHIAE, QUAM NATUTALEM VOCANT, PROËMIALIS DECLARATIO.

[ix] VENIAM nobis dabit Europaeeus Lector, uti spero, si toto hoc opere, sed hîc in primis dum totius operis quasi fundamenta jacimus, multa solicitè persequamur, & quidem minutiùs fusiusque quàm perspicacia multorum ingenia, & talia cum sint, brevitatis quoque studiosa fortasse desiderent: Quamvis enim placere his lucubrationem nostram sanè optemus, & verò speremus eruditae multorum curiositati non displicituram, praesertim cùm de tantâ tamque politâ & ab oculis terrisque suis adeò remotâ antiquitate agatur; quoniam tamen (ut hoc semel clareque profiteamur) propositum nobis est non tam servire oblectamento & curiositati eorum qui in Europa degunt, quam utilitati eorum qui ex Europa lucem Evangelicam ultimis hisce terris allaturi navigant; prolixitatem quampiam, quae alias vitio daretur, in hac Laconicae peregrinaeque gentis tanta caligine, non modo veniâ dignam; sed planè necessariam esse duximus, & minimarum quoque rerum habendam nobis esse rationem; eò etiam magis, quòd placuit non huic tantùm explanationi, sed omnibus quas in hoc genere alii deinde suscipient, facem praeferre, & ea jacere fundamenta, quae substructionem istam, quantumvis aliorum deinde operâ [x] vel educatur altè, vel amplificetur, sustinere queant. Ad quae priusquam progrediamur, non injucundum Lectori fuerit, occasionem suscipiendi operis causasque cognoscere.

Quo primùm tempore Societas Jesu aditum sibi aperuit in Sinarum Imperium (anni sunt centum eóque ampliùs) conati sumus, eo planè modo quo apud alias omnes Nationes Evangelici Praecones usi fuerant, Evangelium apud Sinas quoque promulgare; homines scilicet Religiosi, more, habitu, rituque religioso: Verumtamen usus ipse ac successus rerum haudquaquam votis respondens, brevi nos docuit, aliam planè viam, si quod operae pretium vellemus facere, tenendam esse; propterea quod apud hanc gentem, cum Religio omnis jaceat, tum verò iis qui severiorem quamdam sanctioremque vitae rationem nostratium Coenobitarum non absimilem palàm profitentur (profitentur autem plurimi, & Bonzios vulgò nominamus) exiguus honor habeatur, sintque ipsi ferè ex infima faece hominum, nec modò litteris nullis, sed ne iis quidem virtutum simulachris, quibus Ethnici gloriantur, insignes: Fuerunt itaque è Sinis Viri gravissimi, quos ipsi nobis privatâ jam consuetudine devinxeramus, quique adeò res nostras & consilia propiùs penitiùsque inspexerant, qui nos magnopere hortati sunt, ut quando tot essemus litteris scientiisque, uti jam ipsi compererant, exculti, suo nos literatorum ordini aggregaremus, severioris vitae sanctitatem, quam suae gentis Sacrificuli mentiebantur, nos citra externam cultûs asperitatem ipsâ vitae morumque sanctitate satis superque tueri & profiteri posse; sic spem fore tandem proficiendi, & ipsis quoque Provinciarum Gubernatoribus, Virisque Principibus persuadendi quae maximè vellemus; neque deinceps obnoxios fore vexationibus illis & contumeliis quibus improborum hominum petulantia peregrinos homines, & vel ideo quia Bonziorum speciem referebamus, despicabiles insectari consuevit, & quas jam tum primi Socii non paucas, nec ullo tamen rei Christianae emolumento pertulerant.

Haudquaquam difficile fuit persuadere quod ratio & usus jampridem suaserat, iis praesertim quibus aliud nihil erat propositum quam omnes Christo lucrifacere, & hujus rei gratiâ non modò literatae Sinarum genti literatos, sed omnibus omnia fieri. Igitur ex illo tempore personam induimus cultumque Literatorum hominum; vixque induimus (quod incredibile videri multis possit) quando nos summi pariter infimique, hi quidem vereri, illi verò colere quasi novos homines coeperunt, ipsique adeo Magistratus ad nos visendi gratiâ cum splendido comitatu crebriùs adire. Sed enim solo cultu externo & testimonio paucorum, qui familiarius nobiscum agebant, diu tueri literatorum nomen ac famam difficile erat, maxime [xi] quidem apud eos, qui per insignem plenamque superbiae ignorantiam quidquid esset terrarum extra fines suos rudem esse barbariem existimabant: Quocirca necessarium fuit, praeter idioma gentis literas quoque perdiscere, & laborem labore cumulare. Est omnino Sinarum idioma, si quod aliud orbe toto, difficilimum: Multis grammaticae praeceptis continetur: vocabulis gens utitur monosyllabis, iisque paucissimis, quae adeò subtilissimo linguae flexu, sibilove, necnon tono (propè musico) modò hoc, modò illo affectae, vim significandi aliam atque aliam, & saepè rerum maximè contrarium, accipiunt: Itaque dici vix potest quantum res haec negotii facessat externis hominibus.

Tanta porrò vocabulorum penuria literarum copiam genuit; harum quippe summâ varietate vocum suarum similitudinem atque identitatem distinguunt: Numerum quaeris? Fidem superat. Unum dixisse satis sit, tantum esse ut nullus dum Sinarum memoriâ tenere omnes valuerit, cùm tamen multi illorum à sexto aetatis suae anno exorsi vitam deinde totam in eis consumant. Quamquam celare hoc nolim, eum qui quinque aut sex literarum millibus uti noverit appositè, non solùm intelligere posse plerosque librorum, quos Sinae de moribus, & Officiis, & Republicâ, rebusque olim gestis plurimos conscripserunt; sed ipsum quoque, tametsi Europaeus sit, commodè scripturum de quovis argumento, de quo nos inter & Sinenses disputandum fuerit.

Homines ergò justae aetatis, nec pauci jam provectae, & patriis in sedibus rude literariâ si non laureâ pridem donati, emensi majorem partem Orbis terrarum repuerascebant inter Sinas amore Christi, & ab elementis ipsis exorsi cum incredibili labore & constantiâ paucis annis, aspirante semper Numine, eam consequebantur & linguae & literarum peritiam, ut typis quoque scientias Europaes, ac sanctissima Religionis Christianae mysteria vulgarent, intelligerentque stupentes Sinae, literatorum utique nomine dignos esse, qui literas suas tam citò perdiscerent, ac tot essent tamque praeclaris scientiis ac disciplinis instructi; secumque ipsi statuerunt, haudquaquam veras esse suspiciones (quae ut in gente politica multorum animis principiò insederant) nos venisse in terras suas specie quidem peregrinae legis promulgandae, re autem verà lucri vel honorum cupiditate impulsos, maximè quando de terris adeò longinquis profecti sic inter ipsos vivebamus, ut nulli indigenarum essemus oneri, quin & pecunias muneris loco oblatas constanter repudiaremus, ultrò etiam profitentes nihil rerum ad vitam necessarium nobis deesse.

In hunc modum primas gentis tenebras ac suspiciones primus ille Sociorum labor atque industria feliciter discusserat, & jam de [xii] Europaeis, non hominibus modò, sed etiam scientiis ac disciplinis multi sermones erant, verumtamen non adeò secundi, ut non & nostra plerique ipsorum prae suis adhuc contemnerent, & non tam ad laudem sapientiae suae nos accedere, quàm ab inertia & ruditate caeterorum barbarorum longiusculè recessisse dictitarent: Itaque festivè nonnulli, cùm prisco gentis proverbio solos Sinas utroque oculo praeditos esse dicerent, caeteros autem mortalium planè caecos, Europaeis tamen hominibus unum jam oculum tribuebant. Placuit ergo Sociis arcana quaeque gentis explorare, atque uti jam in terras ipsas tot claustris & custodiis communitas penetraverant, sic in intima quoque adyta tumidae illius alteque de se sentientis Philosophiae, si quomodo possent, adytum sibi facere: Eo quidem consilio, ut omnibus eorum placitis, institutis, maximeque vetustis monumentis probè cognitis ac perspectis, si quid inde lucis ac roboris ad annuntiandam ipsis & confirmandam Christianae Philosophiae veritatem peti posset, Apostolum imitati, utique peteremus, tumidique homines tandem vel inviti cognoscerent (nisi quos fortè improbus sui amor prorsùs obcaecaret) sibi deesse veriùs quàm nobis, oculorum alterum, quando ipsi penitùs ignorarent nostrates scientias, ad quas nos jam suam ipsorum Philosophiam adjunxissemus.

Re ergo diligenter examinata cognoverunt Socii Philosophiam Sinicam propè totam; florem certè ac medullam totius Philosophiae quatuor maxime libris contineri; hos nullum esse literatorum quin adolescens memoria jam teneret; ex his quo quisque plus hausisset scientiae politico moralis, eò citiùs ad gradus literarios, ad honores, ac Magistratus promoveri: Ex his denique praecipua peti gentis oracula, & quasi aeternas Sinarum veritates. Itaque maximis animis rem aggressi hoc primùm egerunt, ut intelligerent libros istos, in quo dici non potest quantum laboratum sit ac sudatum; cumque nihil in eis requirerent quod adversaretur rationi legique Naturae, multa verò quae mirificè faverent, ediscere etiam atque in usus suos convertere placuit.

Respondit autem labori magno fructus item magnus: Veritates enim Christianas ex principiis (ut opinabantur) suis deductas, suis priscorum Regum & sapientum stabilitas & illustratas authoritatibus testimoniisque, verbis denique & sententiis suis propositas atque adornatas, Sinae jam non ut peregrinas & barbaras cum formidine quadam vel contemptu, sed ut suas secundis auribus, & quidem venerabundi excipiebant: Neque pauci, quibus divina lux benigniùs affulgebat, promptis animis sequebantur; & mox cognatis & amicis, ut eidem Philosophiae nomen darent, hortatores ac duces erant: Alii vero qui avaritiae libidinumque vinculis implicati, vel studio superstitionum à nobis erant alieniores, suspiciebant tamen ingenium, memoriam, sapientiam Europaeorum hominum: [xiii] Certatim denique viri Principes, Gubernatores Urbium, & Provinciarum, quin & Colai, quorum dignitas authoritasque prima est ab Imperatoriâ, libros nostros suis Prologis cohonestabant, mirandis sanè praeconiis, cùm nostros homines, tum verò legem divinam (quod unum nobis in votis erat) persequentes.

Quandoquidem igitur nulli unquam Philosophorum apud Europaeos homines, imo nec ipsi quidem (ut opinor) Delphici Apollinis Oraculo tantum fidei vel authoritatis prisca aetas tribuerit, quantum China tribuit *Confucio* suo, ad haec cùm Philosophus iste adeo non adversetur doctrinae lucique Evangelicae, ut è contrario non vanè putemus futuros qui favere potius dicant, atque ad illam populares suos quodammodo manuducere, quando in libris ejus tot intermicantes rectae rationis scintillas non sine admiratione & voluptate observabunt: cum ea, inquam, sit *Confucii* authoritas etiam apud vicina Sinarum regna, quis non videt, Evangelico Praeconi eximios quosdam usus hinc posse existere, dum is notitiam Veri Summique Numinis allaturus hisce gentibus, doctrinae suae veritatem confirmabit, non Poëtarum authoritate (quod tamen Doctor ille Gentium, & quidem apud Athenienses, facere non dubitavit) sed authoritate Philosophi istius, quo nihil ad nostra usque tempora veraciùs sapientiùsque gentes istae cognoverunt. Convictos ergo testimonio Magistri sui, suisque ipsorum armis feliciter expugnatos, ecquis non speret (propitio semper Numine) manus Evangelicae veritati aliquando daturos?

Manus certè is dederat qui sapientiâ quondam Sinicâ, & per hanc partâ dignitate post Imperatoriam supremâ perillustris, sed tamen virtutibus Christianis sapientiâque coelesti multo illustrior, & nascentis Ecclesiae columen *Siu* Paulus quondam Sinicâ Imperii Colaus cum ab eo quis sciscitaretur ecquid efficeret nova illa, quam Europaei homines afferebamus, doctrina? Proprio gentis hujus Laconismo respondens & voce & scripto *Pu ju*, *çive fe*, inquit; hoc est, *Supplet illa et perficit quod Magistro nostro* Confucio, *nostraeque literatorum Philosophiae deest*; *nefarias verò superstitiones cultumque daemonum tollit ac radicitùs extirpat.*

His ergo de causis lucubrationem hanc nostram luci publicae damus, non ut Europaeis hominibus Sapientiam Sinicam ostentemus, sed ut consultum foret Missionum Orientalium Candidatis, ut arma subministrarentur militibus, quibus istae gentes, Duce Christo & auspice, vinci à vobis non modò possent, sed etiam gauderent; ut escas haberent in promptu piscatores hominum, quibus inescati Sine in retia agerentur; ut denique sacri negotiatores iis instruerentur mercibus, quibus istas nationes vehementer capi & delectari usus centum & ampliùs annorum nos docuit.

Et vero in Europa illa, ubi jam Socrates, & Platones, ubi Senecae, Plutarchi propè viluerunt, [xiv] an speremus fieri posse ut plausum referat Sinicus noster Epictetus? Nisi tamen Europaei, dum prisci Scriptoris canos attentiùs contemplabuntur non audeant aetatem tantam non venerari. Et aetas certè quidem suum rebus etiam vilioribus non raro dat pretium, sic prorsus ut fragiles quoque testas, aereosque nummos Viris etiam Principibus, & illis qui non minùs sapientiâ suâ, quàm purpurâ resplendent, in pretio faciat esse. Quibus adeo si munusculi loco attulissemus nummos cupreos vetustiores Sinae Imperatorum characteribus insignitos; si item instrumentum illud magneticum, quod olim *Cheu cum* Sinici Imperatoris frater dono dedit legatis Cochinchinae Regis, ut hoc austrum quò tendebant indicante, securiùs certiùsque in patriam remigrarent, magnum utique munus cultoribus antiquitatis attulisse videri possemus, quamvis fortè rude & invenustum foret instrumentum illud, multâque jam ferrugine propemodum exesum, & nequaquam cum nitore elegantiâque eorum, quibus Europa nunc abundat, comparandum: Sed nimirum juvaret Europaeos homines illud videre, quod annis bis mille & quadringentis in ultimo Oriente extitisset.

Esse rude quid atque impolitum *Confucii* nostri opus, si quidem cum elegantiâ & venustate Europaeâ conferatur, nec ipsi inficiari possumus: Tametsi enim *Confucius* 51.supra 500. ante Christum annis sit natus, doctrina tamen illa & principia politico-moralia, quae ab eo posteritati traduntur, identidem affirmat ipse non esse sua, sed à *Yao* & *Xun* Legislatoribus accepta; qui Principes cum ante annos ter mille & octingentos vetustissimam Monarchiam gubernarint (uti etiam Tabula Chronologica, quam huic lucubrationi nostrae attexuimus, Lectori declarabit) omnino fatendum erit, doctrinam hanc apud Sinas viguisse. Atque ita, quam nobis propè certa spes est lucubrationem hanc nostram Missionariis quidem propter uberrimos quos ex ea percipient fructus, gratam fore acceptamque, tam etiam speramus apud eos omnes qui antiquitatem venerantur in aliquo saltem pretio futuram. Atque haec de causis suscipiendi operis, dicta sufficiant.

PARAGRAPHUS PRIMUS.
QUI LIBRI CLASSICI ET PRIMAE
Authoritatis.

[xv] Nunc ad ea, quae instar fundamenti nobis erunt descendamus Libros in primis, & praecipua gentis monumenta, Authores eorumdem atque Interpretes; ut constet Europaeis hanc olim culturis vineam, qui librorum primae, qui secundae sint classis; ex his quosnam pede propè inoffenso liceat decurrere, quos dubio lentoque gressu seu explorare, quos apocryphorum instar rejicere, quos uti pestilentes impiosque nec eminùs quidem salutare: de Interpretibus similiter (quorum ingens copia, varietas, differentia) quos fugere, quos sequi par sit; quid cuique fidei, quantumque sit tribuendum, & in quibus potissimùm rebus. Etenim cùm ipsis *Confucii* temporibus & fides, & pietas, & familiae Imperatoriae majestas à multis negligeretur, & multum sanè deflexisset de spatio curriculoque suo consuetudo Majorum; nec multò post civilia Regulorum bella alia ex aliis exardescerent, quibus deinde regiae domus propè omnes implicatae fuerunt; commune etiam maximeque atrox librorum incendium extitisset, quale nec Alexandria, nec ulla pars orbis vel sensit unquam, vel audivit: Silentibus, uti fit, inter arma legibus, & in magna armorum vitiorumque licentiâ & impunitate, credi vix potest, quot Sectae, quot errores, & haereses, quot opinionum monstra, pestesque superstitionum in hoc medio terrarum horto (sic namque Imperium suum Sinae vocant) ceu inutiles noxiaeque herbae in agro jam neglecto desertoque succreverint, uti infra uberius declarabitur.

In hac gente nec librorum, qui jam scripti sunt, est numerus, nec scribendorum finis: Principes tamen omnium & primae classis partim ii sunt semperque fuerunt, qui per antonomasiam *U kim*, id est, *quinque volumina* dicuntur; partim qui *Su xu*, id est, *Tetrabiblion*; quatuor illi scilicet libri, de quibus ante sumus locuti, & quorum explanationem Latinitate donavimus: Hi porrò cùm sint Interpretes illorum, tametsi vincantur authoritate & antiquitate, usu tamen atque utilitate vincunt:

Jam verò primum, idemque praecipuum inter quinque memorata volumina *Xu kim* dictum, sex libris constat; res trium maximè Regum *Yao*, *Xun*, & *Yu* complectitur; è quibus hic quidem familiae *Hia*, primae familiarum Imperialium, Princeps fuit; illi vero Legislatores, & veri Solones gentis Sinicae. [xvi] Singulorum itaque praeclara plenaque prudentiae politicae documenta, leges, instituta; nec non eorum qui à consiliis erant monita sententiasque literis diligenter consignatas fuisse constat, tametsi nunc desiderentur multa. De Operis vetustate nihil attinet dicere, quando fatendum est, ea quae prioribus duobus libris referuntur, longè ante Moysem fuisse conscripta.

Quae igitur ab Rege *Yao* gesta sunt & constituta spatio centum annorum (tot namque tenuit Imperium, quod & auspicatus fuerat annis 2357. ante Christum) ii, qui *Xun* Successori à commentariis erant, memoriae posterorum prodiderunt: Quamquam vitio deinde temporum, interierunt propè omnia, quae extant, de Kalendario potissimùm agunt, & intercalatis anni usu atque ordine; item de diluvio novennali, cui mederi bonus Princeps conatus est: multa similiter interciderunt quae de *Xun* Rege Optimates sui litteris mandarunt:

Quae ad nos autem pervenerunt ea ferè sunt, quae dumlustrat Imperii sui Regiones modo has, modo illas, pio & salubri exemplo observabat; ritè semper castèque *Xam ti Supremo caelorum Imperatori*, necnon nobiliorum montium fluminumque Praesidibus, sed his inferiore ritu, sacrificans. Extant item non pauca quae ad ritus in Sacrificiis observandos, ad musicam, ad reorum supplicia & rectam subditorum gubernationem spectant. His autem uberiora quoque sunt quae de *Yu* Rege traduntur; ac primùm quidem quo labore & industriâ diluvii Sinensis aquas in mare derivavit; quo pacto in Provincias omnino novem diviserit Imperium, & docuerit quae cuique coelorum Regio, quae constellationes responderent; quid unaquaeque Provinciarum tributi nomine deberet pondere, & alia generis ejusdem: Praeter insignia quaedam documenta quae ad subditorum commune solatium atque institutionem tum ipse tum Optimates ejus protulere. Et hi quidem tres Principes, uti non alio jure vel nomine quam virtutis ac sapientiae ad Imperium fuerunt evecti, ita sunt ab utrâque laude celebratissimi, & quaecumque posteris suis reliquerunt vel exempla vel documenta Oraculorum ferè legumque vim tenent.

Tertio libro continentur ea, quae imperante Secundâ Familiâ, seu domo Imperatoriâ, *Xam* & *Yn* dictâ, constituta sunt, praesertim ab illius Conditore *Chim tam*, qui 1776 annis ante Christum Imperium adivit, postquam scilicet vicerat ejeceratque impium *Kie*, cujus quoque facti sui rationem dat in Comitiis operosa gravique oratione. Referuntur eodem libro documenta Colai *Chum hoei* ad ipsum Principem, & ad hujus nepotem *Tai kia*: Alterius item Colai *Y Yn* monita, digna quae Principes Europaei meritò audiant & suspiciant, vel hoc nomine, quod annis circiter mille ante urbem conditam prolata fuerint. Exinde legitur Imperatoris ex eadem Familiâ [xvii] decimi-septimi, *Puon kem* dicti, oratio, qua suos aliò commigrandi necessitatem edocet, ne sedes & aula Regia tam crebris eluvionibus fluminis *Hoam ho* tandem obruatur: translatâ verò jam Aulâ, quae cujusque sint officia sapienter edicit, & ad Priscorum Regum imitationem cunctos hortatur.

His proxima sunt *Fu yve* Colai documenta, cujus viri species cùm Imperatori *Vu tim*, aliàs *Cao çum*, Principi religiosissimo divinitùs (ut ipse quidem affirmabat) oblata fuisset per somnum, effigie coloribus expressâ, conquiri hominem, tandemque caementarios inter repertum, sibi à consiliis & secundum ab se esse voluit, ac plurimùm ejusdem sapientiâ prudentiâque profecit. Sequuntur deinde Principis *Vi-çu-ki*, & *çu-y* Colai praeclara monita.

Tribus posteris libris Tertia Familiarum Imperialium, *Cheu* dicta, praebuit argumentum: Referentur autem maximè illa, quae sub primis quinque Principibus, necnon duodecimo, vel gesta sunt praeclarè, vel dicta. Extant itaque variae orationes, tum à *Vu vam*, qui familiae fuit Conditor, variis in comitiis pronunciatae; quarum titulus *Cam xo*, *Chao cum*, &c. tum verò lucubrationes & documenta celebratissimi *Cheu cum*, qui cum esset *Vu vam* Imperatoris frater & deinde tutor pupilli Principis *Chim vam*, admirabile fidei, prudentiae sapientiaeque specimen dedit; Libellus etiam Reguli *Ki çu*, qui *Coreae Rex creatus est*; praeter multa multorum documenta ad rectam subditorum gubernationem, ad Religionem, & alias virtutes spectantia quae dictis libris continentur. Et haec quidem hactenus de 5. voluminum primo & praecipuo *Xu-kim* ex quo; quoniam primae est authoritatis in explanatione nostrâ quaedam subinde interseremus.

Nunc de secundo, quod ab Odis & Poëmatibus, quibus totum constat, (*Xi Kim* dicitur) sed breviùs agendum. Odarum pleraeque imperante tertiâ Familiâ *Cheu*, paucae, cum domus *Xam* sive *Yn* rerum potiretur, in lucem prodierunt. Mores hîc & statuta referuntur duodecim ferè Regnorum, quae uni omnium principi, penes quem erat summa rerum, sic parebant, ut tamen suis singula ditionibus imperitarent: In eis multa virtutis laus & commendatio: Multa graviter & severè, sapienterque dicta; quamquam non diffitendum non pauca hîc ab Interpretibus reprobari tanquam spuria & merè fabulosa: Ut est ridicula nativitas *Sie & Heu-cie* (à quibus ortum ducunt binae familiae Imperiales) ab Interpretibus pro fabulis habentur, ut nihil hîc dicam de figuris hyperbolicis in gratiam principum ex licentiâ poëticâ insertis, quin etiam & blasphemiis in coelum & Deum tanquam injustum & de rebus humanis minimè providum ab impiis scilicet evibratis, ex quo non immerito opinantur Interpretes quaedam in iis apocrypha & nullius [xviii] fidei habenda. Certè Odarum prisca monumenta immunia fuisse ab hujusmodi labe vel unico *Confucii* testimonio convinci potest dum ait: *Trecentorum Poëmatum doctrinam totam eò dumtaxat reduci*, ut Su Uu Sie, hoc est: *Ne quid pravum, aut turpe cogitetur*. Est tamen horum Poëmatum magna authoritas; at stylus sanè difficilis & obscurus; obscurum facit brevitas semper Laconica, & saepè metaphorica, & Proverbiis antiquissimis ornata: quamquam obscuritas haec ipsa reverentiam & authoritatem (uti fanis quibusdam videmus usu venire) Poësi tam arcanae priscaeque conciliat.

Tertium volumen (si tamen volumen) *Ye-Kim* dicitur, odis quas dixi, multo etiam obscurius, quippe merum aenigma; omnium omnino voluminum, si Commentarios exceperis, antiquissimum; quippe cujus Author fertur *Fo hi* Fundator ille gentis Sinicae, & rudium agrestiumque hominum primus Magister & alter Orpheus. Lineolis & quidem paucis tota res constat: Nos eas proximè hîc depingemus, unàque declarabimus, quoties & quomodo variatae figuras novas, & quasi nova rerum significata conficiant. Annis mille & octingentis Monarchia stererat, cum tandem Oedipus apparuit, Regulus, inquam, *Ven vam*: hic lineolis octo octies inter se mutuo commutatis conatus est, octo rerum principalium mutuas vicissitudines exponere: Conatus est idem *Cheu cum* filius, & quidem copiosiùs quam pater, sed reverà tam hic quàm ille perobscurè omnia mysteriis & aenigmatibus, hieroglyphicis notis, novisque aenigmatibus aenigmata implicantes, quoad tandem quingentis ferè pòst annis ipsemet *Confucius* nodum aggressus solvere; sic arcanas Fundatoris Lineolas & interpretationes ipsas interpretatus est, ut omnia partim ad naturas rerum, maximè elementorum, & quae cujusque propriae sunt affectiones & qualitates, partim ad mores ac disciplinas hominum retulerit. Quamvis igitur radix operis, ut dixi, antiquissima sit, quoniam tamen reliqua omnia longo pòst tempore prodierunt, memorati tres Interpretes Authorum potiùs nomen & authoritatem, quam Interpretum hîc obtinent: Ad haec, cum obscura sint omnia captuque difficillima, existimavimus, librum hunc nonnisi tertio loco recensendum esse. *Confucius* certè cùm primis illis Commentariis suis haud acquiesceret, jam senior denuò Commentari aenigmaticum opus cupiebat; sed mors Viri conatus & vota antevertit.

Caeterùm obscuritas tam antiqua, & antiquitas tam obscura vanae superstitiosaeque posteritati erroris non unius ansam praebuit: Rati quippe tanto plus ibi mysteriorum latere quantò minùs percipiebant, ad fortes & auguria Lineolis aenigmaticis abuti coepere: Nec ad hoc defuerunt ex Sectis *Tao & Fe* patroni erroris insaniaeque Magistri. Sed de hoc aenigmatico opere infra copiosior erit agendi locus.

[xix] Quarti voluminis titulum *Chun cieu*, quae voces *Ver & Autumnum* significant, *Confucius* esse voluit; à quo jam admodum sene conscriptum fuit. Hic ille variorum Principum res gestas, vitia, virtutes, poenas, & praemia narratione historicâ persequitur: Orditur autem ab anno 49. Imperatoris *Pim vam* ex domo familiaque *Cheu* decimi tertii, eamque ab *Yn cum* Regulo, qui eadem tempestate Regnum *Lu* (quod & natale solum Philosopho praebuerat) clientelari jure obtinebat, per hujus successores Regulos omnino decem, & annos

241. perducit ad *Ngai cum* Regulum duodecimum, cum quo & historiam terminat. Titulum operis sui petivit ab Vere & Autumno, proptereà quod cum virtute sapientiâque Principis, efflorescat, amoenissimi Veris instar, Respublica; uti è contrario cum ejusdem stultitiâ & improbitate, ceu Autumnali coelo frondes ac flores, diffluere totam, marcescere, & consenescentis instar, tandem emori necesse est.

Solebat autem, non defuturos olim qui perlectâ lucubratione istâ se noscerent, id est, studium suum publicae utilitatis ac veritatis perspicerent; sed & futuros qui odissent ac damnarent; utique non alii quàm qui se & turpitudinem suam vivis istic coloribus expressam, & justas poenas libidini, crudelitati, tyrannidi suae propositas vel inviti contemplarentur. Commentatus est hunc librum perquàm erudite *ço xi*, qui fertur fuisse *Confucii* discipulus, ediditque insuper aliud opus, cui titulus *Que-yu*; id est, *Regnorum Plaeita* five axiomata.

Quintum denique Volumen, quod *Li-ki* inscribitur, (quasi dicant) *Rituum* & officiorum *memoriale*, decem libris constat: Collegerat hos *Confucius* ex variis Priscorum libris ac monumentis; sed quoniam trecentis circiter pòst annis, hujus quoque exempla omnia jussu barbari Imperatoris *Xi hoam ti* concremata sunt; neque aliter deinde quam consultâ grandaevorum memoriâ restaurari potuerunt; dubium non est (& verò sic affirmant Interpretes) quin desiderentur aliqua; nonnulla etiam senilis memoriae vitio, ne dicam industriâ quorumdam & malitiâ, irrepserint, quae aliena sunt & apocrypha.

Cautus igitur & prudens Lector apum hîc industriam imitabitur, & quae ad rem faciant, rejectis aliis, sibi seliget. Agitur autem toto hoc volumine de ritibus tam sacris, quàm profanis: de officiis item cujusvis generis quae tempore trium Familiarum principum *Hia*, *Xam*, *Cheu*, sed hujus maximè (qua imperante vixit *Confucius*) in usu fuerunt; quae scilicet parentum sint erga liberos, quae horum vicissim perga parentes, quae conjugum inter se, quae amicorum, quae hospitum domi, foris, inter convivia, &c. Rursus quae vasa, quas caelo victimas, quibus in sacrificiis ac Templis, quae majoribus jam defunctis fercula, quas dapes ac munera in funebribus eorum Aulis, quo ritu, quove apparatu, vel Reges, vel

Optimates, [xx] vel ipsum quoque promiscuum vulgus adhibere oporteat; quin & artes liberales, musicam in primis, item militarem jaculandi, regendi currus, studiosè persequitur; & claritatis gratiâ suis singula titulis distincta.

Ad extremum miscellanea quaedam leguntur à *Confucii* discipulis inserta, quorum Authores tum ipsi, tum Magister ipsorum fuisse perhibentur ab Interpretibus, tametsi ab aliis quoque velut apocrypha rejiciantur, quae quidem P. Francisc.Xaverius Philippucci singulari tractatu eruditè pertexuit, quo Interpretum judicia & criticas annotationes circa praefatos 5. libros classicos è Sinico Latinè in medium producit.

Atque haec sunt quinque illa primae classis & authoritatis volumina, & quasi primi fontes scientiae politico moralis Sinarum: quibus deinde proximi sunt quatuor libri, *Su xu* dicti, Philosophorum *Confucii*, *Memcii*que opus: Hi porrò tametsi reverà censeri possint Interpretes 5. voluminum, utpote ex quibus hauserunt doctrinam suam propè omnem, maximo tamen in pretio sunt eorum libri, & memoratis 5. classicis Priscorum voluminibus, quae utilitate procul dubio vincunt, authoritate etiam pares sunt, unde & *Lo kim*, hoc est, sex volumina dicuntur, vel *U kim su xu*, id est, 5. volumina & 4. libri. Certè quisquis ad litterarios gradus & laureas adspirat, eum necesse est de quinque voluminibus nonnissi unum dumtaxat, cui pro arbitrio suo operam ipse dederit callere; at verò quatuor hosce libros nullus omnino esse potest, quin totos memoriâ & intelligentiâ complectatur: Cujus quidem legis plures causae extiterunt; prima, quòd quidquid ferè est sucri melioris in Priscorum voluminibus excerpserint, suumque fecerint ambo Philosophi; altera, quod inventis Majorum suorum addiderint ipsi quoque non pauca; tertia, quòd multò planiùs quàm illi, multòque clariùs doctrinam suam proponant; postrema denique, quod expoliverint primaevam ruditatem, & stylo cultiore at citra fucum tamen & fastum nudam aureae aetatis simplicitatem exornarint. Itaque perpulerunt nos eaedem causae, ut hosce libros ex quibus de totâ Sinensium Philosophiâ statuere possent Europaei, potiùs, quàm alios è Sinico in Latinum converteremus; quamquam nec illos sic dimittimus, ut non identidem, quando res postulat, consulamus, & fontes adeamus per nos ipsi, purasque derivemus aquas in lucubrationem nostram.

Tetrabiblii porrò quatuor omnino sunt partes seu libri: Primus, qui *Ta hio*, id est *Magna scientia* inscribitur; estque reliquorum comparatione minimus; docet Viros Principes ut benè feliciterque imperent; ab animi primum, necnon sui totius curâ cultuque initium sumere, deinde per familiae suae Aulaeve domesticae rectam institutionem, ad Regni, ac denique Imperii totius administrationem, [xxi] si eò coelum provehat, gradum facere. çem-çu *Confucii* discipulus hunc in lucem edidit.

Alterius libri *Chum yum* dicti, titulus & argumentum est, medium sempiternum seu medii vel aurae mediocritatis constantia. çu su *Confucii* nepos ex filio, *Cemciique* discipulus, idemque Magister *Memcii* hunc vulgavit, & quaedam de suo addidit; sed & desiderantur multa; sic ut fragmentorum veriùs quàm libri speciem habeat, & quia doctrinae quae traditur sublimitas quandoque naturae ipsius limites videtur excedere, eum Sinae Magistri tanquam subobscurum captuque difficilem, cùm numero secundus sit, postremo tamen loco in Scholis exponunt.

Usus quoque mirificos habet, & hoc secundo libro multò facilior, magisque perspicuus est Tertius 10. partibus constans qui *Lun yu* (quasi dicant *Ratiocinantium colloquia*) seu sermones inscribitur, propterea quod apophtegmatis *Confucii*, necnon discipulorum ejus, & variis hinc atque hinc quaesitis ac responsis totus constet. Itaque multus hîc sermo de vitiis, de virtutibus, de officiis, de recto regimine; multa etiam, ne dicam justò plura, quae, in Magistro suo *Confucio* cum observassent discipuli, memoriae posterorum, ut hi vel imitarentur, vel certè admirarentur, prodiderunt.

Quartus liber, si molem spectes, tres reliquos unus aequat; Author illius *Mem-çu*, seu *Memcius* jam saepiùs à nobis memoratus: de naturâ, ritibus, moribus, officiis disputat; nullusque Priscorum propriùs ad nostram philosophandi rationem accessit: acutus est, multoque copiosior quàm *Confucius*: Et verò vicit hunc ipse procul dubio facundiâ, at non item vitae innocentiâ, modestiâ, severitate ac probitate.

Atque haec de authenticis ac primae notae libris dicta sufficiant à quibus proximum locum & authoritatem obtinent chronica Sinensium, & ab his proximum rursus, sed longo proximum intervallo, locum obtinent alii libri quos inter *Kia yu*, id est, domestici sermones, *Siao hio* parvulorum documenta, *Hiao-Kim* de obedentia, *Chum-Kin* de fidelitate quorum pars *Confucio* & ejus discipulis attribuitur, quae omnia cum grano salis legenda, & consideratè nostris usibus accommodanda sunt.

PARAGRAPHUS SECUNDUS.
DE LIBRORUM CLASSICORUM
Interpretibus.

[xxii] Non potest non esse copia Interpretum, ubi tanta est librorum, qui scripti sunt, & qui scribuntur copia. Certè nulla non aetas suos habuit. Eorum quidem librorum, qui *U kim*, & *Su xu*, quinque scilicet antà memoratis Voluminibus & Tetrabiblio continentur, & quos deinceps per antonomasiam *Classicos* vocabimus, Interpretes omnino sexcentos eoque plures extitisse fama est: Non omnium singulos, sed alios aliorum; sic, ut hi *Xu Kim*, sive libros historiales; illi Odas; alii libros de Ritibus & officiis; alii denique alios; nec pauci partem dumtaxat unius libri interpretati fuerint: Mendacii tamen suspectam faciunt hanc famam qui operis *Sim li ta çiven*, dicti, hoc est, naturalis Philosophiae pandectae, Auctores sunt, hi quippe classicorum Voluminum non plures quam viginti numerant Interpretes, quos imperantibus Familiis *Cheu*, *Han*, *Tam*, &c. vixisse perhibent; in quibus ipsis cùm multa rursus desiderari doceant, sugillent multa; eis tandem (quod adulterinos esse vel planè censeant, vel certè suspicentur) Neotericos Interpretes aetatis suae tanquam legitimos haud dubitanter anteponunt; suos interim citant omnino centum supra octodecim, qui sub duabus postremis Familiis *Sum & Yven* floruerunt.

Enimvero si de antiquioribus agatur, iis scilicet, qui sub occasum tertiae Familiae, *Cheu* dictae, scripsêre; quandoquidem *Memcius* qui pertinuit ad eandem familiam & *Confucium* uno pòst saeculo secutus est, suorum temporum calamitatem deplorans testetur, haereses *Yam & Me* invalescere; Priscorum verò Regum & Sapientum doctrinam negligi & obliterari: Non injuriâ suspecti nobis sunt Scriptores & Interpretes illius temporis quo non errores solùm grassabantur, sed his arma quoque (septem Regnis inter se de Imperio decertantibus) licentiam & impunitatem dabant. Duos quidem caeterorum facile principes, quibus *Lie-çu* & *Chuan çu* nomen, Interpres posteriorum temporum, *Chin-çu*, dictus, aliique non dissimulanter erroris arguunt ac damnant, quod Commentariis suis permisceant haud pauca deliramenta ex *Lao-Kiun*, aliorumque Sectis quae vigebant eâ tempestate deprompta.

Successit Imperiali Familiae *Cheu* Quarta *çin* dicta, bellatrix in primis & triumphatrix Regulorum omnium, quorum adeò ditiones & Regna tandem in Provincias redegit; sed eadem de literis & [xxiii] hominibus litteratis pessimè merita: Quamquam peccatum hoc non tam Familiae fuit, quam unius hominis cum quo illa dici potest & ortum habuisse, & pariter occidisse: Fuit is *Xi hoam ti*, muri Sinensis Author, bellis & victoriis nulli Regum Sinensium secundus: Hic furiis nescio quibus agitatus, & fatali prorsus odio literarum, cremari jussit per Imperium totum libros omnes, exceptis iis qui de Agriculturâ, de arte medendi, & de sortilegiis agerent, Authore scilicet *Lao Kiun*, vel potiùs Sectatorum ejus quibus eo favebat impensiùs, quò magis impostorum deliramentis & mendaciis oblectabatur. Cùm ergò propositâ poenâ capitali imperata fierent, Libri omnes Priscorum Regum & Philosophorum, *Confucii* in primis, nec non eorum qui hos interpretati fuerant, cum irreparabili damno rei literariae flammis ubique terrarum absumpti; & ne quid immanitati facinoris deesset, multi etiam hominum litteratorum collotenus humo defossi, partim gladio, partim sagittis perierunt. Verùm paucis pòst annis extinctâ cum Principe familiâ, ea quae successit, *Han* vulgo nominata, ordine jam quinta, quamvis & ipsa Sectae *Lao Kiun* studiosa fuerit: fuere tamen ex eâ Principes qui à literis & dogmatibus moribusque Priscorum adeo non fuerunt alieni, ut semiustas librorum reliquias, si quae usquam persisterent, confestim jusserint colligi; parietibus item & sepulchris abditos, quamvis jam semiesos situque perditos in lucem proferri; consuli praeterea grandes natu, si qui fortè quae memoriae quondam commendaverant pueri, etiamnum tenerent; nihil denique non adhibere operae vel industriae, quo tantae literarum jacturae mederentur.

Remedii itaque plus etiam quàm speratum fuerat, allatum est: Non sic tamen ut non multa remanserint, vel hiantia fragmentis suis & quasi parte membrorum mutilata, vel alienis verbis atque sententiis, seu relictis à vulnere cicatricibus, deformata, quae tamen Sinensis politica voluit manere intacta, sic ut ne apicem quidem in iis immutare aut addere per leges unquam licuerit.

Sub hac interim Familia floruerunt librorum aliquot Interpretes, *Lieu*, *Cham*, *Pan*, *Kia*, *Chim*, *Vam*, aliique: Quos omnes Interpres, *Hu* dictus, enumerat qui scripsit imperante *Sum* Familia sed antequam ad posteriorum temporum Interpretes descendamus, operae pretium fuerit praemittere notitiam aliquam duarum sectarum quae maximè hoc Imperium infecerunt, & litteratorum quoque sensum & animos aut omnino depravarunt, aut ex parte saltem corruperunt: Sic enim Europaeus facilius discernet, qui tandem Interpretes sint sequendi, qui verò procul exterminandi.

PARAGRAPHUS TERTIUS.
BREVIS NOTITIA SECTAE
Li lao kiun *Philosophi*, *ejusque Sectariorum*, *quos in Sinis* Tao su *vocant*.

[xxiv] Ut uberiorem notitiam Lectori demus sciendum est, Authorem Sectae hujus extitisse Philosophum *Li lao kiun* vulgo dictum aliàs *Pe yam*, vel *lao tan*. Coaevus hic fuit *Confucio* tametsi hoc aliquanto senior: fabulantur autem, post annos unum & octoginta, quàm eum sua mater utero gestaverat, tandem ex sinistro hujus latere viâ sibi factâ prorupisse in lucem; genitricem verò ex tam prodigioso partu mox periisse.

Extant illius libri; sed à sectariis (uti creditur) haud uno loco vitiati. Nonnulla scripsit, quibus dignas Philosopho sententias inseruit de virtutibus, honorum fugâ, contemptu opum rerumque humanarum, & de beata illa solitudine qua Animus, humanis rebus superior, frui queat. Ubi verò de productione rerum agit, hanc inter caeteras affert sententiam, quam tanquam nobilissimum Philosophiae suae axioma Sectatores assiduè decantant, videlicet *Tao sem ye*, *Ye sem ulh*, *Ulb sem san*, *San sem van ve*, id est, *Lex*, sive *ratio produxit unum*, *unum produxit duo*, *duo produxerunt tria*, *tria produxerunt omnia*. Quod hominis pronunciatum, quamvis ambiguum sit atque obscurum, uti ferè illa Priscorum oracula esse solent; una res tamen certa est, primi ac supremi cujusdam Numinis habuisse notitiam, quamquam aberrantem reverà notitiam, ut qui existimarit, Numen esse corporeum, tametsi aliis quoque Numinibus, ceu Regem suis clientibus, dominari fateretur. Eum artis quoque Chimicae Principem atque Authorem fuisse passim tradunt.

Caeterum qualiscunque demum Magister ipse fuerit, hoc quidem extra controversiam est, post aliquot deinde saecula multos eorum qui discipuli illius erant, aut esse mentiebantur, pravos ac perditos homines extitisse, quippe artis Magicae vel inventores inter Sinas, vel certè propagatores. Etenim quamvis haud desint qui Magiae ducant initium ab Imperatore quartae Familiae *çin*, *xi hoam ti* dicto, famoso illo literatorum hoste, adeoque & librorum quos propè omnes concremari jussit; proptereà quod is à Magis & impostoribus discipulis dicti *Li-Lao-Kiun* persuaderi sibi passus sit, immortalitatis pharmacum reverà dari (*Cham sem yo* dictum) potum videlicet [xxv] qui perennem vitam mortalibus conciliaret, quem proinde per insulas conquiri jussit.

Magia tamen si non initium, maxima quidem cepit incrementa temporibus proximae familiae *Han* dictae, quando sextus illius Imperator cognomento *Vu ti*, Magistro cui *Li xao kium* nomen erat, totum se nefariis Magiae studiis dedidit; in Imperatricis fortè gratiam, quae cum Priscum literatorum & *Confucii* Philosophiam aspernaretur, anteponebat huic alteram Philosophi *Li lao kiun*, atque, ut credibile est, jam depravatam; sed vel hac de causâ foemineae curiositati libidinique magis acceptam. Quod uti vulgatum fuit, magnus illico in Aulam concursus extitit eorum hominum qui novam Sectam istam profitebantur: cumque per illud tempus obiisset Reginarum una, quam Princeps deperibat, neque jam ferre posset amissae desiderium, fuit ex illo Magorum grege qui umbram demortuae praestigiis suis attonito pavidoque Regi spectandam obtulit. Irretitus itaque tam perniciosis artibus Rex, postquam multas insanivit insanias, & hausto saepius immortalitatis potu, tandem tamen mortalem se esse sensit; morti jam proximus credulitatem suam, seris scilicet lachrymis deploravit, nefarias artes & artium Magistros detestatus.

Haudquaquam tamen cum Rege extincta pestis haec fuit; quinimò si non ex eadem schola prodiit, certè quidem vixit eâdem imperante familiâ nominatus ille *Cham tao lin*; cujus deinde posteri diabolicas artes longè latèque divulgarunt. Quos inter, praecipuum rursus nomen ac famam quidam *Cham tao yven* consecutus fuit. Demandata sunt igitur creditaque amborum curae jamque adeò tutelae quotquot extant Imperio toto Sectae hujus Fana portentis istis consecrata; uti patet ex tabellis atque icunculis passim venalibus, quae exhibent totum illum unà cum assectis suis daemoniorum, hominumque gregem quos in deorum numerum conscripserunt & *Sien gin*, hoc est, *immortales* vocitant:

Et quidem Sectae hujus Ministros perhonorifico titulo *Tien su*, id est, *caelestis Magistri* Imperatorum sub familiâ *Tam* superstitio & insania decoravit. Cujus quidem familiae conditor Templum *Lao Kiun*, velut idolo, consecravit, & is qui fuit ordine sextus *Hiven çum* Imperator ejusdem statuam in Palatium suum introduxit. Jamque adeo posteri quoque impostorum horum haud in vulgari sunt honore, maximè quidem ii qui oriundi ex prima stirpe primo quoque loco sunt geniti, gaudent enim perpetuâ dignitate Mandarinici quodammodo ordinis, peramplas in habitant aedes ac splendidas in quodam pago Provinciae *Kiam si* dictae; frequentant hunc sanè multi, vel morbis suis petentes remedium, vel cupientes fatum suum, vitaeque totius seriem edoceri: Quos ille, qui tunc *Tien su* dignitate ac munere fungitur, mendaciis suis atque praestigiis elusos, in syngraphâ suâ hieroglyphicâ aliisque diabolicis artibus instructos, laetos plerumque, [xxvi] & quamvis nummis, quos largè expendunt, propè vacuos, spei tamen plenos domum remittit.

Caeterùm maximè videntur invaluisse diabolicae artes istae temporibus familiae *Sum* sub tertio hujus Imperatore *Chin çum* dicto, qui anno sui Imperii undecimo, & post Christum 1011. praestigiis aliorum somniisque suis illusus, librum à caelo delapsum credidit, quam impostores ac Magi, vel horum administri cacodaemones, ex nobiliori portâ urbis regiae noctu suspenderant: Quem adeò librum magiis refertum pedes quaesivit credulus, & magnâ cum veneratione exceptum atque in interiora sui Palatii regiâ cum pompâ illatum, aureo reclusum scrinio servari jussit.

Ex quibus omnibus fit perspicuum semper in deterius abiisse miserabile Sinarum Imperium, & (quod initio dicebamus) plenos esse superstitionum, ac multiplici daemonum pacto illigatas artes atque observationes, quibus pestifera ista hominum secta nunc utitur. Tales autem cum sint, non pauci tamen ex Sinis adeo illas non aspernantur, ut post invectam deinde Idololatriam, hâc imprimis magistrâ, multò etiam studiosiùs easdem sectati fuerint, & veteres novarum quoque accessione cumularint; sic prorsus ut creber & maximè vulgaris earum hodieque apud Sinas sit usus: Quarum si specimen aliquod sibi dari Lector expetat: illi, modò quidem figuras tum Heresiarchae sui, tum Idolorum suorum vacuo in aëre spectandas offerunt attonitae credulaeque turbae modo in praegrandi pelvi aquis plenâ mutationum imperii & sectatorum suorum dignitates phantasticas & novas praefecturas tunc obtinendas representant. Modò post consultas sortes & invocatos cacodaemones penicillo ex aëre pendulo nescio quae literarum monstra vel in subjectâ chartâ, vel in ipso pariete, vel in cinere describunt; aliasque hujuscemodi prestigias & superstitiones exercent, quas inutile sit hîc pluribus referri.

At profecto tantae pravitatis, non expers tantùm, sed ignara quoque fuit Priscorum Sinensium etas. Verumtamen qualiscumque demum illa fuerit; nos certè ab ipsis Sinicae Missionis exordiis hoc semper egimus, ut omnes omnino tam priscae, quàm hujus aetatis observationes penitus extirparemus: & idem Christianorum quoque Scriptorum nostro consilio atque hortatu conatus fuit. Et hujus quidem sectae consilio & industriâ, paulatim jam prisci Reges quidam facti velut numina & alii atque alii spiritus jam antea incogniti prodiere, & quidem sub titulo *xam ti* seu supremi caeli Imperatoris qui singulis praeessent singuli elementis, nullâ cum relatione vel dependentiâ ad supremam & unam in caelo potestatem:

Quin imò, quod longè, detestabilius est, hominem (cui *Cham Y* nomen) ex eadem sectâ maximè sub *Han* familiâ celebratum *Yo hoam xam ti*, [xxvii] hoc est, *preciosi Augusti supremique Imperatoris* titulo condecorare, erectis ubique ei statuis & Templis, non dubitavit familiae *Sum* (non octavae sed ejus quae fuit decima nona) Imperator numero octavus *Hoei çum* dictus: quo factum est ut justo Dei Judicio domus Regia ruinam agere coeperit, & talem quidem ruinam, ut Imperium, quod sub principibus patriis jam steterat annis quarter mille supra ducentos, ad alienigenarum Gentium, Tartarorum, inquam, Occidentalium jugum & potestatem tum primum transierit, cui servituti per annos 89.

Turpiter coactum est parere: quod quidem gravissimis verbis expendit *Kien Kium xan* Colaus imperante 21. familiae *Tai mim* dum scribit in hunc modum; hoc tempore *Hoei çum* Imperator *per summam injuriam vili homuncioni attribuit titulum* Xam ti (seu supremi Imperatoris.) *Hic verò cum sit omnium caeli spirituum summè augustus et venerandus spiritus;*

utique tam gravi affectus injuriâ non potuit non gravissimè commoveri, et justissimis poenis affligere Principem hunc et familiam denique ipsius funditus extinguere. Sed de hac Sectâ jam satis: nunc ad alteram, quae dein subsecuta est, progrediamur.

PARAGRAPHUS QUARTUS.
BREVIS NOTITIA SECTAE
Foe kiao *dictae, ejusque Sectatorum.*

Ducentis septuaginta pòst annis quàm *Han* Familia rerum potiri caeperat; post Christum verò annis quinque & sexaginta, teterrima pestis, & quovis incendio perniciosior, regiâ authoritate, Sinas invasit, Idoli *Fe* Secta nefaria; simul cum Pythagoricâ metempsychosi, cum plurimis fabulis ac superstitionibus, cum atheismo denique, & plurimis libris, quibus Sectae principia, placita dogmata continebantur, ex Indiis in Chinam deportata. Quae pestis quoniam hoc tempore grassatur latissimè, & libros ferè omnes Sectasque Sinensium, si Mahometanam fortè excipias, jampridem infecit; imò plurimarum ipsa mater est; Ad haec, Christianae veritati nostrisque conatibus vel maximè contraria, necessarium esse puto brevem hic notitiam Lectori dare, & quae illius apud Indos fuerit origo, quae apud Sinas incrementa, quae dogmata invexerit, altiùs aliquantò repetere.

Obtinebat Indiae partem illam & Regionem, quae Borealem inter & Australem media est, & à Sinis *Chum tien cho* dicitur, Regulus *in fan vam*, cujus uxori *Mo-ye* nomen erat: Ex hac natus est illi [xxviii] filius, *Xe* primùm, sive *Xe Kia* dictus (quo etiam nomine tota Bonziorum colluvies ac superstitio significatur; Japonii tamen corrupto vocabulo Sinico *Xaca* fecere) deinde, cùm trigesimum attigit aetatis annum, *Foe* nominatus; qui an reverà homo fuerit, an merum diaboli portentum (quod Apostolus Japoniae Franciscus Xaverius opinabatur) ancipitis controversiae est. Certè si fabulosa non sunt quae Sectatores de ortu ejus commemorant, cum S. Xaverio sentiendum erit: Narrant autem Matri per somnum oblatam fuisse speciem Elephantis albi, qui se per os in ejus uterum insinuarit; unde etiam fama, conceptum fuisse ex Elephante; & aliorum multò verior suspicio, ope daemonis ex humano semine aliunde deportato sub belluae istius specie fuisse conceptum. Apud Indos quidem albi coloris Elephas non tantum in pretio est, sed etiam in veneratione, usque eò ut si dubia fuerit illius possessio, Regna quandoque bellis committat, nec nisi cum multo sanguine controversia finiatur. Narrant rursus in lucem fuisse editum ex latere dextro Matris suae, quae adeò mox à partu interierit: Sic ut Salvator ille (quemadmodum Sectatores jactant) generis humani, ne Matris quidem saluti consulere potuerit: Nimirum vel hinc intelligas, plus viperae quàm hominis habuisse hoc monstrum hominis. Et vero character *Foe* compositus ex *non* & *homo*, id innuit. A partu mox pedibus constitit, & passus omnino septem progressus, alterâ manu coelum, alterâ terram indicans. *Tien xam, Tien hia to ngo guei çum*, id est, *in caelo, terrâque solus ego sum venerandus*, clarâ voce pronunciavit, ne cuiquam dubium posthac esse possit, quo tandem Patre sit progenitus.

Acciderunt haec anno Monarchiae Sinicae 1909. ante Christum 1026. quo tempore *Chao vam* quartus è tertiâ Familiâ *Cheu* dictâ Imperator rerum apud Sinas potiebatur. Anno 17. aetatis suae *xe kia*, sive *xaca*, tres uxores duxit. Filium genuit, cujus nomen tribus literis *Lo heu lo* Sinenses exprimunt: Nec multò pòst humanis rebus curisque renuntians, & poenas scilicet daturus extinctae sui causâ Matris, concessit in solitudinem novemdecim jam natus annos. Hîc se quatuor Gymnosophistis, qui *Jogues* in India vocantur, instituendum tradidit; quoad aetatis suae anno trigesimo, dum fortè praenuntium Solis bosphorum contemplatur, unico illo sideris intuitu totam repente essentiam Primi Principii perspectam habuit, & divinitate nescio qua de repente afflatus, *Foe*, sive Numen (in Indiis *Pagode* dicitur) evasit. Ex discipulo itaque Magister, ex homine jam Deus, doctrinam suam impertiri coepit mortalibus. Nec defuit hîc filio (certè quidem Ministro suo) malus daemon, cujus ope multa patravit quae detinerent coecos mortales vel rei novitate, vel miraculo prorsus attonitos: Quae ipsa multis magnisque Voluminibus & iconibus prorsus elegantibus expressa Sinae vulgaverunt. Annos [xxix] omnino novem supra quadraginta dirus impostor dogmata sua longè latèque per Orientem vulgavit, quo ipse tempore *Salomon* Rex fluentis Sapientiae suae rigabat Occidentem.

Fidem superat quod de multitudine discipulorum ejus traditur; extitisse scilicet octoginta millia, quorum singulis suus vel Gymnosophiae, vel Idololatricae dignitatis gradus fuerit: Atque universim tota colluvies eorum hominum qui impensiùs ac religiosiùs sectantur hunc impostorem, apud Sinas quidem *Sem & Ho xam*, à Tartaris *La ma sem*, à Siamensibus *Talepoii* denique à Japonibus, vel potius ab Europaeis hominibus *Bonzii* nuncupantur. Narrant autem ex portentosâ multitudine illâ selectos fuisse quingentos; ex his centum; ex centum rursùs alios decem, qui deinde Magnatum nomine & dignitate insignes encomia Magistri sui, postquam is excessit è vitâ, quinque millibus Voluminum complexi sunt.

Etenim sensit tandem aliquando novus hic Deus ex immortalium numero se non esse, cùm 79. aetatis anno deficere se viribus, urgeri morbo fatóque sensit. Caeterùm nunquam perniciosior humano generi, quàm cùm perniciosus esse desinebat: Teterrimum quippe virus Atheismi jam moriturus evomuit, disertè professus, se per *annos quadraginta eoque amplius non declarasse mundo veritatem*; sed umbratili & metaphoricâ doctrinâ contentum figuris, similibus, & parabolis nudam veritatem occultasse:

At nunc tandem, quando esset morti proximus, arcanum sensum animi sui significare velle: extra *vacuum* igitur & *inane* (*Cum hiu* Sinae vocant) primum scilicet rerum omnium principium, nihil esse quod quaeratur, nihil in quo collocentur spes nostrae. Haec diri impostoris ultima vox; & Atheismi prima radix; quamvis hodieque mendaciorum ac superstitionum tenebris abdita, ceu humo defossa vulgus imperitum lateat: Hinc etiam celebris illa doctrinae in *exteriorem* & *interiorem* distinctio, quam mox declaraturi sumus.

Cadaver odoratis lignis pro more gentis concrematum fuit, cineres verò, in homines, spiritus, dracones maris (ut aiunt) dispertiti: Ad Insulae Ceilani Regem dens unus dono missus: Quem deinde Constantinus Brigantini Ducis frater, dum res & arma Lusitanorum in India procurat, caetera inter spolia fortè captum flammis tradi jussit, ac redactum in cineres in profluentem dispergi, immensâ vi auri, quam ei redimendo per legatum suum Rex barbarus offerebat, Christiano regioque animo contemptâ. Quod autem dicatur à Masseo caeterisque nostratibus historicis, simiae cujusdam, quae magnâ superstitione coleretur, eum dentem fuisse, non errori tribuendum est; sed quod nefarius ille daemon, cum aliis atque aliis formis ac nominibus alibi colatur, tum in eis terris, unde Lusitani dentem sustulerunt, simiae figura in veneratione sit. Etenim [xxx] praeter alias ineptissimas fabulas hoc quoque Sectatores credulae multitudini persuadent, Magistrum hunc suum per metempsychosim octies millies natum fuisse, modò sub his, modò sub illis belluarum aliarumque rerum formis; novissimè verò specie Elephantis albi conceptum, mortalibus opitulandi causâ rediisse.

Is ergò praeter eam, quàm dixi, discipulorum turbam, discipulum unum longè sibi charissimum, impietatis suae primum haeredem & propagatorem reliquit; nomen illi *Mo o Kia ye*; cui etiam in mandatis dedit, ut libris omnibus, quos de doctrinâ suâ in lucem ederet, praefigeret haec verba *Ju xi ngo ven*: Sic ego accepi: Neque aliis rationibus aut argumentis uteretur; ut planè videatur, hunc quoque fastum praeter insanias alias didicisse ab hoc Magistro quae quinque circiter pòst saeculis secuta est Pythagoraeorum Schola.

Alterius item Magistri se antiquioris (reverà cacodaemonis) ipsemet *Foe*, sive *Xaca*, facit in suis libris mentionem; Sinis *O-mi-to*, Japonibus corrupto rursùs vocabulo *Amida* vulgò dicitur. Vixit is in Orientali India, sive Bengala, Ubi & Elysios esse campos, Sinicè *cim tu*, Bonzii fabulantur. Amidae vero tanta perhibetur esse Sanctitas, & tot ejus tantaque merita, ut quisquis eum deprecatus fuerit, criminum suorum, quamvis innumerabilia sint, veniam consequatur: Nihil ergo crebrius in ore plurimorum Sinensium, quàm duo haec monstra *O mi to*, *foe*, quo sociatis amborum nominibus ac meritis purgatissimi evadant; mox scilicet eorumdem impulsu iterum atque iterum pristinae libidini, avaritiae, perfidiae, nullisque non flagitiis habenas omnes impunè laxaturi.

Duplicis porro doctrinae, cujus ante mentionem fecimus, vis haec & ratio est, ut *exterior* ad *interiorem* quasi manuducat; & tamdiu in usu sit illa (quam adeo *substitutam*, Sinice *Kiven* vocant) quoad altera, quam *xe*, id est *veram* solidamque esse docent, in animis eorum qui capaces fuerint (sunt autem è plebe paucissimi) firma constiterit: simili rem declarant: Lapideum fornicem molitur quispiam; ligneum procul dubio primùm excitat qui lapideo, quoad is perficiatur ac firmitatem obtineat, fulcri sit instar: illo perfecto firmoque, ligneus utique dissolvitur & abjicitur; quippe cujus jam nullus sit usus.

Exterioris ac supposititiae doctrinae haec summa est: Boni & mali, pravi rectique discrimen dari: adeoque & praemium & poenam, & sedes huic & illi destinatas: Beatitudinem triginta duabus figuris, & octoginta qualitatibus obtineri: ipsum *Foe*, sive *xaca*, numen esse, & Salvatorem mortalium; horum quippe causâ, quod aberrantes à via salutis miseraretur, natum esse; horum crimina per ipsum expiari; quibus expiatos salutem à morte consequi, & in altero Mundo feliciùs renasci: quinque dari praecepta: primum, ne rei viventi [xxxi] dematur vita: secundum, ut abstineatur furto: tertium, flagitio & tupitudine: quartum, mendacio: quintum, vino. Sic nimirum salutis nostrae hostis honesti rectique specie fraudes & insidias suas occultat. Sex item opera misericordiae Sectatoribus prescribuntur: Hoc in primis, ut benignè foveant alantque Bonzios, exaedificent eorum Coenobia & Fana; sic quippe non defuturos qui precationibus suis poenisque spontaneis debita peccatis supplicia exsolvant: papyraceas item massas auri vel argenti speciem referentes, (inventum posterioris aetatis) ad haec, vestes sericas, aliaque id genus in funeribus crement; fore enim ut in alterâ vitâ tantumdem veri metalli veraeque supellectilis inveniant, & copia suppetat earum rerum quibus ibidem ad amictum victumque opus sint habituri, & quibus truces illos & alioquin inexorabiles custodes claustrorum octodecim (tot namque apud inferos constituunt) placare possint ac sibi conciliare: Haec autem si neglexerint, proculdubio ad inferos per sex viarum unam praecipites ituros; & sic ituros, ut in perpetuâ quadam metempsychoseos rotâ, modo belluarum; modo hominum, aliisque formis innumeris misere renascantur: viarum quoque singulas operosè describunt, & multas alias nugas, & anilia planè deliramenta congerunt, quae longum foret hic commemorare: Praeconi tamen Evangelico perspecta esse prorsus utile futurum censeo; cum magni referat, eorum, quibuscum tibi perpetua dimicatio est, exploratas habere res omnes.

Verùm nunc ad *interiorem* doctrinam, & occultissimas fraudes insidiasque gradum faciamus; & dejectâ substructione metaphoricâ speciosum illum veritatis arcanae fornicem, cujus firmitatem (cùm sit inanissimus, ipsaque inanitas) tantopere tamen depraedicant, studiosius contemplemur. Sed arceatur hinc primùm rude vulgus; (haec est nequissimorum hominum prima cautio) simplex enim & credula multitudo tartari metu similibusque fabulis utique debet in officio contineri: Soli nobiles ac literati spectatum veniant; atque ex coenobitis ipsis ac Bonziis illi dumtaxat qui secreti capaces sint ac perspicacitate ingenii caeteris antecellant.

Summa doctrinae, quam vocant *interiorem*, solidam, veram, haec est, *Cum hiu*, *vacuum* nescio quod, & *inane*; principium esse finemque rerum omnium. Ex hoc primos humani generis parentes originem duxisse; in hoc, ubi vivere desierunt, reversos esse; neque aliam totius esse generis conditionem. Imo vacuum ipsum (inquiunt) nostrum esse; nostraque substantia est, sic, ut ex illo pariter & elementis quidquid usquam rerum est producatur; & in idem per interitum deinde resolvatur ac redeat: omnino solis figuris & qualitatibus distingui ac differre omnia, ceu aquam vasis aliis atque aliis impositam: Nunc item per floccos in nives extenuatam, nunc [xxxii] cinerum instar effusam in nebulas, aliquando procusam in loricas congelascentium aquarum, aliquando in lapides grandinis sese constringentem; similiter quoque ut aes, & aurum, ex quo modo hominem modò leonem, modo quamcumque aliam supellectilem conflet Artifex, utique diversa; verumtamen liquefacto dein metallo, prorsus unum quid idemque. Sic ergo quaecumque existant, vitâ, sensu, mente praedita, quamvis inter se usu & figurâ differant; intrinsecè tamen unum quid idemque esse, quippe à principio suo indistincta.

Hoc autem principium; cum doceant esse prorsus admirandum quid, purum, limpidum, subtile, infinitum quod nec generari possit, nec corrumpi, quod perfectio sit rerum omnium, ipsumque summè perfectum, & quietum, *negant* tamen, *corde*, *virtute*, *mente potentiave* ullâ instructum esse. Imo hoc esse maximè proprium essentiae ipsius; ut nihil agitet, nihil intelligat, appetat nihil. Quocirca quisquis benè beatèque vivendi sit cupidus, huc assiduâ meditatione, suique victoriâ eniti oportere, ut principio suo quamsimillimus affectiones omnes humanas domet ac prorsus extinguat; neque jam turbetur, vel angatur re ullâ, sed extatici prorsus instar absorptus altissimâ contemplatione, sine ullo prorsus usu vel ratiocinio intellectûs, divinâ illâ quiete, qua nihil sit beatius, perfruatur: quam ubi nactus fuerit, communem vivendi modum, & doctrinam tradet aliis, & ipsemet specie tenus sequatur; clam vero sibi vacet ac veritati; & arcanâ illâ quiete, vitaeque caelestis instituto gaudeat. Haec mysterii summa. Nulla interim pravi rectique mentio, nulla praemii vel poenae, nulla divinae providentiae, vel immortalitatis animorum. Unum loquuntur *vacuum*, & reale *nihil*; idque, ut vidimus, confusissimum: ad hoc rerum ortum interitumque referunt; imo hoc ipsum esse res omnes, in quas assiduè transmigret ac transformet sese per quatuor viarum unam, vel *uteri*, vel *ovorum*, vel *seminis*, vel *mutuae conversionis*: Sic ut unum idemque chimaericum principium sit homo, leo, lapis, omnia. Ex illius ergo contemplatione chimaerae tota (quemadmodum narrabam) beatitudo petitur: cui contemplationi qui vacant impensiùs, censentur ad propriam novamque rursus Sectam pertinere.

Haec alio nomine *Vu guei Kiao*, sive nihil agentium secta dicitur, nec multum dissimilis ab ea cujus jam meminimus, quae quidem cum diu antè viguisset inter Gymnosophistas Indiae, tùm apud Sinas quoque florere caepit imperante *hoei ti*, qui fuit secundus e septimâ numero Familiâ, *çin* dictâ, ducentis nonaginta circiter annis post Christum: Quod autem magis admireris, Optimates ipsos Imperii, & Summos quosque Viros invasit exercuitque haec insania, sic prorsus ut quò quisque propiùs ad naturam saxi truncive accedebat, horas complures sine ullo corporis animique motu persistens, sine [xxxiii] ullo vel sensuum usu vel potentiarum, eò profecisse feliciùs, propiorque & similior evasisse principio suo aërio, in quod aliquando reversurus esset, putaretur.

Ferunt itaque, *Ta mo* ipsiusmet *Xa cae* ex stirpe vigesima octava nepotem annos omnino novem consedisse obversum parieti; quo omni tempore nihil praeter chimaericum illud principium suum *vacuum* & *nihil*, contemplatus fuerit; eique tandem conformatum, Numen evasisse: Numinis certè venerationem apud Sinas jampridem obtinuit, extructis ei Fanis peramplis atque magnificis: Quamquam honores longè praeacipuos, & cognomentum *Foe*, duobus maximè deferunt, *Amidae* scilicet ac *Xacae*, quod eos extitisse dicant imagines quasdam primi principii planè perfectas, numerisque omnibus absolutas. Alios, qui ejusdem principii unum dumtaxat Attributum referant, *Pu sa* nuncupari volunt: talis est *Quon in pu sa*, quod Idolum specie Matris simul & virginis parvulum complexae filium, *misericordiae* solius imago est: His rursus inferiores, & priscis apud Romanos Diis minorum Gentium haud longè absimiles, *Lo han* vocant.

Oppugnavit interim contemplantium Sectam scripto volumine Colaus *Poei guei Confucii* Sectator, & copiosè probat Aristotelicum illud *ex nihilo nihil fieri*; ex quo deinde conficit, extitisse procul dubio diu antè principium illud à quo tot res, quas maximè videamus existere, profluxerint. Caeterùm non ita refellere potuit vir egregius errorem istum, ut non manarit latissimè, & multi nostra quoque aetate, contemplationibus tam insanis vacent. Amplius dico Literatorum plurimos tam patrio *Lao Kiun* quam Indico *Xacae* toxico afflatos fuisse & etiamnum esse: multi ipsorum è rustica & superstitiosa plebeiorum faece progeniti educatique, tametsi ingenio suo ad summa quaeque in Republica munia & dignitates emergant, vix aut aegre sanè exuunt nativas illas ac domesticas superstitiones, quas à teneris unà cum materno quodammodo lacte suxerunt, praecipuè cum etiam principum suorum, quorum gratiam aucupantur, exemplis provocentur & confirmentur. Damnant alii quidem peregrinam novitatem, & gravibus verbis atque sententiis haereticam & perniciosam esse docent; reverà tamen mihi non tam videntur lapideum fornicem, quàm ligneum censuris suis demoliri velle: Et cum *exterioris* doctrinae placita, ritusque plurimos, & carnis vinique abstinentiam, & tot idololorum monstra, & otiosam inutilium Reipubl. Bonziorum turbam odissent; *interiorem* tamen & arcanam doctrinam non pauci amplexi, in profundam Atheïsmi voraginem, in quam superbi tumoris ac vitiorum suorum pondere proni jam pendebant, tandem praecipites abivisse.

Quamquam voraginem hanc ipsam & praecipitium specioso [xxxiv] rursus *Sim-li* nomine, *naturalis* scilicet *Philosophiae*, quasi viae cujusdam jam olim tritae, planae, regiaeque occultant improbi; & cum hallucinentur errentque gravissimé, adeò tamen expertes erroris omnis videri volunt, ut tanquam Censores ac Judices non suae modo aetatis, sed omnis etiam retrò antiquitatis cum intolerabili quadam arrogantiâ per vim, & nefas Classicos gentis libros ad sententiam suam temerè exponant, nec dubitent authoritate Majorum suorum, quorum tam eximia virtus fuit ac sapientia, impietatem suam stultitiamque confirmare.

Qui in hoc genere, non quidem primi, sed plurimum tamen peccaverunt, *Cheu*, *Cham*, *Chim*, *Chu*, quatuor Interpretes, cum imperante Familiâ 19. *Sum* (ut tandem revertamur, unde fueramus digressi) Classicos libros illustrassent commentariis suis, aut veriùs multa ex iis obscurassent ac foedè contaminassent; eos tamen veluti Magistros secuta deinde posterior est aetas: Et in exordiis quidem *Taimingae* Familiae nova perniciosaque doctrina mox prodiit, non aliorum magis, quam quatuor istorum Interpretum sententiâ & authoritate stabilita.

PARAGRAPHUS QUINTUS.
DE SECTA LITTERATORUM,
seu Philosophorum propriâ, quod illius fundamentum aut principium veteres, quod moderni Interpretes constituerint.

Prisca Sinarum aetas, sapientiae, prudentiae, ac reliquarum virtutum syncera cultrix & Magistra, cùm admirabilem coeli terraeque ordinem & constantiam semper admirata fuit, tum etiam perquam sollicitè studioséque conata est imitari: Hinc petivit illa Monarchicum suum regimen, quod annos quater mille jam viguit; hinc infimorum per media, mediorum per summa, tam aptum facilemque gubernandi modum: prorsus ut videantur Prisci gentis Reges ac Sapientes in hoc uno totâ contentione mentis & corporis laboravisse: sublimiores verò magisque remotas à sensibus philosophantis Graeciae delicias, ne primoribus quidem labris unquam delibasse, fortassis etiam aversaturi animo, & non aurium modo, sed finium quoque aditu prohibituri, si quis inde vel Aristoteles, vel argutior quicumque Sophistes è Stoïcorum vel Peripateticorum Scholis in Chinam commigrasset: Una pax scilicet & constans, aequabilisque tam morum quàm legum ratio in votis erat: Hoc autem ut assequerentur, Religioni primùm, deinde politicae gubernationi [xxxv] dabant operam: Illâ Supremum aliquod Numen, quod *Xam ti Supremum coeli Imperatorem* nuncupabant; nec non alios spiritus, sublunarium rerum praesides, ritè venerabantur; arcana verò naturae illius, quae tam sublimis est, & ab humanis oculis tam remota, adeò non scrutabantur curiosiùs, ut disertis quoque verbis id vetarent, ne veritati scilicet pacique publicae officerent haereses in gente ingeniosa quidem, sed instabili, & novitatum cupidissima faciles oriri: Politicae verò prudentiae industriaeque summa haec erat, ut qui imperabant, filiis imperare se crederent; qui parebant, patribus se parere. Et haec quidem Priscae aetatis ratio omnis ac Philosophia, de qua copiosius in scientia Sinica ad (quam suscepimus explanandam) pertractandum erit.

Superest igitur examinandum, num alia quaedam posterioribus temporibus invecta sit Philosophia, quam Prisci Sapienties omnino ignoraverint, & soli Neoterici Interpretes quadraginta saeculis ut aiunt, sepultam, in lucem orbis sui Sinici tandem produxerint. Ut autem ordinate procedamus; in primis qui illi, & quantae authoritatis, & quo tempore prodierint Interpretes, disquirendum, deinde ex quo hauserint fonte doctrinam illam suam seu novam Philosophiam, & ad extremum quod tandem totius doctrinae suae, aut naturae principium ac fundamentum stabilire contenderint: Sic etenim facile erit statuere quam potissimum sententiam homo Europaeus sequi debeat, an eorum, qui pro Priscorum innocentia, rectitudine, & sinceritate dimicant, an verò eorum, qui vix ulla illius ratione habitâ, corruptissimis temporibus novam doctrinam machinati sunt, & ad posteros transmiserunt.

Porrò ad Neotericos Interpretes quod attinet, eos hîc voco qui extiterunt imperante familiâ *Sum* (non eâ quae fuit ordine octava, sed quae fuit ejusdem characteris ordine decima nona) cui equidem familiae initium dedit annus à Christo nato nongentesimus sexagesimus, nongentis, uno minùs, annis post idolatriam unà cum somniis Pythagoricis regiâ authoritate ex Indiis invectam in Sinas, è quâ deinde Sectâ aliae atque aliae exortae sunt, ut nihil jam dicam de propriis & quasi domesticis gentis Sectis & Haeresibus, *Lao Kiun*, *Yam & Me*, olim jam dominantibus in Chinâ. Imperialis ergo familia *Sum* cum esset prae omnibus retrò familiis Litterarum simul ac Litteratorum studiosissima, adeoque & foecundissima; Interpretes habuit admodùm praestantes ingenio & dignitate, qui non solum quinque librorum Classicorum & Chronicorum interpretationem, sed etiam ipsorum Interpretum *Confucii* scilicet *Menciique* & aliorum Commentarios, & proprias lucubrationes multò copiosiùs disertiùsque explanandas susceperunt.

Hos inter autem praecipui sunt nominis *Cheu çu* & fratres duo [xxxvi] *Chim çu* dicti qui anno Christi 1070. circiter scripserunt imperante *Xin çum* sexto Familiae *Sum* principe;

quos deinde secutus est, quamvis eos idem longè antecesserit famâ & authoritate, *Chu çu* (alio nomine *Chu hi* dictus) qui diem obiit anno post Christum 1200. *Nym çum* Imperatoris decimi tertii anno sexto. Interpres iste maximis quoque perfunctus est muneribus in Imperio, & quia de litteris usque adeo bene meritus, titulo *Ven cum* litteratorum principis condecoratus est.

Porrò tametsi floruerint omnes sexcentis ferè ab hinc annis, fidenter tamen eosdem Neotericos esse dicimus, quatenùs scilicet cum veteribus, quos suprà citabamus, & qui annis mille supra quingentos, eos antecessêre, comparantur: Quo etiam intervallo temporum Familiae Imperatrices omnino 15. ortum suum & occasum habuerunt, bellis ardentes civilibus poene perpetuis, & dolis, insidiis, caedibus, parricidiis per fas per nefas supremum sibi jus vindicantes:

Ad haec miserabiliter implicatae & contaminatae variis idololorum sectis, quae ex unâ ferè, quam supra diximus, hydrae ad instar pullulabant in dies: quas inter tenebras, & perturbationes ecquis tandem locus fuerit bonis artibus & studiis litterarum? Vix ullum sanè fuisse & fatentur ipsimet & verò plorant; quò minùs mirandum est scriptores illorum temporum (fuerunt enim aliqui) tam raros fuisse, tam mutilos, & tam succinctos, ut non dubitarint *Chu çu* aliique dicere per annos mille & amplius non extitisse hominem verè litteratum. Caeterùm de Neotericis hisce, quos modò dixi Interpretibus Imperatores aliqui Familiae *Sum*, disertè affirmant, quod post obitum *Confucii, çemcii, çu su, Memcii* antiquorum Interpretum, non alii deinde extiterint qui sensum librorum veterum feliciùs, & magis dilucidè explicarint, & suscitaverint quodammodo sepultam per tot saecula doctrinam Priscorum, quam hi ipsi sub Familia *Sum* posteriores Interpretes: atque ea etiam est causa, quod alii Interpretes his ipsis longè rursus recentiores, ii scilicet, qui floruerunt Imperante *Yum lo* tertio ex Familia prima & vigesima *Tai mim* (quae hanc, sub quâ scribimus proximè antecessit) dum mandato ejusdem, nec non opera studioque duorum & quadraginta Litteratorum selectorum ex aulâ, quinque libri veterum seu opera doctrinalia operosè recognita in lucem publicam novo praelo eoque regio prodierunt; communi planè sententiâ statuerunt non alios ferè Interpretes sequi & in scholis exponere, quam memoratos *Chim çu* & *Chu çu*: sic prorsus ut reliquos ab his Interpretes ad duos istos adjungere sint conati, & in verba duorum tandem hominum tantùm non jurare voluerint omnes. Itaque lucubrationes multis distinctae voluminibus tandem editae sunt in lucem anno post Christum 1415. qui annus erat decimus tertius memorati *Yum lo* Imperatoris. Praeter explanationem autem quinque Classicorum [xxxvii] librorum quibus & explanationem tetrabiblii sive operum *Confucii*, *Memciique* addiderunt, aliud praetereà fabricati sunt opus, quod continet viginti non exigua volumina, quae inscribuntur *Sim li ta çiven*, id est, *de Natura* seu Philosophia naturali *Pandectae*: cujus Operis Auctores quadraginta sic insistunt vestigiis duorum Interpretum quos paulò antè meminimus; (cùm tamen isti quoque Interpretes nulla sint antiquitate insignes, utpote qui trecentis circiter antè annis floruerunt) sic inquam, sectàntur illos & colunt, ut quamvis videri velint haudquaquam discedere à doctrina in Priscis Majorum suorum monumentis contentâ (quae adeo quasi obtorto collo in sententiam suam pertrahunt assiduè) reverà tamen longissimè discedant, ac planè videantur in Neotericorum, quos diximus, verba jurasse. Manavit autem mali labes ad nostram usque aetatem, qua videmus haud paucos è Litteratorum ordine novis illis commentis operam dare; & quamvis Classica nulla ratione censeantur, suum tamen pondus atque authoritatem; quam minimè merentur, attribuere. Errori nimirum causam praebuit speciosa rei novitas; quippe cùm disputaretur ibi de procreatione rerum de principiis & causis, nec sine ingenio copiaque sermonis & elegantiâ disputaretur; ad haec, authoritate Regiâ, necnon operâ duorum & quadraginta Virorum, qui omnes erant litteris & dignitate primi, perfectum sit opus; Sinarum aliqui magis creduli novam hanc & mendacem Philosophiam (si tamen Philosophiam) tanquam coelo delapsam, eò cupidiùs amplexi, quò certiùs existimabant amicam esse veritati & coelo, cum reverà esset tàm huic quàm illi inimicissima: Quid enim? An dici potest, aut etiam fingi quidquam magis contrarium veritati, quodque sit à lumine rationis coelitus nobis infuso magis alienum, quàm si negetur existere, qui coeli, qui terrae, qui rerum omnium effector, & Dominus, & Moderator sit? Negetur autem apud eam gentem, quae constantissimo usu & consuetudine quater mille annorum, ceu disertissimâ quadam oratione professa fuit, cuivis corpori suo capite, cuivis hominum coetui suo Principe, ut diu conservari possit ac regi, opus esse: Nisi fortè dicamus Priscos Sinas, cum sua omnia ad normam coeli terraeque tam studiosè exigerent, existimasse tamen hoc ipsum deesse prototypo, quod erat in exemplo prototypi longè maximum; coelum, inquam carere suo Rege ac Domino, quo imitatrix coeli Monarchia carere nunquam potuerat; pulcherrimumque illum, & maximè constantem coeli statum, motum, ordinem, à nullo Numine nullove consilio proficisci, sed casui ac temeritari deberi omnia; cùm tamen, ut statum illum motumque & ordinem quadantenus imitarentur, nihil atque necessarium sibi esse ducerent, quam consilium prudentiamque adhibere, & uni capiti, unique Regi summam rerum suarum [xxxviii] cum potestate propè divinâ committere. In Barbaros, vel amentes potiùs, & quibus una dominetur stultitia atque temeritas, dicamus errorem hujuscemodi potuisse incidere, non in eos qui tantâ Sapientiae laude, quanta fuit Priscorum Sinensium, floruêre.

PARAGRAPHUS SEXTUS.
EX QUO FONTE HAUSERINT
novum Philosophiae genus Neoterici Interpretes.

Radix totius doctrinae una est atque eadem, unumque planè fundamentum, liber scilicet *Ye kim* sive mutationum quem supra inter 5. Classicos libros tertio loco posuimus si tamen libri nomen merentur hieroglyphicae lineae ac figurae, eaeque perpaucae, quas *Fo hi* Sinicae gentis conditor, cum Litterarum tunc nullus esset usus, posteritati suae, ceu alterum nodum gordium explicandas reliquit. Et quoniam ab hoc libro pandectas suas ordiuntur Interpretes in eoque praecipue totam suam fundant doctrinam, antequam ulteriùs provehamur, operae pretium videtur exponere curioso Europaeo, hujus libelli quoddam summarium & paradigma. Et Authoris quidem consilium non aliud fuisse constat, quàm ut rerum creatarum mutuos vel nexus ac societates, vel dissociationes ac pugnas; ad haec, influentias, ordinem, vicissitudinem mortalibus ob oculos poneret; & per istos veluti gradus rudem Sinicae gentis infantiam ad sui principii ultimique finis supremaeque spirituum intelligentiae notitiam paulatim manuduceret. Cui proinde vota & sacrificia jam tum offerebantur, & quam ob rem *Fo hi* alio nomine dictus *Pao hi* quasi, complectens victimas, nominatur, quò evidentissime convincitur veri numinis cultum in ipso gentis exordio extitisse.

In primis autem videtur, illa quae *coelo*, *terrae*, *homini* accidebant, posteris consideranda proposuisse; quippe dum contemplaretur horum trium mirabilem quamdam societatem, & quasi mutuam affinitatem ac symmetriam, descripsit ipse *Figuras octo* Sinicè *Pa qua*, id est, *octo pendulas imagines* vel figuras; his quippe vocibus *Qua-hiven-chi-siam* Interpres litteram *Qua* exponit, tametsi nunc vulgo pro sortibus per abusum accipiatur. Et sic quidem eas figuras descripsit, ut singulae ternis quoque lineolis partim integris, partim interruptis constarent: Ex quo deinde combinationes octo consurgunt: Ad eum ferè modum quo artis nostrae metricae pedes trisyllabi combinantur, si loco integrae lineae syllabam longam, interruptae duas breves concipias. Ex his autem ternariarum combinationum [xxxix] ductibus duplicatis, octiesque inter se multiplicatis quatuor & sexaginta figurae tandem existunt, quas ipsas dum curiosa deinde posteritas disponit alio atque alio situ sive structurâ, illae situ suo atque varietate variam ac multiformem rerum naturam, motum, ordinem, ceu rudi quapiam picturâ quadamtenus adumbrant.

Quod ut penitùs cognoscatur, scire oportet; ab omni retrò aetate sic censuisse Sinas; duplex dari rerum omnium materiale principium, alterum *Perfectum*, alterum *Imperfectum*, hoc *Yn*, illud *Yam* nominant: quae quidem duo, à *Tai Kie*, id est *Magno axe* producta sunt, qui videtur chaos quoddam aut massa quedam materialis complectens omnia, aut quemadmodum Doctores Sinenses, & inter Ethnicos non pauci & quotquot fidei lumine collustrati unanimiter nobiscum exponunt *Yven che*, hoc est, *Materia prima*: videntur autem multi Interpretum, cùm de prima rerum productione disputant, complecti animo & cogitatione suâ quoddam velut ingens mare, quod bipartitum in duo maria minora (& sic bipartitem, ut in altero persistat quidquid est mobilius, levius, purius, atque perfectus; in altero quidquid est minus mobile, & gravius, magisque foeculentum atque imperfectum) totidem rerum principia veluti secundaria constitutat: Haec autem duo principia quasi duo maria, sed jam minora, abire rursus atque subdividi singula in alia duo, & quidem cum eâdem secretione *puri perfectique* ab eo quod *foeculentum* est atque *imperfectum*: Ex his porrò quatuor, octo similiter divisa discretaque existere; octo mox abire in sedecim veluti spatiosa jam flumina: haec in duo & triginta; tum in quatuor & sexaginta; ac tandem in plurima & veluti fluenta rivulosque dispertita (servatâ semper primae divisionis atque secretionis normâ) spectabilem hunc Mundum constituere: Etenim ut ab hoc simili transeamus ad rem ipsam, sic passim Philosophantur Sinae, ut dicant, ex *Yn*, & *Yam* utriusque vi & virtute, ceu multiformi qualitate constare omnia, eoque rem quamlibet magis minusve perfectam esse, quò plus minusve de alterutro principiorum obtineat.

[xl] Tota igitur mappae seu tabulae constructio ex duabus, ut dixi, Lineis conflatur, unâ non interruptâ, ———, alterâ interruptâ, —— —— eae Lineae, quae non interruptae, sed perpetuae sunt atque integrae, perfectum quid ac solidum, & quod in eodem genere vincat alterum, necnon felix ac fortunatum quid significant: His autem contraria designant eae quae sunt non integrae seu interruptae: Interruptis ergo *imperfectum*, ex. gr. terram, lunam, aquam, frigus, noctem, foeminam, humorem nativum quem vulgò radicalem dicimus, morbos, & calamitates designant: *Perfectum* verò, ex. gr. coelum, solem, ignem, calorem, diem, masculum, nativos ignes seu calorem primigenium, prosperam valetudinem, ac fortunam perpetuis integrisque. Docent praeterea, perfecti proprium esse manifestare sese, prodire foras, movere, dilatare, rarefacere, ascendere, augere, aperire; contra verò imperfecti proprium esse abscondere sese, introire, quiescere, restringere, condensare, descendere, imminuere, claudere. Ex horum autem duorum principiorum singulis alia rursus duo principia veluti subalterna docent existere; duo quidem ex *Perfecto*, quarum alterum sit perfectum majus, alterum sit imperfectum-minus Duo autem ex *Imperfecto*, quorum alterum sit perfectum-minus, alterum sit imperfectum-majus.

Has autem quatuor ex duobus principiis emanationes, *Su siam*, id est, *Quatuor imagines* vocat *Confucius*: Quibus ex Interpretum quidem sententiâ, *Sol*, *Luna*, *Stellae majores* seu magis coruscantes, & *minores* seu minus coruscantes denotantur. Quam sententiam quo pacto probare queant ac tueri non satis constat. Mutuam certé hîc radicem, seu uti nos loquimur, causalitatem nescio quam hîc admittere videntur, exempli gratiâ, ex calido nasci frigidum, seu saltem consequi, & rursus ex frigido calidum: quam sententiam tamen, dum tueri ac probare conantur Interpretes, exemplo utuntur hujusmodi: aqua & metallum frigida sunt (inquiunt) naturâ suâ; sed negari non potest, fulgorem & claritatem quae utrique inest effici à calore, utique non ab alio calore quàm qui aquis omnibus & metallis insit: Ignis similiter naturâ est calidus; at nigricans illud ac caeruleo non absimile, quod in undante flammâ solet observari à quâ causâ procedit, si non à frigore: quod igne continetur procedit? Calor nimirum cùm intensissimus est gignit quodammodo frigus; Frigus item, cum supremum efficacitatis suae gradum obtinuit, gignit calorem; adeoque cum frigus in Septentrione sit intensissimum, fit (inquiunt) ut hoc ipso in loco calor sumat initium, qui deinde [xli] dextrorsum procedens, incrementum capit in Oriente; vim summam perfectionemque obtinet in meridie: Frigus è contrario nascitur in meridie, mox sinistrorsum gyrans augescit in Occidente; Perficitur denique in Septentrione. Sic illi.

Germinatis rursum supradictis principiis subalternis, seu imaginibus, existunt *Pa qua*, *Octo* scilicet *Figurae*; quas & Interpretatus fuit *Ven vam* Rex, indito singulis suo nomine seu charactere. Tribus lineis, vel integris, vel interruptis singulae constant. Paradigma quod subjicimus, rem declarabit.

[xlii]

DUO RERUM PRINCIPIA

Perfectum.   Imperfectum.

——————   — —

Yam.   *Yn.*

Quatuor Imagines ex duobus Principiis proximè natae.

Majus Perfectum.	Minus Imperfectum.	Minus Perfectum.	Majus Imperfectum.
═══	═ ═	─── ───	═ ═
Tai-yam.	*Xao-yn.*	*Xao-yam.*	*Tai-yn.*

Octo Figurae ex quatuor Imaginibus promanantes.

Kien. Coelum.	*Tui.* Aquae Montium.	*Li.* Ignis.	*Chin.* Tonitrua.	*Siven.* Venti.	*Can.* Aqua.	*Ken.* Montes.	*Quen.* Terra.
≡	☱	☲	☳	☴	☵	☶	☷
1	2	3	4	5	6	7	8

Has octo Figuras, ex quibus quatuor ad perfectum, quatuor ad imperfectum pertinent, in Orbem quoque describunt, cum mutuò inter sese, nec non vario, ad quatuor Mundi Cardines aspectu: Quibus etiam Cardinibus quatuor Zodiaci puncta, Solstitialia scilicet, & AEquinoctialia, quibus dum media rursus jungunt, octo Zodiaci quoque puncta & quasi Mundi Cardines describunt. Figuras interim sic describunt, ut à capite primoque numero semicirculum quatuor constantem Figuris ac numeris, producant ad laevam; & mox alterum à capite (seu quinto numero) rursus orsi cum totidem numeris ac Figuris ad dexteram describant, Orbemque totum conficiant, hoc modo.

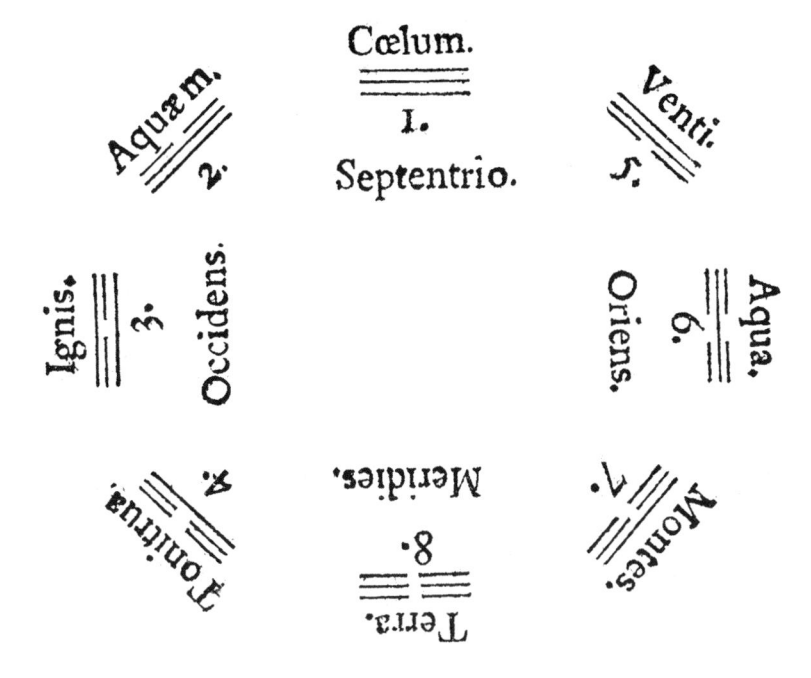

```
             Cœlum.
            ═══════
Aquæ.          1.           Venti.
   2.       Septentrio.        5.

Ignis.                      Aqua.
   3.  Occidens.   Oriens.    6.

Tonitrua.     Meridies.    Montes.
     4.          8.            7.
              Terra.
            ═══════
```

De harum mutua vel conjunctione, vel oppositione *Confucius* ad Librum *Ye kim* (interprete *Cham Co-lao*) exponens: *Coelum* (inquit) & *Terra* certam ac determinatam *sedem locumque obtinent*, haec inferiorem, illud superiorem. *Montes* & *Aqua montium* se *mutuo penetrant per humores* tam eos, qui in vapores resoluti ascendunt ex aquis locisque subterraneis (unde nubes & pluviae) quam eos, qui densiores cum sint, descendunt; ex quibus deinde fontes existunt, & fluenta, & stagna. *Tonitrua* seu exhalationes siccae & calidae, & *Venti* seu vapores & halitus ventosi frigusque circumstans, *se mutuò comprimunt atque urgent*, necnon unita permixtaque se mutuo fovent ac juvant: Quare & Tonitrua majori cum impetu deorsum ruunt, & venti vicissim ab ignitis exhalationibus magis ac magis exaestuant. *Aqua* similiter, & *Ignis*, dum hic illius frigus, illa vicissim hujus ardorem temperat, adeo *non inter se pugnant* seque mutuo destruunt, ut contra cum insigni quodam emolumento rerum omnium socientur identidem, ac misceantur: Planè ut perspicuum sit, *octo Figuris* sic aliis alias opponi, ut non tam censeri possit oppositio rerum contrariarum, quam earum, quae permisceantur, vel *sibi mutuo succedant atque* opitulentur, amica societas.

[xliii] De octo figuris jam memoratis earumque inter se communicatione aut dissociatione, alio rursus loco ejusdem libri *Ye kim*, ex suâ ipsius, necnon *Ven vam*, & *Cheu cum* Interpretum sententiâ describit idem Philosophus rerum productionem per aequabilem totius anni circulum perenni quodam cursu & imperturbato ordine, per quatuor hujus tempestates & per octo mundi plagas, seu cardines, in se recurrentem.

Coeli Imperator(inquit) *in prima rerum productione prodiit et manifestavit sese ab ortûs regione in pleno vere: Prosecutus deinde quodammodo cursum et opus suum disposuit rectè omnia in ea regione, quae est ortum inter et austrum media, sub veris finem quando hoc cum aestate conjungitur: Effecit deinde ut exererent sese omnia et in mutuum conspectum prodirent, vividaque et vegeta consisterent in ipso videlicet austro, et fervore seu medio aestatis: Post haec, vegetavit omnia et sustentavit per terram et elementa; et in ea quidem regione quae occasum inter et austrum media, finem aestatis cum principio autumni conjungit: Exinde cuncta exhilarasse dicitur, cum jam quaelibet res quod exigebat consecuta, in fine suo quodammodo conquiesceret; idque in occasu ipso medio autumni tempore: At verò sub exitum autumni; quando hic cum brumae principiis misceri incipit, pugnas et bella quoque miscuit, et in ea regione quae aequali intervallo ab occasu et Septentrione distat; caloris nimirum cum frigore, quod illi dominatur, haec pugna erat, cessante jam pugnâ; et praedominante scilicet frigore, pacavit rursus omnia in ipso Septentrione, mediaeque hyemis tempestate: Ad extremum pertexuit perfecitque omnia, finem principio connectens, in ea regione, quae Septentrionem ab Oriente media dividit, et exeunte jam hyeme, quando hujus extrema cum veris initio conjunguntur.*

Haec *Confucius*, juxta explanationem Interpretis *Cham* Colai: qui quidem deinde sic concludit: *Kiai xam ti chi chu çai*, id est, *haec omnia sunt à supremi Imperatoris dominio ac gubernatione*. Explicatis utcumque octo Figuris earumque mutuâ conjunctione aut oppositione restat, ut ab his octo, dum singulae geminantur, existant sedecim: à sedecim item geminatis duae & triginta: à duabus denique & triginta, quatuor & sexaginta: Harum singulae conficiuntur ex duabus dictarum octo Figurarum, dum hae alio atque alio situ & ordine disponuntur, atque inter se mutuo permiscentur.

[xliv] **Tabula sexaginta quatuor Figurarum, seu Liber mutationum *Ye kim* dictus.**

[xlv] Has ergo sexaginta quatuor Figuras, quarum tabulam modò attulimus, omnium primus Rex *Ven vam* conatus explicare. Singulas earum interpretatus est quidem, sed admodum Laconicè, adeoque perobscurè; cùm autem singulae figurarum constent lineis omnino sex, ut hîc videre licet, tota earumdem series tot planè constat lineis quot dies sunt anno quem Sinae intercalarem vocant, nimirum trecentis quatuor & octoginta. Porrò figurarum lineas singulas conatus est explicare memorati Regis filius *Cheu cum*; & hic quidem considerans eas prout summae cum mediis insimisque & hae rursus cum mediis, mediae denique cum infimis ac summis alium atque alium nexum, ordinem, & relationem, ut dicitur, obtinent; adeoque plùs minusve inter se mutuo communicant, perfectique vel imperfecti redduntur participes; haec inquam dum studiosè considerat, & similibus non raro utitur, feliciùs aliquanto quàm Pater; non sic tamen, quin & aenigmaticè pleraque interpretetur. Dum itaque figurarum singulas, sive potius linearum singulas declarat, ab infimâ lineâ ad sextam, id est supremam gradatim semper ascendit: Suos item numeros adscribit linearum singulis; integris quidem novenarium, seu ternarium ter germinatum; non omissis interim numeris aliis quos ordo linearum postulat: Haec autem omnia non vacare mysterio vel inde potest intelligi, quòd ex Sinarum sententiâ numerus impar sit perfectus, par imperfectus: Hunc ergo ad *Yn* referunt seu imperfectum, hunc frigori, nocti, lunae, aquae, terrae, &c adscribunt; illum, quem docent ad *Yam* seu perfectum pertinere, calori, diei, soli, igni, coelo tribuunt: Ex quo deinde principio rursus docent, numero caeli, qui ternarius est, ac terrae qui binarius, existere quinarium, qui si geminetur denarium conficiat: Ad denarium verò numeros omnes velut ad radicem & complementum suum reduci.

Atque haec est demum illa sexaginta quatuor Figurarum tabula tot ingeniorum Sinensium tetrica, ne dicam inutilis exercitatio aut labyrinthus, è quo unicus *Confucius* praecipuâ cum laude conatus est sese expedire; Licet idem jam senior fassus sit, se illius iterum accuratiùs investigandae desiderio teneri. Ipsos igitur Principes Interpretum Regem *Ven vam*, & hujus filium *Cheu cum* interpretatus, sanè luculenter & copiosè morali sensu declarat omnia: sic ut ex naturali rerum inter se nexu, ordine, vicissitudine, vique efficiendi, pulcherrima petat documenta, tum ad privatos cujusque mores, & domesticam institutionem, tum praecipuè ad publicam Urbium, Provinciarum, & Imperii totius administrationem. Ad sortes interim & auguria quod spectat, non ille quidem negat existimasse Priscos Sinas, eam rebus quibusdam inditam esse vim ac naturam, qua eventus rerum vel faustos vel infaustos diù ante mortalibus enunciare [xlvi] valeant, uti ferè solet ab Horoscopo cujusque peti scientia aliqua futurorum, eaque Sapientium quoque judicio non usquequaque vana vel aberrans: Verumtamen *Confucius* ipsemet (quemadmodum testantur Interpretes) nullâ sortium vel auguriorum habitâ ratione, non secus ac si vanum quid essent ac prorsus inutile, certè quidem ad se neutiquam pertinerent, sic rationis unius ductu contentus ac lumine de unâ virtute hîc laboravit, huic uni dedit operam: Quae res ut sileretur ab Interpretibus, *Confucii* tamen ipsius testimonio satis constare nobis posset; hic lib. *Ye kim* p. 3 disertè dicit, Priscos sanctos eo maximè consilio librum illum scripsisse & illustrasse commentis suis, non ut auguriis ac divinationibus esset usui; sed (quemadmodum *Cham* Colaus exponit) ut cognoscerent homines quam à coelo acceperunt naturam, eamque ceu ducem & magistram sequerentur, deinde verò & coeli mandatum, seu supremi Numinis providentiam, à qua natura processit, perspectam haberent.

Quod ut clarius omnibus constet, lubet afferre quod in ipso statim exordio ad tabulam illam 64. mutationum disertis verbis praenotarunt duo illi & 40. Interpretes dum praemuniunt Lectorem totique posteritati cavent, docentes *dari Supremum Dominum quemdam et Gubernatorem cui nomen Imperator: quis autem is est* (inquiunt) *qui Dominus dicitur et Gubernator?* Et protinus respondent, *per se est Dominus et Gubernator: Nam coelum quidem res est quaepiam summè solida et perfecta, quae naturaliter volvitur absque interruptione; quod autem ita semper volvatur, procul dubio est ab aliquo Domino et Gubernatore qui id efficit: hoc posito fundamento necesse est ut homines eum per se noscant: non enim suppetunt verba, quibus possimus pertingere ad eum explicandum.*

PARAGRAPHUS SEPTIMUS.
SPECIMEN ALIQUOD EXHIBETUR
praedictae Tabulae 64. *Figurarum.*

Verum ut cernat Lector oculis suis rei veritatem, & simul ex unâ Operis particulâ de opere toto judicium ferat, ac tandem intelligat quò tendat haec Sinarum Philosophia, iis qui rem non examinarunt usque adeò suspectam; operae pretium fuerit ex Figuris 64. unam, quae numero 15. est ac reliquis brevior, & quam Sinae laudant in primis, & cujuscumque felicitatis prognosticum esse statuunt, in medium proferre, commentis duorum Principium *Ven vam* & *Cheu cum*, necnon *Confucii*, & *Cham* Colai è Sinico in Latinum versis.

[xlvii] Haec figura *Kien* dicitur. *Kien humanitatem* significat, sive modestiam demissionemque animi: Et quoniam ad hanc priores figurae quatuordecim quasi totidem gradus deducunt, necessarium videtur nos hîc graduum quoque singulos suo ordine & numero, quo in tabulâ designantur, verbo saltem attingere, prout eos ferè in appendice suâ *Hi çu* dictâ *Confucius* decurrit, si quidem clari esse volumus, & ab exemplo figurae unius, quaenam reliquarum omnium ratio sit, Lectori constare. Exordium porrò sumitur à coeli & terrae procreatione dum ad hunc ipsum librum *Ye Kim* sic loquitur *Confucius*: *Postquam extitit coelum et terra, tum deinde extiterunt res omnes: Ubi extiterunt res omnes, tum deinde extitit mas et foemina: Ubi extitit mas et foemina, tum deinde extitit maritus et uxor: Ubi extitit maritus et uxor, tum deinde extitit pater et filius: Ubi exitit pater et filius, tum deinde extitit Princeps et cliens: Ubi extitit Princeps et cliens, tum deinde extitit superius et inferius: Ubi extitit superius et inferius, tum deinde fuit suus officiis et justitiae locus et ordo.* Hactenus Philosophus. Nunc ad rem propositam veniamus.

Prima figurarum *Kien* dicitur, & utrâque sui parte tam superiori quàm inferiori, designat *Coelum* materiale, à quo, ceu emblemate quopiam, formam Regis ac regiarum virtutum *Confucius petit*.

Secunda *Quen*, tota similiter designat *Terram*; estque subditorum emblema quodpiam sive symbolum: Coelum vero ac terra ambo sunt fundamenta quaedam, & quasi principia naturalia rerum omnium, quibus adeo per metaphoram patris matrisque nomen tribuitur. Exemplum vero institutionis Regum & subditorum Philosophus petivit in primis à caelo & terrâ, hoc est; ab illâ tam perenni firmitate, tam aequabili ordine cursuque rerum omnium, qui ordo quatuor literis *Yven*, *hem*, *li*, *chim*, hoc est, *amplo ac perpetuo*, *claro ac manifesto*, *congruo ac decenti*, *recto ac solido*, exprimitur. Haec autem per quatuor veluti virtutes *Cardinales videlicet Gin*, *li*, *y*, *chi*, id est, *pietatem*, *convenientiam*, *justitiam*, *prudentiam*, Philosophus studet explanare.

Constitutis ergo coelo ac terra, & passivis activa miscentibus, mox universarum rerum existunt quaedam semina: Sic tamen, ut lateant, quasi utero quodam excepta cohibitaque: quod ipsum tertia figura, *Chun* dicta, significat.

Paulatim deinde fota complexu illo materni uteri formantur in foetum, ac tandem aliquâ sui parte prodeunt in lucem, sicut à gemmâ suâ solet oriens uva se ostendere: docet hoc Quarta Figura, cui à literâ *Mum*, quae infantiam sonat, nomen est.

Verumtamem sicut uvae jam orienti, ut augescat, necessarius est terrae succus & Solis calor, ita communis haec rerum omnium infantia, ne vix dum nata, mox arescentis instar intereat, primùm quidem [xlviii] suo quasi lacte succoque opus habet (quod adeo Quinta Figura vocabulo *Siu* subindicat) deinde verò alimentis robustioribus, aliisque vitae subsidiis & commodis, ut feliciter adolescat, & consequatur maturitatem suam & perfectionem.

Hîc igitur dum res quaelibet conservare se nititur, & quod unius usui commodisque accedit, alteri plerumque necesse est decedat, non possunt non existere contentiones, lites, & bella, praesertim inter homines quorum natura, quàm paucis contenta est, tam est inexplebilis cupiditas: Atque hoc Sexta Figura, *Sum* dicta, designat.

Esset itaque jure aliquo & judicibus hîc opus, qui lites dirimerent, & quod aequum sit justumque decernerent: Verùm cùm saepè vel dubium sit jus, vel privatae rationes & commoda juri anteponantur & aequitati, maximè ubi nulla dum civitas, nulla Respublica, commune nihil; facillimè solent mortales primum ferè sententiis, mox etiam studiis ac voluntatibus inter se dissidere; dum ruptâ illâ qualicumque societate distrahi in partes & factiones, conflari utrimque exercitus, & tandem unius naturae homines castris armisque divelli: Cujus rei typus est *Su* littera, quâ exprimitur Septima Figura.

In hujusmodi ergo discrimine rerum ac perturbatione nisi homines aliqui praesto sint, quorum virtus ac sapientia contineat inconditam multitudinem, faciatque, coetus istos temerè conglobatos coalescere singulos in unum corpus, pronissimum erit, ut vel se mutuo ferarum instar absumant, vel certè dum singuli sibi unis student, marcescant omnes paulatim atque intereant; quapropter egregiis quibusdam viris hîc erit opus, qui, uti denotat Octova Figura, *Pi* dicta, animos hominum conciliare sibi norint, mox industriâ suâ, prudentiâ, authoritate tumultuantes componere ac moderari; quibus adeo singuli deinde coetus, tanquam Magistris suis ac Dominis, morem gerant, quosque veluti Duces ac Pastores sequantur.

Ex quo statim existet arctior quaedam omnium inter se colligatio & societas; & dando vicissim & accipiendo permutandisque facultatibus & commodis, non erit qui egeat re ullâ, sed copia quaedam suppetet earum rerum quae sunt ad tuendam ac sustentandam vitam necessariae, atque adeo principium cernetur Urbis atque Reipublicae; cujus typum exhibet Nona Figura, *Siao cho* dicta, id est, *Parva* quaedam *unio et colligatio*.

Neque erit difficile vincire etiam paulatim legibus officiisque illos, quos novae societatis utilitas atque jucunditas jam coepta percipi, nec non mutua charitas atque observantia, tum omnium inter se, tum etiam suo cum capite conjunctos devinctosque teneat. Efflorescet [xlix] itaque genus omne officiorum, in quorum semitis vestigia sua ad id usque tempus seu vacillantia (quod Decima Figura *Li* designatur) firmare queant.

Non poterit etiam non ingens alacritas animorum existere, & amplitudo quaedam (quam *Tai* Undecima numero Figura notat) pacis atque concordiae, ubi suum cuique tribuetur, ubi tam studiosè consuletur commodis animi corporisque, ubi tanta vigebit conservatio & legum & officiorum.

Verumtatem quoniam brevis admodum & caduca solet esse humana felicitas fieri non poterit, uti nos docet littera *Pi* Duodecimae Figurae praefixa, quin serenitatem diuturnae pacis atque concordiae turbo quispiam discordiae bellique excipiat, quamquam brevis, ut inter cives & fratres; sic ut non tam fuisse discordia, quam redintegratio quaedam censeri possit pristini amoris atque observantiae.

Quae ubi semel contentione quapiam ceu vento fuit agitata, multo solet altius radices jacere, & arctiùs subditos inter, se ipsoque cum Principe colligare: Hinc Decimae tertiae Figurae à *Tum gin*, id est, *unanimitate* nomen.

Haec autem unanimitas si deinde constans fuerit, si cum studio publicae utilitatis, & charitate Patriae conjuncta, mirabiliter efflorescet ac firmabitur Respublica, & quod Decima quarta Figura, *Ta yeu* dicta, sperare nos jubet, *ingens erit opum* ac divitiarum copia, ingens splendor & amplitudo dignitatis; ad haec, immensa quaedam imperii optimè constituti fama, qua commotae nationes finitimae, & quae in longinquis etiam Regionibus versantur, ultrò expetent amicitiam & societatem nostram, subdentque se nobis, ac patrocinium fidei atque aequitatis nostrae libertati suae anteponent.

Verùm ubi tam prosperè fluent omnia ad voluntatem nostram, ubi res Imperii in tam sublimi apice felicitatis ac gloriae constiterint, una omnibus adhibenda erit cautio (maximè quidem ei qui omnium Princeps erit ac caput) ne superbia elati, quod in sublimi positis evenire solet, evanescamus ac ruamus eo graviùs quo altiùs fuerimus evecti. Quocirca superbia omnis, fastigium, arrogantiaque fugienda erit; moderationi verò, modestiae, demissionique animi impensè vacandum. Hujus autem virtutis ac doctrinae Magistra est Figura 15. ab *Kien*, id est, *humilitate* nomen petens. Ea sicut & reliquae omnes, ex duabus figuris conflata est, quarum inferior tribus constat lineis, duabus sicilicet interruptis, & unâ perpetuâ: *Ken* ipsa dicitur & *Montes* designat; mons porrò celsitatis symbolum, hîc etiam symbolum est summae cujusdam ac praecelsae virtutis; at quae radicem suam montis instar defigat in

Terra, id est, *Humilitate*, adeoque lateat & quasi consepulta jaceat: Terra etiam [1] quam figurae superioris lineae tres interruptae designant, praecelsae virtutis, quatenus ea cum humilitate conjungitur, imago quaedam est ac symbolum: in infimum quippe locum humillimumque depressa, & intra se quodammodo collecta abditaque immensas opes, & pretiosissima quaeque quamvis obscuro sinu complectitur, & per effecta sua fructusque pulcherrimos ac maximè salubres, humano generi vim suam virtutemque prodit.

Terra

$\begin{matrix}6\\5\\4\end{matrix}$ == ==

Montes

$\begin{matrix}3\\2\\1\end{matrix}$ ── ==

PARAGRAPHUS OCTAVUS.
FIGURAE DECIMAE QUINTAE
Explanatio.

His ergo summatim expositis, veniamus ad explanationes trium, quos diximus, Interpretum: Et quoniam unicum reliquarum omnium exemplum Figura haec erit, afferamus in medium quidquid illi sunt commenti. Rex itaque Ven vam, qui omnium primus nodum aggressus est solvere, sic ait: *Humilitas virtus est quaquà patens latissimè*: *Vir perfectus tametsi principio lateat jaceatque, obtinebit tandem successum exitumque prosperum.*

Laconicam interpretationem declaraturus *Confucius*, **Kien hem** binas voces exponit in hunc modum: *Substantia* (seu vis & significatio duarum vocum) *sic ait*: *Humilitas quaquà patet latissimè, ea coeli ratio est ac natura, ut cùm praecelsum sit emineatque super omnia, tamen per suos influxus descendat quodammodo ac demittat sese, et cum humili terrâ societur, atque ita virtus illius et efficacitas per effecta sua in procreandis et conservandis rebus magis ac magis elucescat, omnibusque tandem sit manifesta*: *Terrae vero non absimilis hac in parte ratio est, nam etsi infimo loco velut intra se collecta delitescat, exerit tamen sese effertque in altum per effecta sua, quae cum caelo consociat. Rursus ea coeli ratio et natura est, ut minuat exuberantia, tumentia deprimat; luxuriantia recidat*: *Foveat verò et benigno influxu foecundet, augeatque magnis incrementis id quod humile ac depressum, vacui-que est instar. Terrae similiter eadem est ratio, reprimit enim ac destruit quae redundant et tument immodicè*: *Contra verò auget ac perficit quae modica sunt, quae humilia.* (Haec ipsa copiosè declarat *Cham Colaus ex naturalibus caeli terraeque effectis*; sed quoniam Europaeus Lector ea per se facilè assequetur, & nos in hoc quamvis unico plurimorum exemplo, brevitati tamen studere par est, ea consultò praeterimus) *ipsi denique spiritus pessumdant tumidos beantque humiles*, *simillima quoque hominum ratio est, odisse nimirum tumidos; et amare humiles. Vir modestus* [li] *et humilis in dignitate constitutus hoc ipso clarescit ac celebratur, quamvis id non expetat, luce virtutum ejus ex loco tam sublimi feliciùs coruscante: Idem si positus fuerit in humili obscuroque loco, cum virtus luceat ipsa per se, non poterit ipse non esse clarus et felix, et cujus laudi ac felicitati nihil possit addi: Atque hic est viri humilis adeoque perfecti felix et gloriosus exitus.*

Haec *Confucius*, qui sententiam seu doctrinam figurae totius summatim colligens, *magnae imaginis, quae nobis exhibet memoratam virtutem, haec* (inquit) *significatio est: E terrae medio existunt montes; humilitas illi sunt,* symbolum, inquam, evectae humilitatis, dum ex humili infimoque telluris sinu ad nubes & astra sublimi vertice pertingunt: Quocirca, *Vir perfectus,* haud ignarus, vitium hoc esse mortalium, ut se suaque magnifaciant, spernant aliena; *quotidiana suiipsius victoria deprimendo tumorem animi sui et praecidendo primùm quidem in se, deinde etiam in aliis quidquid est nimium, et natum copiâ suâ vel splendore fastum arrogantiamque gignere; Contrà verò studiosè supplendo et accumulando quae sibi vel aliis deesse intelligit, prorsus ac si aequâ lance appenderet res omnes tum suas tum alienas, sic admirabili cum aequitate suum cuique tribuit, seque omnibus accomodat attemperatque, et humiles prudenter extollens, et tumidos pro ea, qua pollet authoritate, salubriter deprimens, complanat omnia, et perquam feliciter res administrat.* Hactenus *Ven vam* Rex Interprete Regis *Confucio,* ipsius verò *Confucii* Interprete *Cham* Colao.

Audiamus nunc Regis filium *Cheu cum*; est ille quidem patre suo aliquanto copiosior, non ita clarus tamen quin Interpretibus iisdem quibus antea sumus usi, hîc quoque futurum sit opus: Interpretatur autem non complexum sex linearum, uti fecerat pater, sed linearum singulas ab infima gradatim ascendens; cumque interpretationes singulas *Confucius* rursus explanet, explanatio haec *minor imago* dicitur, ut ab illa scilicet, quae *major imago* est, sive totius complexi, distinguatur.

Sic ergo *Cheu cum* ait: *Linea prima ex senariis* (primam vocat quia est infima: Senariam, quia interrupta) *designat virum humilem iterumque humilem, adeoque probum et perfec-*

tum: *Hujusmodi ergo viro dum virtuti dat operam trananda et enaviganda sunt quidem spatiosa et magna flumina certaminum ac laborum; animis tamen ne cadat; quippe tandem feliciter pertinget ad portum meritorum.*

Commentarium hunc suis rursus notis illustrans Confucius, *imaginis minoris sensus est* (inquit) *virum prorsus humilem et perfectum modestè ac demissè se gerere quovis tempore et loco, et attendere in primis sibi, secumque habitare, quo fiat ut se ipse pascat felici virtutum pabulo, mirificèque proficiat.* Cheu cum ad proximam ab infimâ lineam gradum faciens, *Senarium secundum*, inquit, *designat hominem, cujus* [lii] *jam patescit, ac sermonibus hominum celebrari incipit humilitas*: *quae si pura et syncera fuerit, ut lucem hanc et famam non sectetur nec expetat, tum quidem praeclarè agetur cum illo.*

Addit Confucius: *Quod uti imago significat, patescat ac celebretur humilitas illa, quod pura, quod germana sit ac solida, quod praeclarè agatur cum eo qui illâ sit praeditus, ideo fit, quia in medio corde, et non in ore dumtaxat, vel exteriori quadam specie inani virtutis simulachro illam obtinet.*

Cheu cum exponens lineam tertiam, sive antepenultimam (quae perpetua cum sit, ad id quod perfectius est refertur, adeoque numero impari & nonario insignitur, ac *nonaria vocatur*) docet nos, inquit, *linea tertia nonaria, si quis magnis meritis erga Regem et popu-lum conjungat humilitatem, vir perfectus sine fastu insolentiaque perseverans, is procul dubio seriùs ocyùs prosperum habebit exitum rerum suarum, et dignum laborum praemium.*

Imaginis sensus est, inquit, *Confucius, si tam praeclarè meritus nunquam tamen à statu moderati modestique hominis discesserit vir ille perfectus, fore ut omnes omnino populi aequo animo pareant subdantque se tantae virtuti.*

Senarium quartum (inquit *Cheu cum*) *Virum nobis designat, qui proximè antecedentem virtute quidem vincat ac dignitate; verumtamen nullis dum de Republica meritis insignis sit; ipse tamen ex nulla re non proficiat; in quacumque rerum temporumque vicissitudine fructum capiens virtutis suae: Quoniam vero se meritorum expertem esse intelligit, magis ac magis prodit ac manifestat modestiam suam animique demissionem; adeoque nullo vel iracundiae vel invidiae motu concitatur.*

Imaginis sensus est (inquit *Confucius*) *Virum, qui tantus tùm sit, et ex nulla re non proficiat, adeoque magis ac magis demissè humiliterque se gerat, non facile peccare; et quidpiam admittere quod cum legibus et ratione pugnet.*

Cheu cum *ad Senarium quintum* (hic autem numerus plerumque tribuitur ei qui caeteris imperat) *Princeps,* inquit, *illa moderatione animi modestiaque praeditus non expendit opus ac vires Imperii, ut suos habeat sibi devinctos et obsequentes, quia scilicet tanta virtus liberalitate quamvis profusâ, et quovis robore militari potentior, omnium animos, et studia, et voluntates ei conciliat ac subdit: Quod si tamen existant qui exuant humanitatem, abjiciant jus omne, tantaeque virtuti parere nolint; tunc certè par erit adhibere opes et arma domandis ac frangendis rebellibus; et tum quidem nihil non perficiet armata virtus, et virtus tanta.*

Confirmans hanc doctrinam *Confucius, imaginis sensus est,* inquit, *fas et aequum esse regiâ cum potestate belloque et armis debellare ac frangere contumaces ac rebelles, quando illos aequitas et ratio, virtusque* [liii] *sui Principis haud flectit,* quanquam (uti notat Interpres) non ille tum quidem regiae humilitatis fructus est, sed effectus quidam durae necessitatis.

Exponit denique *Cheu cum* lineam supremam & ultimam: *supremo Senario designatur privati Principis magna quidem illa et qua latè resplendeat ac celebretur, humilitas; caeterum, quod ad usum spectat, limitibus angustioribus conclusa; privatae scilicet modicaeque ditiones* (quas ipsas angustias & defectum potestatis lineae interruptio significat) *quippe cum coelum ei non destinet supremam dignitatem, quae propria Imperatorum est; caret utique amplitudine illâ tam opum quàm terrarum et clientum ac subditorum multitudine; quae omnia sequi solent Imperatoriam majestatem: quocirca si quando statuat is è re sua esse conscribere militem, habere exercitus in armis; non alio sane consilio id faciet, quam ut debellet rebelles, contineatque in officio suae ditionis et Regni populos.*

Huic sententiae & expositioni subscribens *Confucius* sic ait: *Sextae et supremae imaginis sensus hic est, virtutem magnam quidem esse, nec minorem virtute famam, quoniam tamen deest illi dignitas suprema, aliaque desunt praesidia, fit, ut quas agitat animo res maximas atque pulcherrimas, nequeat perficere: Quare unum hoc agit, et si quando res postularit etiam adhibito exercitu et armis agit, ut in officio contineat privatae suae ditionis et Regni subditos.*

En brevis expositio Figurae decimae quintae non obscurum specimen reliquarum omnium, sic enim & quatuordecim quae praecedunt, & quadraginta novem, quae deinde sequuntur, non alio ferè sensu quàm morali & politico exponuntur; ita prorsus ut omnia quae spectant ad mores & officia Principum, Clientum, Parentum, Liberorum, Conjugum: quae item adversus Hospites, Exteros, Hostes servanda; qualis denique & quanta veneratio Spiritibus debeatur; quantâ cum religione & constantia par sit obtemperare coelo; haec, inquam, omnia tractentur hoc loco, alia aliis quidem copiosiùs, verumtamen nulla non attingantur.

Ea igitur Figura, quae proximè sequitur Decima & sexta numero *Yu* dicta, ponit ob oculos communem maximèque festivam laetitiam, quae à tantâ tam moderati tamque modesti Principis virtute dimanet in subditos, & quasi à capite in totum corpus diffunditur.

Decima septima, *Sui* dicta, docet subditos imperata facere sui Principis omnibus in rebus, & alacriter ac promptè, tanquam membra scilicet, sequi nutum capitis sui. Et sic deinceps.

Ut planè dici possit totum primi conditoris opus aliud nihil fuisse quam aenigmaticum emblema, vel aenigma emblematicum, ex quo deinde curiosa posteritas varia sibi documenta petiverit: inter quae si quidpiam reperiatur apud primos quoque Interpretum, quod sortes [liiii] nescio quas, & auguria divinationesque redoleat, erit profecto quod Europaeus Lector condonet antiquae Sinarum gentilitati, si consideret Europeam suam, quanto scilicet tempore, & quantis errorum ac superstitionum tenebris involuta fuerit, priusquam ei Sol Justitiae CHRISTUS affulgeret.

PROEMIALIS DECLARATIONIS. PARS SECUNDA.
PARAGRAPHUS PRIMUS.
EXPLICATUR QUOD PRINCIPIUM
rerumtam material quàm efficiens
constituerint Sinae tam Prisci quam Moderni.

Postquam exposuimus quadamtenus Sectarum Sinensium originem & diversitatem, superest, ut tandem provehamur altiùs, & explicemus idipsum, cujus potissimum gratia superiora propè omnia attulimus; ecquod videlicet principium tam materiale, quàm efficiens & quam basim & quod fundamentum tam coeli & terrae quàm elementorum, rerumque omnium constituerint Sinarum sapientes, ut & nos statuamus scilicet, an ipsi, & quam, qualemve de supremo quodam Numine, primoque rerum effectore habuerint notitiam: An item noster Matthaeus Riccius Missionis Sinicae Fundator haudquaquam temerè, sed prudenter & justo cum fundamento conatus fuerit errores hodiernos Sinarum suis ipsorum testimoniis & authoritatibus oppugnare, & convellere, & sic principia quaedam Christianae veritatis ex ipsismet antiquae gentis, antiquis item libris monumentisque petere, parvâ interim posteriorum Interpretum & aetatis hujus habitâ ratione; sed litterarum dumtaxat, & illarum praecipuè, quas ipsi fatentur esse suas, & licet moribus vitâque dissentiant, colunt tamen ut avitas &, uti sacrosanctas venerantur.

[lv] Quod spectat in primis ad principium rerum materiale, memoratus quidem liber *Sin li ta çiven*, seu de naturâ ab hoc suum sumit exordium, deque eo per aliquot deinde capita copiosissimè disputat. Principium verò istud suum *Tai kie* nominant Neoterici: & quoniam (uti *Chu çu* inquit) nec *Fo hi* conditor gentis Sinicae, nec *Ven vam* primus fohianae

tabulae Interpres, nec hujus filius *Cheu cum* hujusmodi nominis meminerunt, non alia utique nituntur authoritate novatores, quam libri unius, seu veriùs appendicis atque additamenti *Hi çu* dicti, quod adjecit *Confucius* ad eum, quem interpretatus est, *Librum Mutationum*: Quae appendix ejusdem est cum reliqua interpretatione authoritatis: ibi autem leguntur expressa haec verba *Ye yeu tai kie*: *Xi sem leam y*: *leam y sem su siam sem su siam*: *su siam sem pa qua*, id est *Mutatio continet magnum axem seu cardinem*: *Hic produxit duas virtutes*, puta perfectum & imperfectum ut coelum & terram. *Duae virtutes produxerunt quatuor imagines, quatuor imagines produxerunt octo figuras pendulas.* Extra hunc textum nuspiam in quinque libris classicis aut tetrabiblio ulla sit hujus *Tai kie* mentio, adeoque quidquid afferunt, aut quomodocumque disputent de suo illo rerum principio, totum scilicet effinxerunt ipsi: quam etiam ob causam laus omnis Philosophiae tam novae unis ipsis tribuitur ab Interpretibus penultimae Imperialis Familiae *Ta mim*; fatentur enim & verò praedicant[e]s duo illos praecipuè Interpretes *Chim & Chu* sub Familia *Sum* invenisse; quod tota ignoraverit antiquitas, adeoque post *Confucium Memciumque* non alios extitisse qui reconditam tot saeculis doctrinam produxerint in lucem.

Tametsi porrò dicant quod *Tai kie* sit humanis ingeniis inexplicabile quid, quod spiritale quid, quod potentia quam investigare non possimus, neque esse nomen quo queat exprimi: Operosè tamen cumulant complura similia quibus conantur probare opiniones suas: Etenim quia binae voces *Tai kie* ex primaevâ suâ institutione denotant magnum terminum seu polum, simile mutuati sunt ab axe mundi, seu polo, item ab axe domûs, quae est trabs illa transversa, quae nexus ferè omnes ac membra Sinicae constructionis una continet. Alibi etiam radici arboris, axi currus id comparant: idem basim, rerum cardinem, columnam & fundamentum vocant, & planè negant esse quid merè imaginarium, aut simile ei quod Bonziorum secta *vacuum & inane*, vel quod Secta *Tao nihilum* nuncupat: Afferunt ergo rem esse veram verèque existentem, esse id quod concipi quidem debeat fuisse ante omnia, re autem ipsâ non distinguatur à rebus ipsis, ut perfecto & imperfecto coelo & terra & 5. elementis, sed quid unum idemque sit cum illis; sic ut singulae res dici possint suo modo esse

Tai kie; non aliter ferè quam delirans Servetus Epistolâ 6. ad Calvinum asserebat Deum in lapide verè & [lvi] propriè esse lapidem, in trunco truncum, &c. unde ipsi concludunt tandem omnia unius esse substantiae.

Alibi etiam dicunt *Tai kie* concipi debere ut quid immobile & quietum in actu primo; dum autem movetur, producere *Yam* seu perfectum, à quo motu dum rursus sistit seu quiescit, producere *Yn* seu minus perfectum, non aliter ferè (inquiunt) quam homo secum ipse meditans quidpiam ac volvens animo, & mox deinde, quae meditatus est, eloquens; vel sicut affectio animi quae priusquam exerat sese, radicis ad instar in animo resid et immota; simili denique illustrant haec omnia petito à massâ argenti vivi quod capsâ rotundâ latet inclusum & immotum; haec verò statim atque recluditur, mercurius illicò diffluit ac dispergit sese in mille veluti radios ab ipsamet Mercurii materiâ & formâ indistinctos:

Motûs autem hujusmodi & quietis in hoc universo vicissitudinem docent esse perpetuam, circuli rotaeve ad instar, aut anthleae aquaticae perenni motu circumvolutae: Sicut verò negant assignari posse tempus quo perennis ista circumvolutio rerum non extiterit; ita motum earumdem & quietem (si tamen quies est seu interpolatio) declaraturi, simile rursum petunt ab diei noctisque, à systoles item diastolesque perpetuâ vicissitudine dum respiramus & dum nox diem, dies noctem excipit, aut hyemem aestas, aestatem hyems. Et quamquam integro decursui & quasi plenae aetati rerum omnium: tribuant annos 29. mille 600. post quos volunt eas denuò ordiri cursum & aetatem suam, tamen modo suo loquendi satis indicant aeternitatem quamdam rerum orientium occidentiumque antecendentem se agnoscere numeroso illo, quem diximus, annorum cursu infinitis vicibus repetito; in quo pugnant equidem cum sensu communi antiquitatis Sinicae ut quae ex traditionibus saltem suis censuit coelo & terrae primoque homini & foeminae suum fuisse principium; sic prorsus ut & horam ipsam quâ coeperint existere, non dubitanter assignent.

Miranda sunt interim ac divinis propè similia quae suo illi *Tai kie* fidenter tribuunt novi isti Commentatores: capacitas, & magnitudo, extensio visque penetrandi, convenientia quaedam cum rebus omnibus. Quid multa? primum vocant & à se, altissimum, subtilissimum, purissimum, pulcherrimum, summè medium, summeque perfectum, ac bonum, exemplar & ideam rerum omnium, principio carens ac fine: quin imo & vitam ei videntur alibi tribuere cum animi spiritusque nomen ei tribuunt: Ad extremum, si modo constarent sibi, vix dubitaret Lector, quin subinde de vero eoque primo ac supremo Numine agerent; & verò sunt non pauci, qui id existiment & sic intellexisse aliquos, argumento possunt esse fana nonnulla ipsius *Tai kie* nomine consecrata.

 Sed enim quod meram materiam primam cum Philosophis quoque [lvii] nostris intelligant, confirmatur ex eo quod aliud quoque nomen suo illi *Tai kie* adscribant *Li* illud vocant: Quae vox apud Sinas haud secus, atque *To ratio* apud Latinos, patet latissimè: Hîc autem dicto vocabulo sic rursus exponunt dictum *Tai kie* ut essentiales rerum differentias ab hâc unâ *ratione* dicant promanare de quâ sic etiam philosophantur, ut videantur universale quodpiam à parte rei constituere, quod idem per species individuaque rerum sese insinuat: Quo probabilius est, eos sicut per *Tai kie* rectè intelligunt materiam primam, sic per *To li* vere rationem quamdam seu formam rerum constitutivam & ab aliis distinctivam intelligi. Sic enim ratiocinantur: Id quod sedem, ex. gr. constituit in ratione sedis, est *Li*, quod mensam in ratione mensae, idem rursus *Li*, & sic de reliquis: Frange sedem, mensam resolve, jam *Li* seu ratio sedis mensaeque desiit. Nec dubitant de Moralibus eadem prorsus, quâ de Physicis ratione philosophari, ex. gr. rationem juris officiique mutui quae est Regem inter & subditum, quae patrem inter ac filium, maritum inter & uxorem, & quamcumque demum rationem virtutis constitutivam *Li* vocant, quin & affectiones seu animi seu coporis, imo & ipsam animam quatenus informativa est corporis similiter *Li* nominant, quod adeo *Li* suo modo destruatur, ubi illa informare desinit; sic ferè (inquiunt) uti aqua in glaciem concreta dum calore denuò resolvitur, pristino quidem liquori suo statuique restituitur, at glacies esse desinit. Sed hîc ipsi non sistunt, sed ab hoc discursu ad errorem longè maximum turpissimumque tandem provehuntur: Nam ubi multis de suo *Li* & de *Tai kie*, sed admodum intricatè perturbateque, disputaverunt, sensim delabi videntur in Atheismum, quatenus excludunt omne principium efficiens supernaturale, & quamvis subinde abstrahere videntur ab sensu & materiâ, reverà tamen in materiâ persistunt: Spiritibus certè & effectis spirituum, qualescumque demùm illi sunt, vim quidem tribuunt agendi subtilius efficaciusque; verumtamen sic rursus, ut nunquam sphaeram illam, quam Philosophi nostri activis simul & passivis tribuunt, ipsi videantur excedere: Quo magis laborant deinde, ut tot textus illustrissimos librorum veterum ubi de spiritibus rerum praesidibus, de justitiâ providentiâque supremae mentis tam crebrò tam disertè agitur per fas & nefas ad suam illam tam materialem crassamque sententiam detorqueant.

Sed & alibi rursus videntur sibi contradicere dum disertè docent unumquemque mortalium ex suo ipsius corde, quatenus hoc habet imperium quoddam in motus omnes & affectiones vel animi, vel corporis, devenire posse in cognitionem magni illius & supremi cordis; mentis utique divinae supremique moderatoris. Docent rursus ex admirabili nexu illo rerum & propagatione, quâ sit ut tam [lviii] constanter simile producat sibi simile, evidenter probari posse dari quodpiam *Ta teu nao*, id est, *Magni capitis cerebrum* quod omnia illa tam aequabili cum vicissitudine conservet ac regat & ad finem cuique consentaneum perducat. Negant itaque (& hoc sanè consequenter) quod ejusmodi sit mortuum quid; negant esse materiale; quin & afferunt alibi esse spiritum, eumque independentem, complectentem bonitatem omnem, omnesque (ut aiunt) rationes rerum omnium. Platones subinde aliquos audire te credas, aliosve Philosophos haudquaquam malè sentientes de Deo.

Quo magis etiam cunctandum mihi esse censeo, nec illicò damnandos Atheismi nisi fortè materialis ac negativi (ut dicitur) novatores istos, quamvis fortasse suspectos etiam formalis ac positivi, certè quidem tales ut suo illo tam novo tamque inusitato loquendi modo non paucos Lectorum suorum in Atheismi positivi praecipitium deduxerint: Nam cum, quaecumque de summa quadam mente ac providentiâ in veterum textibus reperiunt; omnia ad suum illud *Tai kie* & *Li* reducant; ad haec cum non distinguant inter causas materialem, formalem, efficientem, idealem, instrumentalem omnia scilicet illa nominibus tantum inter se distingui docent, adeoque & *Caelum* & *Xam ti* supremum illius Imperatorem ejusque attributa omnia, idem esse contendunt cum suo *Li* & *Tai kie* sive cum suo illo influxu & virtute naturali coeli & terrae; unde si quando sic loquantur de virtute illa coelesti, ac si reverà de mente quapiam divinâ sermo foret, merito tamen suspiceris ritu magis Poëtarum quam Philosophorum nec aliter ferè quam metaphoricè loqui: Quocirca etiam jure merito censemus pestiferam esse doctrinam ipsorum quaeque ad formalem quoque Atheismum deducat, politicos praesertim illos & carnales homines: Adeoque ab Evangelico praecone rationum armis ac telis quàm acerrime, uti semper factum, oppugnandos esse novatores istos, & vel ex ipsisimet ipsorum Commentariis adeo inter se pugnantibus, errorum suorum convinci posse, & quemadmodum Lactantius dicebat à nullo Ciceronem, quam ab ipso Cicerone vehementius posse refutari, ita nec hos novatores à nullis certius, quam à seipsis refutari posse.

Verum enimverò quam senserint diversa, quàm longè discesserint à majoribus, quam inani fundamento nitantur omnia, quae novatores excogitarunt, non aliunde magis quàm ex serie ipsa temporum, quâ conscripti sunt editique libri probari evidenter potest: Quo enim vetustior est quisque liber, hoc magis adversatur ipsorum novitati. Patebit hoc ex testimoniis sanè luculentis quae *Xu kim* (per antonomasiam *Xam su* dictus quia liber primus ac vetustissimus inter omnes authenticos) non uno loco nobis suppeditabit.

Frustrà, inquies; nam vetustiorem illo producent novatores. Quem [lix] obsecro? *Ye kim*, sive eum qui de mutationibus inscribitur; quippe cujus author est idem qui gentis Sinicae Fundator *Fo hi*. Rectè tu quidem: At, amabo te, quid tandem libri fuit, cujus Authorem *Fo hi* praedicas? Figurae aenigmaticae quatuor & sexaginta, sive lineolae 384. partim continuae partim interruptae & praettereà nihil. Bene habet. At si aenigmaticae, ergo perobscurae; si tam obscurae, ergo aedipo fuit opus qui lucem afferret. Ecquis ille? Num idem fortè qui author fuit? Authoris quidem nihil extat, inquies, sed aedipi fuerunt magnus ille Princeps & quasi conditor *Cheu* Familiae tertiae Imperialis *Ven vam* dictus, nec non ejusdem filius *Cheu cum*. Hi solverunt aenigma, & figuras interpretati sunt: Sed an hi coaetanei fortasse fuerunt ipsiusmet *Fo hi*? Immò verò mille septingentis annis posteriores: Tamdiu scilicet in tenebris jacuit prima illa fundatoris lucubratio; prorsus ac si non extitisset in rerum naturâ. Num igitur omni illo tempore litterarum rudis & expers fuit China? Minimè verò: sed quàm dives & foecunda tum fuerit luculentè testantur illustria litterarum monumenta quibus res gestae primorum Regum ac temporum, tùm fere cùm gerebantur, posteritati commendatae sunt: At in his litterarum monumentis nihil profectò invenient novatores, quod novitati suae faveat; invenient autem quod adversetur, plurimum: Quaerant sanè vocem illam *Tai kie* ex quâ tot eruunt mysteria; ne semel invenient; uti nec alteram vocem *Li* in eâ, quam ipsi effinxerunt acceptione & tamen quàm crebrò, quàm clarè, quàm graviter de sapientiâ providentiâque unius supremi Numinis, de cultu & sacrificiis eidem & spiritibus exhibendis isthic agitur? Quid quod ipsimet Principes *Ven vam* & *Cheu cum* tabulae illius aenigmaticae Interpretes primi, ne semel quidem istius vel *Tai kie* vel *Li* mentionem faciunt? Unus, inquam, *Confucius*, sed & hic sexcentis rursus annis, ipsis modò dictis *Ven vam* & *Cheu cum* posterior, in appendice suâ & semel dumtaxat binas illas voces *Tai kie* profert in medium, ubi hoc unum dicit: *Mutatio continet Tai kie*, sive *magnum cardinem. Hic produxit duas virtutes etc.*

Annis ergo post *Fo hi* Fundatorem gentis Sinicae bis mille trecentis tandem, veluti Deus è machinâ, sic *Tai kie* prodivit, nec malè tunc quidem secundum interpretationem doctissimorum hominum, qui asserunt nihil hîc aliud intellexisse Philosophum, quam materiam primam, uti ex modo ipso loquendi jam allato satis innuitur: At mille rursus & sexcentis annis post ipsum *Confucium*; vos demum boni novatores, prodivistis, & prodire fecistis tale *Tai kie* quale tota retro antiquitas nunquam audiverat: Quodque multo magis absurdum fuit ac intolerabile, accommodare voluistis ad captum infantiae vestrae antiquitatem totam, & eam quasi obtorto collo in [lx] sententiam vestram pertrahere, posterisque persuadere quod per annos ter mille; nihil aliud de Deo deque spiritibus senserint scripserintque majores vestri quàm quod asserebatis ipsi de mutâ aliquâ virtute, & aeriis fortuitisque coelorum influxibus quos speciosis nominibus *Tai kie* & *Li* nuncupabatis.

PARAGRAPHUS SECUNDUS.
QUAM PERPLEXOS HABUERIT
et *sollicitos primos divinae Legis Praecones* (**Riccium maximè**) *tanta varietas, et confusio dogmatum, Sectarum, Librorum, Interpretum.*

Hoc erat porrò chaos profundum Nationis Sinicae, hic labyrinthus, hi scopuli; quorum prima facies perculit sanè Matthaeum Riccium ejusque Socios qui Sinicae Missionis fundamenta jecerunt, eosque gradu perquàm lento suspensoque progredi coëgit; cum itaque post emensa tot maria & tam feliciter perrupta tot saeculorum claustra in novum hoc Pelagus variorum dogmatum inveherentur, imitati navarchos solertes ac prudentes suspensa semper bolide sunt progressi; explorare diligenter omnia, qui sinus & aestuaria essent novae regionis, quae syrtes, ac vada: examinare, inquam, quae maximè vigerent dogmata, quibus nixa fundamentis; quàm tuta, quàm certa.

Primùm itaque non sine admiratione & gemitu crebra ubique idolorum monstra conspicati sunt, illa scilicet ipsissima, quibus Indiae regiones scatêre viderant, à Bonziis utique eo, quo memoravimus, tempore & modo in Chinam invecta. Frequentissima ubique fana, numerosi greges sacrificulorum, errorum varietas summa, ex unâ sectâ prognatae complures aliae, authoritas & gratia Bonziorum apud imperitum vulgus, quamvis iidem à litteratis plerisque & honoratioribus ferè negligerentur, acres eorum animis curas injiciebant. Praeter hanc, alia novae sectae facies haud minus tetra sese offerebat, *Tao* vulgo dicta, priore hîc antiquior, & in ipsis nata visceribus Imperii, quam adeò litteratorum quoque non pauci sequebantur, non illa spirituum tantum, sed & hominum Numen & immortalitatem quamdam in terris tribuit superstitiosa cultrix, ut de sortilegiis magicisque artibus, quibus addicta est, nihil dicam. Augebant hanc colluviem frequentes; ubique Mahometani, qui una cum suis erroribus ante annos ferè septingentos magno numero & licentiâ ingressi in Chinam, eas ubique radices fecerant, ut humanis viribus desperanda videretur eorumdem extirpatio.

[lxi] Caeterùm una maximè secta *Ju Kiao* dicta eminebat inter has omnes opulentiâ, dignitate, authoritate: authoritatem antiquitas, & opinio sapientiae conciliabat; opes, honores, imperia litterae conferebant, eratque & re & nomine secta litteratorum; contemptrix illa quondam, quin & insectatrix earum quas 1. & 2. loco retulimus, quamvis alioquin & hanc & illamvarii gentis Imperatores, horum exemplo adulatores Ministri privato quodam studio benevolentiâque fuerint complexi: Cum Mahometanis etiam (credo quia origine exteris) sua ipsis fuêre certamina; at neque tam crebra, nec aequè semper, uti cum aliis acria & acerba; ideo fortasse, quia (uti scribunt qui mores ipsorum & religionem describunt) Mahometani *Su tien*, hoc est, *serviunt caelo* quod & ipsi de sectâ suâ magnificè profitentur litterati; ex quo etiam non obscurè colligi posset ipsos Sinas Litteratos, quando ab se coli caelum & adorari dicunt, utique non caelum sed Dominum caeli, quem colunt Mahometani, intelligere.

Quoniam verò nonnisi per litteras aditus patet ad honores ac Magistratus: In his autem qui per litteras emergunt, complures sunt humili loco nati & ex infimâ quandoque foece plebeiorum: Plebs verò, uti dixi cultrix ferè idolorum est: Hinc fit ut multi sic transeant ad Litteratotum sectam, ut tamen nativas illas superstitiones non penitùs respuant: Quam etiam fuisse causam autumo, quod ex ipsis tandem aliquando litteratis, amicum foedus (ut ita loquar) & societatem aliqui cum duabus sectis idolorum inire non dubitaverint, studio quoque uniformitatis ac tranquillitatis publicae eo perpellente politicos homines: Unam itaque doctrinam sive sectam ex tribus, sua videlicet, Indicâque Bonziorum, & patriâ quae *Tao* dicitur coalescere voluerunt; ansam (credo) praebentibus ejusmodi novitati somniis illis, & erroribus, quos imperante familiâ *Sum* litteratorum secta produxerat, quamvis haec illo quidem tempore sectas idolorum scripto tunc oppugnaret, uti suprà notavimus; cum enim sic illi Philosophentur de suo *Tai Kie* & *Li* ut quandoque nihil videatur esse inanius, quandoque rursus nihil aequè solidum ac sublime, mirandum non est uberem dictae novitati materiam praebuisse & placuisse Bonziis vacuum nescio quod minimè vacuum & interiorem suam doctrinam praedicantibus, nec displicuisse alteris nihilo suo non minùs chymerico gloriantibus: Maximè quidem dum superstitiosos quoscumque ritus, & exteriorem doctrinam unà cum idolis ipsis ac sacrificulis idolorum, in gratiam scilicet imperitae multitudinis perseverare patiuntur; ipsimet interim in Atheismum turpiter prolabentes.

Quid hîc ageret noster Riccius annuntiaturus orbi Sinico Christi legem quò se verteret in tantâ dogmatum religionumque varietate [lxii] simul ac perversitate? Obversabantur animo dura certamina sibi ineunda, nec jam cum idololatris tantum, & Mahometanis promiscuaque plebe, sed ipsis cum Magistratibus cum tota propè classe Litteratorum, è quibus suprà centum millia gradibus suis insignes erant, cum ipso, inquam, flore, robore ac firmamento Imperii, hominibus Atheopoliticis, à quibus caeteri jus ac leges petebant, atque adeo fastu potentiâque tumidis, contentis virtutum specie, re autem verâ coeno flagitiorum majori ex parte coopertis. Dimicandum erat cum Scriptoribus primi tunc nominis, & cum librorum veterum & classicorum Interpretibus tametsi Neotericis, attamen Classicis (uti vulgò quidem censebantur) quorum adeo commentarii manibus omnium terebantur: Convellenda ipsorum authoritas, dispellendae fraudes ac tenebrae, & si quidem verum erat quod Novatores tam studiosè docuerant, eamdem scilicet cum suâ fuisse mentem ac sententiam Priscorum omnium, profectò contra torrentem totius antiquitatis, authoritate quadraginta & amplius saeculorum roboratae vel proposito capitis periculo fortiter erat enitendum: Damnandi consequenter auctores errorum: Prisci, inquam, Reges ac Sapientes, & ipse magister imperii *Confucius*, quos ut oracula quaedam mundi sui, & illustria virtutis ac sapientiae prototypa posteritas omnis hodieque veneratur, de quibus si quidem nos juridicè, quid sentiremus, interrogarent, fidenter ac disertè respondendum erat, erravisse omnes ac aeternum periisse.

Quod quo tandem ferret animo gens superbissima retinentissimaque prisci moris & majorum observantissima? utique novitatem tam invisam detestati constanter affirmarent nequaquam erravisse suos, sed nec errare per tot saecula, tot millenos tanti nominis sapientes tam constanter potuisse: Ut ut esset, malle se cum erroris periculo insistere vestigiis majorum, quàm opiniones sequi paucorum hominum exterorum ad id usque tempus inauditas.

Meminerat quoque Riccius exterum se esse, hoc est, Sinensium opinione, Barbarum: Meminerat Religionem, quam propagaturus venerat, esse hîc novam, novoque ex orbe advectam: Quod si vel nomen ipsum exterorum esset despectui; si suspecta novitas omnis, & vel adeo quia tranquillitatem publicam turbare nata, politicae genti Priscarum suarum legum ac consuetudinum tenacissimae semper invisa: Immo si Magistratus & Consiliarii Principum Religiones & Sectas ad unum omnes, praeter suam litteratorum, penitus abolendas esse non semel senserant, reque ipsa contra Sectatores earum (cum tamen inquilinae jam essent, & tot Imperatorum privatâ superstitione vehementer auctae & corroboratae) Principes alii atque alii ferro flammâque saevierant: Quid sperari tandem posse de illâ quae tam nova esset ac peregrina, quae mollis ac superbae gentis ingenio [lxiii] tam contraria, res annuntiaret tam prima specie incredibiles, uti est Homo-Deus & hic crucifixus.

PARAGRAPHUS TERTIUS.
RICCII DELIBERATIO DE MODO
veritatis Evangelicae Sinis annuntiando.
Priscorum Monumenta et Annales legit et examinat.

Desponderet animum procul dubio tot inter curas ac metus quisquis haud aliis niteretur viribus quàm humanis: Sed enim fretus Deo constitit sibi Riccius, qui cum multa diu noctuque versaret animo de institutis ac legibus Monarchiae tantae & tam antiquae, in hunc ferè modum secum ipse ratiocinatus est: Si verum est quod mihi tam constanter affirmant omnes, anni sunt mille quingenti eoque amplius quod idola cum idolorum cultu authoritate Regiâ ex Indiâ primum inducta sunt in Chinam: Constat autem stetisse hoc Imperium per annos quarter mille eoque amplius, si quidem fas est annalibus Imperii fidem dare, dignis utique non minori fide, quàm quos de rebus suis Graeci ac Romani conscripserunt.

Quid ergo dicemus de omni illo tempore quod idololatriam antecessit, annis scilicet bis mille quingentis? An ignoravisse numen omne tam verum quam falsum? Quod quidem de gente quantumvis immani ac barbara (teste Tullio) vix est auditum: Vox illa generis humani *Numen est aliquod* an sola fugerit aures Sinarum? Soli Sinae ad lucem illam, speciemque & magnitudinem creaturae, per quam Paulo teste, tam cognoscibiliter Creator omnium potest videri, soli, inquam, Sinae caeteroqui tam perspicaces semper caecutiverint? An insania ista, & intestinum murmur dicentium in corde suo: *Non est Deus*, quam Augustinus paucorum esse dicit, omnium omnino Sinarum mentem semper occupaverit? Quod illitterati, quod agrestes ac feri semper cognoverunt, homines sapientes, culti, mites semper ignoraverint? Qui motus illos tam constantes & aequabiles Astrorum, qui caelorum conversiones semper admirati, semper id egerunt ab ortu suae Monarchiae, ut aequabilitatem & constantiam illam & ordinem inviolatum in administratione Monarchicâ sui Imperii observarent; nunquam de motore caelorum ac Domino? nunquam de Monarchâ illo supremo utpote invisibili & in corporeo cujus (Monarcham suum Vicarium & veluti filium adoptivum esse crediderunt ad sublunarem hunc orbem administrandum) cogitavisse, credi potest?

Atenim si hîc subobscura saltem veri Numinis fuit notitia, unde tanta deinde [lxiiii] perversitas opinionum ac morum, tot Sectarum colluvies quantam videmus hodie, unde tot artes nocendi fallendique? In promptu causa est: ab inconstantiâ naturae depravatae, nominatim verò à pestiferâ servitute idolorum. Quoties ipsimet apud nos praedicant Priscorum temporum innocentiam, fidem, sanctitatem! citò nimirùm consenescit virtus omnis, & imbecillitas humana suapte sponte ruit in pejus, tametsi nemo sit qui impellat; satis severa simplex & innocens prima aetas Romanorum, at quanta deinde morum corruptela cum triumphis Asiaticis in urbem invecta est! Quid? Ipsa Christi Ecclesia, quot & quantas vicissitudines subiit? Quàm citò deferbuit ardor ille spiritus sancti, quo in ortu suo rapiebatur inflammata? Id ergo quod nunc jacet, haud rectè dicas stetisse nunquam. Humanum quid esse & naturâ suâ caducum rectè quidem dixeris.

Depravata gens est, sit sanè. Corruptissimi mores, non inficior; sed vel hinc liquêre dico, synceri quid integrique habuisse aliquando. Omnino sic res habet; non ea fuit olim China, quam nunc videmus esse, sed quod extremis hisce temporibus usuvenit Europae nostrae, ut post insignem corruptelam opinionum simul ac morum, post tot haeresum quotidie hydrarum instar pullulantium examina, Atheismus quoque nonnullos infecerit, hoc usuvênit & Chinae, lue tam execrabili grassante hîc tantò saevius, quanto minus adest remedii, & plus suppetit semper alimenti.

Quid ergo consilii in re tam desperatâ? Ratione primùm ac Philosophiâ mederi incipiamus? At in hac, ut ab ipsis, ceu Magistris, excolamur, ex Europâ nos venisse existimant. Pugnabimus igitur armis sanctioribus quae plurima suppeditant paginae divinae? Sed enim divinis similes suas item esse stultè contendent; & si quidem vetustiores quoque esse dixerit, erroris illos arguere difficillimum sanè erit; quin ergo freti magno Deo arripimus Christi Salvatoris nostri è cruce pendentis imaginem, & provolamus in publicum animosi, fideique nostrae trophaeum circumferimus per compita & fora; aderit piis conatibus ipse Dominus, & si prodigiis signisque doctrinam ejus confirmare non potuerimus, sanguine vitâque certè confirmabimus. Utinam hoc quidem! Verumtatem ne ipsum quidem Apostolum Gentium quamvis arderet mori pro Christo, praedicaretque Christum & hunc crucifixum, accepimus inivisse viam hanc & rationem, Christi praedicandi in Sapientum Areopago, ubi quantumvis incitaretur spiritus ejus in ipso videns idololatriae deditam civitatem, sic tamen Christi Redemptoris & hominis mentionem facit, ut primùm Creatoris ac Dei, & sic rursum Redemptoris, sed ut à mortuis prodigiosè suscitati, sed humanum genus gloriosè judicaturi: Idem verò Apostolus cùm apud gentes alias tot signa tamque miranda patraverit, in hoc tamen ingeniorum & sapientiae [lxv] theatro judicavit solidis rationum ponderibus, Deo adspirante esse permovendos.

Quid si ergo imitemur Apostolum in Areopago disserentem, & quando non dubitavit is ex ipsâ Poërarum caligine tenuissimum primae lucis radium elicere, nos similiter ex vetustioribus saltem Sinicae Philosophiae monumentis petamus aliquid quod crepusculi sit instar; & aurorae feliciori solique justitiae quadantenus viam pandat. Veterum quidem librorum copiam non deesse, satis jam constat: Iique fortasse quò propiùs ab origine fontibusque veritatis abfuerunt, hoc etiam puriùs liquidiùsque de eâ disseruerint.

Sed enim verendum ne si veteres hîc nobis faveant, Interpretes veterum adversentur: Sic enim audio non minùs copiosè quàm ingeniosè explanari libros veterum ab Interpretibus quibusdam, qui cùm vix à quingentis annis prodierint, admodum tamen fidenter judicium ferant de quadraginta saeculorum sensu & doctrinâ. Accedit hoc indigenas ipsos esse versatissimos patriis in litteris, & quia de his tam praeclarè (uti vulgò dicitur) sunt meriti, eoque nomine maximis olim perfuncti muneribus, idcirco lucubrationes ipsorum singulari cum studio plausuque lectitari ab summis pariter infimisque. Quid ergò deferent uni homini praesertim extero, qui prae uno magistrorum suorum & Interpretum, exteros (opinor) omnes floccifaciant?

Quamquam jure merito quis dubitet, an qui scripserunt postremīs illis corruptissimis temporibus Priscorum mentem germanamque doctrinam sint assecuti, praesertimque iis in rebus quae ad Religionem Priscorum pertinent, vel sunt ab sensu nostro vulgique opinione remotiores. Constans quidem Interpretum concordia, maximè si plures fuerint, nec unius aetatis, admodum rara est & miraculo proximà. Gaudet ferè aetas posterior priori vel addere quidpiam vel detrahere: Sic Litterati Sinenses aetatis nostrae novam illam commenti sunt Religionem ex tribus conflatam, quarum duas ii, qui Imperante familiâ *Sum* floruerunt, uti falsas pravasque oppugnaverunt acerrimè. Cur ergo hi ipsi non aequè hallucinati fuerint & multò etiam longiùs à primis illis temporibus dogmatisque majorum discesserint? Maximè cùm ultro fateantur intercessisse noctem illam tam spissam annorum mille & amplius, per quos prisca Sinarum Philosophia consopitae similis extinctaeque jacuerit?

Has ergò similesve cogitationes diu noctuque revolvens animo Matthaeus Riccius cùm vehementer optaret sedem figere quamprimum in ipsa arce Imperii; Regia, inquam, Pekinensi, quae Monarchiae totius caput est (quod & magnus Xaverius tantopere expetiverat) quoniam tamen necdum sibi videbatur satis esse maturus ad illam expeditionem, & nisi via aliqua paulatim eo sterneretur, acceleratio tam praeceps multò plus damni quàm commodi afferre poterat: [lxvi] Satius esse duxit festinare lentiùs, & ex proximis quibusque locis atque Provinciis qualemcumque fructum petere, extraque Regiam praeludere quodammodo certaminibus illis quae in ipsâ deinde Regiâ esset initurus.

In Provinciis itaque Chinae Meridionalis annos versatus omnino 16. Ipse tum per se tum etiam per socios non uno loco felicia posuit fundamenta rei Christianae, & quamvis omni illo tempore variis gravibusque laboribus ac periculis exerceretur, nunquam tamen fractus est animo, sed Deo fretus è rebus etiam adversis animos & opes sumpsit, unum interim singulari quodam studio solertiâque agens assiduè, ut indagaret omnia secumque tacitus expenderet, eoque consilio identidem gentis libros, & quotquot ex amicis nancisci poterat homines litteris praestantes; quoad anno 1598. jam maturam ratus Pekinensem expeditionem eam alacer suscepit; Sed ecce Pekinum delatus recentis cujusdam belli terrore & apparatu fervere videt omnia: quare prudenter hîc difficultati cedens ac tempori Nankinum repetit, sive Regiam Meridionalem: Ibi autem non paucis Christo aggregatis fundat Ecclesiam simulque domicilium Societatis JESU & exacto circiter biennio rebusque jam pacatioribus Pekinensis Regiae, post multas deprecationes & lachrymas coram Deo, cujus unius causa hîc agebatur, profusas, plenus admodum spei fiduciaeque coelestis (divinitùs quippe factus erat certior Christum sibi propitium fore Pekini, similiter, ut Ignatio olim Romam petenti) tandem anno Christi 1600. denuò proficiscitur erecturus in arce illâ, tam florentis Imperii trophaeum Crucis Christi, & sub hujus auspiciis depugnaturus cum Idololatris, Atheis, Mahometanis, &, si Deo cordi foret, de his Inferisque totis triumphaturus, quin adeo, per calcatam, si necesse foret, quatuor & 40. saeculorum authoritatem, monumentum aeternae veritatis positurus, &, si veritas id postularet, obsignaturus etiam suo sanguine.

Anno itaque salutis humanae 1601. mense Januario (qui postremus erat mensis anni Sinici 28. Imperantis *Van lie* ex Familiâ *Taimim* ordine decimi tertii, ingressus Pekinensem Regiam Matthaeus Riccius offert munera Principi, non alia re magis quam novitiate suâ pretiosa acceptaque; & primo quidem loco effigiem Christi Salvatoris Deiparaeque Virginis coloribus eleganter expressam necnon ipsum Crucis trophaeum: Omnia suscipit Imperator (raro favoris ac benevolentiae argumento) sacratas autem Imagines cum singulari quadam venerantis animi significatione. Vulgato favore tam inusitato accenduntur omnium studia ad novum hospitem consalutandum. Concurrere certatim omnes cujuscumque ferè ordinis ac dignitatis ad diversorium Matthaei, avidissimi cognoscere quid afferret hospes tam novus & advena ex iis terris, quas ipsi ad id tempus sub caelo [lxvii] existere, nunquam existimaverant. Multi multa sciscitari; multa Matthaeus ipse ultrò prudens ingerere; audiunt de elementis, de coeli ac terrarum vel situ vel motu, & in his nova permulta prorsusque inaudita, non minus ingeniosè quàm perspicuè, patrio ipsorum sermone disserentem. Amant etiam vehementerque suspiciunt gravitatem morum comitate modestiaque tam singulari temperatam. Inter haec vir prudentissimus gradum facere identidem ad sublimiora, à terrâ coeloque scilicet, ad conditorem utriusque & Dominum: Mox etiam naturam hujus divinasque perfectiones, unitatem, providentiam, sapientiam, omnipotentiam, bonitatem solidis demonstrare rationibus. Disserenti porrò de primo rerum principio seu effectore assentiri facilè omnes & non pauci fidenter etiam asserere esse illum ipsum quem Prisci gentis suae Reges ac sapientes perapposito nomine *Xam ti*, hoc est, *Supremi Imperatoris* nuncupassent, & verò coluissent: Neque tamen deesse rursus alii, qui principium longè diversum, chimaericum illud scilicet novatorum, de quo suprà, *Tai kie*, *li*, *cum* etc. id est, *Magnum terminum*, *rationem entis universalem*, item *vacuum et inane*; alii rursus qui *Foe* idolum ex Indiâ advectum, alii denique qui patriam sectam *Tao* dictam identidem obtrudant: Quorum quidem omnium errores inaniaque dogmata Matthaeus rationibus, è naturali simul & supernaturali petitis veritate, non minùs fortiter quàm suaviter oppugnat expugnatque. Audit eos interim non minùs quàm alios; quibuscum familiariùs egerat in China Meridionali, miris extollentes laudibus Priscorum temporum suorum innocentiam & simplicitatem, audit Priscas auctoritates & vetera citari ab ipsis litterarum monumenta, in quibus tum legis naturalis, tum aliarum rerum quas Riccius praedicabat, mentio fiebat non obscura, ipsismet interim fatentibus diu esse quòd desierat aureae illius aetatis integritas & candor; nam suae quidem aetatis sapientes plerosque tantum nomine tenùs discipulos esse *Confucii*; utpote qui praeter opes dignitates deliciasque hujus saeculi & fucatae eloquentiae gloriam vix aliud quidquam haberent cordi, parum utique solliciti quid olim futurum esset, quia nihil ferè, nisi quod sensu perciperetur, credentes: Et hujusmodi quidem sermones ac querimoniae illorum ferè erant, qui nativum lumen veritatis vitiis & erroribus minus habebant offuscatum, quos inter etiam quidam primi nominis litterati, instinctu, opinor, plusquam humano, tam singulari doctrinâ Matthaei nostri, tantaque doctrinae firmitate capti convictique adhaerescere jam ipsi studiosius, & ad delibandos saltem gentis suae libros, vetustiores imprimis ultrò invitare, se namque ipsos post institutum bis terve cum illo sermonem, multò quàm unquam anteà clariùs jam percipere nonnulla quae veterum monumentis continebantur, quae adeo delibare ne gravaretur & ipse: Sic [lxviii] enim perspicuè cogniturum esse, quid olim naturâ duce ac Magistrâ senserit antiquitas tota, quid de supremo coelorum Imperatore ac Domino, quid de spiritibus & Religione judicarint viri Principes iidemque sapientes aetatis Priscae *Yao*, *Xun*, *Yu*, *Tam*, *Ven-vam*, *Vu-vam*: *Cheu-cum*, *Cum-çu*, sive *Confucius* quos omnes tota posteritas si minùs imitata feliciter, at certè constanter sit venerata; qui utique si viverent modo novas illas veritates, veluti caelitus annuntiatas, approbaturi essent, & quidni etiam amplexuri.

Quod si jam semina quaedam & scintillas ejusdem luminis ac Religionis in monumentis Priscorum suorum Matthaeus ipse reperiret, tum rogare se, ut suscitet benignus, quod tamdiu latuit, consopitum extinctoque simile, priscumque lumen nativae veritatis fulgore novo doctrinae caelestis accendat atque perficiat.

Quam simillima fuerant aliorum etiam gravissimorum virorum quibuscum egerat per annos superiores hortamenta & vota, quibus adeò jam tum morem gerens, non parum scilicet hac in parte elaborarat; quod ipsum tamen prudenter hîc dissimulans, humanissimè respondit se quando sic juberent, utique pariturum, non sine magna spe discendi proficiendique ex libris gentis litteratissimae conscriptis eâ praesertim aetate, cujus ipsi sapientiam ac sanctitatem usque adeò depraedicarent. Totus interim tacitis exultabat laetitiis Christoque duci & auspici gratias agebat immortales quod cerneret aperiri disseminando Evangelio ostium ingens, quod idem tamen rursus intelligebat penitus iri occlusum, si forte totam litteratae gentis antiquitatem condemnaturus omnium in se litteratorum adeoque & Magistratuum infestos animos & arma concitasset, quos utique devincire potius oporteret similitudine quadam studiorum atque sententiarum, quàm abalienare novitate nimiâ & diversitate, ut sic, fundamenta Christianae Religionis in hoc Imperio non divinâ tantùm firmitate (quae quidem longè potissimum procuranda semper est) sed etiam humanâ, quoad fas & ratio sineret, niterentur.

Doctoribus itaque primi nominis, & hortatoribus, & ducibus novo rursus ardore ac studio placuit explorare penitius omnia, adire (inquam) fontes ipsos doctinae Sinicae, & monumenta Priscorum dogmatum, necnon annalium vetustissimorum, iterum iterumque revolvere; ad haec obscuros dubiosque locos examinare diligenter, consultis partim commentariis, tam veterum quam recentiorum Interpretum, partim etiam illis, qui tunc vivebant literarum Magistris atque Philosophis (ex quibus septem & viginti annorum spatio, quibus in Chinâ commoratus est Riccius recensita sunt amplius quinque millia) à quibus & ipse visebatur, & quos vicissim visebat & de omnibus consulebat.

Quid multa? vidit, audivit, legit, & maximâ [lxix] cum voluptate animi sui perspicuè tandem cognovit, quin & convictus est, Sinenses olim non uno saeculo, sed pluribus habuisse notitiam veri Numinis ac simul praestantia quaedam lumina legis naturalis; ad quae si modò revocarentur ii, qui nunc viverent, sperandum utique fore, ut ad Evangelicae legis, quam venerat annuntiaturus, gratiam & sanctitatem suaviter admodum (propitio semper Numine) adducerentur, ii quidem imprimis, quos inveterata quaedam coecitas ac superbia vitaeque depravatae consuetudo non usquequaque impediret: & verò cùm gens ista suae antiquitatis suarumque litterarum usque adeo studiosa sit & tenax, prorsus adhibendam videri hanc industriam, ut suscitarentur ea, quae ipsimet in primordiis suis habuerant prima naturae lumina, quamvis hac aetate vitiorum & errorum tenebris propè jam extincta, exemplo scilicet Doctoris & Apostoli Gentium, qui non dubitaverat authoritatibus & quidem Poëticis Ethnicorum uti inter evangelizandum; exemplo etiam primitivae Ecclesiae in quâ Doctores ac scriptores sacri omnes (uti testatur S. Hieronymus citatus à D. Thomâ in opera contra impugnantes Religionem cap. 12.) *à tempore Apostolorum usque ad tempora ipsius Hieronymi immiscuerunt sacrae Scripturae sapientiam & eloquentiam saecularem.*

PARAGRAPHUS QUARTUS.
EX LIBRIS SINARUM AUTHENTICIS concluditur nullum eisdem fuisse cum aliis Nationibus commercium.

Haec igitur quàm solido nixus fundamento fecerit Riccius noster quantà cum authoritate, fructu, plausuque operae pretium fuerit hîc declarare. Intellexit imprimis vir aeque perspicax ac prudens, magnam esse fidem annalium Sinicorum, raram prorsus authoritatem simul, & antiquitatem: intellexit, eos à quibus annales conscribuntur, ab ipso deligi gentis Imperatore, unoque ferè tempore res omnes & geri apud Sinas & scribi; quamvis eaedem nonnisi multo deinde pòst tempore, post occasum videlicet imperantis familiae & novae ineuntis initia, typis edi consueverint. Itaque sic statuit corrigendam prorsus esse opinionem illam, quâ venîmus ferè omnes ex Europâ nostrâ imbuti occupatique, nationes scilicet ad unam omnes (excipiamus semper Hebraeam) veri Numinis amisisse notitiam, idque paucis à diluvio saeculis, & inter sua ferè cujusque nationis exordia: Neque enim sic rem habere, & quidquid de aliis [lxx] sit nationibus, de Sinica tamen haudquaquam ferri posse tale judicium; utpote quae ab aliis gentibus fuerit, non terrarum spatio dumtaxat, sed moribus, habitu, litteris semper fuerit hodieque sit diversissima, & ita quidem ut putaverit prae suâ non aliam sub coelo & sole inveniri nationem, praeter vicinas aliquot barbarorum Gentes & Insulas: sic enim verbo & scripto Imperium suum *Tien hia*, vel *Su hai chi nuy*, id est, *quod sub caelo est*, aut *quidquid intra quatuor maria continetur* appellare consueverunt.

Quod quidem Imperium siquidem per bis mille primos ann. habuisset cum remotiorum terrarum & nationibus commercium, an tot Prisca aliarum gentium Aegyptiorum, Hebraeorum, Graecorum aut Romanorum monumenta, id dissimulare aut non commemorare potuissent? an ipsa quoque Sinensium Chronica non memorarent, quemadmodum memorant de quinto Imperatore *Vu ti* è quintâ *Han* familiâ circa annum ante Christum 200. arma sua ultra murum & defer qui tum *Lop* proferens Pegu, Cambojam, Siamum, Bengalam usque penetravit, & annis rursum post Christum circiter nonaginta decimus sept. ejusdem familiae Imperator *Ho ti* duce *Pan chao* in Indiam & ultra progressus 200.dierum itinere Regna 40. numero Sinarum subjecit imperio.

Ut autem id magis perspicuum sit si quidem de Assyriorum vetustissimo agatur Imperio, quod à Nemrodo Chami nepote duxit initium, satis constat illud inter ipsa propè exordia sua descivisse à cultu vero ad idololatricum, & crudelitate, libidine, aliisque sceleribus adeo fuisse contaminatum & obscuratum, ut nihil fermè praeter inania Principum nomina ad posteritatis notitiam pervenerit: Quod quidem Imperium, cum deinde ad Medos, & ad his ad Persas, à Persis ad Graecos sive Macedonas, à Graecis denique ad Romanos devolutum fuerit, quis non intelligat etiam vitia, & vitiorum omnium parentem ac nutricem idololatriam simul cum spoliis ac triumphis unà transiisse? Quâ quidem Idololatriâ Romanum deinde Imperium orbem reliquum infecit, adjunctis etiam sibi iis idolorum monstris, quae propria singularum gentium superstitio fabricata fuerat.

Ab hoc igitur Imperio gentis Assyriae licet vetustissimo, & quod in Asiae visceribus fundatum ad Arabiam, Aegyptum, Indiamque extendit sese, nemo tamen suspicabitur derivatum fuisse Asiae extremae sive Sinarum Imperium, qui modo expenderit hoc ipsum 4222. annis sub patriis Principibus perstitisse: antequam jugum Tartarorum Occidentalium subiverit, quique etiam hujus & illius gentis mores linguam, ritus, litteras caeteraque omnia usque adeo inter se diversa diligenter observaverit: Et tamen fierine potuisset, ut rivus tam magnus nihil haberet cum fonte suo commune, & praesertim virus illud quod tam celeriter manat vitiorum, & ex vitiis idololatriae? Atqui [lxxi] si modo vel obiter quis consuluerit Sinicae gentis annales, protinùs ei constabit idololatriae pestem non fuisse Regiâ authoritate huc introductam, nisi post annos fermèter mille post conditam Monarchiam Sinarum, annis verò ampliùs nongentis post extinctam Assyriorum.

Quod si verò Chinam removerimus ab Assyriorum commercio, multo magis removenda Aegyptus: & quamvis aliquae hierogliphicae litterae Sinenses cùm Aegyptiis similitudinem habere à quibusdam asseratur, cur non potius Aegyptios à Sinensibus, qui aliquot saeculis praecesserunt, quam ab Aegyptiis Sinenses originem trahere debere contenditur? Ad haec quid obest quin aliquae gentes quaedam invenerint eadem omnino & communia cum aliis gentibus maximè dissitis? Et quid demum facilius & magis obvium quam pingere characteres aliquot referentes similitudinem rei, ut Solis, Lunae avium arborum, &c. ut pueros doceant quae quid significant? An propter eà ex gente Aegyptiâ in Sinam per totam Asiam fieri debuit transitus & transmigratio?

Sed neque dici potest ab Indorum Gymnosophistis quidpiam vitii vel errori apud Chinam fuisse propagatum antequam hic propagaretur ipsamet Idololatria: Nam praecipuus hujus sectae propagator *Foe* dictus in Indiâ natus fertur anno 16. imperantis *Chao vam* (qui quartus fuit è 3. *Cheu* familiă) anno ante Christum 1308. & annis 400. circiter ante natum Pythagoram & *Confucium*, quando jam steterat haec Monarchia annis 1600. & amplius, legibus riribusque non peregrinis, at suis constanter administrata; dogmata verò hominis pestiferi nonnisi nongentis circiter annis post ejusdem interitum una cum formali idolorum cultu authoritate Regiâ in Chinam inducta sunt.

Multo minus etiam credendum est Sinicae gentis originem peti posse à Japonibus (quo superba Sina *Vo nu*, hoc est, *Vo* mancipia vocabat), quamvis ii litteras habeant multaque alia cum Sinis communia: Steterat enim Sinarum Imperium annis bis mille supra quingentos quando (sicut annales eorumdem memorant) migraverunt ex Chinâ millia aliquot familiarum ad Insulas Orientales, annis scilicet ducentis ante Christum: Ex quo tamen conficere ego nolim Japoniam esse coloniam Sinarum, maximè cum constet ab anno 660. ante Christum coepisse Japones numerare Reges suos, qui usque ad saeculi hujus 1608. numerantur octo supra centum; uti constat ex libro Sinico in Japoniâ impresso, qui in Bibliothecâ Regiâ asservatur: quo etiam probabilior mihi est opinio altera, Japones à Tartaris potius (qui accolunt eorum mare Borealius) traxisse originem, eamque perantiquam; quippe sub annum circiter 1196. ante Christum, quando (sicut annales testantur) Barbari Boreales (puta Tartari) multitudine [lxxii] suae gentis id flagitante ad Eoi maris Insulas se contulerunt: quod ut promptius credamus, suadet etiam Japonicae gentis indoles perquam bellicosa & robore animi constantiaque prae Sinis longè praestans, quodque linguâ utantur à Sinensi diversissimâ.

Confirmant haec tot legationes, uti aliorum barbarorum, ita & Japonum: harum quidem prima in Sinam legatio facta scribitur anno 2.Imperatoris 14. *Quam vu ti* è 5. *Han* familia (qui annus à Christo nato erat 28.) anno verò ejusdem Imper. 33. secunda fuit legatio, quâ primùm sigillo Regio donati sunt. Tertia legatio an. 1 Imperantis *Ngan ti* decimi noni constabat 160. capitibus, interruptae deinde per multos annos ob bella isthic civilia legationes: donec iterum resumptae & continuatae sub septem Familiis imperantibus: & una quidem sub 2. Imper. *Tai çum* è Familià *Tam* decimâ tertiâ, imperii sui anno 5. (tribus scilicet annis ante adventum Evangelii praeconum è Syriâ). & sub sequenti *Cao çum* quando primum mutata est Regni ipsorum appellatio: Nam deinceps *Ge puen que*, id est, *Solis ortûs Regnum* (quod nobis Japonia est) nominatum est; 19. Familiae *Sum* 2. Imp. *Tai çum* anno nono primum Bonzii legatione functi sunt & deinceps. Sub *Yum lo* Imp. 3. Familiae *Tai mim* jussi sunt, ut singulis tantum decenniis semel ad aulam venirent. Ex quibus cognoscet Lector unde potissimum per mutuum ferè commercium & mores patrios & litteras cum Typographia, & vitiorum quoque superstitionumque contagia transiverint: Quemadmodum etiam constat, inter tot imperii vicissitudines, tumultus publicos & calamitates variis temporibus Sinas perfugisse ad vicinas terras & insulas ut Tibetum, Cambojam, Siamum, Tunkinum, Malacam, insulam formosam, Molucas, Javam, & praecipuè, uti jam diximus, Japoniam. Verumtamen ex supradictis haudquaquam rectè ratiocinati sunt Europaei nostri, qui praeter ea, quae apud Japones observarant atque didicerant, Sinicarum quoque rerum & (quod magis admireris) originum ac librorum Sinensium Interpretes ac judices sub initio hujus saeculi esse voluerunt, et ex aetate Japonum praesenti, sententiam ferre de tota antiquitate & doctrină Sinensium.

Sed erit fortasse qui existimet ab Hebraeorum populo propagatum fuisse populum extremae hujus Asiae, utpote qui ab uno eodemque *Sem* Patriarcha Asiaeque fundatore stirpem suam ducant. Hebraeos quidem aliquos eosque sacris instructos voluminibus in Chinâ repertos fuisse testantur ii, qui ex Europâ huc primum advenerunt: Et verò nihil ut dicam de moribus ingenioque Sinarum, qui toti ferè inhient terrenae felicitati, divitiis, commodis, honoribus, prorsus ac sinon aliam expectant benedictionem quam quae de rore coeli & de pinguedine terrae proveniat; usus quidem polygamiae [lxxiii] tametsi primas semper deferant primae & legitimae conjugi, apud Sinas videtur permissus, quippe sterilitatem & stirpis suae interruptionem, quodque post fata nemo ipsorum memoriam in parentalibus officiis sit renovaturus, ipsi in summis humanae vitae malis reputant; ad haec eo sunt fastu & arrogantiâ, ut sicut Hebraei olim ob singulares coeli erga se favores, reliquos orbis mortales habebant despectui, ita & ipsi vanitate plusquam Graecâ Barbaros vocarent populos, quotquot norant, nec ante desisterent à convicio, quam iidem mores peregrinos & barbariem exuissent, moresque Sinicos induissent, quos in civium suorum numerum ceu pupillos adoptabant. Augere posset opinionis istius probabilitatem singularis quoque illa Sinicae gentis erga defunctos majors pietas, quam nitore & curâ sepulchrorum, variisque ritibus & planctibus funebribus, nec non oblationibus, quas peragunt stato tempore, testari consueverunt. Revera ritus tot ac ceremoniae, tot in victimis ritè apparandis observationes ac minutiae, ad haec sacrificia tot tamque varia ex tauris, arietibus, pane, vino; imo & holocausta quibus supremo Imperatori coelorum litabatur consumptis victimis & rebus pretiosis: Sacerdos item unus & supremus (qui & erat Imperator) cui soli fas erat sacrificare supremo coelorum Imperatori, quoties rei necessitas id postulabat: quod plerumque dum imperium lustrabat, in ipsis montibus & collibus faciebat; ad extremum, quod Sinenses prae reliquis gentibus, veri Numinis notitiam longè diutius conservasse videantur. Haec certè omnia praebere possent Europeo homini ansam dubitandi, an non ex Judaea multi ritus ac mores in Chinam transiverint, gensque ipsa ab Hebraeorum propagata gente fuerit. Sed huic opinioni obstant annalium Sinicorum monumenta (ad quae dumtaxat appello Lectorem in toto hoc opere); praeterquam enim, quod diu ante dispersionem Tribuum Israëliticarum China fuerit cultissima, & à legibus ritibusque tam sacris quàm profanis maximè instructa, unum hoc sufficiat quod annis omnino centum &ampliùs priusquam Moyses legem à Deo accepit, pius ille Imperator & *Xam* familiae secundae conditor *Chim tam* octogenario jam major, septimo sterilitatis anno (quam *per orbem universum invaluisse* Sacrae testantur paginae) victimam sese pro salute populi solemni cum ritu conceptisque verbis coelo devovit: Quid quod etiam ducentis & amplius ante Abrahamum annis memoratur non semel *Xun* Imperator holocaustis aliisque sacrificiis supremo litasse Imperatori, aliisque deinde inferioris nominis & ordinis sacrificiis, coluisse spiritus montium fluminumque praesides? Uti refertur in libro *Xu kim* ab illius propè temporibus historico Regio primae imperialis familiae *Hia* anno circiter ante Christum 2200.

PARAGRAPHUS QUINTUS.
PROBATUR SINAS DILUVIO FUISSE
proximos, adeoque notitiâ cultuque veri Numinis in ipso ortu imbutos.

[lxxiv] Prorsus itaque vel deroganda fides et annalibus per suas (ut ita loquar) olympiadas vel periodos 60. annorum tam accuratè digestis, vel certè rursus ascendendum est altius et ad ipsa proximè diluvii tempora revocanda sunt exordia Sinarum: Quod quidem si fecerimus, tum denique constabit, ex alia nulla orbis natione, Sinarum leges, scientias, et pleraque instituta proficisci potuisse, praeterquam ab ipso Patriarchâ Noëmo, aut filiis ejusdem, aut nepotibus. Quod ut clarè constet, adeamus, si placet, ipsum gentis Sinicae conditorem, cui *Fo Hi* nomen: Hujus quidem genus et patria non exprimitur in Chronicis Sinarum, nisi quod hanc in Provinciâ maximè occidua et Boreali videlicet *Xen Si* fuisse referatur: et ad hanc ipsamquidem provinciam primum appellere necesse erat, si quidem in dispersione linguarum et gentium ex Mesopotamiâ, seu terrâ *Sennaar* migrandum fuit, et deveniendum ad Sinarum meditullium Provinciam, inquam, *Ho Nan*, ubi aulam primum constituisse scribitur in eâ regione, ubi nunc situm est oppidum *Chin cheu* quod subjectum est ejusdem Provinciae Metropoli *Çai fum fu*, alio nomine *Pien Leam*. Nisi forte aliquis opinari velit *Fo Hi* et primos Sinarum incolas non convenisse cum caeteris gentibus in terram *Sennaar* nixus videlicet authoritate Cardinalis Caëtani ad ea verba cap. II V. I. *Erat autem terra labii unius et eorumdem sermonum*, ubi his verbis scribit: *non intelligas universum genus humanum profectum ab Oriente et ivisse in regionem Sennaar, quia nec littera hoc sonat, nec rationi hoc consentaneum est.*

Quod si verò jam tempus quaeritur, quo fundamenta Reipublicae jacere coepit, proximè id abfuit à diluvio; et si quidem rigorem sequeris computi Sinici simul et 70. Interpretum (hos enim sequi non hic cogerent Annales) coeperit is fundare hanc gentem 200. circiter post diluvium annis vivente etiamnum *Noëmo* Patriachâ, adeoque ab ipso Asiatici populi, secundum omnes, fundatore *Sem* (quae vox *Sem et procreare, et vitam* apud Sinas, necnon, sed alio charactere, *victimam* denotat) ortum et originem suam merito traxisse existimandus est: Quod si cuipiam videatur non tantum authoritatis tribuendum annalibus tam vetustis, ut cogatur [lxxv] sequi computum 70. Interpretum, relicto vulgato qui in tanto est usu apud omnes, praecipuè quod quaedam hîc recenseantur, judicio quoque Sinensium Interpretum apocrypha et meae traditiones imperitae multitudinis; nos haud equidem magnopere repugnabimus. Expunctis itaque sex illis imperii conditoribus à septimo (cui *Yao* nomen) Monarchiae, si placet, primordia auspicare; at neque sic tamen evinces, ut à diluvio longius removeantur Sinicae gentis exordia: imo vereor, ne vel ultra diluvium ea producas imprudens: Etenim annorum computus saltem ille qui ab *Yao* Rege usque ad haec tempora decurrit, adeo ordinatus, et tanto consensu scriptorum omnium exactus ad suas periodos seu cyclos sexaginta annorum, ut non magis dubitare queat de illius integritate, quàm de Graecorum per olympiadas suas supputatione, cui tantum fidei et authoritatis tribuitur. Ab hujus itaque Legislatoris ac Principis *Yao* anno primo initi Imperii, qui fuit cycli qui tunc currebat, annus 41. *Kia xin* dictus, usque ad annum saeculi, hujus 1683. qui est quadragesimus tertius Tartaricae hujus familiae, sub quâ scribimus; numerantur anni omnino quater mille 43. per illas, quas dixi, periodos supputati.

Hoc igitur supppsito firmiterque stabilito, quod gens Sinica removeri nequeat longius ab ipso diluvio, quemcumque tandem quis ineat annorum computum, sive contractiorem, qui vulgatus dicitur, sive ampliorem, qui Interpretum 70. Supposito item, quod sit verissimum id quod non dubitanter asserunt sancti Doctores atque Theologi; *Neomum* scilicet Patriarcham sanctissimum veri Dei notitiam, & cultum caeteraque eo spectantia tam exemplo quam verbo filiis ac nepotibus tradidisse; quam quidem Religionem ac pietatem post linguarum, gentium, terrarumque divisionem alii quidem ut maledicti *Cham* nepotes per scelera & dissolutionem contaminarint, brevique etiam extinxerint; alii vero, ut *Sem* & *Japhet* filii utique obedientiae ac benedictionis, eorumque filii, ac nepotes diutius conservaverint & ad posteros longius propagaverint, planè sequitur in primordiis primarum gentium prius extitisse veri Dei notitiam & cultum, quam falsi. Unde merito Lactantius, *errant*, inquit, *qui Deorum cultus ab exordio rerum fuisse contendunt et priorem esse gentilitatem quam Dei Religionem.* Et alibi, *regnante*, inquit, *Saturno, nondum Deorum cultibus institutis, nec adhuc ullâ gente ad divinitatis opinionem consecratâ, Deus utique colebatur.*

Quo etiam spectat illa à Poëtis tam decantata aurea aetas, quâ exactâ finxêre justitiam offensam vitiis hominum cessisse è terris & in coelum remigrasse. Quod si ita est, ecquis obsecro dubitare queat quin apud primos Sinas *Noemi* ipsius coaevos fuerit veri Dei notitia & veneratio, quando hanc nulli tunc defuisse caeterarum gentium [lxxvi] communis consensus docet? An filii & nepotes *Sem* deterioris fuerint conditionis, quam filii & nepotes *Chami*? Et tamen ne *Cham* quidem, quantumvis maledictus, neque filius ejus ac nepos eam derepente amisisse credendi sunt: nam cum passim Historiographi initium idololatriae sub *Nino* constituant, hic verò *Chami* pronepos extiterit, & regnare coeperit 350. circiter annis à diluvio (juxta vulgatum computum) patet utique veri anteà Numinis notitiam aliquam apud illos adhuc extitisse. Quod si ne in semine quidem illo maledicto mox extincta fuit, an fuerit in semine benedicto derepente obliterate extincta?

Quod si ne in femine quidem illo maledicto mox extincta fuit, an fuerit in femine benedicto derepente obliterata et extincta? Quod si nefas sit id existimare, tametsi forte annales Sinici nil praeter mera nomina primorum gentis suae conditorum commemorassent, tamen ex annorum computo, quos tam unanimi consensu illis tribuunt, et tam propinquâ, quae ex illo computo conficitur, ad diluvium accessione, veri Dei notitiam habuisse jure merito praesumendi sunt; quanto vero magis id erit existimandum de primo Sinicae gentis *Fo Hi* Fundatore, cum vel ipsum nomen quo ipse *Confucius* et tota retrò posteritas eum compellat *Pao Hi*, quod *victimam* sonat, disertè id significat: quia (ut Interpretes aiunt) primus ipse victimas instituit ad eas coeli terraeque spiritui supremo ritè immolandum, in quem etiam finem textus refert, quod sex omninò animalium species aleret. De eodem quoque refertur, quod ex coeli terraeque contemplatione sibi normam praescripserit ad populi et Reipublicae rectam administrationem, quam expresserat tabulâ illâ 64 Figularum (de qua supra) quod item rerum omnium, quarum naturas explorabat, contemplationem direxerit ad superiorem creatis omnibus *spiritualemque intelligentiam* (quae per binas vocet *Xin Mim* denotatur) cognoscendam, uti disertè textus ipse, et *Confucius* Philosophus asserit in suâ ad librum mutationum appendice, et nos supra innuimus.

Certum itaque debet esse, et apud omnes indubitatum, quod primi Sinae, maximè quidem Fundatores ipsi gentis Sinicae verum Derum agnoverint et adorarint: convincit hoc enim ratio ipsa temporis diluvio proximi, nec leve pondus addit ac testimonium illa, quam declaravimus *Pao Hi* nominis (quod *victimam* sonat) etymologia. Sic ita sanè, dicet aliquis, at quantuli temporis fuerit ista Dei notitia et cultus? Nam in Assyriis quidem et Aegyptiis, et Europaeis omnibus, admodum citò, lumen illud tot tenebris superstitionum, aliorumque scelerum fuit extinctum; sicut dubitem, an vel duobus saeculis perstiterit apud illos notitia veri Numinis: Atqui nonne par ratio et inconstantia fuerit etiam Sinarum? Utique, si tamen pares fuerint et tenebrae, paria scelera, pares superstitiones.

Sed haec dilucidè probari abs te necesse erit, priusquam portionem tam magnam generis humani vel idololatriae condemnes, [lxxvii] vel Atheisimi: Alioqui manebunt profectò Sinae (de Priscis loquor) in possessione suae innocentiae, ejusque simul notitiae, quam natura ipsa et ratio, et rerum omnium ob oculos versantium ordo, varietas, et harmonia animis hominum agrestium etiam et Barbarorum inseruit; nec quisquam in re tanti momenti praesumendus est nocens, nisi constet ipsum à primaevâ illâ innocentiâ, et caelitùs indito lumine descivisse, et in barathrum impietatis ruisse praecipitem; cumque hoc inferri nequeat ex hodiernâ posterorum depravatione, uti supra docuimus (quid enim frequentius quam ex bonis non jam dico atavis, sed etiam patribus malos nasci filios, et ex heroïbus, uti dicitur, noxas) debet utique rei veritas ex ipsorummet monumentis vetustissimis potissimum peti, et indagari; maximè quando dictis respondent tam ea, quae ad virtutem et pietatem, quàm ea, quae ad scelera et impietatem spectant, planè et candidè pro priscae illius aetatis simplicitate litteris commendata, posteritati vel ad exemplum, vel ad cautionem sunt proposita. Sed necque hîc cum de Religione agitur, quaerimus, quid privati olim Philosophi ac sapientes de Deo senserint; nam et inter Aegyptios Trismegistus, et apud Graecos Socrates, Pythagoras, Plato, Epictetus; et apud Latinos, Varro, Tullius, Seneca aliique Philosophi de Deo multa rectè senserunt, atque scripserunt, tametsi gens tota, cujus et ipsi pars erant, gravissimorum errorum, necnon idololatriae tenebris jaceret involuta; quaerimus hîc igitur quid olim communiter senserint Reges ipsi, quid viri Principes ac Magistratus, quid secta eruditorum universa, et quae ab his regebatur Sinica gens, praesertim quando haec (instar unius propè familiae) iisdem legibus, habitu, ritibus, litteris, sic tota pendebat ab Imperio nutuque sui Principis et communis parentis, ac Magistratuum, uti alia fortasse nulla uspiam terrarum.

PARAGRAPHUS SEXTUS.
QUOD IN VERI DEI NOTITIA
probabiliter perseveraverint Sinae per aliquot saecula.

Percurramus itaque, & oculis omnium exponamus avitae Sinarum Religionis initia, incrementa, & decrementa, ut de eâ judicium ferat & sententiam Europaeus Lector. De primo quidem Fundatore *Fo hi*, jam satis, ut arbitror, liquet: de eo qui ordine tertius fuit *Hoam ti* dictus annales constanter referunt quod aedificaverit Templum (fortasse totius orbis primum) *Xam ti*, hoc [lxxviii] est, *Supremo Imperatori*. Sed ecce sub hujus successore *Xao hao* initium jam aliquod invectae superstitionis, daemone proculdubio, quas ubique moliebatur, etiam hîc struente insidias, & concitante rebelles dynastas omnino novem, qui sacrificiorum ordinem perturbantes, inanes nescio quas superstitiones, & spirituum larvas & spectra invexerunt, quibus populum terrefacerent, & timore illo panico correptum, in societatem rebellionis pertraherent. Et hîc quidem initium aliquod fuisse ruinam minitantis Imperii fatentur interpretes.

Sed videlicet occurrit protinus tanto malo *Chuen hio* proximè sequens Imperator, qui domitis rebellibus, sacrificiorum formam & ordinem, sublatis erroribus, restituit splendori pristino, praefectosque per Imperium instituit, qui cultum pristinae Religionis, cum omni nitore ac puritate ubique procurarent. De *Ti co* verò, qui successit, Imperatoris lectissima, sed sterili conjuge *Kiam-yven* refertur, quod cùm unà cum marito ardenter admodum supplicaret inter sacrificandum *Xam ti supremum Imperatorem* prolis obtinendae gratiâ, voti compos facta conceperit, & enixa deinde sit filium, cui *Heu-çie* nomen, ex cujus stirpe quadragesimâ per filios & nepotes propagatâ, prognatus fuit *Vu vam* conditor Imperatoriae familiae *Cheu*, quae ordine fuit tertia, coepitque rerum potiri pòst annos mille & trecentos, quam dictus *Heu çie* natus fuerat.

Quid nunc dicam de consecutis duobus Imperatoribus simul & Legislatoribus *Yao & Xun* in hodiernum usque diem, tam celebratis, & omnibus posteriorum temporum Principibus in exemplum rectè & piè vivendi regnandique propositis? De quibus agere hîc supersedemus, quod in libris *Confucii Memciique* (quos explanamus) crebra ipsorum mentio occurrat.

Quod si jam descendamus ad tres familias Principes (quae sex primorum gentis conditorum, necnon duorum Legislatorum aetatem proximè subsecutae sunt) *Hia*, *Xam* & *Cheu* dictae, quae quidem Familiae totius posteritatis perenne sunt desiderium, & quas omnes libri adeo semper & ubique depraedicarunt: eae cum constiterint Imperatoribus omnino 80. idque per annos 1975. videndum erit, an, & quo tempore, & sub quibus Principibus veri Numinis cultum ac notitiam amisisse, & in idololatriae, aut atheismi barathrum ruisse dicendi sint: etenim si verum est, quod gravissimus vir *Lin ô* dictus in libello supplici oblato *Ym Hoam ti* Imperatori ex Familiâ *Mim* octavo asserit: *Ante invectam cum idolo* Foe *ex India Superstitionem* (anno scilicet post Christum 65.) *nullum vanorum Deorum simulachrum, statuam nullam in Sinis extitisse*, alterutrum profecto fatendum erit, aut atheos fuisse tunc Sinas, aut certè notitiam veri Numinis etiam tum conservasse.

Non est hîc consilii mei in medium proferre, quae in libris Officiorum [lxxix] & Odarum referuntur, praecipuè verò in libro primi nominis, qui *Xu kim* inscribitur, quo trium dictarum familiarum & duorum Legislatorum *Yao & Xun* res gestae, monita, consilia, ordine suo ac temporum commemorantur, etsi carptim & mutilè, quippe cum vitio temporum & communi illo gravissimoque incendio multa sint desiderata: Sufficiat hîc dicere ex testimonio totius posteritatis, unam propè & eandem fuisse trium principium familiarum administrandi Imperii rationem ac formam (quoad ipsam, ut ita loquar, substantiam administrationis) quae fuit duorum *Yao & Xun* Legislatorum; nisi quod primae simplicitatem & synceritatem subrusticam, sic imitata fuerit secunda, ut decôre suo & venustate deterserit quodammodo primae rusticitatem; secundam vero primamque longè superaverit tertia augusto suo splendore, magnificentiâ, rituum copiâ & varietate.

Quod autem primas semper dederint Religioni à Majoribus, & Legislatoribus traditae (de quâ hic praecipuè sermo est) sufficiat in medium proferre tertiae familiae Imperatoris secundi (cui *Chim vam* nomen) morientis testamentum, quod in libro *Xu kim*, eo ferè ordine, quo hîc à nobis, fusè refertur in eo capite, quod *Cu-mim* dicitur: *Hic igitur Princeps, qui religiosè semper observaverat Supremi Regis coeli voluntatem; tandem anno aetatis suae quinquagesimo; Imperii autem trigesimo septimo* (qui fuit ante Christum 1077) *mense quarto, die decima sexta, in morbum inciderat lethalem: cumque intelligeret se morti proximum, primogenitum suum* (Cam-vam posteà dictum) *haeredem Sceptri solemniter pro more declaraturus convocavit Imperii Primates omnes. Praestituta dies aderat; quare ne in re tanti momenti consuetis ritibus, vel tum, quoad posset, deesset, surrexit è strato Regio; manus et faciem lavit fulcientibus languentem utrimque proceribus: Dein diademate et Regiâ togâ circumdatus, innixusque mensae* Yo Ki *dictae* (quippe ex pretioso lapide constabat) *circumfusos Optimates in hunc modum affatus est: Morbi mei vis invalescit, jubente coelo: Vereor ne incautum mors occupet: Placuit igitur ultimam meam declarare voluntatem. Scitis quo pacto* Ven-vam *Avus meus et* Vu vam *Pater, virtutum splendorem longè latèque protulerint: Nunc* (succinctiorem Regis orationem explanat *Cham* Colaus Interpres his verbis) *Ego parvulus successi Patri, et Avo; quamvis autem etiamnum rudis sim et ignorans* (adeo submisse et modestè de se sentire ac loqui solebant Prisci illi Reges) *non tamen me latet coeli mandatum* (quo etiam nomine venit Imperium) *non esse perpetuum, adeoque summè esse timendum: Cum timore igitur ac reverentiâ veneratus illud sum semper, et ei qua potui ratione sum obsecutus; nec ausus fui vel minimùm socordiae aut incuriae locum dare. Quod spectat ad* Ven-vam *et* Vu-vam *Regum magna documenta, qua veneratione coeli et indefessâ populi curâ continentur,* [lxxx] *ea cordi mihi semper fuêre; nec ausus unquam fui perturbatè quidquam transgredi: Hoc scilicet modo potui amplificare familiae huius virtutes: Quo et perfeci, ut haberem propitium caeli ipsius cor, neque accideret ut hoc Imperium ex ulla sui parte lubefactaretur. His aliisque tum ad filii institutionem, tum ad populi totius emolumentum sapienter dictis*, *dimisso procerum consessu aegrum corpus strato reposuit*; *et sequenti luce vivere desiit.*

Hactenus *Xu kim*. Observa hîc Lector, quod duo dumtaxat moriens hic Imperator filio esse cordi jusserit, Religionem, & amorem subditorum; ut qui intelligeret in duobus his velut cardinibus totius Imperii molem verti.

Ex hoc uno saltem argui potest cujusmodi fuerit duarum praecedentium familiarum Religionis & observantiae studium per annos mille quingentos, usque ad tempora ipsius *Yao* Legislatoris. Quibus annis, si trecentos circiter adjunxeris, qui à *Chim vam* numerantur usque ad duodecimum familiae degenerem Imperatorem *Yeu vam* (qui ducentis ante natum *Confucium* annis imperitavit) non longè certè à majorum suorum institutis discessisse ex ipsorum annalibus convinci potest: Quod si quis attente & non praeoccupato mentis judicio, aut affectu, memoratos libros annalium *Xu Kim*, *& Li ki* libros rituum & officiorum, singulaque diligenter expenderit, inveniet profectò ubi merito suspiciat collaudetque singularem adeo divini Numinis providentiam, & prae caeteris ferè gentibus erga Sinicam favorem, ac beneficentiam. Quorsum enim apparatus tot ac tanti ad sacrificia ritè peragenda? Quid illa ex edicto Regio sollicitudo in alendis victimis ad sacrificia destinatis, per Imperii totius urbes & oppida? Quorsum praefecturae illae ad solos Religionis ritus ordinatae, regioque instructae censu? Quid sibi vult exactitudo tanta in rebus singulis eò spectantibus, sic ut existimarent haud suscipiendum esse à coeli Imperatore sacrificium, in quo praeter internum animi cultum, cultûs etiam externi pars aliqua desiderata fuisset: Quid? quod ipsae Reginae Bombyces alere vestesque sericas, & certi quidem coloris ad sacrificia contexere solebant? Quin & Imperatores suis ipsi manibus (credet hoc Europa?) arabant quotannis, & conserebant partem agri, seu horti Regii, ex quo meterent deinde frumentum ad liba, vinumque ex herbis & oryzâ confectum, deinde in sacrificiis ritè offerendum: qua quidem pietate quid esse potest illustrius? Quid magis Religiosum? Quid dicam de jejuniis per sua anni tempora, quid de 3. aut 7. dierum continentiâ conjugali praeviè observari solitâ, quo puriores scilicet ad ritè sacrificandum accederent?

Quò minus admiranda sunt alia, quod cum adirent Imperium, cum suscipienda esset expeditio, cum lustrandae Provinciae, cum publica urgeret calamitas, inundatio, sterilitas, terrae motus; cum tristior eclypsis & cometa appareret; ad haec in Kalendis primis cujusque anni, in solstitiis ac aequinoctiis nihil [lxxxi] prius agerent, nihil impensius, quàm ut supremum coelorum Imperatorem solemnibus votis & sacrificiis propitium sibi populoque redderent: ut autem clementiam ejusdem potentiùs publico edicto provocarent, & de delictis, si quae fortè commiserant, admoneri à suis postulabant, & laxatis, haud raro carceribus, si fortè inter vinctos innocentes aliqui detinerentur, publicam noxarum condonationem per Imperium indicebant, reservatis tamen delictis quibusdam atrocissimis.

Jam vero illa principum in deprecando coelo modestia animisque demissio, quâ se parvulos & infantulos coram supremâ majestate vocitabant: illa caritas quâ se reos agebant omnium quae fortè peccaverant subditi, sibique unis ultrò deposcebant ea supplicia, quae cunctis ab irato coelo timebantur: illa sollicitudo, ille angor, timor ac tremor in cultu & veneratione etiam privatâ, supremi Imperatoris, de quibus saepe in libris fit mentio, haec, inquam, omnia nonne declarant veram in eorum animis Religionem insedisse?

Quod si haec, quae modo attigimus; ab Imperatoribus virisque Principibus sic observata fuêre quid putamus à subjectissimo iisdem populo factum fuisse: praesertim cum edicta Regia juberent, ut summi pariter insimique colerent supremum Imperatorem, reliquosque locorum praesides spiritus?

Quaero nunc igitur, si quis Aristotelem, aut alium quempiam Philosophum vidisset quotidie statis temporibus curvare genua venerabundum, adolere thus, prosterni toto corpore in solum, oculis manibusque identidem in coelum sublatis preces fundere, an huic suboriri potuisset ulla dubitatio, quin Philosophus ille Numen aliquod novisset, tametsi fortè in omnibus, quos scripsisset libris, nullam de Numine mentionem faceret? Quid si idem observasset quam simillima Religionis signa in natione, aut sectâ aliquâ, simulque & in ipso Principe totius nationis aut sectae? Quomodo igitur Chinam veterem auderet quis insimulare tam nefandae ignorantiae & impietatis, quando non audiret tantùm exempla ista tam rarae pietatis, totque ritus & sacrificia ibidem à regibus adhiberi solita, sed eadem in monumentis quoque librisque tam authenticis legeret, & quidem eo ipso tempore, quo maximè vigebant, descripta? Si tu in aliâ orbis gente, si inter Assyrios, aut Aegyptios, in Galliâ apud Druidas, si in Hispaniae, aut Germaniae antiquissimis monumentis haec, aut his consimilia à Scriptoribus illorum temporum authenticis exarata invenisses, qualia de primis suis aetatibus habet China, quid obsecro, sentires? Quid diceres? Quas ederes exclamationes ac plausus? Quibus encomiis res omnes singulasque istius aevi non celebrares? Quantam excitares majorum tuorum tam piè de Deo sentientium admirationem, & commendationem apud [lxxxii] caeteras orbis nationes, nec immeritò certè excitares? Quod igitur quisque in patriâ gente suâ tantis & tam meritis efferret laudibus, cur Sinarum genti, si fortè vetustiora rerum suarum prae omnibus gentibus monumenta posteritati reliquerit, invidebis, & non potius id gloriae ipsorum vertes, & commendabis clementiam creatoris ergà Sinam adeò singularem atque propitiam?

PARAGRAPHUS SEPTIMUS.
ARGUMENTIS ALIIS ATQUE ALIIS
confirmatur veri Dei apud Sinas notitiam extitisse.

Quoniam verò, quemadmodum crebra & gravia scelera & morum dissolutio viam tandem sternunt ad omnium scelerum maximum, Atheismum; ita virtus omnis & recte vivendi ratio, & pia populi administratio verae Religionis sunt indicia non obscura; videamus quid Prisca Sinarum aetas, tum verbo, tum exemplo praestiterit solo duce naturae lumine; quam utique naturam & ab origine sua bonam & rectam, & pietatis reliquarumque moralium virtutum praesidiis & adminiculis à coelo instructam fuisse semper docuerunt, quam quidem veterum opinionem Philosophicè demonstrat alter à *Confucio* Philosophus *Memcius*. Quamvis autem insita sint eadem virtutum semina omnibus gentibus à naturae authore Deo; ubi tamen vera deest Religio, ibi debilitari vehementer & opprimi ista semina & virtutem paenè omnem jacere necesse est; quas quidem virtutes in aliis multis nationibus defuisse mirandum non est, quando apud illas ipsa iam vitia religiosa erant ac sacra, eaque non tam vitabantur, quam colebantur, uti ait Lactantius. Etenim quis locus pudicitiae & honestati esse poterat, ubi connubia & adulteria Deorum, ubi nuda Venus, Cupidinesque, & Priapi celebrabantur? Quis pacis, amicitiae, fideique locus, ubi Mars, Bellona, & Mercurius pro Numinibus colebantur? Quis obedientiae, ubi Jupiter, qui pulso patre sibi Regnum usurpavit, velut supremus Divûm atque hominum Rex adorabatur? Quis prudentiae, & naturali lumini & rationi locus, ubi rationis etiam expertia monstra, ut vituli, lupae, crocodili, serpentes, & quae in hortis nascuntur coepae & allia insano ritu celebrabantur?

Ubi obsecro, vel per umbram in totâ Sinarum antiquitate reperire est huiusmodi monstra, aut in terrâ ipsorum, aut etiam in coelo globoque suo astrifero? Ubi sexuum inter spiritus (quos incorporeos censent) disparitatem, connubia Deorum Dearumque [lxxxiii] & metamorphoses? Ubi simulachra, imagines aut statuae non dico animalium, sed vel hominum, vel spirituum quos religioso cultu China coluisset? An post invectam ex Indiâ idololatriam, nullam tota posteritas ex priscis idolis adjunxisset ad nova, si quidem in priscâ aetate extitissent? An tot Interpretes annalium adeo gravibus verbis ac stylo aculeato inveherentur in Imperatorem *Mim ti* qui idololatriam primus induxit, si ante eum illa pestis invaluisset in Imperio? An eum ipsum ipsis quoque tyrannis *Kie & Cheu* execrabiliorem ex hoc unico capite fuisse scriberent; si idolorum monstra jam anteà publicis honoribus fuissent ad adorandum exposita? Aut ignorare potuissent, aut reticere, si quid anteà extitisset simile, aut in priscis & authenticis librorum suorum monumentis, aut in Provinciis Urbibusque tanti Imperii?

Cum igitur nulla sciantur olim hic fuisse portenta communia cum aliis gentibus, quibuscum China commercium aeternum per leges etiam interdixerat, non est cur hîc expectes, aut fuisse existimes sacrificia sanguinolenta, aut turpia, qualia fuere Priapeia, Floralia, Sathurnalia, quibus sacer ille Senatus Populusque Romanus, & omnium gentium Dominator, juventutem suam depravari patiebatur; non victimas infantium quas Sathurno suo Latini, & Diis quoque alienis Judaei immolabant, non victimas hominum, quas pius Aeneas ille mortuorum manibus mittebat inferias, & hujus exemplo Romani deinde Imperatores ac Senatores, non ludi theatrorum in sanguine humano, nec alia hujusmodi, quae Lactantius copiosè commemorat, & explodit; à quibus omnibus adeò fuit semper aliena gens Sinarum, ut vel referri ea ab Europaeo, aequis auribus animisque minime sustineret.

Et de illis quidem aliarum gentium superstitionibus, deque ipsarum priscâ religione constat ex primis litterarum cujusque gentis monumentis ex Orpheo, inquam, & primis Poëtarum Hesiodo, Homero, &c. qui & ipsi (uti idem Lactantius ait) multò ante natum Philosophiae nomen fuêrunt, & habiti sunt sapientes, & tamen tam inepta de Deo Deorumque generationibus figmenta & fabulas protulerunt; de Sinarum vero Priscâ Religione habemus qui scripserunt bis mille & amplius ante Christum annis, hoc est multò antequam Orpheus aliive Scriptores prodiissent in lucem?

Quemadmodum igitur supremo coeli Imperatori & spiritibus prisca Sinarum aetas nihil indecorum, aut turpe, nihil quod cum terrena contagione aut corporeâ visibilique substantiâ commune esset, tribuerunt, & è contrario quidquid esset cum rectâ ratione conjunctum, virtutem, inquam, providentiam, potentiam, scientiam, justitiam, clementiam tam fidenter attribuerunt; ita non aliis, quam supremâ majestate dignis honoribus & sacrificiis, non alio magis [lxxxiv] quam virtutum & recti animi cultu colendum tam verbis docuerunt, quàm factis & exemplis; ut nihil hic dicam de externo quoque apparatu, gravitate, modestiâ, continentiâ, abstinentiâ, decôre, & ornatu; sic tamen ut negarent omnem hunc cultum exteriorem placere coelo posse, quando cultu animi virtuteque internâ non esset imbutus.

Quid nunc dicam de obedientiâ Priscorum, & pietate ergà parentes suos ac majores, quam volebant pòst ipsa quoque fata perpetuari suo modo atque exercitari? & ut hoc exemplo discerent filii quo ergà progenitores superstites ferri debeant studio ac veneratione. Sic arbitrabantur serviendum sibi esse vitâ jam functis, uti servierant quondam vivis atque superstitibus: Hinc illa funeris, exequiarum, sarcophagi tumulique cura tam exquisita ad conservandas in perpetuum, si possent, auctorum vitae suae reliquias & memoriam? quid de luctu triennali patris & matris sic etiam, ut qui praecipuis muneribus in Imperio fungerentur, illico ab officio suscepto ad triennium sese abdicarent? Quid multa? tanta fuit erga vitâ functos maiores sollicitudo, cura tanta, diligentiaque, ut merito superstitionis arguendi viderentur, si quidem non constaret ex libris eorundem authenticis, haud alium sibi scopum ac finem habuisse propositum, quàm merae observantiae filialis, grataeque pietatis ac reverentiae adversus majores suos, etiam post fata non interrumpendae: tametsi fateamur successu temporum, seu verius tot sectarum & superstitionum idololatricarum in nonnullis vitiatam fuisse priscorum primaevam institutionem.

Quid dicam de observantia ergà seniores & aetate provectos, quos adeò ipsemet Imperator, dum lustraret Imperium, non dedignabatur invisere & conquiri jubebat, & benè meritos titulis honorificis condecorabat, augebatque censu regio, si opus foret? Quid de clementia; & munifica illa commiseratione ergà pauperes, coecos, viduas, pupillos, claudos, &

c. quibus sua olim erant attributa domicilia & census? quin usque in hodiernum diem in singulis urbibus & oppidis tanti Imperii ad certum numerum annonâ Regiâ sustentantur, etiam Tartaro dominante, quem sola pietatis hujus antiquitas deterruit ne, quod jam animo meditabatur pium hunc morem aboleret. Tametsi verò ergà criminum reos justitiae rigor servaretur, erat tamen etiam hîc suus clementiae locus, quatenus scilicet per tam vastum Imperium, ab nemine fas erat damnatum quempiam capitis, morti addici, nisi prius ab ipsomet Imperatore sententia fuisset approbata, ut nihil jam dicam de publica subinde noxarum condonatione, & carcerum relaxatione.

Jam vero de feminarum honestate, verecundia, cultuque & habitu corporis tam modesto quid dicam? Ad haec enim usque tempora quamvis [lxxxv] Priscis illis tam dissimilia, mos iste pervenit propè inviolatus legitimi quoque thori apud Priscos inviolabilitas, tametsi per abusum successu temporum vitiata. Praetereo nunc connubia ab omni ferè sanguinis propinquitate remota, viduarum ad secundas nuptias mortuo marito transire nefas putantium, continentiam ac fidem: leges amicitiae & hospitalitatis, aliorumque civilium officiorum ad mutuam concordiam conservandam, ubi solemne scilicet semper fuit illud: *Quid tibi non vis fieri, alteri non feceris.*

Et quoniam regis ad exemplum orbis Sinicus, vel maximè componitur, expendantur ea solummodò, quae de duobus Legislatoribus, & trium Principium familiarum conditoribus, infra referentur, ex Philosophorum Principibus *Confucio* & *Memcio*: tanta certè Regis *Yao* fuisse modestia & moderatio scribitur, ut cum ei essent opes amplissimae & suprema dignitas, non tamen animo efferretur, aut insolesceret, domo, victu, curru simplici & paupere, & ab omni specie luxûs, aut fastûs abhorrente, necnon veste vulgari (nisi cum sacrificandum foret) contentus, cujus virtutis haeres fuit *Xun* uti & Imperii, ad quod evectus fuit ab ipso *Yao*, nullâ filiorum, cùm tamen novem numeraret, sed solius virtutis habitâ ratione; uti rursus & hujus imitator fuit & haeres delectus is qui primae Familiae Fundator fuit *Yu* dictus. Sed & secundae Familiae Fundator *Chim tam* cum post septennalem famem se victimam coelo devoveret pro suis, & supplex exquireret ab ipso coelo num forte à se suisque magistratibus peccatum fuisset in administratione Reipublicae, num ex munerum largitione corruptela quaepiam serpsisset, num detractiones & obmurmurationes audirentur, num in Palatiis & aedificiis, aut in ornatu habituque muliebri quidpiam esset immoderatum, aut indecorum, &c. nonne satis superque declaravit, quàm tunc fuerit cum omni honestate, virtute, moderatione, conjuncta administratio?

Quantâ vero innocentiâ, frugalitate, moderatione per annos mille ducentos & amplius gubernatum fuerit tantum Imperium testis erit sanè locuples *Ki çu* Princeps idemque patruus, ultimi è secundâ Familiâ, & decimi octavi Imperatoris *Cheu* dicti: Etenim cum videret is importari in Regiam res novas ac peregrinas non sine gemitu & vaticinantis instar: *Nunc primùm*, inquit, *paxilli producuntur eburnei, cyathique è cornu Rhinocerotis, habitus vestium simplicior breviorque commutatur in promissas et serico superbas et auro: displicent jam habitata majoribus nostris tecta, amplaque extruuntur tum turribus, iisque è lapide pretioso; ne sic quidem explebitur humana cupiditas, cerno iam animo lapides immensi pretii aliaque id genus remotis è terris huc importari simul cerno ruinam Imperii.* Sic ille. Consulat annales qui voluerit, & libros quos explanamus. Profectò vix quidpiam offendet, [lxxxvi] communi quidem usu vel authoritate publica stabilitium, quod à virtute, vel ratione alienum sit.

Quae cum ita sint, quandoquidem ex solâ virtute rectam Reipublicae administrationem petebat antiquitas Sinarum, quid mirabimur, si exemplo illo virtutis vicinos undique terris suis barbaros ita ad humanitatis leges suaviter induxerit, ut in eam amplissimi Imperii formam & magnitudinem à tot saeculis excreverit, vicinorumque etiam regnorum Principes ad clientelare, saepè etiam stipendiarium obsequium adduxerit: olim certè circà annum ante Christum 1100. advenerunt legati è Cochinchinâ, solâ famâ adducti, quod China haberet heroës sanctos, qui nôssent deprecari & obtinere à coelo foecunditatem, quorum adeo patrocinium imploraturi, & remedium sterilitatis, quâ miserandum in modum Cochinchina tunc laborabat, petituri advenerant. Quid mirabimur etiam, si hoc Imperium priscis illis temporibus adeò fuerit foelix & diuturnum, ut tres Familiae Principes diutius illud possederint &

conservaverint, quam novemdecim deinde consecutae Familiae Imperiales simul sumptae, quae, quamvis aliqua à Priscis accepta & à nobis suprà commemorata, conatae sunt revocare, tamen tot bellis, haeresibus, sectis, parricidiis magis magisque lapsu temporum increbrescentibus, nunquam ad pristinam illam innocentiam integritatemque, nisi per lucida quaedam intervalla, redivere.

Erit fortasse quispiam qui ex moribus sanè perditis aetatis hujus, in quâ praeter innumera vitia regnat fraus & simulatio, & si qua virtus relucet, non tam virtus quàm virtutis fucata quaedam species est, erit, inquam, fortasse qui ex praesenti aetate judicium ferat & sententiam de Priscâ, sic existimans artem simulandae mentiendaeque Religionis jam tum viguisse, eaque usos Principes ac Magistratus ad imperitam multitudinem foeliciùs in officio continendam; uti suprà de doctrinâ aliâ exteriori seu populari, interiori alia, seu politicorum propria insinuatum est, atque adeo quidquid in hoc genere dixerunt vel fecerunt, solo studio publicae pacis & tranquillitatis conservandae, id dixisse aut fecisse.

Verùm, praeterquam quod duplicis hujus doctrinae ne vestigium quidem quis inveniet in libris Priscorum authenticis; huic certè opinioni ne dicam temeritati sic judicantium oppono ipsam posteriorum aetatum & litteratorum sententiam, qui unanimi sermone scriptoque nihil aequè depraedicant & extollunt, atque Priscorum temporum candorem, simplicitatem, sinceritatem, quam suis in temporibus maximè desiderari non sine gemitu profitentur. Certè qui *Confucium* aliosque authenticos, & primae authoritatis & vetustatis libros legerint, reperient nil frequentiùs inculcari, exaggerarique, quam ut exemplo Priscorum Regum omnia agantur cum veritate, [lxxxvii] & dicta omnia factaque ex intimo cordis semper proficiscantur; hinc illae à commentatoribus toties repetitae voces *Chim xe*, *Vu vam* id est, *Verum solidumque absque fuco & falsitate*. In omnibus igitur actionibus suis, verbisque & officiis, quae intercedunt Regem inter & subditos, parentes ac filios, fratres inter amicosque & conjuges sinceritatem ac fidem, omni exclusâ fallaciae umbrâ, integram illibatamque servari semper voluerint prisci, & in negotio Religionis gravissimo ficti fuerint subdolique politici? Adeoque solam ipsam Religionem assumpserint veluti medium fallax ad continendos in officio populos? Hoc certè nec atheopolitici novatores illi Familiae *Sum* Interpretes unquam concedent, qui tametsi monstrum inane quodpiam divinitatis suae politicae confixerint, tamen fundamentum omne suae Philosophiae, in veritate & soliditate (quam littera *Chim* exprimunt) constituere non dubitarunt; & quemadmodum omnia in universo, & ea quoque quae fortuito videntur, ex solida quapiam & praedominante virtute (qualiscumque demùm illa sit) regi conservarique contendunt, ita in administratione Reipublicae, & in ipso homine actiones omnes ac motus ab animi integritate & sinceritate minimè fucatâ proficisci volunt.

Et verò si quod objicis, Interpretes dicerent, quo tandem, obsecro, fundamento innixi dicerent? quem tandem in priscis quinque doctrinarum Codicibus textum afferre possent ad id comprobandum? Et licet fortasse aliquem afferent quo diceretur Priscos & sanctos Reges ac sapientes suos Religionis praesidiis, Imperii populos sibi subjectos habuisse, an continuò inferre liceret Religionem inventum fuisse ipsorum ad continendum in officio populum? Ecquis nesciat veram Religionem inventum esse (si tamen ita loqui fas est) non humanum, sed divinum, quâ Respublicas & Imperia stabiliri oporteat, & conservari; nam, ut ait Trismegistus, Religio propter se & quia bona est & verax, amanda est & sequenda, non autem ut medium fallax ad Reipublicae conservationem; adeoque rem veram & sanctam & à majoribus ipso propè diluvii tempore acceptam, Reges Prisci Sinarum assumpserunt ad publicum bonum & subditorum suorum incolumitatem & felicitatem.

Quid enim? an primus Imperii conditor *Fo hi* abjectâ mox, quam à filiis seu nepotibus Noëmi acceperit, Religione, novam & fictitiam adinvenerit, quâ adhibito etiam fictitio nomine (quod victimam sonat) populum in officio & legibus contineret? Tota itaque Sinarum Prisca institutio & norma politica figmentum quoque fuerit & mera fallacia: quippe tota fallaci & inani nixa fundamento. Fictitia semper fuerit fides & obedientia subditorum adversus Principes suos, filiorumque adversus parentes ac majores. Quid ita?

Nam cùm doceant ita à subditis serviendum Principi suo, quemadmodum Principes & [lxxxviii] populi serviunt supremo coelorum Imperatori, ita filios parentibus obedire oportere, uti obediendum est coelo; certè si Religionis cultus & observantia fictitia & subdola est, fides & observantia erga Reges & Principes, pietas erga parentes & majores fictitia quoque sit necesse est, adeoque tota totius antiquitatis in administrando populo basis & ratio concidit. Frustra etiam imò insulsè & ineptè exprobrabant Imperii primates postremis duarum Principium familiarum tyrannis *Kie & Cheu* dum sacrificia supremo Imperatori & spiritibus fieri solita jam negligerent, frustrà, inquam, clientes fidelissimi toties, & cum certo fortunarum suarum, capitisque discrimine, exprobrabant ipsis perfidiam erga Numen supremum, comminati exitium à caelo jam irato, & scelera mox vindicaturo imminere, nisi quamprimum resipiscerent. Frustra denique de piis Regibus trium Principium familiarum referretue, quod ne clam quidem, & privatim indecentiùs negligentiùsve se gerere auderent in obsequiis, quae supremo Imperatori ritè deferebant.

Ecquis ergo iam credat, Priscos illos sapientes ac Reges tam improba impiaque simulatione subditis imposuisse; tam infami & execrando Religionis ac sanctitatis mendacio contaminare se voluisse? Tantam denique extitisse tam nefariae simulationis & impietatis concordiam, per tot aetates, & in tot hominibus ingenio, natura, conditione tam dissimilibus, & in tantis tot locorum temporumque intervallis? Profecto tametsi plane constaret huius aetatis hominibus, Maiores suos sic mentitos fuisse Religionem vitaeque probitatem; celarent hoc tamen studiose, ac tegerent; quin etiam mentiri non dubitarent ipsemet, ne forte maiores suos & tantae sanctitatis (ut aiunt) Reges ac Philosophos sua synceri candoris ac fidei & veritatis laude privarent. Semper igitur constabit argumentis nostris vis sua, semper inevitabile telum istud torquere poterimus, quo vel cogentur, supremi Numinis providentiam & religiosum eiusdem cultum cum Maioribus suis admittere, vel hos ab amentiae suspicione (quod nunquam perficere poterunt) liberare, vel denique fateri se a sententiis & institutis Maiorum suorum degeneri turpique levitate & inconstantia discessisse.

PARAGRAPHUS OCTAVUS.
QUO NOMINE PRISCI SINAE
nuncuparint verum Deum. Examinatur nominis
Ethymon et proprietas.

[lxxxix] Verum alia nobis hîc superest quaestio discutienda; de nomine illa quidem, haudquaquam tamen sic, ut illae, quae vulgo dicuntur esse de nomine, contemnenda: Etenim si primis illis temporibus & diluvio proximis Sinae verum Numen cognoverunt, cognitumque adoraverunt (quod omnes opinor, jam facilè mihi concedent) ecquo tandem nomine, quo vocabulo, quibus litteris Numen illud supremum Prisci adoratores expresserunt? Certè si nulla unquam natio quantumvis barbara extitit, quae non aliquo nomine appellarit Numen, quod coluit, seu verum seu falsum (quot enim, teste Tullio, hominum linguae, tot nomina Deorum) quo pacto tandem gens Sinica tam civilis, & culta, & accurata caruerit, quo Deum, quem colebat, nuncuparet? Ea lingua, quae in divisione linguarum & gentium una fuit probabiliter ex illis septuaginta, quas matrices vocant, habuerit nomina & vocabula & litteras, quibus res omnes creatas, & herbarum vocabula, & naturas explicaret, & tamen eadem caruerit scilicet, isto nomine, quo creator universorum ac Dominus, quem natura tota proclamat existere, rite nuncuparetur? Nemo prudens, ut opinor, hoc suspicabitur: At quaeres ecquod tandem illud nomen fuerit, sive potestatis cujusdam supremae aut perfectionis significativum, sive relationem denotans ad res creatas? Quamdiu enim viatores sumus, nomen quod essentiam divinam & ineffabilem, sicuti est, perfectè significet, scimus ab homine ne concipi, quidem posse, multò minùs signo quopiam exprimi.

Dico igitur apud Priscos Sinas, nomen illud, quo verum Deum nuncuparunt, fuisse *Xam ti*. Cujus nominis antiquitas eadem est, quae ipsarummet litterarum quarum rudimenta à *Fo hi* gentis Sinicae conditore posita, sub tertio vero *Hoam ti* Imperatore opera *çam kie* magis expressa & digesta in ordinem commemorantur: de quo Imperatore refertur etiam quod Palatium seu Templum construxerit ipsi *Xam ti*, quod adeò factum fuerit annis circiter 600. ante natum Abrahamum, si modo annalibus & 70. Interpretum computo fidem habere placeat, multò ante scilicet, quam nomen θεός ex quo *Dei* nomen Latini mutuarunt, scriptum à quopiam inveniretur. Quod [xc] si malis vulgatum computum sequi, certè nominis illius *Xam ti* indubitata antiquitas ex Scriptore & Historiographo Regio petitur, qui circa tempora *Yu* (fuit hic conditor primae *Hia* Familiae) scripsit res gestas *Yao & Xun*, è quibus etsi multa perierunt (nam è 16. capitibus quibus constabant, desiderantur omninò undecim) constat tamen vel ex fragmentis ipsis, qua ratione *xun* Imperator (qui totus ad exemplum decessoris sui *Yao*, à quo fuerat electus, conformabat sese) sacrificaverit *xam ti* ac dein alio ritu inferiore sex spiritibus Principibus, ac denique montium fluminum, necnon rerum reliquarum praesidibus; quod item sacrificaverint *xam ti* sacrificio holocaustico *Chai* dicto, quo victima & res pretiosissimae cremabantur. Et hoc scriptum est à Regio illius temporis scriptore anno ante Christum circiter 2220. Quaere nunc, si placet, aliud in aliâ orbis gente monumentum vetustius aut magis authenticum: quaere, inquam, & assigna mihi aliud nomen, si potes, in tota Sinarum antiquitate, quo verum Deum (quem fateri debes proximis diluvio temporibus ubique agnitum fuisse) nuncupaverit prisca Sinarum aetas.

Quod si veram hujus nominis *Xam ti* Ethymologiam quaeris; littera & vocabulum *Ti* primaria & ordinariâ, quin & unicâ & propriâ significatione suâ idem est, quod Imperator, Moderator & Dominus, estque ipsissima vox ac littera quâ Sinae plerumque Imperatotes suos ferè à principio in hodiernum usque diem compellant, tametsi inter 88. primos Imperii Principes tantum tredecim reperiantur qui hoc usi sunt nomine, cum caeteri usi sint nominee aut proprio quondam, aut *Vam* quod *Regem* sonat; donec deinde quartae *çin* Familiae Imperator *Xi hoam ti*, quod praesumeret se trium Imperii conditorum & Principum *Yao*, *Xun*; *Yu*, *Tam*, *Vu vam*, merita & virtutem superasse, primus instituit, ut nomini *Ti* praeponeretur *Hoam*, hoc est, *Magnus*, seu *Augustus Imperator*: quo titulo, omnes quotquot exinde secuti sunt Principes, appelati sunt. Altera porrò littera, quae, dum Deum significant, *Ti* litterae praeponitur, est *xam*, quod *supremum* significat, quo addito simpliciter ad nomen *Ti* nemo hactenus Imperatorum uti ausus est, quamvis alioquin inter eos, essent impiè superbi & longè insolentissimi. Hoc igitur nomine *Ti*, quod usurpabant terreni Principes, sicuti designabant dominium & potestatem suam super regna & populos sibi subjectos, ita per additum *Xam* supremam quamdam & rebus omnibus excelsiorem majestatem, potestatem, ac dominium in spirtus universos, in coelum & terram, in Imperia & Regna, Reges ac populos significaverunt, adeoque sicuti China in terris Monarchicum Regimen sub uno capite semper, & summâ quidem contentione sectata est; ita & in coelis Monarcham quemdam invisibilem dari credidit, petitâ [xci] interim administrationis suae normâ ex caelorum terraeque, necnon temporum elementorumque aequabili ordine, quo unus item & supremus in terris suis visibilis Monarchia majestatem suam (quam velo etiam quodam subditorum oculis subducit) ad imitationem Numinis supremi & invisibilis Imperium suum moderaretur.

Sed, inquies, nonne etiam in textibus vetustissimis & maximè authenticis frequenter utuntur nomine *Tien*, hoc est, *coeli* eique attribuunt eadem, quae *Xam ti Supremo Imperatori*, ex. gr. intelligentiam, voluntatem, providentiam, jus & Imperium, justitiam, pietatem, &c. planè sic est; nec inficior antiquissimum quoque esse & fortè coaetaneum (ut sic loquar) vocibus *Xam ti*, nomen & vocabulum *Tien*, sive *coeli*: Sed si mihi concedis proximis diluvio temporibus Sinas extitisse, adeoque & veri Numinis notitiam, & consequenter nomen, quo verum Numen exprimerent, habere debuisse: Certè sive hoc nomen fuerit *Xam ti* sive etiam *Tien*, semper tamen concludetur, non alium, quam verum Deum sub his nominibus cognovisse & significare voluisse: & reverà cum nihil ipsi in rerum naturâ vel pulchrius, vel augustius caelo conspicerent, ad haec cum in periculis praesertim, omnium ad se mortalium oculos & corda caelum provocet, an quisquam mirabitur, eos caeli Domino, caeli nomen tribuisse? Quanto magis si noveris usitatissimum ab omni aevo prae aliis nationibus loquendi Sinarum modum, qui assiduè Palatium pro Rege, urbem pro urbis Praefecto, Curiam pro Magistratu & pro patre familias domum ipsam nominare consueverunt: Quod quidem in aliis quoque nationibus locum habet & in sacris litteris & ab ipso Chisto servatore nostro usurpatum est: quod ut clariùs tibi constet, consule obsecro libros veteres & classicos *Li Ki*, *Xu kim*, *Ye kim* aliosque: neque enim fieri poterit, ut ex illis non convincaris, quod spiritus montium ac fluminum urbiumque praesides agnoverit colueritque aetas prisca: & tamen hi ipsi spiritus in aliis quidem textibus diserte nominantur *spiritus montium fluminumque*, in aliis verò *flumina montesque*, spiritus verò tutelares urbium *Chim hoam*, id est, *muri & fossae* simpliciter nominantur: Si ergo rerum inferiorum praesides spiritus subinde significant per ea loca, quibus praesident, cur, cum caeli nomine utuntur, non concludes à fortiori coeli Dominum ac moderatorem intellexisse? his accedit non spernendum testimonium utriusque lexici majoris *çu guei*, & *Chim çu tum* vulgo dicti: ubi cum vocis *Tien* (sive *coeli*) multiplex usus & acceptiones afferantur, tum & hoc praeter alia discertè docetur, litteram *Tien*, cum caeli Dominum, & Gubernatorem indicare volueris, alia item voce *Ti* scilicet (id est) *Supremi Imperatoris* designari.

Enimverò si diceremus, Europaeum hominem, cum is fortè [xcii] agit de Romana Urbe, eamque vocat Apostolicam, Sanctam, Orbis Christiani dominam; ab ea item manare doctrinam orthodoxam, conferri Ecclesiasticas dignitates; aliaque hujuscemodi; Si (inquam) diceremus, non aliâ de Urbe loqui quam eâ, quae oculis mulorum aequè ut hominum conspicua est; nonne profectò diceremus aliena loqui, & mente captum esse? Vel certè nos ipsi, si fortè negaremus, aliena loqui, ac de statu mentis discessisse videremur? Atqui non modo *Confucius*, sed Sinae passim omnes, neque olim tantum, sed etiam hac aetate nostrâ, *intelligens*, *pium*, *propitium* vocant caelum; *Parentis*, *Dominique* nomen ei tribuunt. Ad haec, lumen rectae rationis ab illo mortalibus infundi dicunt; ab illo descendere proborum praemia, poenasque improborum; ab illo descendere & legari Sapientes & Regnorum Magistros; coronas denique & imperia ab illo Principibus conferri & auferri transferrique. Quid? Quod sermonem quoque & sensus eidem metaphoricè adscribant. Itaque non desunt, qui, si iniquiùs secum agi putent, impiè indignabundi conquerantur, ergone coelum oculos non habet? Quibus nimirum videat à quo & quàm injustè laedantur, ut debitas injustè laedenti poenas infligat? Ad extremum eidem attribuunt cor, iram, commiserationem, laetitiam, amorem. Nunc igitur si non adscenderent ipsi multò altiùs, quàm quò corporeis oculis possunt pertingere, nonne meritò viderentur aliena loqui, dum mortuae isti machinae vitam, caecae mutaeque videndi & loquendi facultatem, quin & in Reges ipsos ac Regna jus atque Imperium merè gratis ridiculèque tribuerent?

Sinenses verò ubi de incorporeo caelo, corporeoque sermo est, verbis utuntur ac sententiis adeo diversis, ut haec ipsa discrimen ingens utriusque caeli non minus declarent, quàm cum Imperatoris sui aulam ab aulâ distinguunt, quoties modò à structura, elegantiâ firmitate, modò à potentia & aequitate commendant. Sic ubi Philosophus in libro *Chum yum* de perpetua & aequabili successione quatuor tempestatum anni; de Solis ac Lunae accessu recessuque & cursu tam imperturbato; de magnitudine coeli tegentis omnia, omniaque complexu suo foventis; de concursu hujus cum ipsa terrâ ad rerum productionem & conservationem; aliaque hujuscemodi; utique nulli dubium esse potest, quin de corporeo conspicuoque caelo agat. At verò ubi de illo agitur caelo, à quo mens omnis & ratio profluxit; ubi sermo est de mandato illo nutuque caeli & providentia, ex qua nos nullo non tempore pendere totos oporteat; ubi dicit hanc nobis pro regulâ nostrarum actionum esse oportere; hanc eludi fallive nequaquam posse; ab hac divitias & honores dispensari; ab hac unà cum ipsa natura rationali, conferri dona divitiis potiora, prudentiam, fortitudinem, justitiam, pietatem; ab hac, quisquis opibus [xciii] cumulandis vacet impensiùs, infeliciter aberrare; ejusdem beneficio Magistratus & Imperia obvenire, atque haec ab unâ eademque Familiâ per multas aetates conservari; tunc profecto de invisibili illa & arcana majestate, quae caelis praesidet, omnino agere existimandum est.

Maneat itaque sua duabus illis vocibus *Xam ti* authoritas, & propria significatio sive brevitatis gratia & more loquendi hic usitato per acceptionem tropicam eum sub nomine *coeli* compellet, sive propriis suis utatur vocibus *Xam ti* supremi, inquam, coelorum Imperatoris.

Et hoc quidem primum est & antiquissimum Sinarum nomen, quo audito gens haec concipit id, quo nihil majus & excellentius novit, estque in usu apud eam sectam, quae prae reliquis omnibus censetur melior, & conformior est cum naturali lege, & eatenùs etiam cum Christianâ veritate, adeoque faciliorem hîc de vero Deo conceptum gignit. Quemadmodum verò est antiquissimum, ita & multis saeculis solum est ac supremum nomen Dei, cui solus Imperator tanquam filius adoptivus & vicarius in terris sacra faciebat. Ut ostenderet id se sentire de *Xam ti*, quod de se sui subditi sentiunt; scilicet supremum se & unicum esse Imperii sui Sinensis à Deo electum, uti Deus coelorum & terrae supremus & unus est à se Imperator: & hinc etiam fiebat ut sacrificaturus solemni ritu expedito ad omnes Imperii sui ditiones diplomate denuntiari juberet subditis diem tantae solemnitatis. Caeteris verò spiritibus sacra faciebant pro suo quisque gradu Principes & Magistratus, ut ostenderent spiritus illos comparatos cum *Xam ti* supremo Imperatore id esse, quod sunt Principes & Magistratus in terris suo cum Rege comparati: *Sic enim* (ut verbis utar Lactantii) *mundum regi à Deo dicimus* (& semper censuerunt Sinae) *ut à rectore Provinciam, cujus apparitores nemo socios esse in regendâ Provinciâ dixerit, quamvis illorum ministerio res agatur.*

Quandoquidem, igitur nomen illud *Xam ti* sit primum & non personale, uti *Sathurnus*, &c. sed appellativum uti *Numen*, aut *Deus*: adhaec cum ex ethymologiâ suâ nullam denotet imperfectionem, sed è contrario potestatem ac majestatem, & quidem supremam; possit autem ex sententia D. Thomae & omnium Theologorum verus Deus iis nominibus appellari, quae aliquam perfectionem denotant absque imperfectione; fidenter ac jure meritò affirmamus Priscos Sinas ipso illo nomine unicum & verum Numen cognovisse, significasse, coluisse, uti satis liquet ex tot saeculorum authoritate, tot etiam tamque authenticis librorum monumentis ac testimoniis, in quibus nihil prorsùs (quod mirêre) reperias, quod illo nomine & supremâ majestate indignum sit, vel indecorum, aut à ratione alienum [xciv] in iis, quae referuntur, ejusdem attributis & proprietatibus; quamvis etiam ea non immerito desiderabis, quae tot in Europâ & Asiâ spiritu sanctiore afflati doctores, & lumine fidei Christianae collustrati, tam sublimiter Theologiceque scripserunt, & ad posteros transmiserunt.

PARAGRAPHUS NONUS.
QUOD PRIMAEVAM NOMINIS XAM TI
significationem abolere nequeat
adultera Novatorum interpretatio.

Neque verò tam antiquae, tamque perspicuae significationi, & ethymologiae nominis hujus tot illustrati attributis ac proprietatibus, quae uni & soli Deo competunt, derogare potest opinio perversa & interpretatio Novatorum post tot tandem saecula turpiter hallucinantium, sive isti jam fuerint de secta *Tao*, à quâ primum fuit vitiata nonnihil significatio, introductis variis ejusdem nominis in coelo Numinibus, quorum singulis in singula elementa independentem quamdam potestatem tribuere visi sunt; sive etiam fuerint duo tresve Imperatores uti *Yven çum* è familia *Tam* decimâ tertiâ, & è *Sum* Familiâ decimâ nonâ *Hoei çum*, qui nomen & titulum *xam ti*, seu supremae potestatis & excellentiae duobus hominibus attribuerunt *Lao kiun*, & *Cham y*, quorum prior coaetaneus fuit *Confucio*, posterior sub quinta Familia *Han* floruit, uti suprà fusius retulimus: Non magis igitur abusus impius derogare potuit usui legitimo, vimque tollere significativam Priscae vocis Sinicae, quàm tollere potuit vocabulo θεός sive *Deus* vim propriam significandi, facta à daemonibus aut hominibus ejusdem usurpatio; quemadmodum legitimi *Regis* nomen ac vim non tollit rebellis quispiam, qui vi & armis sibi eundem titulum ac nomen per nefas usurpaverit.

Multò certè minùs (quidquid contendant huius aetatis atheopolitici) tollere aut immutare potest propriam ac vetustissimam nominis *xam ti* vim & significationem, adeò spuria, atheopoliticorum quorumdam interpretatio post 40. tandem saecula in lucem protracta, quâ supremum coeli Numen, ejusque attributa conantur eludere, omnia scilicet ad mutam &

inanimem quamdam virtutem & naturalem rerum efficacitatem revocantes, & ita totius retro antiquitatis monumenta & sensum in suam ipsorum detorquentes sententiam.

[xcv] Liceat hic ergò pauca de multis afferre, quae Novatores illi suis in commentationibus & in opera illo suo de natura operosius explicant. Ecquid enim obsecro fingi potest ineptius, quam dicere idcirco Imperatorem Sinarum solum sacrificare supremo Imperatori, quia cùm fit ipse *Tien çu*, id est, coeli filius (adoptivus scilicet, eò quod omnis potestas juxta illos à coelo sit) magis utique participat de puriori illa & defoecata virtute caeli & efficacitate; quare, dum caelo sacrificat, id agit scilicet, ut suus aër ille seu influxus purior per sympathiam quamdam connaturalem uniatur cum coelo, conservetur, & augeatur: & hinc etiam praemittuntur jejunia, & abstinentia, ut aërem curis fortè illecebrisque vitiosis, ceu nebulis quibusdam, obscuratum & inquinatum purificet, & ita revocato intrà se regio illo & à caelis infuso recte dispositus ad sacrificandum accedat: & hanc etiam dicunt esse causam, quod primis illis saeculis fuerint Reges sancti, quod saecula aurea & tam opulenta sub duabus Principibus Familiis, quia illis temporibus sicuti aër, aërisque vigor ac virtus erat recentior, ita vividum erat, magisque vegetum, & abundans id omne, quod cum Priscis Regibus coelitus communicabatur; secùs ac usuvênit posterioribus saeculis, paulatim scilicet macrescente, & sterile-scente dictâ coelorum virtute, vique efficiendi; uti, inquiunt, aqua in fonte suo pura est, at quò longiùs prolabitur, eò ex locis sordidis & limosis magis inficitur ipsa quoque, sordesque contrahit.

Alibi etiam dum explicant quo pacto coelum procreare dicatur Reges & Magistros, & Sanctos, affirmant id fieri per influxum caeli fortuitum, qui in hunc vel illum incidit. Quando vero in textibus refertur, quod caelum seu supremus coeli imperator annuat precibus & votis piorum Principum, id volunt ex eo fieri, quòd cùm animus Pius ac Religiosus hujusmodi Principum sit omninò unitus cum caelo ejusque influxu, ille ipse caelestis influxus, utique sympathicus, sponte suâ protinùs insinuat sese tam piis votis & desideriis, ex quo sperati deinde successus consequantur. Pari modò Interpres *Hu u fam* dum conatur explicare favorem illum singularem, quo supremus caeli Imperator imperitus est imperatricem *Kiam* yven, quando post preces & sacrificium unà cum marito oblatum ipsi *Xam ti*, concepit filium, sic: inquam, 3400. post annis, quàm res illa contigisse scribitur *dum*, inquit, Kiam yven *toto mentis affectu sacrificabat Supremo Imperatori; quo tota mentis intentio & affectio ferebatur, eò mox etiam influxus quidam coelestis ferebatur: Quo verò hic ferebatur eò ipso virtus generativa quaedam confluxit, et sic acceptatum fuit eius votum et sacrificium: Quod igitur filium conceperit et enixa sit, non adeò mirandum est.*

Quàm absurdè verò philosophantur, seu veriùs nugantur de [xcvi] providentia Numinis, & aequâ vel meritorum, aut criminum retributione, quando scilicet prosperos successus rerum humanarum sic docent à caelo existere, ut totos adscribant aëri seu influxi cuipiam benigniori & foecundiori, qui in gratiam benemerentium explicet sese, dilatet atque diffundat; adversos autem eidem rursus aëri, sed iam restringenti sese, usibusque hominum tam male promeritorum quodammodo subtrahenti. Juvat audire quid de Imperatore *Vu ye* qui è secunda *xam* Familia fuit ordine 25. & impiè procax & blasphemus in coelum in venatione fulmine percussus interiit anno ante Christum 1195. Imperii sui anno quarto. Quid, inquam, dicant Familiae *Sum* Interpretes, quos explodit *Tim nan hu* & ipse Interpres. *Fulmen*, inquiunt, *est coeli quidam spiritus et exhalatio exardescens et violenta; quod igitur hominis aurae et spiritui violento et impio sic occurrerit, ut extinxerit impium* Vu ye, *utique res fuit consentanea rationi.* Rursus, ipsas hominis cogitationes pravas aut bonas quo pacto explicant? Cum quis, inquiunt, suscipit bonam, piamve cogitationem, hoc ipsum dumtaxat est, quod libro odarum dicitur *Xam ti lin ju*, *Supremus Imperator appropinquat tibi et descendit ad te*, cùm pravam quis suscipit: Hoc est ipsum, *Ti chin nu Supremus Imperator graviter irascitur*, & nihil amplius.

Atque ita suis illis commentis adulteris contendunt caeli Numen non aliud esse, quàm ipsum hominis animum. Hunc esse *xam ti*, hunc *coelum* esse, intrepide affirmantes. Ubi verò de animâ hominis agitur, quandocumque in textu dicitur, in morte corpus in terram redire, spiritum verò sursum ascendere, aut etiam, ubi priorum Regum animae memorantur *assistere Supremo coeli Imperatori*, ea utique de aërio illo intelligenda, qui mixtus coelo, fortuito impulsu huc illuc feratur, ac modo descendens, modo etiam ascendens, nuspiam stabilis perseveret.

Et haec pauca (quae de multis modo retulimus) quis sanae mentis non explodat, & jure merito etiam non succenseat, quod homines alioquin docti, de virtutibus vitiisque, necnon administrandâ foeliciter Republicâ, tam praeclarè quandoque differentes, nescio quâ correpti dementiâ, totius antiquitatis tot tamque illustra circa supremum Numen, & Religionem relicta posteris monumenta, tam foedè & putidè corrumpant, & quidem non sine plausu, fastuque, quasi verò subtilitate ingenii sui invenerint modum explicandi omnia per illas suas aërias & inanimes caelorum efficacitates & nova chimaericae Philosophiae dogmata, 40. fermè ante saeculis incognita & ignorata, aut (ut ipsi quidem censent) oblivionis tenebris, ex diuturnitate temporum enatis, quasi consepulta. Eo prorsus modo, quo heterodoxi nova sua & pestifera dogmata authoritate sacrarum litterarum & Ecclesiae Doctorum confirmare, & ad suum sensum arbitriumque depravatum, velut totius antiquitatis reformatores pertrahere non erubescunt.

[xcvii] Et erit quispiam Europaeorum praeconum qui adulteris & impiè politicis interpretationibus malit mordicùs adhaerere, & in atheopoliticorum recentiorum tam pravè & putide de antiquitate totâ definientium ire sententiam, quàm paucis hisce relictis & proculcatis, sequi saniorem mentem Interpretum & suscitare denuò aureae Sinensium aetatis pulcherrima ab authore naturae indita lumina, & revocare quadamtenus Priscorum minimè fucatam innocentiam, pietatem, ac Religionem? Praesertim cum apud hanc gentem (Si modo quis afferat animum minimè praeoccupatum, inventurus sit, tot tamque apposita adjumenta è priscis petita monumentis, quae viam pandant & quadamtenùs etiam complanent ad faciliorem cursum Evangelicae praedicationis?

PARAGRAPHUS DECIMUS.
EXEMPLO APOSTOLI GENTIUM et Patrum primitivae Ecclesiae, aliisque rationibus concluditur eodem, quo Prisci Sinenses, nomine verum Numen compellari posse.

Porro quaecumque hactenus retulimus, ea potissimum fuêre quae permovere possunt primos Sinicae Missionis Fundatores, ut abjectis adulteris interpretum hujusmodi commentariis, nudae vestigiis antiquitatis insistant, & ad significandum Deum, quem annuntiaturi veniunt, nomine illo appellativo & antiquissimi idiomatis vocabulo *Xam ti* tot olim saeculis usitato & incorrupto tam in sermonibus suis, quàm scriptis libris utantur; quod ut fidenter & haudquaquam dubitanter fiat, praeterquàm, quod multorum annorum labor improbus ac studium in volvendis ac revolvendis veterum monumentis ac libris viam aperiat, praeterquam etiam quod gravissimorum virorum, & tantâ de re toties consultorum judicia & plurimorum rectè sentientium vota suffragiaque, imò etiam cohortationes atque impulsus minimè deerunt, tamen motivum longè efficacissimum fuerit imitarim re tanti ponderis & momenti Apostolum gentium, & imitatores Apostoli sanctos Patres atque Doctores; Conciliorum item, & Ecclesiae universalis praxim & methodum in annuntiando verò Numine apud omnes gentes: quippe eo ferè, & non alio ubique terrarum usi sunt nomine, quàm eo, quod apud singulas gentes invenêre, tametsi jam illud invenissent variae gentilitatis somniis, & figmentis innumeris per multa saecula corruptissimum, & quasi penitus obliteratum: Sic enim Ecclesia, & Apostoli, & Praecones Evangelici judicarunt (nec in ullo Concilio ea de re [xcviii] fuit controversia) caeteris scilicet praeferendum θεός vel *Dei* nomen apud Graecos scilicet & Latinos, quia hoc audito gentiles illi, quos instituebant, in alicujus Numinis notitiam veniebant, quamvis iidem sub eo nomine aut caelum materiale, aut terram, aut elementa, aut planetas, aut homines scelestissimos, tum intelligerent, adeoque gravius ac turpius errarent, quam Sinae, qui nihil turpe aut indecorum affinxerunt isti nomini, nisi quando ad duos homines illud transtulerunt.

Quaeramus igitur ab iis, quos fortè metus & scrupuli sollicitant, qua tandem voce usus olim fuerit Augustinus aliique Patres orthodoxi, quando cum Manichaeis de Deo disputabant; an fortasse voce illâ, *Deus*, abstinebant Religiosi timidique, propthereà quod scirent eis quibuscum disputabatur, corporeum quid, pro haeretico vocis usu ac depravatione, jam significare?

Et ipsosmet Ecclesiae Principes atque Apostolos, quando olim Romanis & Graecis Deum annuntiaverunt, qua tandem voce censent fuisse usos? Illâ ipsâ voce *Deus*, inquient: At enim quid aliud vox illa significare poterat Ethnicis istius temporis, quam Numen aliquod Saturno, Jovi, Mercuriove simile? Quandoquidem de alio quopiam Numine plerique illorum, ne dicam, omnes, nihil unquam ne famâ quidem perceperant. Obnoxius ergo gignendis erroribus vocis istius erat usus? Minimè, inquies, sic namque voce illâ Sancti utebantur, ut partim affirmando quae naturae divinae competebant, partim etiam negando quae non competebant, quamvis imperitos ac rudes docerent, Deum quem annuntiabant, alium prorsus esse, & infinitis intervallis distantem ab iis, quos caeca gentilitas adorabat. Benè habet.

At quid aliud in hâc Chinâ Primi praecones verbo scriptoque efficient? Quando *Xam ti* binas voces pronuntiabunt, simul etiam & incorporeum esse, & aeternum, immensum, infinitum, perfectissimum, caeli terraeque Procreatorem ac Dominum disertissimè docebunt. An fortasse θεός sive *Deus* Athaenis & Romae tuto pronuntiari à Paulo potuit, *Xam ti* verò in China sine periculo pronuntiari non poterit? Cum tamen nomen hoc & ad litteram, & ex prima institutione sua hîc *Supremum Imperatorem*, & juxta Interpretes ethnicos *Tien chi chu çai*; id est, *caeli Dominum ac Gubernatorem* significet?

Quaero ulterius, si ab gravissimis Sinarum Doctoribus juridicè interrogatus Doctor Europaeus, quo tandem nomine usi olim fuerint in Europa Ethnica primi Praecones Evangelici, & an *Dei* nomen intactum incorruptumque semper perstiterit, nec applicatum fuerit aliquando mortalibus aut rei materiali, quid oportuit virum prudentem ad haec respondisse? An nomen *Dei* in Europa semper integrum inviolatumque perstitisse? Ecquis id audeat affirmare, & tamen hoc ipso semper usi primi in Europa Evangelii Praecones? [xcix] Quaesiverit igitur deinde Sina rationem, quare in suo Imperio dubitet Europaeus uti nomine *Xam ti*, tametsi corruptum hoc invenerit, tum à sectariis *Lao kiun*, tum à spuriis Interpretibus, qui mutae cuidam coelorum virtuti aërioque influxui illud nomen attribuerunt? Quam obsecro rationem afferre debet, aut potest Europaeus contra usum nominis *Xam ti*, quae ipsa ratio non militaverit similiter, & multò magis in Europâ contra nomen *Dei* multò crebriùs & diutiùs & turpiùs ibidem vitiati & corrupti, quàm fuerit hîc nomen *Xam ti*.

At, inquies, cura saltem ista & metus deterrere deberet praeconem Europaeum ab usu nominis *Xam ti*, quòd hoc pacto cum litteratorum sectâ convenire in multis videatur lex Christiana, & ita ipsorum ad fidem conversio retardanda sit: At si hoc argumentum urget, militat idem etiam pro modò dictis, nec debeant Apostoli aliique Praecones olim θεός & *Dei* nomine uti ob eamdem rationem praecipuè cum alia suppeterent nomina ab ipso Deo instituta ut *Eloe*, *Adonai*, *Jehova*, nec Christianis qui inter Mahometanos versantur cum Persicè aut Turcicè loquuntur, licitum foret nominare *Halla*, nec cum Hebraïè loquuntur Hebraïcis uti nominibus, ne cum Mahometanis, aut Judaeis convenire censeantur. Non igitur, ut una secta ab alia differat, singula utriusque, vel dogmata, vel nomina differre necesse est; quaedam sunt legi Christianae cum Judaïca & Mahometana, & cum litteratorum secta communia, uti hoc; esse supremam aliquam mentem omnia gubernantem, parentes honorandos & illud, *Quod tibi non vis fieri*, *alteri non feceris*, &c. Imò vero quo plura nobis erunt cum litteratis communia, eo facilior eisdem erit ad optatam conversionem via. Ecquis obsecro Hieronymum carpat quod scripserit Christianam Religionem esse Stoïcae disciplinae quàm simillimam (ex quâ adeo disciplinâ non pauci ad Christianam transierunt, eamque deinde scriptis suis & sanguine defenderunt) quis arguat Augustinum dum scribit se initium Evangelii D. Joannis, *In principio erat Verbum*, apud Philosophos Platonicos invenisse? Quis Lactantium damnet, qui toto opere suo contra gentes Ethnicorum authoritatibus utitur, & postquam recensuit, quae dogmata Religionis nostrae à variis quoque Philosophis tradita fuerint, tandem concludit: *Totam igitur veritatem et omne divinae Religionis arcanum Philosophi attigêre.*

Quod si lex gratiae naturae legem adeò non tollit, ut etiam perficiat, cur pulcherrima naturae lumina, quae in Priscorum monumentis reperire est, non licebit afferre, quando etiam sacri Scriptores & Patres illa ipsa, quae Deo revelante cognovimus, quaeque remotissima sunt ab humano intellectu, tamen conati sunt testimoniis, & authoritatibus Ethnicorum magis ac magis confirmare ex. gr. Sybillarum [c] vaticiniis, effato Trismegisti *Monas genuit monadem*, Serapidis simulachro, quo adumbratam fuisse docent SS. Trinitatem? Non est igitur quod scandalum passivum, aut parvulorum, aut error aliorum pravè interpretantium, aut abusus lapsu temporum invecti deterrerent fidei Praeconem ab usu nominis antiquissimi *Xam ti*.

PARAGRAPHUS UNDECIMUS.
OSTENDITUR NON USQUE AQUE
standum authoritati Interpretum Neotericorum,
sed nudo textui, quoad fieri potest insistendum.

Sed inquies, numquid Europaeum Praeconem deterrere non debeat authoritas tot Interpertum, qui authenticos Sinarum veterum libros interpretati sunt, & novum Philosophiae genus cuderunt, authoritate Imperatorum confirmatum & omnium encomiis hodieque celebratum? At certè omnes isti Interpretes, licet alii quingentis, alii verò trecentis circiter abhinc annis prodierunt quoniam tamen à condita Monarchiâ quater mille anni & post ipsum Imperii communem Magistrum *Confucium* 1700. circiter anni intercesserunt, Neoterici merito censendi sunt, & post tot monstra sectarum idololatricarum, tot bella, rebelliones, parricidia & Imperii vicissitudines, quae (ipsismet fatentibus) cursum & splendorem litterarum, & doctrinae veterum per decem & amplius saecula interruperunt, tandem ipsi prodierunt scilicet cum novis suis & chymericis commentis, adeoque ab Europaeo praecone merito suspecti censendi sunt.

At numquid etiam defuturos existimamus ex Sinicae gentis litteratis, qui nos temeritatis ac superbiae insimulent qui, exteri homines cum simus, neglectis suorum lucubrationibus & commentis, per nos ipsi reconditos Priscorum sensus, & arcana quaeque velimus assequi: jamque adeò eos, à quibus discere nos oportebat, erroris arguere quodammodo & docere? At enim si Latinis Graecisve litteris dare operam vellent ipsi, Magistros eorum nos agere vel in China posse; Sinicas vero litteras à Sinis utique tradi oportere, & quidquid in hisce dubii latet obscurive, à Sinis explanari. Cur ergò nos uti falsas & adulteras repudiemus interpretationes eas, quibus Patrum suorum monumenta legitimi filii conati sint illustrare? Ea verò quae nos ipsi excogitavimus homines alieni ignotique, & Oceanum litterarum Sinicarum tam serò ingressi, doctrinae ipsorum tanto jam tempore totoque Imperio tam acceptae, non minus temerè, quam arroganter anteponamus?

At certè si in Europam [ci] fortè migrarent ipsi sacrorum voluminum perdiscendorum causâ nequaquam sic esse acturos: certum quippe sibi esse, nostrâ Europaeorum hominum expositione, maxime quidem eorum, qui sanctitate doctrinâque floruissent, stare & acquiescere; memores in Europam se venisse discendi gratia, non autem docendi.

Quam speciosa oratio! Et si primam eius frontem contemplemur, quàm consentanea rationi, quàmque plena aequitatis! Quo etiam minus mirandum, si ex Europaeis hominibus extiterint nonnulli, quibus illâ persuasum fuerit. Hoc ergo controversiae totius fundamentum est: Hinc scrupuli curaeque omnes, quibus angi se fatentur: Quos ego scrupulos priusquam ex animis eorum coner evellere, percontari ab eis id velim: Putent ne probè se nosse Sapientes illos & eruditos Viros, quorum sententiis & interpretationi stare nos oporteat? Profligatae perditaeque vitae sunt homines, qui fucatâ quadam specie fidei, integritatis, & aequitatis contenti, & mendacio virtutis potius quàm ipsâ virtute, avaritiâ interim & ambitione, dolis ac rapinis, aliisque sexcentis vitiis cumulatum cor habent: homines sunt Deus quorum venter est, qui caeno vitiorum suorum, turpissimaeque libidinis immersi, nullas non impuritates suscipiunt; & quamvis infra quadrupedes abjecti jaceant, superbiâ tamen insolentiâque super astra se tollunt, Magistros Orbis, & hominum sapientissimos se esse rati: Cumque lucem illam Priscae veritatis oculis vitiatae mentis suae intueri non possint, & ut possint, tamen nolint, tenebris suis scilicet & erroribus obnubilant involvuntque omnia; adeoque & secum ipsi, & multò magis inter se mutuò dissentiunt ac pugnant. Atque ita, quae docta & religiosa antiquitas supremo cuidam Spiritui Caelorum Domino & Moderatori piè sapienterque tribuebat; ipsi non minùs impiè quàm stolidè tribui volunt suo nescio cui *Tai kie*, *li* & *Ki*, *Yn*, *et Yam* fortuitis scilicet influxibus, aliisque non tam rerum quàm litterarum vocumque monstris, quarum significata confinxerunt ipsi, erroribus quidem suis, &

atheismo accommodata; sed profecto ab omni specie veri, necnon à mente Majorum suorum tam aliena, ut existimem, Priscis illis Sapientibus nec per somnium quidem tam ridicula depravatae posteritatis suae figmenta & somnia in mentem aliquando venire potuisse.

Et quispiam erit, qui hominibus hujuscemodi tribuendum aliquid esse putet? Qui, fidem dari oportere, qui stare nos velit eorum sententiis & interpretatione? At, inquient, si eos in Europa nostrâ versari contingeret, & de Germano sensu Bibliorum dubium aliquod aut controversiam suboriri; utrique starent ipsi, non suâ, sed nostrâ Europaeorum hominum, maximè quidem SS. Patrum sententia & interpretatione: cur ergò nos vicissim, qui in China versamur, non audiamus & sequamur ipsos.

[cii] Itane verò? Lucis & tenebrarum, fidei perfidiaeque, veritatis ac mendacii par jus, parem esse rationem contendas? Audirent Europaeos ipsi. Quidni audirent? Discipuli Magistros; Doctos indocti, Philosophos ii, qui nec rudimenta quidem Philosophiae norunt; Gentiles & Athei Christianos; improbi Sanctos; ficti ac mendaces eos, quibus nihil tam cordi esse solet, quàm veritas & fides; densissimis ignorantiae suae tenebris involuti, eos, qui à Sole justitiae illustrati Solis instar refulgent in perpetuas aeternitates; denique, ut verbo complectar omnia, Athei Sinae Sanctos Europaeos. Ubinam, vel in Sinis, vel usquam terrarum, illa quae in Orbe Christiano tantoperè semper viguit sententiarum animorumque concordia? Ubi illa tam constans, & ab ipsis mundi exordiis tam immutata Sanctorum Philosophia, sapientiaque verè caelestis, lumini rectae rationis adeo conformis? Ubi denique doctrina illa tam illustri tot Magistrorum sanctitate, tot Sanctorum Martyrum constantiâ, tot item prodigiis, & tam praesenti ope Supremi Numinis, ac tot coeli terraeque testimoniis confirmata? Haudquaquam igitur aequa postulatio videri potest, ut eos audiamus & sequamur Europaei in China, qui in Europa si degant audire vicissim nos velint ac sequi.

Ergòne, inquient, floccifaciemus Interpretes omninò omnes? Neque eò sanè nos provehi necesse erit. Etenim quosnam dicemus esse primos omnium, primaeque authoritatis Interpretes, & quos adeo potissimum sequi nos oporteat? Nonne (siquidem agamus de *Confucii* libris) doctissimus ille *çemcius* Interpres censeri in primis poterit, quando is Magistri sui librum *Ta hio* explanavit? Nonne item nomen hoc tribui potest *çu su* scriptori acutissimo, quando is Avi sui *Confucii* praecipuum hoc opus de medio constanter tenendo est interpretatus? Nonne similiter alii discipulorum, Interpretes quoque censendi erunt, quando libros *Lun yu* commentariis suis illustrarunt? Quid? Quod & ipse *Confucius*, atque *Memcius* Interpretes vocari poterunt, utpote quorum haec praecipua laus fuit, quod Priscorum libros cum fide interpretati sunt. At enim; tam horum, quàm illorum Commentarii vim textûs & authoritatem deinde obtinuerunt. Utique obtinuerunt. Sed an idcirco Interpretes esse desierunt? Porrò hos Interpretes adeo non parvi pendimus, ut vehementer etiam veneremur, & ne latum quidem unguem ab eorundem sententiâ discedamus. Sed erit hic fortassè qui rursum quaerat: Priscos illos Interpretes vestros ecquis exponit vobis? Ab hoc ego vicissim percunctor: novos illos Interpretes tuos (ne dicam vitiatores) ecquis exponit tibi? Num alii rursùs Interpretes, aliique? Non opinor. Sicut ergo tu tuos per te ipse, ita & nos nostros intelligere conamur per nos ipsi.

Sed ne quis existimet, oportere nos abjicere prorsus Interpretes [ciii] omnes posteriorum temporum, extant sanè praecipui nominis & dignitatis Doctores *Cham kiu Chim*, *Kieu kium xan*, *Cham tum ço*, aliique, qui, cum susceperint explanandum Priscorum textum, utique non possunt, neque verò audent, rem luce meridianâ clariorem non candidè simpliciterque exponere, esto, sint illi Atheismi Principis & imbuti, & quid obstat nos ipsorum etiam testimonia afferre, tametsi alibi sibi contradicant, & pravas etiam subinde permisceant opiniones, cum videamus & gentium Apostolum, & primos Ecclesiae Patres, vanorum Poëtarum, Sybillarum, & aliorum Ethnicorum monumentis, & testimoniis usos, & quodammodo è luto ipsorum & sordibus gemmas, aut è tenebris lucida quaedam intervalla, seu scintillas intermicantes ab authore naturae, mentibus hominum insitas collegisse, ut ad primaevam aeterni luminis cognitionem gentes adducerent. Verumtamen esto, floccifaciamus omnes & maximè modernos Interpretes: Profecto non aliud faciemus, quàm quod exemplo suo primi Patres, & consilio suo Christiani Doctores, ac Sinae, faciendum esse docuerunt: Quod si horum sententiae, & authoritati nondum acquiescas, vide quid dicam: Quod sanctissimi quique Viri fecissent, si contigisset eos in has Regiones venire propagandae Religionis causa, hoc ipsum & nos faciemus; ubi neglectis Interpretibus atheis, uni Priscorum textui, sententiaeque saniorum Interpretum adhaerebimus.

Declarare rem juvat: ejus autem declarandae gratiâ liceat nobis paulisper sacra cum profanis conferre. Faciamus ergò (liberae sunt enim cogitationes) Divos Ambrosium & Augustinum, Basilium quoque & Chrysostomum profectos olim fuisse in Judaeam, vel Aegyptum, & eo quidem consilio profectos, ut Hebraeis fidem in Christum, uti verum Messiam & Salvatorem Mundi, persuaderent: Patres autem illos ivisse quidem litteris suis, Graecis, inquam & Latinis praeclarè excultos; sed Hebraïcae linguae prorsùs ignaros: Faciamus item solâ Hebraeorum linguâ, quidquid sacri & divini est, contineri. Quid existimamus viros illos, qui non minus prudentiâ quàm sanctitate vitae conspicui erant, fuisse facturos? An fortè desperato successu mox eo, unde venerant, reversuros? At enim tam insignis levitas & inconstantia cadere non poterat in viros tantos. An ergò Rabbinos Judaeorum, & Legisperitos de germano sensu textûs Hebraïci fuisse consulturos, & quidquid hi vel affirmassent, vel negassent pro vero habituros? Dici hoc profectò non potest. Quid enim? Ignorabant fortassè Sapientes viri illi, perfidos homines & in errore suo tam obstinatos, ad haec superbos, & contemptores Christianae Religionis interpretaturos omnia in sententiam suam; vim quoque facturos esse textui, & dolis atque mendaciis, quando aliter non possent, errori suo consulturos? Satius enim verò [civ] fuerat nunquam suspicere certamen ejusmodi, quàm pro arbitrio & voluntate perfidorum hostium haudquaquam auspicatò suscipere. Quid enim aliud hoc erat, quàm se pariter, Christumque ipsum, & sanctissimam Religionem nostram ludibrio adversariorum exponere?

Quid, inquam, aliud agere poterant, si Judaeos ipsos in errore suo obfirmare voluissent, quam hac de adventu Messiae controversiâ illis uti magistris interpretibus sacrarum Paginarum? Quid hic igitur facto est opus, dicet aliquis? Quid consilii tu ipse nobis suggeres? Non aliud equidem quàm, quod hîc suggeret cuivis prudenti res ipsa & ratio; quamque adeo Viri illi Sapientes ac Sancti procul dubio cepissent, si illorum temporibus casus ejusmodi incidisset: Hoc nimirum, ut quando Christi causâ patriam relinquere, tranare maria, vitam mille periculis objicere non dubitarunt, non recusent in ejusdem Christi gratiam Hebraïcae linguae, litterisque perdiscendis operam dare, & quamvis necesse fuerit cum Sancto Hieronymo in solitudinem quamdam abdi, ibique per annos tres quatuorve studiis haudquaquam jucundis operam dare, alacri tamen fortique animo id praestent, maximâ rei utilitate simul ac necessitate semper ante oculos positâ.

Ubi verò linguae peritiam assecuti fuerint, tum ipsi per se textus Hebraïcos expendere aggrediantur, & sacras illas Paginas indubitatae veritatis Magistras nocturnâ versare manu, versare diturnâ: In quibus si quid obscuri dubiive adhuc offenderint, non dubitent Hebraeos ipsos consulere; eos potissimum qui Christianis sacris iam sint initiati, vel, si horum nulla sit copia, tum eos in primis audiant, qui vitae integritate caeteros videantur antecellere, & à mendaciis fallaciisque magis esse alieni; alios verò, quos perversos obstinatosque esse constet, quamvis docti sint; & maxima authoritate apud suos polleant, nihil tamen morentur, nequaquam audiant. Ubi autem de verò germanoque sensu textûs Hebraïci tandem ipsis constiterit, in arenam descendant cum Rabbinis ipsis congrediantur, fallaces & aberrantes eorumdem sententias & interpretationes refellant, ac denique ex illustrioribus Prophetarum testimoniis Humanae Redemptionis opus jam perfectum fuisse animosè demonstrent. Quaero hîc igitur à candido Lectore, num quae alia, praeter hanc unam, suppeteret via Hebraeis Christum annunciandi? Num quod aliud consilium supra memorati Doctores capessere potuissent? Hieronymus certè quidem magnum illud Orbis Christiani lumen, non aliam viam tenuit; quo autem operae suae pretio, quo successu laboris & fructu, jam terrae omnes, omniaque saecula testantur. Perdiscere ergo litteras ac linguam Hebraïcam Hieronymus dalmata quondam potuit; & deinde obstinatam gentem domesticis [cv] oraculis ac testimoniis convincere: Sinarum verò litteras & linguam tam arduo in loco positam esse arbitrabimur, aut tam contractam esse divinae erga nos munificentiae manum hoc tempore, ut nullus ex Evangelicis Praeconibus ad earum peritiam similiter queat pervenire? At profectò non ita rem habere, sed horum quoque conatibus afflare Spiritum Domini, spiritum, inquam, illum, qui replevit olim, hodieque replet Orbem terrarum, vel inde potest intelligi, quod ex Europaeis Sinicae vineae cultoribus extiterint aliqui tantam assecuti peritiam difficillimi idiomatis, tantam item litterarum, quamvis infinito propè sint numero, ut, nisi eos os oculique Europaei prodidissent, perspicaciores quosque Sinensium, Sinenses esse crediti, fallere potuissent. Cur ergo qui tantum facultatis nati sint, & tam praesentem Numinis opem sentiant non patiamur aliquid moliri per se, per se adire fontes ipsos Sapientiae Sinicae, relictis scilicet posteriorum Interpretum rivulis, seu lacunis potiùs haudquaquam sinceris & puris, sed plerumque vel idololatriâ, vel atheismo vitiatis?

Certè gravissimorum Doctorum Sinensium, Pauli, inquam, Michaëlis, Leonis, Philippi, Matthaei, Lucae, aliorumque, uniformis & constans haec fuit sententia: Nullam Civium suorum, qui Priscos libros commentati sunt, ab Evangelii Praeconibus habendam rationem; sed uni Priscorum textui esse inhaerendum; de hoc uno laborandum, in quo, si quae minùs clara offenderint, sperari posse haud defuturos ex Sinis ipsis, etiam non Christianis, Viros primae eruditionis & authoritatis, qui difficiliores locos cum fide nobis explanet. Intelligebant nimirùm homines prudentissimi evenire posse (jamque adeò in patria sua usuvenire fatebantur, ac deplorabant) ut non tantum no-bile & imperitum vulgus à Priscâ veritate rectâque Majorum doctrinâ quandoque aberret; sed illi quoque ad quos cura tuendae veritatis ac sanae doctrinae spectat vel maximè, per insignam praevaricationem vitient ipsimet, ac depravent, pervertantque omnia. Quo quidem casu, quid obsecro stultius sit, quid ita magis perniciosum, quàm eos audire, qui tamen imperitis incautisque maximè videntur audiendi; & iis fidem praebere, qui fide dignissimi putantur, cum reverà sint fide indignissimi?

De quo si quis etiamnum fortè dubitet, eat is sanè in Regiones illas, quae in Haereticorum potestate sunt; accipiat avidis auribus doctrinam eorum, qui ibidem pro officio suo & publicâ cum authoritate Sacras litteras interpretantur, & audiuntur incredibili cum studio & plausu à summis pariter infimisque: Turcicas item, si lubet, ditiones petat, & quandoquidem suis cuiusque gentis Magistris & Interpretibus fides haberi debet, audiat venerabundus Mahometanae sectae Magistros, quando hi Testamentum vetus exponunt; [cvi]

verumtamen ecquod operae suae pretium, qui viam hanc teneat, facturum arbitramur? Quem tandem fructum relaturum esse laboris sui? Ut homines ab erroribus suis ad Evangelicam veritatem traducat? Non aliud profectò, quàm ut obfirmatiores in erroribus suis veritatis hostes relinquat: atque utinam non ipsemet imbutus perniciosis Mahometismi principiis vel dogmatis haereticorum, &, si in Chinam quoque venisse contigerit, Atheismi, & Idololatriae toxico afflatus ad suos revertatur!

Ex quibus omnibus aequus rerum Judex constituat, ecquod tandem Viri prudentis officium sit, maximè quidem illius, qui Legis Evangelicae promulgandae causâ in remotiores terras proficiscatur: nimirum, ubi is pervenerit in eam Regionem, cujus incolas aggregare Christo desiderat; si forte gens ista monumenta quaedam litterarum & sapientiae habeat à Majoribus suis accepta, non illa praecipiti coecove judicio, vel damnet illicò, vel illicò probet: sed neque eos qui Priscos gentis libros interpretati fuerint, sive alienigenae sint, sive indigenae, temerè condemnet, approbetve. Vitatis extremis mediam prudens insistat viam: atque adeò implorata ope supremi Numinis, primùm quidem dat operam, ut linguam gentis ac litteras accuratè perdiscat: tum deinde libros quos illic in majori pretio esse cognoverit, necnon interpretationes librorum pervolvat assiduè, & iterum iterumque examinet atque expendat; studiosissimè interim explorans, an constet sibi prisci textûs sinceritas atque veritas, an è contrario vitiata sit posterorum vel negligentiâ, vel etiam pravitate: Rursus an ii, qui Interpretes hîc agunt, constanter insistant Majorum vestigiis, an verò doctrinam illorum depravent, ac detorqueant ad errores suos, vel certè Principis sui, cui, quamvis depravato, adulari velint, atque ita, authoritate sapientiaque Priscorum, insaniae tum suae, tum alienae, morumque corruptelae patrocinentur: videat denique, an una mens & doctrina sit omnium, an contra inter se, secumque ipsi dissentiant ac pugnent.

In hunc modum probè cognitis perspectisque omnibus, si quidem dictis monumentis ac libris nihil solidi verive contineri intelligat, utique non attingat illa, neque adeò mentionem eorum faciat: At verò si Prisci gentis Reges, aut Magistri, naturâ quoque duce ac Magistrâ, multa sunt assecuti, quae adeò non adversentur Evangelicae luci ac veritati, ut etiam prosint ac faveant, & crepusculi matutini instar viam Soli justitiae pandere videantur; nequaquam profectò (si me quidem audiant) aspernabuntur illa Praecones Evangelicae legis: sed utentur iis assiduè; adeoque cum nativo patriae doctrinae succo (qui hoc ipso quod patrius est, civium palato natus est placere) peregrinam doctrinae caelestis ambrosiam teneris Neophytorum mentibus instillabunt.

PARAGRAPHUS DUODECIMUS.
DE LEGE DIVINA LIBRUM EDIT
in lucem P. Matthaeus Riccius ; *quo successu et fructu.*

[cvii] His igitur omnibus maturè coram Deo perpensis, post laborem maximè constantem & improbum, post lucubrationes diurnas nocturnasque, post repetita cum tot praecipui nominis litteratis per 20. ferè annos colloquia & disputationes, post severa librorum tum veterum, tum recentiorum examina, tandem novus ille advena ex occidente, novus ille doctrinae novae simul & antiquae annuntiator Matthaeus Riccius in publicam orbis Sinici lucem protulit opus de Christianâ Religione duobus constans voluminibus, cui titulus: *Tien hio xey*, id est, *caelestis Doctrinae vera ratio*, editumque typis fuit in ipsâ Imperii aulâ imperantis *Van lie* anno 31. qui fuit periodi, seu cycli Sinici septuagesimi secundi annus 40. *Quei mao* dictus, & salutis nostrae annus 1603.

Ante omnia vero in ipso mox limine totius operis fidenter admodum declarat, quam graviter gens tota deliquerit contrà supremum coeli Numen, & Imperatorem per dogmata tam prava, per tot sectas & haereses tam perniciosas, per tantam denique morum corruptelam: Quâ etiam de causâ tot ac tantae calamitates, tamque miserabilis perturbatio rerum temporumque secuta sit: orditur deinde sermonem de supremo omnium Domino Creatore ac Conservatore, ejusque nominibus, proprietatibus, excellentiis divinis: Post haec ad funiculum illum triplicem trium sectarum dissolvendum delabitur. Hic Bonzii sua vident eludi somnia, & somniorum, mendaciorumque propè omnium fundamentum, *Metempsychosim*: Hîc sectarii *Tao* superstitiones suas, inaniaque dogmata prorsus everti: corruunt hîc principia Interpretum recentiorum familiae *Sum* & commenta ipsorum nova, totaque Philosophia de *Tai kie* & *Li*, & *quod omnia sint unum*, ponderibus rationum & aeternae veritatis penitus opprimuntur; ipsos quin adeo in jus vocat animosus, & coram suis ipsorum majoribus, aetatis, inquam, priscae regibus sapientibusque, ceu totidem judicibus incorruptis apparere jubet degeneres nepotes, ibi rationem dare doctrinae suae cujus partes omnes & antiquissima litterarum monumenta, ceu codices quosdam prisci juris severus actor examinat. Quaerit in quâ tandem parte classicorum voluminum legerint aliquando sacrificare, servire, obtemperare, timere, [cviii] adorare, revereri & obsecrare illud suum *Tai kie* vel *Li*, cum tamen creberrimè legantur ista omnia fieri *Xam ti* supremo coelorum Imperatori, qui utique iuxta ipsosmet idem sit cum supremo, quem annuntiatum venit, coelorum Domino & Gubernatore.

Quin etiam (quod mirere in extero homine inter tot litteratos exterorum contemptores, & sub illâ praesertim familiae *Mim* longè superbissimos) audet idem Riccius, & audet in ipsâ Regiâ Pekinensi theatro orbis Sinici proferre haec verba: *Hodiernae aetatis litteratorum error in explanandis Priscorum libris, nullis verbis satis exprimi potest: quantum spectat ad ornatum floridae scriptionis sunt expediti, sunt acres; sed quantum ad sensûs intelligentiam remississimi.* Concludit itaque: *Quamvis hodiernus scribendi stylus sit maxime floridus et ornatus, operum tamen et rectè factorum veritas et soliditas deest.* Porrò qui vivos omnes, & in aulâ sic unus arguebat, ab hoc mirabimur mortuos aliquot Interpretes meritissimâ censurâ fuisse castigatos?

Quia vero fidei Christianae fundamentum est veri Dei & cognitio & fides; illam ipse jam sub nomine *Tien chu Caeli Domini* (quo sub initium uti coepimus, cum necdum esset peritia librorum Sinicorum, & etiamnum usque in diem hodiernum conservare placuit) ac deinde postquam evolverat Priscorum libros, fidentissimè etiam nomine *Xam ti Supremi Imperatoris* Sinensibus impertiebat: ut autem periculum omne erroris, & offendiculi, omnemque ansam dubitationis & perplexitatis removeret tam ab idololatris, cum audiunt *Tien chu*, quàm ab atheopoliticis, cum audiunt *Xam ti*; consultò aliis atque aliis nominibus Deum nominat; modo coeli terraeque Dominum & supremum Imperatorem, modo coelorum supremum Regem & Gubernatorem, modo supremi Imperatoris majestatem, modo rerum omnium conditorem ac conservatorem; modo communem generis humani parentem, principium & finem, aliaque hujusmodi; denique tot tamque eximiis attributis Deum depraedicat, ut nemo, qui legerit, adeò caecus esse possit, qui non videat irradiantem mentis oculis divinam claritatem: Plurimi interim litteratorum, qui scilicet & saepius audierant disserentem Riccium, & familiariùs ei etiam adhaeserant, mirum in modum exultare, quod non ea tantùm, quae prisci cives sui de supremo Numine, animaeque immortalitate censuerunt, sed illustriora quaedam & nunquam sibi vel audita, vel etiam cogitata de supremâ illa majestate discerent: uti quod de nihilo crearit omnia, de creationis ordine, Angelorum lapsu, primo homine, aliaque hujusmodi, quae nobis aeterna veritas revelavit: Magnum insuper ex una re suavissimae consolationis fructum percipiebant, quod intelligerent divinam clementiam non videri fuisse semper aversam à gente sua, sed Priscos illos cives suos ac pios Patres salutifero quodam veritatis lumine [cix] fuisse collustratos, & priscam aetatem illam, sublatis quibusdam naevis ac nebulis, salvam integramque per aliquot saecula, uti piè credebant, permansisse.

Quaeret hîc curiosus Lector, quo successu fructuve opus hoc Matthaei nostri prodierit in lucem? Respondeo prorsus admirabili, & secundum rationes humanas nunquam sperato. Europaeus certè, cui penitus perspecta sit haec China, quid constitutiones ac leges circa Religionem hîc ferant, quanta litteratorum tunc temporis esset authoritas, quantus rerum, quae ab exteris proficiscebantur, & ipsorummet exterorum passim contemptus, quantus horror cujuscumque peregrinae legis, aut novitatis praesertim invectae ab extero sine ullâ facultate, vel authoritate publicâ (neque enim more legati venit Riccius, sed ut persona privata, suis tamen instructus munusculis, nec venit accitus aut invitatus, uti sectatores ac magistri superstitionis Indicae quondam venêre) haec, inquam, omnia si maturè consideret Europaeus, non potest non agnoscere, ac profiteri digitum Dei fuisse hoc in opere, operisque successu, quodque Riccio ingredienti promiserat Dominus *Pekini propitium se fore*, utique pro votis, & supra ipsa vota fuisse perfectum.

Et ut nostrae Societatis testimonia omittam, multorum instar sufficiat unicum R. P. Fr.

Dominici Sarpetri è S. Ordine Praedicatorum religiosissimi viri, qui per 30. ferè annos in Sina commoratus, litterarum Sinensium peritus imprimis & doctrinâ, virtute, Religiosaque; observantiâ planè fuit eximius. Hic itaque in iis litteris, quas dedit ex Metropoli Cantoniensi nostrosque exulum pro fide domicilio, ad S. Congregationem de propaganda fide, & Reverendissimum suum Generalem, postquàm sanctè professus est, se nullius gratia, persuasione, vel precibus, sed uno veritatis amore impulsum scribere, sic ait: *De hoc libro* (Matthaei scilicet Riccii) *quem saepè attente legi, testor mihi crebrò venisse in mentem, quod dictus liber opus esset ejusmodi, ut sine revelatione divinâ, aut alio speciali Dei auxilio non potuerit ab authore perfici. In quorum fidem manu mea subscripsi nonâ Maii* 1667. *in Metropoli* Quam-cheu *Provinciae* Quam-tum. DOMINICUS MARIA SARPETRUS.

Ecquidem, nihil hîc ut dicam de favore studioque gravissimorum Doctorum Pauli, Leonis, Michaëlis, Petri, Philippi, Ignatii, Thomae, Matthaei, aliorumque; simul atque disseminatus fuit liber, primum quidem per manus tot virorum litteris & dignitate illustrium, qui degebant in aula, deinde verò per caeteras Imperii Provincias, Urbes & Oppida, tantam excitavit in animis fermè omnium admirationem, aestimationem, reverentiamque sacrosanctae Legis, ac nominis Europaei, ut nihil frequentius, ubi de lege nostra sermo est, hodieque audiatur, quam *Li Mateo*, id est *Riccius Matthaeus*, primus [cx] illius in aula annuntiator: quin imò nomen hoc & adventus tanti viri in Chinam jam in Urbium Imperii memoratur annalibus, & postquam is anno, ab operis editione septimo, in Regia Pekinensi diem obiit, attributa illi fuit portio non exigua Pekinensis agri ad honorificam sepulturam, idque jussu ipsiusmet Imperatoris atque diplomate.

Jactis itaque rei Christianae fundamentis in hunc modum, protinus alii Sociorum successu tam fausto, & exemplo tam illustri provocati, alacritate magna accinxerunt sese ad coeptam aedificii Christiani molem, propitio semper Numine, altiùs altiusque educendam: & ad libros quidem quod attinet (ut alios ejusdem Riccii nunc praetermittam, in quibus ipse de vanitate rerum humanarum, de morte, de aeternitate philosophatur) imprimis Didacus Pantoja, Matthaei Socius in aula individuus, quod intelligeret animi vitia & peccata molli superbaeque genti maximo esse impedimento capessendae Religionis (praeter paraphrasim in Symbolum 12. Apostolorum) consultò scripsit septem volumina de septem peccatis capitalibus, oppositisque septem virtutibus, ea quidem eruditionis, & eloquentiae Sinicae, sapientiaeque laude, ut plausum retulerit propè parem cum Riccio, fructumque non minorem ipso plausu referret, si non ageret radices tam altas inveterata peccandi consuetudo, planè ut necessarium esse videatur brachium excelsi & potentius aliquod auxilium divinae gratiae ad Sinas è veterno coenoque vitiorum, non sine violentia quadam salutari, excitandos.

Et haec quidem duo opera sanè praestantia Sociorum alii atque alii per varias dispersi Provincias typis Sinicis identidem excuderunt. Julius vero Aleni hortatu litteratorum Australium vitam quoque Riccii, & res gestas Sinicè conscriptas unà vulgare non dubitavit ac gloriae divinae aemulator plurimos & ipse libros edidit, quibus partim impia Novatorum dogmata, & interpretationes adulterinas egregiè confutat, libro cui titulus: *Van ve chin yven, rerum omnium vera origo*, partim etiam enarrat res gestas Christi Salvatoris nostri Virginisque Deiparae & de Sacramentis Baptismi, Poenitentiae, sanctissimo Missae Sacrificio aliique Religionis nostrae mysteriis nascentem Ecclesiam Provinciae *Fo Kien* diligenter edocet, ea quidem cum fama virtutis ac sapientiae, ut litteratos inter passim audiret *Si lai cum çu Occidentis advena Confucius*, alter scilicet; adeoque viri maximè illustres, atque inter hos *Ye* Colaus quamvis Ethnicus, sed Riccio pridem in aulâ notus, honori sibi duxerint nomen & sigillum suum cum Prooemiali panegyri, libris ejus adscribere, quod ipsum etiam tot alii litteris & dignitate praestantes viri ad Riccii, aliorumque Sociorum libros factitare sibi honori ducebant, quo deinde factum, ut ad maximam nominis Christiani commendationem, & [cxi] Atheopoliticorum confusionem, duo volumina edita fuerint, quibus solae panegyres prooemiales à Colais virisque primatibus, nostrorum libris praefixae, simul collectae continentur; ut nihil iam dicam de tot illustribus elogiis & titulis, quos auratis & trabalibus litteris insculptos passim erat cernere appensos domibus & Ecclesiis nostris. Porrò quanta Deus incrementa dederit Julio Aleni, vel hinc potest esse perspicuum, quod unus ipse in octo urbibus Metropolitanis Provinciae modò memoratae (ne de oppidis agam secundariis) octo fundarit Ecclesias, adeoque in Chinâ Meridionali Christi Nomen, ac fides longè latèque propagaretur.

Quamquam par omninò laus alteri quoque est tribuenda, cui nomen Alphonsus Vagnoni, qui & ipse vestigiis insistens Riccii Chinae Septentrionali Christum annunciabat eo quidem successu, ut Ecclesias fundarit omnino 40. variis in Urbibus & Oppidis, *Han* Colao patrocinante: Adhaec complura instituerit sodalitia hominum etiam litteratorum ad communes Christianae virtutis ac Religionis exercitationes; libros denique vulgarit non Christianis modo, sed Ethnicis quoque perquam utiles, qui multis voluminibus continentur. Ad extremum, quaecumque messes animorum, quicumque fructus divinae gloriae adhuc collecti sunt ex hoc agro Sinensi, dedicata scilicet Deo tot Templa, coacti coetus fidelium, correcti mores depravati, perniciosa vanitas, superstitionum patefacta, librorum ingens copia, & in omni propè doctrinae genere vulgata, & ad eas quoque delata regiones, ad quas pertingere necdum potuerunt pedes Evangelizantium, quamvis veloces, & indefessi, proptereà quod illorum paucitas haudquaquam sufficiat incolis Imperii longè vastissimi propè innumeris; haec, inquam, omnia cum divine potissimum bonitati sapientiaeque referri debeant accepta, tum etiam Riccio nostro, cujus virtus ac prudentia Deo tam feliciter hîc famulata est, suae debentur gratiae, sua laus est tribuenda.

Tametsi verò aliquot pòst mortem ipsius annis malus daemon tabescens invidia propter successus adeò secundos, primam contrà nos neophytosque nostros persecutionem anno 1615. excitarit; paucis tamen pòst annis deferbuit tempestas illa, patrocinantibus more suo innocentiae Christianae Doctoribus tam Ethnicis quam Christianis, quorum consilio & operâ libelli supplices privatim & palàm oblati sunt suo nostroque nomine supremis magistratibus, offerendi deinde per hos Imperatori, quibus & exponebatur ingressus Matthaei Riccii, & quanta vulgò tunc fuisset virtutis ejus sapientiaeque laus & approbatio; simul etiam tradebatur summa doctrinae Christianae, quae in colendo uno Deo & diligendo proximo tota consistat; quae quidem duo capita de industriâ proponebantur verbis appositissimis, quae ex textibus ipsorum pervetustis deprompserant. Et [cxii] quamvis libelli isti malevolorum quorumdam improbitate, tum quidem supprimerentur, credi tamen vix potest quantam vim facerent in animis virorum cordatorum, sic ut nequaquam esset communis quaedam omnium contrà legem divinam conspiratio, sed unius alteriusve tantum Atheopolitici, aut idololatrae, aut etiam invidi gloriae & sapientiae Europeae. Fuit cùm octodecim libelli supplices contrà legem Christi oblati sunt postremo familiae praecedentis Imperatori, qui omnes rejecit, castigato etiam eo qui pertinaciter illos offerebat, & ad gradum dignitatis inferiorem dejecto, majori quoque poenâ mulctando, nisi (uti prudens Imperator renuntiari jussit P. Joanni Adamo Schall) res ageretur hominum exterorum, quos animadversio gravior in indigenam, vocare posset in magnam apud suos invidiam.

Et verò longo jam usu & experientiâ compertum est, ea quae maximè offendunt & irritant animos Sinensium non tam esse fidei Christianae leges & instituta; quam quod omnes sectae (etiam litteratorum aetatis hujus) damnentur ab una Religione Christiana. Carpunt etiam ceremonias quasdam & ritus, necnon coetus qui coguntur virorum ac praecipuè foeminarum, licet non eodem loco & tempore cogantur: Displicet etiam exterorum hominum variis in Provinciis sedem figentium frequentia, & apud sectatores suos atque discipulos auctoritas, & apud Ethnicos etiam Magistratus gratia singularis: quod ipsum rursus per hos ultimos annos quando imperante Tartaro longè saevior contrà nos coorta fuit procella, experiendo, vel maximè didicimus: Vocati namque sumus in suspicionem rebellionis & damnati Religionis falsae ac depravatae, & ubi tandem miserante Deo calumniae impiorum patefactae sunt, & innocentia integritasque Christianae Religionis in solemnibus Regni comitiis juridicè declarata, vulgataque per omnes Provincias edictis Regiis, tanta tamen insedit cura & formido dominatori Tartaro (quem sua hîc paucitas tuta cogit timere omnia) ut postquam Imperator ipse inusitata cum significatione honoris ac benevolentiae Societatis nostrae Sacerdotes, qui in aulâ degunt, Christiano ritu & pristinâ ferè cum libertate vivere permisisset; idem reliquis mox Sociorum ad pristinas sedes revocatis tacitam quamdam libertatem concesserit, approbationemque legis divinae, quando anno 1675. 12. Julii ipsemet Imperator in Templum nostrum & Aedes digrediens manu & penicillo Regio binas exaravit trabales litteras *Kim tien*, id est , *reverere coelum*, sive, quod idem apud ipsos est, *reverere coeli Dominum*, quae quidem litterae sigillo Regio munitae, seu potius exemplaria trium ordinum Ecclesiis Aedibusve praefixae mirum quantam fidei Christianae, ejusque praeconibus authoritatem, etiam per secutura saecula concilient.

CONCLUSIO.

[cxiii] Atque hîc tandem finis sit declarationis nostrae Prooemialis, si tamen & moles operis, & argumentum nomen hoc admittat quando dici potest distinctus esse Liber. In quo videmur, haud satis memores fuisse Europaeis hominibus nos scribere, quibus equidem utpote sapientibus, quamvis pauca, sufficiebant: quamquam & ignoscent, uti spero, pro benevolentia sua prolixitati nostrae, dum considerabunt, eundum nobis fuisse per aetates bis mille annorum eoque amplius, & haudquaquam levis momenti esse quod agitur, quando id agitur, ut prisca aetas omnis adeo numerosae cultaeque nationis ab execrabilis atheismi suspicione vindicetur. Accessit illa quoque ratio, quod in illorum potissimum gratiam haec scribantur, qui huc aliquando venturi sunt annuntiandae veritatis causâ, quos equidem nolimus, tali imbutos suspicione huc venire: praeterquam enim quod à vero sit aliena, hoc insuper trahit incommodi, quod exarmet Christi militem prorsus apposito validoque telo, quo possit feliciter sanè, vel cultores falsorum Numinum, vel nullius cultores Numinis aggredi, atque eodem, Christo semper duce & auspice, expugnare.

Ad haec placuit persequi res nostrates simul & Sinicas narrando, explanando, controvertendo: Narramus enim primos conatus & industrias illorum, qui lucem Evangelicam in hasce terras intulerunt: Agimus de scientiâ gentis & morali & politica: Recensemus libros Classicos & praecipua quaeque litterarum monumenta, tam vetera, quam nova, sectas item partim patrias partim exteras, sed jam inquilinas, commemoramus: Philosophiam quoque naturalem, quadantenus explanamus ex *Ye kim*, sive libro mutationum vetustissimo, quae omnia perspicacibus Europaeorum ingeniis discutienda relinquimus: Ad extremum copiosè disputamus cujusmodi rerum omnium principium constituerint aetatis, tum Priscae, tum posterioris litterati; qui scilicet cognoverint aliquando verum Numen, quo id nomine significarint, quamdiu haec notitia veraque Religio viguisse censeri queat. Et quamquam ex serie temporum videatur inferri probabiliter posse, eam in Sina perdurasse ad tempora *Yeu vam* tertiae Familiae *Cheu* Principis duodecimi, ducentis circiter annis ante natum *Confucium*, ante Christum vero annis ferè octingentis; nolumus tamen ex hoc statuere fundamentum certum & evidens opinionis nostrae, sed relinquimus sub judice Europaeo totam dissertationem. Sufficiat hîc nobis ostendisse, ex temporibus diluvio proximis (sive ea juxta 70. Interpretes, sive juxta vulgatam computaveris) primos Sinas habuisse veri Dei notitiam, & eam sub nomine *Xam ti Supremi Imperatoris*, aut etiam *Tien* sive *coeli* habuisse.

[cxiv] Ad interpretem vero *Confucii*, seu Scientiae Sinicae quod attinet, est is *Cham Kiu Chim* oriundus è civitate *Kim lim*, quae subest urbi *Kim cheu* Provinciae *Hu quam*. Interpres nulli reliquorum, vel ubertate sermonis & copia, vel styli claritate secundus, quem proinde Imperator *Van lie* decennis, ut Tutorem & Magistrum & ut primum Imperii Ministrum adeo coluit & veneratus est, ut aegrotantem inviseret, eique potionem medicam à se paratam tanquam Magistro discipulus Imperator porrigeret. Post mortem quoque posthumo titulo *ven chum*, hoc est, *viri litteris & fide praestantis* eundem honoravit, delegans praecipuae notae Mandarinum, qui ex aulâ, ubi obierat, defuncti corpus in patrium sepulchrum in Provin. *Hu quam* cum pompâ reduceret: Verumtamen secundo post obitum anno (qui fuit *Van lie* Imperantis duodecimus) ab aemulis graviter accusatus, ipse cum posteris dignitatibus & titulis, Imperatoris decreto exutus, fortunis etiam omnibus fisco Regio addictis.

Cum vero à Senatu censeretur ad ejus memoriam penitus extinguendam, etiam libros & commentarios flammis abolendos, renuit Imperator dicens: *Non peccarunt libri; quorsum igitur adeo proficui, & innoxii pereant?* Cur autem nobis eum potissimum Interpretem prae reliquis seligere placuit, in causâ fuit, quod omnium manibus ejus commentarii terantur & praeconiis maxime celebrentur: & quamvis idem recentiores inter, propè sit omnium recentissimus, minus tamen videtur tribuisse chymericis aliorum novitatibus, dignus vel ob hanc causam quem nos sequamur imprimis. Stylum verò ejusdem non rarò luxuriantem in gratiam juventutis Sinicae, nos in Europaeorum gratiam identidem castigavimus: Neque sic tamen effugere poterimus, ut autumo, censuram prolixitatis, haud injuriâ quidem carpendae, si quidem scriberemus ista non tam in usum Missionis Sinicae, quam ad oblectamentum Europae fastidiosae: quamquam neque hîc deerunt sua fastidiorum remedia ex pervetustis ipsorum libris ac monumentis hinc inde studiosè deprompta; necnon annalium gentis hujus, quos operi adjicere placuit, Chronologica & Genealogica Tabula. Vale & Deo Opt. Max. Sinam commenda, quae, sive spectes ejus magnitudinem gentisque multitudinem, sive morum ac indolis maturitatem, & praestantia ab Authore Naturae iis indita lumina, non indigna fortè videbitur, ad cujus conversionem & salutem aeternam promovendam, tota sese impendat & superimpendat Europa.

           PHILIPPUS COUPLET Societatis JESU
           Sinensis Missionis in Urbem Procurator.
           SOLI DEO HONOR ET GLORIA

附录：拉丁文原文　331

[cxvi]孔夫子 CUM FU ÇU *sive* CONFUCIUS, *qui et honoris gratia* 仲尼 CHUM NHIJ *dicitur*, *Philosophorum Sinensium Princeps*; *Oriundus fuit ex oppido* KIO FEV *Provinciae* XAN TUM. *Patrem habuit* XO LEAM HE *Praefectum* ÇEV *ditionis*, *matrem* CHIM *dictam e proenobili yen familia. Natus est autem Imperantis* LIM VAM (*qui fuit e tertia* CHEV *domo Imperiali Princeps 23*) *anno primo et vigesimo*, *et ante Christum 551*, *discipulos numeravit ter mille*, *quos inter eminebant duo et 70*, *et hos inter rursus decem selectissimi*, *quorum nomina suis tabellis inscripta*, *Visuntur in Imperii gymnasiis. Post irritas conatus et labores desperata temporum Suorum et principum reformatione*, *migravit e vita anno aet. 73 et* KIM VAM *Imperatoris 25. anno 49°. huius prosapia non interrupta serie propagata*, *hoc anno 1687. quo nepos ordine 68 in natali Confucii Sede cum Ducis titulo residet*, *computat annos 2238.*

A Paris. Chez Nolin, *Rue S. Iacques*, *A L' Enseigne de la Place des Victoires. Avec Privilege du Roy.*

PHILOSOPHORUM SINENSIUM
PRINCIPIS CONFUCII VITA

[cxvii] Cum fu çu, *sive* Confucius *quem Sinenses uti Principem Philosophiae suae sequuntur, et colunt, vulgari vel domestico potius nomine* Kieu *dicto; cognomento* Chum nhi, *natalem habuit sedem in Regno* Lu, (*quod Regnum hodie* Xantum *dicitur*) *in pago* çeu ye *territorii* Cham pim, *quod ad civitatem* Kieo feu *pertinet; haec autem civitas paret urbi* Yen Cheu *dictae. Natus est anno 21. Imperatoris* Lim vam. *Fuit hic tertius et vigesimus è tertia Familiâ, seu domo Imperatoria,* Cheu *dicta, cycli 36 anno 47.* Kem sio *dicto; secundo item et vigesimo anno* Siam cum *Regis, qui ea tempestate Regnum* Lu *obtinebat: die 13. undecimae lunae* Kem çu *dictae, sub horam noctis secundam, anno ante Christi ortum 551. Mater ei fuit* Chim, *è familia praenobili* Yen *oriunda; Pater* Xo leam he, *qui non solum primi ordinis Magistratu, quem gessit in Regno* Sum, *sed generis quoque nobilitate fuit illustris; stirpem quippe duxit* (*uti Chronica Sinensium testantur, et tabula genealogica, quae annalibus inseritur, perspicuè docet*) *ex 27. sive penultimo Imperatore* Ti ye *è 2. Familiâ* Xam. *Porro natus est Confucius Patre jam septuagenario, quem adeo triennis infans mox amisit; sed Mater pupillo deinde superstes fuit per annos unum atque viginti, conjuge in monte* Tum fam *Regni Lu sepulto. Puer jam sexennis praematura quadam maturitate, viro, quam puero similior, cum aequalibus numquam visus est lusitare. Oblata edulia non ante delibabat, quam prisco ritu, qui* çu teu *nuncupatur, coelo venerabundus obtulisset. Annorum quindecim adolescens totum se dedere coepit priscorum libris evolvendis, et rejectis iis, quae minus utilia videbantur, optima quaeque* [cxviii] *documenta selegit, primum expressurus ea suis ipse moribus, deinde aliis quoque ad imitandum propositurus Non multo post, unà cum* Mem y çu *et* Nam cum kim xo *ad ritus civiles addiscendos se contulit. Decimo nono aut, ut alii, 20. aetatis an-*

no duxit uxorem, *quae unica illi fuit* Kien quon xi, *ex qua sequenti mox anno suscepit filium* Pe yu; *sed hoc deinde jam quinquagenario*, *cum ipse* 69. *annos natus esset*, *orbatus est*, *uxore tribus ante annis amissâ*: *Haudquaquam tamen cum filio stirps omnis extincta est*, *sed per nepotem* çu su, *qui avitae laudis*, *ac Philosophiae studiosus*, *avi sui libros commentatus est*, *et magnis in Imperio muneribus perfunctus*, *perpetua posterorum series cum non vulgari tam opulentiâ*, *quam dignitate*, *ad haec usque tempora perseverat*.

Variis in locis Magistratum gessit Philosophus magna cum laude: *curas vero hujusmodi ac dignitates*, *non alio fere studio admittebat*, *quam publicae utilitatis*, *et spe propagandae doctrinae suae*: *qua quidem spe si forte falli se videret*, *ultro scilicet Magistratu sese abdicabat. Hujus rei cum aliàs saepe*, *tum vero* 55. *aetatis suae anno illustre testimonium dedit*; *cum enim in Regno* Lu *Mandarinum ageret* (*loquor hic more Lusitanorum à quibus in hoc Oriente Mandarini vocantur*, *qui publicas res inter Sinas administrant*) *tanta legum observatio*, *rerumque*, *et morum tam felix conversio trimestri spatio mox consecuta est*, *ut jam vicini Reges*, *aemulique invidiâ*, *metuque aliquo tenerentur*, *haud ignari*, *Respublicas non aliâ re felicius conservari*, *et crescere*, *quam disciplina*, *legumque observatione*.

Finitimi ergo Regni quod çi *dicebatur Rex atque optimates tam praeclarae aemulorum gubernationi structuri insidias*, *donis eas*, *ut fit*, *tegunt*: *puellas forma*, *canendi gratiâ*, *aliisque dotibus praestantes dono mittunt Regni Lu Regi. Rex ignarus insidiarum dolosum munus admittit*, *capitur illico muliercularum gratiâ*: *capiuntur et proceres*, *sic prorsus*, *ut ad trimestre totum*, *dum novis illis deliciis indulgeretur*, *negotia cessarint publica*, *et Regis adeundi via praeclusa fuerit*.

Non tulit hoc Confucius: *Renuntiat muneri*, *relinquit aulam*, *atque ad Regna* çi, guei, *et* çu *spontaneus exul contendit*: *verum nec hi bono*, *quod alii inviderant*, *frui noverunt*: *Non admittitur Philosophus*, *qui adeo coactus petere Regnum Chim*, *hîc ad extremum victûs*, *quoque penuriam redigitur*: *Nec multo post*, *dum Regnum Sum peragrat*, *à quodam* Huon tui *praepotenti viro*, *sed insigniter improbo non semel ad mortem conquisitus est*, *ipse interim tot aerumnas inter*, *atque discrimina sui semper similis*, *invicto semper animo*, *atque pro causa tam bona, vitam quoque ponere paratus: Quamquam fretus ipse rectè factorum conscientiâ, praesidioque coelesti, rursum negabat, quemquam sibi nocere posse, siquidem esset ea virtute instructus, qua ipsi coelo inniteretur. Ardens, atque indefessum studium divulgandae per totum Imperium sanioris doctrinae ad extremum usque spiritum non remisit; cumque viri ardor patriis finibus aegre contineretur, non semel de navigando mari, terrisque remotioribus adeundis cogitavit.*

[cxix] *Discipulos numeravit 3000. ex iis omnino quingentos extitisse memorant, qui variis in Regnis Magistratus gesserint: qui prae ceteris autem virtute litterisque eminerent, duos et septuaginta fuisse, quorum adeo nomina, cognomenta, et qua quisque patriâ sit oriundus, memoriae proditur. Quatuor doctrinae suae ceu gradus, totidemque discipulorum ordines, constituebat. Supremus ordo in excolendo virtutibus animo ponebat studium; et in hoc quidem ordine primas ferebant* Min çu Kien, Gen Pe Nieu, Chum cum, *ac denique* Yen yven *charus prae omnibus Magistro discipulus, cujus immaturum funus (obiit quippe primo et trigesimo aetatis anno) continenter lugebat. Proximus ordo ratiocinandi, dicendique facultati dabat operam; hujus Principes erant* çai ngo *et* çu cum. *Tertius agebat de regimine politico et probè gerendis muneribus publicis; excellebant hic* Gen yeu *et* Ki lu. *Quarti denique et postremi ordinis labor, atque occupatio haec erat, ut quae ad mores spectabant, apto, venustoque stylo declararent, quod duo* çu yeu, *et* çu hia *praecipua cum laude praestabant. Atque hi quidem inter duos et septuaginta, decem erant selectiores discipuli, et flos scholae* Confucianae.

Omne studium ac doctrina Philosophi eo collimabat in primis, ut naturam ignorantiae tenebris offusam, vitiisque depravatam revocaret ad pristinam lucem atque integritatem, cum quâ ab ipso coelo conditam asserebat: Ex quo deinde clemens, et aequa rerum admi-nistratio, adeoque felix, et maximè pacatus Imperii status consequeretur; quò autem certiùs attingeretur hic scopus, volebat omnes, obsequi coelo; ipsumque timere, et colere; amare proximum sicut seipsum, vincere se, atque appetitus suos subdere rationi, necquidpiam agere, dicere, vel etiam cogitare, quod ab hac esset alienum. Porro quae scripto verboque praecipiebat, primus ipse moribus exprimebat, ac vita, cujus rei testimonium satis luculentum praebere potest tantus tot illustrium virorum numerus, qui in disciplinam ejus se contule-runt, et eorum qui quaecumque gessit, dixitque, quamvis minutissima, ceu oculati testes, posteritati prodidere: ad haec constans ille favor tot Principum, tantus tot saeculorum honor (de quo mox agemus) argumento esse potest, virtutem sane fuisse Philosopho, non meram speciem fucumque virtutis. Quid? Quod nostris temporibus haud defuerint è Litteratorum ordine, qui vel amplexi jam Religionem Christianam, vel hujus integritate sanctitateque probe saltem perspectâ, non dubitanter affirmarunt, sperari posse Philosophum suum, si quidem vixisset aetate nostra, primum fuisse futurum, qui ad Christi legem transivisset.

Certè quemadmodum sectatores ejus tradunt, mira quaedam fuit viri gravitas, et corporis animique moderatio, fides, aequitas, lenitas singularis. Severus erat ac pervigil sui ipsius observator, ac censor: Contemptor opum, honorumque, hoc agens unum studio prorsus indefesso, ut doctrinam suam quamplurimis mortalium impertiret. Quod autem in eo vel maximè suspicimus Europaei, et in nostratibus quidem priscae aetatis Philosophis desideramus, tanta fuit animi demissione Confucius, [cxx] ut non solum de se suisque rebus admodum modestè loqueretur, sed ultro quoque et palam argueret sese, quod nec in discendo (ut aiebat) esset impiger, nec constans in docendo, neque eâ, quâ par erat, vigilantiâ vitiorum suorum emendationi, et studio virtutum exercitioque operam daret. Certissimum vero argumentum modesti, sincerique animi tum dedit, cum palam ingenueque professus est doctrinam suam non esse suam, sed Priscorum, in primis Yao *et* Xun *Regum et Legislatorum, qui ipsum mille quingentis, eoque amplius annis antecesserant. Cum itaque non deessent, qui cum sapientia natum esse opinarentur, adeoque et praedicarent, peraegre id ferebat, et disertè negabat, ad gradum perfectae consummataeque virtutis, aut sanctitatis pervenire se posse. Dicere identidem solitus (ut à Sinensibus traditur)* Si Fam, Yeu Xun gin, *virum sanctum in Occidente existere, quod ipse de quo, quove spiritu pronuntiarit, incertum est.*

Hoc certum anno post Christum natum 65. Imperatorem Mimti *(fuit is è quinta Familia* Han *decimus septimus) motum verbis Philosophi, magis etiam oblata sibi per somnum specie sancti ex occidente Herois; cum ipsimet ire, non esset integrum, misisse* çai cim et çiu kim *le-*

gatos suo nomine occasum versus, inibi virum sanctum et S. legem quaesituros; qui quidem cum ad insulam quandam appulissent, quae non procul distabat à rubro mari, non ausi longius procedere, idolum quoddam, et statuam hominis Foe *dicti (qui quingentis circiter annis ante* Confucium *in India floruerat) necnon execrabilem ipsius legem in hoc Imperium retulerunt: felices, aeternumque de patria sua bene merituri, si pro hac peste, salutarem Christi doctrinam, quam per eadem tempora Thomas Apostolus apud Indos propagabat, reportassent.*

Sed enim felicitas humana, et quae hinc nascebatur superbia gentis opulentae, potentis, et florentissimae; verae felicitati, tunc, ut opinor, aditum obstruxerat. Sinenses ergo, cum idola jam magis magisqué venerarentur, nec sine exemplo quorumdam regum qui prorsus impense novam superstitionem sectati sunt, paulatim scilicet discesserunt à genuina Magistri sui doctrina, et praeclaris institutis Priscorum; ac tandem in contemptum Religionis omnis, verumque Atheismum sunt prolapsi: In hunc porro litteratos et acutiores quosque ceu manuduxit doctrina illius ipsius Foe, *seu* Xe kia, *qui rudi vulgo idololatriae Magister extitit: Duplicem quippe perditissimus impostor iste atque Atheorum Princeps doctrinam reliquit; alteram qua rerum omnium principium finemque nihil esse docet, quam qui sectantur, Athei sunt et arcanam atque interiorem vocant; alteram quae exterior dicitur, atque illius adumbratio quaedam est, ad vulgi et rudiorum ferè captum et superstitionem accommodata. De* Confucio *tamen dubitari non potest quin ab hac, et illa peste immunis fuerit; idolorum certè cultorem fuisse, ne illi qui vitio temporis idola jam venerantur, affirmare ausint: ab Atheismo verò quàm fuerit alienus, non ipse tantum, sed prisca Sinarum aetas omnis in explanatione lib.* Chum yum *declaramus. Migravit è vita* Confucius [cxxi] *anno aetatis 73. lunâ 4.* Ki cheu *vulgo dictâ, anno (cui* gin sio *nomen) quinquagesimo nono Sinensis cycli trigesimi septimi. Erat hic annus primus et quadragesimus Imperii* Kim vam, *vigesimi quinti è Familia* Cheu *Imperatoris: quo etiam tempore Regulus* Ngai cum *patrium Philosophi Regnum* Lu *dictum, annum jam decimum sextum moderabatur. Paulò antè quàm morbo, qui supremus ei fuit, corriperetur, lugens suorum temporum perturbationes, hunc versum cygnaeâ voce concinere auditus est:* Praegrandis mons (*doctrinam suam intelligebat*) quo decidisti! Trabalis machina eversa est: sapientes, & sancti exaruere. *Mox inde languere incipiens, septimo die ante mortem, ad discipulos suos conversus*: Superiori nocte, *inquit*, per somnium visa mihi sunt in aula justa fieri. Reges, quae doceo, non observant: Ecquis horum per Imperium nostrum instituti mei sectator & cultor est ? Hoc unum superest, ut moriar. *Haec effatus lethargo corripitur, et cum totos septem dies dormientis instar perstitisset, tandem vivere desiit.*

Sepultus est in Lu *patrio Regno (domum quippe cum discipulis suis sese contulerat) prope civitatem* Kio feu, *ad ripam fluminis* Su *in ipsa Academia sua, in qua docere consueverat, quae hodie quidem muris, veluti civitas, cincta cernitur. Luxerunt inibi Magistrum suum discipuli habitu lugubri, multaque cum inedia, et lachrymis, non secus ac filii parentem; idque per annum totum; nec defuerunt qui ad annos omnino tres, perstiterunt,* çu cum *vero sex ipsos annos, in eodem loco, luctuque perstitit. Fuit admodum procero corpore Philosophus, et si fas est Sinis credere, giganteo; et cui lati humeri, pectusque amplum, decorem conciliabant, ac majestatem: In ipso vertice capitis grandiusculus ei tuber erat, quare à Patre suo* Kieu, *id est*, colliculus, *cujus speciem aliquam praebebat tuber, nominatus est, quo ipso nomine vir modestus identidem quoque sese compellabat. Facies ei lata, subfuscus oris color, oculi nigri ac praegrandes, capillus niger, barba promissa, nasus simus, vox gravis, actonitrui instar, ut Sinae tradunt.*

Porrò quantum honoris per annos bis mille eoque amplius, detulerit Magistro suo, aut potius lucubrationibus ejus et doctrinae grata Sinarum posteritas, pro me loquantur quotquot Imperio toto ad dignitates, et munia publica praesidio litterarum sunt evecti: qui omnes utique fatentur à Confucii *in primis scholâ, et libris, è quibus ad gradum examinantur, opes, honores et illustre sibi nomen obvenisse. Loquantur item singulis in oppidis, urbibusque erecta viro, ac dicata gymnasia, ante quorum fores quotiescumque transeunt, qui è litteratorum ordine publicos gerunt magistratus, protinus è sublimi augustaque sella, in qua more gentis gestantur, venerabundi descendunt, et passus aliquot pedites viam suam prosequuntur.*

Loquantur denique tituli sane honorifici, qui in iis gymnasiis, quae modo dicebamus, cernuntur trabalibus, auratisque litteris exarati, Magno Magiſtro, Illustri litterarum Regi, sancto, seu (*quod apud* [cxxii] *ipsos idem est*) eximia quadam fapientiâ ornato, *aliisque similibus, quibus hunc gentis suae Doctorem Imperatores Familiarum Han, Sui, Tam, Sum, Yven (fuit haec Tartarorum occidentalium) tantum non supra laudes humanas evexerunt.*

Quamquam illius familiae (quae hodiernam Tartarorum orientalium Cim proximè antecessit) Mim dictae Fundator vetuit vitu Regio honores deferri Confucio, *in eo dumtaxat permisso, quo olim solebat memoria* Sien su, *hoc est, vita functi Magistri celebrari; atque adeo non cum aliis muneribus, quam, quibus eos, dum viverent, discipuli sui prosequi consueverant: ad haec in Gymnasiis statuas* Confucii, *aut discipulorum erigi vetat (neque enim, inquit; eodem ritu quo reliqui spiritus, aut idola, honorandi sunt) sed solas tabellas, quibus tituli et nomina singulorum inscripta sint; mandat exponi. Sunt igitur tabellae funebres istae signa mere memorativa Magistrorum (et eadem est ratio de tabellis majorum) ne vitâ functorum de litteris bene meritorum, aut parentalis familiae pia memoria apud posteros intermoreretur: neque magis errori cuipiam gignendo tabellae hujusinodi obnoxiae, quam nostrae Europeorum tabulae, quae nobis vivas avorum effigies venustissimè depingunt, quas amicis et hospitibus ostendentes hunc avum, illum Doctorem nostrum, haud dubitanter et venerabundi quoque dicimus. Quocirca nec offendi nos oportet, licet videamus Sinas ante tabellas istas curvare poplitem more inter Sinas usitatissimo, non magis quam offendimur, si Europeum quempiam, dum is fortè ante patris aut Regis sui effigiem transit, caput aperire videremus, quemadmodum nuper vidimus D. D. Legatos Regni Siamensis, quotiescumque ante imaginem* MAGNI LVDOVICI *transibant, gradum illicò sistere, junctisque in altum manibus, eas cum totius corporis inclinatione demittere veluti ad pedes tantae majestatis.*

Etenim planè civiles sunt honores ac ritus illi Confuciani; *qui adeo non in Templo, fanove idolorum (quod lege Imperatoriâ vetitum est) sed in gymnasio, qui locus tantum litteratis patet, exercentur, à litterariae facultatis prefaectis, quos inter etiam sunt Mahometani (ut de atheopoliticis non loquar) qui nec divini aliquid hîc agnoscunt, et superstitiones Gentilium atque idola detestantur. Imo si loquamur de litteratis idololatriae Toxico à teneris jam afflatis (cujusmodi sunt infimae sortis homines) cum jam tempus appetit examinis subeundi ad gradum aliquem obtinendum*, *vel ii domesticos suos penates prius consulunt*, *et horum Numen et opem implorant*, *vel optati successûs gratiâ publica daemoniorum fana supplices adeunt*, *nequaquam verò cogitant de adeundo gymnasio* Confucii, *quem uti* Pu sa (*nomen hoc est idolis commune*) *habere aut nominare*, *aut ab eodem aliquid petere*, *aut sperare*, *apud ipsos inauditum est et inusitatum.*

Quod vero magis confirmat ritus illos Confucianos *merè esse politicos*; *ex eo patet*, *quod non tantum in iisdem gymnasiis tabula* Confucii *oblongior* (*quam duorum et septuaginta Discipulorum tabellae utrimque ambiunt*) *sit collocata*, *sed et alii Sapientes et probi* (*de quorum doctrina*, *et* [cxxiii] *in gestis Magistratibus integritate et fide*, *multorum testimoniis authenticè probata per Praetores Provinciarum Imperatori constiterit*) *in album quoq*; *et numerum discipulorum* Confucii *publico diplomate et favore regio usque in hodiernam diem accensentur*; *eorumque nomina tabellis inscripta*, *ibidem cum ceteris collocantur*, *quod equidem maximo sibi ducunt honori filii et nepotes*, *quando ipsi praefectos urbium cum muneribus ad gymnasium statis anni temporibus comitati*, *suis avis ac parentibus*, *tanquam de imperio optime meritis*, *publicam honoris significationem*, *genibus flexis et capite in terram inclinato coram omnibus exhiberi conspiciunt.*

Una tamen extat in natali solo imago Philosophi, *vivae ac spiranti non modo similis*, *sed re ipsâ spirans*, *ac viva*; *Nepos ille videlicet*, *cujus ante jam meminimus*; *quem adeo propter avi quamvis intervallo bis mille ducentorum et amplius annorum*, *et octo supra* 60. *generationibus jam remoti memoriam*, *summi pariter infimique colunt*, *sic prorsus*, *ut eum*, *cum aulam de more adiisset*, Xun chi *Monarchiae Tartaro-Sinicae conditor perhonorificè exceperit*, *excipiatque*, *qui modo imperat* Cam hi *Imperator. Gaudet ipse perpetuo*, *et hereditario* cum, hoc es, *ducis titulo et dignitate*, *raro item privilegio*, *neque ullis praeterquam Regii sanguinis Principibus concesso*, *ut Imperatori nullum vectigal pendat*: *ad haec quotquot singulis trienniis ad Doctoris gradum evehuntur*, *pignus aliquod grati animi*, *et quasi Minerval*, *quod avo non possunt*, *nepoti persolvere consueverunt.*

Quod autem merito laudemus, *ac suspiciamus etiam nos Europaei*; *cum China fortunae varietatem sanè magnam sit experta, cumque tot bellorum casus, et calamitates subierit, tot ortus viderit, interitusque familiarum, penes quas erat rerum summa; nunquam tamen honores quos memoravi, grataeque posteritatis erga* Confucium *monumenta sunt interrupta; si tamen paucos annos exceperimus, quibus tertio post saeculo quàm Philosophus obiit,* çin xi hoam ti *secundus è familia* çin *quarta Imperator, non in libros tantum, sed etiam litteratos barbarè, crudeliterque saeviit. Caeterum cum hujus morte litterae mox revixerunt, et iis honorum incrementis, quae sub Tarraris quoque spectamus hodie,* Confucii *nomen et fama crevit.*

Quis vero in hujusmodi honoribus et titulis posthumis hîc finis sit atque intentio non alibi clarius, quam ex unico, inter caetera, testimonio constabit ipsius è Mim *familiâ praecedenti Imperatoris ordine tertii* Yum lo *dicti. Hic aditurus honoris gratiâ* Confucii *gymnasium, decretum edidit, quod sic habet:* Ego veneror Confucium Imperatorum & Regum Magiftrum. Imperatores & Reges Domini sunt Populorum. Confucius *autem rectam Populorum institutionem proposuit, tria illa (videlicet) vincula (quae sunt Regem inter et subditos, parentes et filios, maritum et uxorem) normam item quinque universalium virtutum (pietatis, justitiae, prudentiae, fidelitatis, civilitatis) & Sinensis Imperii magnam symmetriam & formam:* Omnia haec, [cxxiv] inquam, Confucius declaravit, ut omnia saecula erudiret. Convenit igitur personam meam pergere ad magnum gymnasium & munera offerre vitâ functo Magistro, eo consilio & intentione, ut litteratos honorem & doctrinam magnifaciam.

Intelliget ex his omnibus prudens Lector, quam non inutilis futura sit Evangelico praeconi viri hujus authoritas, siquidem ea apud hanc gentem quae Magistri sui, et litterarum suarum usque adeo studiosa est, uti quandoque possit (et vero potest) ad Christianam veritatem confirmandam; quemadmodum videmus Apostolum Gentium Poetarum Graecorum authoritate olim apud Athenienses fuisse usum.

Unum tamen hic sollicitè cavendum nobis, posito semper ante oculos eorum exemplo, qui Missionem hanc cum singulari virtute prudentiaque fundatam nobis reliquere, ut apud Sinas admodum moderatè commendemus ac laudemus Confucium, *ne testimonio nostro atque authoritate, aestimatio hominis, doctrinaeque ejus, quae justo proè major est, immodice prorsus augescat, maximè apud gentem, natura sane superbam, et aliena fere prae suis contemnentem. Multo magis tamen cavendum nobis erit, ne verbo scriptove damnemus, aut laedemus eum, quem tota gens tantoperè suscipit, ac veneratur, ne huic odiosi reddamur, non nos ipsi tantùm, sed ipsemet, quem praedicamus Christus; et dum forte contemnimus aut condemnamus eum, qui tam consentanea rationi docuit, quique vitam ac mores cum doctrina sua conformasse creditur, videamur nos Europaei, Sinis saltem, non tam cum Magistro ipsorum, quam cum ratione ipsa pugnare velle, et hujus lumen, non autem Confucii nomen extinguere.*